作 者 简 介

李豫黔，中国监狱工作协会副会长，中国预防青少年犯罪研究会顾问。清华大学特聘高级研修顾问。

西南政法大学刑事侦查本科，中国人民大学法学院法律硕士。曾到英国伦敦大学国王学院国际监狱研究中心和澳大利亚堪培拉大学法学院刑事司法专业培训学习。出访40多个国家和地区，多次参加联合国、多边国家的国际司法行刑矫正会议、考察交流及司法人权对话活动。

历任贵州省凯里监狱管教干事，司法部监狱管理局狱政处副处长、政治部主任、研究室主任、刑罚执行处处长，司法部直属煤矿管理局副局长、局长，司法部监狱体制改革办公室常务副主任，司法部监狱管理局常务副局长、正厅级巡视员，人民警察一级警监，司法部党组巡视办副主任，司法部党组巡视组组长。

先后主编、专著、合著出版《刑罚执行理念与实证》《中国刑事执行新论》《狱政法律问题研究》《刑事执行制度研究》《监狱教育学》《狱内侦查学》《监狱人民警察管理》《中国监狱百科辞书》《中国司法行政大辞典》《监狱学总论》等37本著作。在《中国司法》《中国监狱学刊》《犯罪与改造研究》《预防青少年犯罪研究》《法治日报》等国家报刊杂志上发表文章190多篇。

监狱工作
三十六讲

李豫黔 著

中国法制出版社
CHINA LEGAL PUBLISHING HOUSE

自 序

时光如白驹过隙，从事监狱管理工作，转眼已 40 多年。1977 年 5 月，我在贵州省凯里监狱参加工作，正式成为监狱人民警察。1980 年 8 月，考入西南政法学院，大学毕业后分配到司法部监狱管理局工作。作为一名监狱机关工作的"老兵"，从曾经的一名基层监狱管教干事到司法部监狱管理局常务副局长、正厅级巡视员、人民警察一级警监，我的整个职业生涯见证了中国监狱 40 多年改革创新发展的历史进程。可谓数十年的青春、热血都献给了这份职业，现虽然已退休，仍然继续在中国监狱工作协会从事理论研究，对于监狱的改革、发展，仍牵肠挂肚，充满情怀。

马克思在《青年在选择职业时的考虑》中提道："如果我们通过冷静的研究，认清所选择的职业的全部分量，了解它的困难以后，我们仍然对它充满热情，我们仍然爱它，觉得自己适合它，那时我们就应该选择它，那时我们既不会受热情的欺骗，也不会仓促从事。"回看最初的职业选择，似乎偶然，但又必然。四十多年前，踏入这个行业时，我并未充分预料到工作中会遇到诸多困难、诸多挑战，也并没有针对职业本身做深入研究，进行深思熟虑。但是，选择成为一名监狱人民警察之后，凭着一股想把工作做好的执着劲头，热爱研究、遵循法治、倾注大爱、认真坚持的个性让我一头扎进了这个行业，锲而不舍、乐此不疲地坚持进行着实践探索和理论思考。

心之所向是初心，行之所往担使命。管理监狱、刑罚执行、改造罪犯，既是一份崇高的职业，更是一份伟大的事业；既是法定的职责要求，更是一份神圣的使命。事关国家刑事判决裁定的准确执行，事关国家安全和社会的稳定，事关刑事执法公平正义，事关千家万户的安宁。改造好一名罪犯，就是挽救了一个家庭，造福一方社会平安。这么多年来，我坚持躬身实践，注重理论研究，坚持深入思考和写作。我曾经出访考察了40多个国家和地区，多次参加联合国、多边国家的国际司法监狱行刑矫正会议、考察交流及司法人权对话活动；实地到国内外近500个监狱深入调研、查处大案、探索经验、指导工作。同时也注重将实践、考察、调研、思考的情况资料进行系统研究，先后主编、专著、合著出版37本著作；在国家报纸杂志上发表文章将近200篇。

近年来，围绕前沿的法治政策理论学习，针对监狱工作实务中存在的理论、实践问题，我仍然不停歇地坚持理论思考、理论研究、撰文传道，多次受邀到高等院校和全国各类各级培训班研修班讲课，参加立法研讨，前沿热点问题研讨。不知不觉，各种讲稿文章竟然积累了几十万字，周围不少朋友说这些文章都是研究监狱工作的珍贵的一手资料，十分有用、十分珍贵，应充分发挥好指导辅导传承的作用，建议整理编辑结集出版。于是，我开始认真整理，按照相近的主题进行归类，按照逻辑进行排序，经过认真梳理筛查，挑选出来三十六篇。考虑到内容都是关于监狱工作的，同时许多文章多是由讲话整理而来，故本书命名为《监狱工作三十六讲》。

这三十六讲中，因为是在不同场合的讲话，有些主题相近，有些内容会略有重复，为了保持单篇文章的体系完整性，也为了读者可以不必从头到尾地阅读，可以就感兴趣的单篇直接打开阅读，故没有完全进行去重工作，而是采取以单篇的体系性优先的原则，将完整的内容予以呈现。

就在本书编辑过程中，《监狱法》在两度列入全国人大常委会立法预备项目之后，今年又列入了国务院立法预备项目。2023 年 9 月 7 日，全国人大常委会发布了《十四届全国人大常委会立法规划》。《监狱法》（修改）被列入规划第一类项目：条件比较成熟、任期内拟提请审议的法律草案。我倍感欣慰，坚信在党的二十大精神引领下，监狱理论研究会进一步繁荣，监狱法治建设会进一步加快，监狱改革发展工作会进一步推进。希望有更多从事或关心监狱工作发展的同业同行者，不忘初心，继续奋进，不断提高监狱工作的标准化、规范化、法治化、科学化，不断推进监狱工作高质量发展和监狱工作现代化，为共同建设更高水平的社会主义现代化监狱而不懈奋斗。

　　是为序。

2023 年 8 月 1 日

目 录

第一篇　改革纵横

第二篇　历史回顾

第三篇 理论探索

第四篇 实务工作

第一篇
改革纵横

第一讲

改革——监狱工作创新发展的永恒主题

关于监狱工作的研究探索，尤其是专注于党的十八大以来监狱工作的改革，聚焦刑事执行、监狱工作实践遇到的新情况、新问题，聚焦监狱改革发展稳定存在的深层次问题，聚焦监狱法治建设、刑罚变更执行、改造罪犯面临的现实问题，聚焦监狱人民警察急难愁盼问题，对监狱改革的理念思维、问题探讨、对策方法及相关路径进行了理论思考、实务研究及积极探索，笔者提出了一系列监狱改革发展理念、思路和对策建议，不断提出结合中国监狱实际真正解决问题的新理念、新思路、新办法。

一、监狱重器，唯有改革

依据我国法律规定，监狱是国家的刑罚执行机关，是惩罚和改造罪犯的专门机关。我国的监狱在中国共产党的领导之下，既是政治机关，也是刑事执行的法定机关。依法将罪犯改造成为遵纪守法、自食其力的新人，并帮助他们顺利回归社会，成为对社会有益的守法公民，是我国监狱工作的主要任务和根本宗旨。监狱依法承担着惩罚改造罪犯、预防犯罪，实现刑事司法正义，维护社会公平正义，维护社会和谐稳定和国家安全的重要任务。进入新的复杂多变的重要历史时期，面对全球百年未有之大变局，监狱机关需要承担的任务更重、责任更大，面临的刑事执行、监狱改革发展的任务则更为艰巨复杂。

变者，天道。僵者死，变者通，古今一理。改革，是党的二十大报告中重要的内容体现，也是新时代监狱工作创新发展的永恒主题。国家改革开放40多年的辉煌历程，也是监狱工作不断奋进、不断发展的历程，更是监狱工作全面持续改革、不断发展进步的历程，通过不断持续全面深化监狱改革，我国监狱工作取得了历史性的成就，确保了监狱持续安全稳定，改造好了上千万名罪犯，为维护国家安全和促进社会和谐稳定作出了重大贡献。习近平总书记多次强调，"惟改革者进，惟创新者强，惟改革创新者胜""只有顺应历史潮流，积极应变，主动求变，才能与时代同行"。党的二十大报告指出，"实践没有止境，理论创新也没有止境"，改革创新是引领发展的第一动力，抓改革就是抓发展，谋创新就是谋未来，监狱工作不改革创新就要落后，创新慢了也要落后。监狱的一切难题，只有在改革中才能破解。改革的一切措施，只有在落实中才能见效。改革的一切任务，只有在落实中才能完成。实践证明，过去几十年，监狱工作克服各种困难，取得历史性成就是依靠改革，在新时代新征程上，监狱工作要想解决深层次的矛盾问题，取得更好的发展唯有改革。

二、改革创新，勇于探索

创新是引领发展的第一动力，改革创新是推动人类社会向前发展的根本动力，也是推动监狱工作不断发展的根本动力。"苟利于民，不必法古；苟周于事，不必循俗。"笔者坚持在习近平新时代中国特色社会主义思想指导下，撰文呼吁"确立监狱工作创新发展目标，应适应时代的要求、符合发展规律、尊重人民意愿。研判当前监狱工作中面临的困难和问题，一定要坚持管理矫正需要，坚持目标导向，坚持问题导向"。[①] 监狱应适应新时代新要求，继续深化改革，重整行装再出发，全面推进监狱工作法治化、规范化、现代化、科学化、信息化、专业化、社会化。做到进一步完善经费全额保障、规范监狱和监狱企业运行、推进监社分开、加强监狱法治建设、规范刑罚执行制度、加强教育改造、创新内部管理、优化监狱布局调整和建设、加强队伍建设等"九个进一步"；构建"全面的监狱法律制度体系、持久稳固的监狱安全防范体系、标准规范的监狱管理体系、鲜明的监狱惩教体系、公正公平的执法体系、全面有力的保障体系、先进的监狱理论科研体系、正规化专业化职业化的监狱警察队伍体系"八大体系。

---

① 李豫黔：《构建我国监狱工作创新发展八大体系研究》，载《犯罪与改造研究》2017年第1期、第2期。

　　笔者全面系统地梳理了监狱工作多年来的重大改革举措及成就经验，如强化监狱内部管理的改革，不断推进刑罚变更执行的改革，持续推进罪犯教育改造改革，推动监狱人民警察队伍建设的改革，系统地阐述了新时代我国监狱改造罪犯的主要做法及成效。一是确保监狱持续安全稳定。二是改造工作的认识不断提高，担当意识进一步增强。三是构建教育改造制度体系。四是创新改造罪犯工作的内容和方式方法。五是不断深化对罪犯的基础教育。六是个别化矫治水平不断提升。七是加强罪犯职业技能培训和出监后与社会的无缝衔接。八是不断推进教育改造工作社会化。尤其是在创新改造罪犯的内容和方式方法方面取得了积极的效果，如严格落实"5+1+1"教育改造模式、深化改造质量和危险性评估、突出心理矫治手段的运用、加强入出监教育、加强教育改造罪犯标准库、案例库、专家库的"三库"建设、完善罪犯教育改造教材体系建设、重视监狱文化的育人功能、不断深化劳动教育等改造新举措。

　　我国监狱收押任务很重，安全监管压力很大，教育管理任务很艰巨。需要我们客观面对、认真研究解决，改进监狱关押模式，探索罪犯教育管理科学化，加强监狱法治建设，修改监狱法，推进监狱管理创新，规范监狱运行，促进刑罚执行公平正义，不断提高罪犯改造质量，进一步提高监狱工作的整体教育管理水平，适应新时代新征程对监狱工作的新要求。

三、实事求是，踔厉奋进

　　习近平总书记在纪念毛泽东同志诞辰 120 周年座谈会上强调"实事求是，是马克思主义的根本观点，是中国共产党人认识世界、改造世界的根本要求，是我们党的基本思想方法、工作方法、领导方法。"坚持和发展实事求是思想路线贯穿于党的百年奋斗理论与实践。

　　中国特色社会主义监狱自诞生伊始，就依据中国国情，坚持在马列主义指导下，实事求是，在红色根据地建设中不断探索改革，特别是自 1978 年改革开放以来，中国监狱经过恢复整顿、持续全面改革，形成了中国特色社会主义监狱制度。1994 年颁布的《中华人民共和国监狱法》① 为其集大成者。"监狱是

---

　　①　注：本书所提的法律名称省略"中华人民共和国"。

国家的刑罚执行机关",监狱以改造人为宗旨,监狱工作目标是"将罪犯改造成为守法公民",规定"监狱的管理人员是人民警察""监狱的人民警察依法管理监狱、执行刑罚、对罪犯进行教育改造等活动""监狱对罪犯应当依法监管,根据改造罪犯的需要,组织罪犯从事生产劳动,对罪犯进行思想教育、文化教育、技术教育"。《监狱法》奠定了监狱法制的基础。自此以后,司法部持续推进了各项改革创新措施,提出了建设现代化文明监狱的战略目标,推行了监狱布局调整、监狱体制改革、信息化建设,推动全面依法治监,强化监狱内部管理、改革刑罚执行、强化教育改造、加强警察队伍建设;组织了基层基础建设年、规范化建设年、改造质量提高年等活动,改革创新罪犯分级处遇、罪犯分类关押分级教育、罪犯心理矫治、罪犯危险性评估、狱务公开、智慧监狱等,不断推进监狱监管、治理、改造效能。

多年来在推进监狱改革的实践中,也时常出现一些有争议的问题,产生不同的认识,有的问题值得高度重视和认真研究。

我们要坚信并树立信心,多数罪犯经过监狱的帮教和自己的努力是可以改造好的,我国监狱长期的改造罪犯实践也充分证明了这一点。改造罪犯是我国《宪法》《刑法》《监狱法》作出的明确规定,是监狱工作的法定任务,也是长期的监狱改造罪犯实践为我国《刑法》、刑事执行法律贡献的重大理论成果。当然要想改造好罪犯,必须讲究科学正确有效的方法,必须付出坚持不懈的努力,必须有正确的法律政策支撑,必须打造良好的改造环境,必须提高监狱干警的改造能力和水平,必须根据每个罪犯的情况采取不同的改造对策方式方法。真正让罪犯看到希望,使其树立生活的信心。正如李斯特所说,矫正可以矫正的罪犯,不能矫正的罪犯不使为害。

我们要看到犯罪及其背后的社会矛盾;要看到监管改造罪犯需要针对罪犯个人及其环境;要看到改造罪犯的艰巨性、复杂性、差异性、反复性;要看到监管改造罪犯的主体除监狱干警外还有国家社会及罪犯家属;要看到监狱罪犯也是改造活动的主体;要看到监管罪犯的规律和社会支持下的局限性;要看到社会的发展规律阶段和改造成本效益性。

针对当前现状和对未来发展的预判期许,多年来笔者紧盯时局和社会发展变化，情怀责任，笔耕不辍，尽心尽力为中国刑事执行、监狱事业思考、出谋划策、躬耕实践，坚持共产党领导下中国监狱改造罪犯的初心和使命、新中国监狱70年改造罪犯的成功发展、中国监狱改革发展40周年回顾与思考、构建我国监狱工作创新发展八大体系等；对新兴的监狱系统论、罪犯矫正策略论通过写序的方式也给予了积极关注和有力指导。刑罚执行方面包括监狱刑罚执行政策、刑罚变更执行制度的基本评价及改革对策、新时期加强刑罚执行理论研究、疫情灾难下监狱刑罚执行的反思、中国刑事执行新论、刑事执行检察的回顾思考及展望、监狱的刑事检察的改革建议等；具体而言包括减刑假释法律适用问题及深化改革建议、减刑假释暂予监外执行的问题与改进、关注加强老年犯罪及服刑改造研究、刑事执行一体化视角下女性罪犯改造及女性工作人员保障等。

中国式现代化，是中国共产党领导的社会主义现代化，既有各国现代化的共同特征，更有基于自己国情的中国特色。我们始终要从国情出发想问题、作决策、办事情，既不好高骛远，也不因循守旧，保持历史耐心，坚持稳中求进、循序渐进、持续推进。我们必须坚持解放思想、实事求是、与时俱进、求真务实，一切从实际出发。党的二十大指出，必须坚持守正创新，必须坚持改革开放。我们从事的是前无古人的伟大事业，守正才能不迷失方向、不犯颠覆性错误，创新才能把握时代、引领时代。推进中国监狱改革，打造中国式现代化的监狱，推进中国监狱工作现代化，必须要按照党的二十大的精神，在中国共产党的领导下，遵从社会主义的原则要求，从我国国情出发，从监狱工作的实际出发，澄清模糊认识，统一思想意志，解放思想，实事求是，踔厉奋发，求真务实，将监狱工作的改革进行到底。

四、自信自强，坚持原则

新时代新征程中国共产党的使命任务是要以中国式现代化全面推进中华民族伟大复兴。中国监狱的现代化不能缺席。全面建设社会主义现代化国家，是一项伟大而艰巨的事业，前途光明，任重道远。党的二十大强调前进道路上必须牢牢把握五项重大原则：坚持和加强党的全面领导、坚持中国特色社会主义道路、坚持以人民为中心的发展思想、坚持深化改革开放、坚持发扬斗争精神。监狱工作者应坚决响应，紧密结合监狱工作实际，一以贯之，具体应做到以下六点：

一是坚持党建引领，创新和改进监狱管理方式。提高党把方向、谋大局、定政策、促改革能力，调动各方面积极性。习近平总书记强调，"必须增强政治意识，善于从政治上看问题""在领导干部的所有能力中，政治能力是第一位的"。监狱是政法机关、政治机关，必须旗帜鲜明地讲政治，自觉地以政治建设为统领，弘扬伟大建党精神，自信自强、守正创新、踔厉奋发、勇毅前行，坚持不懈用习近平新时代中国特色社会主义思想这一创新理论武装头脑、指导实践、推动工作，自觉运用习近平法治思想指导监狱工作改革，为新时代党和国家的监狱事业发展提供根本遵循。监狱工作要善于透过业务看政治，透过问题看责任，透过现象看本质，不断推动监狱系统各级党组织和党员干警正确行使权力，履职担当尽责，把讲政治的要求体现到贯彻落实党的理论和路线方针政策的实际行动上。

二是坚持人民至上，以人为本。民心是最大的政治，人民是党执政兴国的最大底气。秉持中国共产党的本色，坚定不移地相信群众，依靠群众，一切脱离人民的理论都是苍白无力的，一切不为人民造福的理论都是没有生命力的。人民的创造性实践是理论创新的不竭源泉。坚持四项基本原则，坚持改革开放，坚持独立自主、自力更生，坚持道不变、志不改，中国的问题必须从中国的基本国情出发，由中国人自己来解答。坚持把中国监狱事业发展放在自己力量的基点上，把中国监狱改革创新的落脚点放在自己身上，坚持把中国监狱发展进步的命运牢牢掌握在自己手中。以更加积极的历史担当和创造精神推进中国监狱事业发展。监狱干警应把实现人民对美好生活向往作为价值追求，维护监狱安全稳定，努力改造好罪犯，努力做好维护社会稳定的工作，切实解决监狱干警急难愁盼问题，让广大群众获得感成色更足、幸福感更可持续、安全感更有保障。

三是坚持问题导向，目标导向。监狱改革应当围绕问题去改，自觉强化问题意识。始终紧盯监狱系统主要问题的主要方面，从自身问题入手，既不走封闭僵化的老路，也不走改旗易帜的邪路，既不能刻舟求剑、封闭僵化，也不能照抄照搬、食洋不化。要有志气、骨气、底气，不信邪、不怕鬼、不怕压，知难而进、迎难而上。坚持总体国家安全观，统筹发展和安全，安全是发展的前提，发展是安全的保障。全力战胜前进道路上的各种困难和挑战，依靠顽强斗争打开监狱事业发展新天地。

四是坚持法治思维，打造法治监狱。党的二十大报告专章论述、专门部署法治建设，充分体现了以习近平同志为核心的党中央对全面依法治国的高度重视，充分彰显了党矢志不渝推进法治建设的坚定决心，为在法治轨道上全面建设社会主义现代化国家，提供了根本遵循。报告对严格公正司法执法作出重要部署，这对监狱机关提出了新的更高的要求，建设法治中国，必然包含建设法治监狱。监狱工作应当坚持以习近平法治思想为指引，在党的绝对领导下坚定不移地走中国特色社会主义法治道路。报告中提出的"全面推进国家各方面工作法治化"的要求，这当然也包括监狱各项工作法治化的要求。监狱机关要深刻认识严格公正执法，强化监狱管理，提高改造质量等刑罚执行活动，是全面依法治国、建设法治中国的重要一环，是维护社会公平正义的最后一道防线，要进一步提高认识，采取有力措施，坚决把党的二十大关于坚持全面依法治国，推进法治中国建设的重大决策部署落实到监狱的实际工作中去。

五是秉持系统思维，整体观念。监狱工作系统复杂，涉及党建、队建、安全、执法、改造、罪犯生产、罪犯生活卫生医疗等，因而推动监狱改革必须坚持系统思维、整体观念、统筹协调。公正司法是维护社会公平正义的最后一道防线。监狱是维护社会公平正义的最后防线、底线，必须重之又重，慎之又慎。全面推进严格规范公正文明执法，完善行政执法程序和基层综合执法体制机制。强化刑罚执行监督机制和能力建设，全面准确严格落实司法责任制、执法责任制和责任追究制度。深化监狱执法体制和制度机制综合配套改革，加快建设公正高效权威的社会主义刑事执行制度，加大关系群众切身利益的重点领域执法力度，努力让人民群众在每一个司法案件中感受到公平正义，努力严格公正地依法办好每一起减刑、假释、暂予监外执行案件，确保刑罚变更执行的公平公正，不断提高监狱机关的执法公信力。

六是注重协调配合，树牢大局意识。法治监狱是法治国家、法治政府、法治社会的重要组成部分。推进监狱改革，加强平安监狱、法治监狱建设，高度重视监狱在刑罚执行过程中与相关系统单位的协调配合。从大局全局高度出发，按照中央关于司法体制改革的总体要求，不断推进政法机关体制机制改革，规范政法各机关司法执法权力运行，继续健全公安机关、检察机关、审判机关、司法行政机关各司其职、相互配合、相互制约的体制机制。强化对司法执法活动全过程的制约监督，促进司法执法公正。不断促进增进政法机关相互协调、相互支持，在大局下推动政法机关各项工作顺利进行，严格依法履职，为全面依法治国，建设法治中国作出各自应有的贡献。

五、深化改革，狠抓落实

党的十八大以来，习近平总书记高举改革开放旗帜，对全面深化改革提出了一系列重要论断、作出了一系列战略部署，创造性地提出了全面深化改革的总目标是完善和发展中国特色社会主义制度、推进国家治理体系和治理能力现代化。当今世界，变革创新的潮流滚滚向前。变革创新是推动人类社会向前发展的根本动力。谁排斥改革，谁拒绝创新，谁就会落后于时代，谁就会被历史淘汰。

一个时代有一个时代的问题，一代人有一代人的使命。虽然我们已走过万水千山，但仍需要不断跋山涉水。我国监狱工作经过数十年的改革，已经取得了很大的成绩，随着改革不断地向纵深推进，面临的问题越来越难，剩下的都是难啃的硬骨头，矛盾越大，问题越多，越要攻坚克难，勇往直前。改革开放只有进行时，没有完成时。改革由问题倒逼而产生，又在不断解决问题中得以深化。改革进程中的矛盾只能用改革的办法来解决。

改革是一场深刻的社会变革，也是一项复杂的系统工程。推进深化监狱工作改革，必须牢牢把握全面深化监狱改革的正确方向，必须坚持正确的方法论。

一是把握好改革的正确方向。旗帜决定方向，道路决定命运。改革是一场深刻的革命，必须坚持正确方向，沿着正确道路前进。监狱工作的改革最核心的是要坚持党对监狱工作的绝对领导，坚持和完善中国特色社会主义制度，坚持推进国家治理体系和治理能力现代化。我国监狱工作的改革要保持政治坚定性，明确政治定位，有些不能改的必须坚持，有些需要改的必须推进。例如，坚持党的绝对领导，坚持依法治监，坚持监狱工作方针，应当一以贯之。监狱工作改革实践证明，加强党对监狱全面深化改革的集中统一领导，是艰巨复杂的改革工作得以顺利推进的根本政治保证，是深化监狱改革取得成功的关键。必须发挥党总揽全局、协调各方的领导核心作用，必须把准政治方向、政治立场、政治定位、政治大局，坚持走中国特色社会主义法治道路不动摇，坚持党的领导不动摇，确保监狱改革始终沿着正确道路前进。

二是坚持以问题为导向深化监狱改革。中国共产党人干革命、搞建设、抓改革，都是为了解决中国的现实问题。同样，监狱工作的改革，也应当是为了解决监狱工作的现实问题。在部署推进监狱各项改革的过程中，都应秉持强烈的问题意识，无论是制订方案，还是部署推动督促落实，都应把切实解决问题作为目标指向。在制订方案上强调改革是奔着问题去的，解决问题要针锋相对，拿出的方案要有棱角，提出的措施要有针对性。做到抓实问题，开实药方，提实举措。在具体部署推动上，要聚焦主要问题和关键环节，哪里矛盾和问题最突出，就重点抓哪里的改革。

三是坚持以法治思维和法治方式推进改革。习近平总书记强调，凡属重大改革都要于法有据。在整个监狱改革过程中，要高度重视运用法治思维和法治方式，发挥法治的引领和推动作用，加强对相关监狱立法工作的协调，确保在法治轨道上推进监狱改革。在监狱改革实践中，研究改革方案和改革措施，要同步考虑所涉及的立法问题、监狱法律修改问题、刑事执行的立法问题，及时提出立法需求和建议。实践证明行之有效的改革成果要及时上升为法律，实践条件还不成熟、需要先行先试的，要按照法定程序作出授权。对不适应监狱改革发展要求的法律法规制度，要及时修改和废止。

四是坚持顶层设计与基层探索良性互动。加强顶层设计和基层探索，都是推进监狱改革的重要方法。改革在认识和实践上的每一次突破和发展，无不来自人民群众、基层监狱干警的实践和创造。智慧在基层、力量在基层、期盼改革迫切的需求来自基层。顶层设计要注重贯彻落实中央关于司法改革、刑事执行改革、监狱工作改革、政法队伍改革的总体要求。同时，更要鼓励基层解放思想、积极探索。对必须取得突破但一时还不那么有把握的改革，要采取试点探索、投石问路的方法，看准了再稳步推行，这是推进改革一条基本经验。监狱改革是复杂的系统工程，要重视基层的首创精神，鼓励探索，及时总结典型经验，推动面上的改革。以"一马当先"带动"万马奔腾"，在全面深化改革过程中，正是通过既加强宏观思考、顶层设计，也鼓励大胆试验，大胆突破，才能不断把改革推向深入。

五是以钉钉子精神狠抓改革落实。2300 多年前的商鞅变法，之所以影响深远、意义重大，被谭嗣同称之为"两千年来之政，秦政也"，被毛泽东同志赞之为"百代都行秦政法"，其成功的最根本原因，就在于"徙木立信"，狠抓落实。翻开历史卷轴，从春秋管仲改革，到魏国李悝变法，从洋务运动到百日维新等，无论成功推行，载入史册，还是令而不行，无疾而终，都可以从"落实"上找到经验或教训，"为政贵在行，以实则治，以文则不治"。一分部署，九分落实。深化刑罚执行制度改革、监狱改革，已进入一个新的阶段，近年来，党中央已经对司法法改革、刑罚执行改革提出了明确的改革总体要求和方向，同时，监狱实践工作中也面临很多新的矛盾问题，监狱面临的困难问题较多，监狱干警迫切需要解决的问题更多。深化改革将进一步触及深层次利益格局的调整和制度体系的变革，改革的复杂性、敏感性、艰巨性更加突出。能否坚定信心、凝聚力量、攻坚克难，确保各项改革举措落地生根，直接决定着改革成败。改革争在朝夕，落实难在方寸。"天下之事，不难于立法，而难于法之必行。"比认识更重要的是决心，比方法更重要的是落实。只有以"咬定青山不放松"的精神，"乱云飞渡仍从容"的定力，拿出真抓的实劲、敢抓的狠劲、善抓的巧劲、常抓的韧劲，坚持不懈，久久为功，改革的蓝图方能化为现实美景。如果不沉下心来抓落实，再好的目标、再好的蓝图，也只是镜中花、水中月。因此要想深化推进改革，取得成效，必须聚焦聚神聚力抓落实，抓铁有痕，踏实留意，盯住抓，反复抓，直到抓出成效，坚定不移地将改革进行到底。

实践没有止境，理论创新也没有止境。我们坚信有以习近平同志为核心的党中央的坚强领导，在习近平新时代中国特色社会主义思想的指导下，在党的二十大精神指引下，一定会深入推进新时代新征程刑罚执行制度及监狱工作的改革、发展和创新，一定会建立起中国式现代化的刑罚执行模式。一定会持续不断推进监狱工作高质量发展，奋力推进中国监狱工作现代化。

第二讲

以党的二十大精神为指导，学习宣传贯彻宪法，切实做好刑事执行工作①

在当前的形势下，综观国际国内的新形势新变化，现在正面临百年未有之大变局。通过各种新闻媒体，我们可以看到现在世界变化之快、变化之复杂。在这样的背景下，中国共产党胜利且顺利地召开了举世瞩目的二十大，对未来的中国的改革创新发展进行了宏观的规划，指明了发展的前景。新时代、新征程、新变化对监狱工作、对社区矫正工作、对整个刑事执行工作以及对整个政法工作都提出了新的要求。

一、认真学习宣传贯彻党的二十大精神

（一）学、思、践、悟二十大，以行动纲领引领刑事执行

2022年10月29日，《中共中央关于认真学习宣传贯彻党的二十大精神的决定》（以下简称决定）正式下发，要求全党认真学习贯彻党的二十大精神，并提出了要做到"九个深刻领会"的明确要求。通过学习二十大报告，我切身感受到二十大报告蕴含着丰厚的政治分量、理论含量、精神能量、实践力量。

党的二十大报告高举中国特色社会主义伟大旗帜，站在中国共产党百年奋斗和新时代十年伟大变革新的历史起点上，宣示了新时代新征程中国共产党的

---

① 本文根据作者在2022年12月4日，中国政法大学犯罪与司法研究中心举办的"学习贯彻宪法精神 做好刑事执行工作"专题网络视频研讨会上的发言进行整理。

使命任务，开辟了马克思主义中国化时代化新境界，是以中国式现代化全面推进中华民族伟大复兴的政治宣言和行动纲领。

在党的二十大报告中，习近平总书记指出，完善以宪法为核心的中国特色社会主义法律体系，坚持依法治国，首先要坚持依宪治国，坚持依法执政，首先要坚持依宪执政，坚持宪法确定的中国共产党领导地位不动摇，坚持宪法确定的人民民主专政的国体和人民代表大会制度的政体不动摇，更好地发挥宪法在治国理政中的重要作用，维护宪法权威。党的二十大报告中强调，要严格公正司法，公正司法是维护社会公平正义的最后一道防线。要努力让人民群众在每一个司法案件中感受到公平和正义。要规范司法权力运行，健全公安机关、检察机关、审判机关、司法行政机关各司其职、相互配合、相互制约的体制机制。强化对司法活动的制约监督，促进司法公正。

学习二十大报告不是短时间就能学得好的，而是一个长期的过程。当前及今后一段时间，各个部门都应该是把学习二十大报告作为一个长期的政治任务。如何把二十大报告学得更好，我自己体会要做到"三个下功夫"。

第一，要在深学上下功夫。学习一定要踏踏实实静下心来，认认真真地学，坚持原原本本地学、深入持久地学、全面系统地学，融会贯通地学，一定要读二十大报告的原文，新修订的党章，习近平总书记的重要讲话。学原文、悟原理，学习一定要真学真信，入脑入心，不能浅尝辄止。

第二，要在缜思上下功夫。在学习的过程中要紧密结合实际，紧密结合政法的实际、法治工作的实际、刑事执行工作的实际，联系刑事执行面临的各种困难、问题、困惑，包括需要进行学术研究、理论思考的各种问题，对统筹谋划刑事执行的改革和发展的相关的重大问题进行深入思考。

第三，要在笃行上下功夫。笃行，就是要有实际的行动。学习一定要结合实际，联系理论研究，联系刑事执行实际来学，联系监狱社区矫正的实际工作来学，要学以致用，不能学习是一套，干事是另一套，要坚决防止"两张皮"，要做到党建与业务的融合，政治理论学习与业务工作、学术研究的紧密融合。要将学习与思考、促进工作相结合，落实到行动上，体现在实践中，落实在理论研究中，落实到各自的职能中，从而能够更好地促进刑事执行的改革发展，更好地完成党和国家赋予刑事执行机关的职责和任务。

党的二十大报告是对全党的宏观部署和重大要求，是新时代党的政治宣言和行动纲领，内容很丰富。通过学习，结合业务，我着重对三方面进行了认真的思考。一是坚持全面依法治国，推进法治中国建设。二是坚持总体国家安全观，维护国家安全和社会稳定。三是弘扬伟大建党精神，坚定不移全面从严治党。对这三大方面报告内容我进行了重点地学习。通过学习，我感到二十大报告对这三方面提出了明确要求。结合学习二十大的精神，结合刑事执行工作的实践和实际，我们应该自觉地提高政治站位，自觉地提高理论思想水平，自觉地提高法治的思维能力和思考能力，以此来抓好党的二十大精神的学习贯彻；自觉以党的二十大精神为指导，努力维护监狱的持续安全稳定、社区矫正秩序的稳定和社会大局的安全稳定，做到严格规范公正文明执法，着力提高罪犯教育改造质量和社区矫正质量，为在新时代新征程中更好地履行职责，维护国家安全和社会和谐稳定，作出刑事执行机关更大的贡献。

（二）坚持全面从严治党，打造过硬的队伍

要始终坚持全面从严治党，打造过硬的刑事执行队伍。二十大报告强调坚定不移全面从严治党，腐败是危害党的生命力和战斗力的最大毒瘤，反腐败是最彻底的自我革命，只要存在腐败问题产生的土壤和条件，反腐败斗争就一刻不能停，必须永远吹冲锋号。坚持不敢腐、不能腐、不想腐一体推进，以零容忍的态度反腐惩恶。二十大报告以及习近平总书记一系列的关于反腐败的重要讲话中，深刻阐明了坚持从严治党和反腐败斗争的极端重要性，明确提出了新时代新征程推进反腐败斗争的新要求，这是我们打赢反腐败斗争攻坚战持久战的根本遵循。在这伟大的变革的十年中，监狱作为国家的刑罚执行机关，按照中央的要求，在坚持从严治党方面采取了一系列有力有效的措施，取得了明显的成效。从实践来看，监狱作为国家的刑罚执行机关和政法机关，掌握着执法权、管理权、人事权、生产经营权等法定权力，可以说也是政法机关腐败容易发生的地方。从去年中央开展队伍教育整顿来看，先后发生的云南孙小果案、北京郭文思案、山西任爱军案、内蒙古的"纸面服刑"案等重大案件，说明监狱系统反腐败的形势依然严峻。监狱是中国共产党绝对领导之下的法定刑罚执行机关，是政治机关，因而必须坚持不懈的反腐败，必须坚持落实全面从严治党，最关键的是要造就一支讲政治、强法治、永葆青春活力、坚定反腐败的铁军。

一是要深刻认识全面从严治党是党永葆生机活力的必由之路。全面从严治党意义重大，是矢志不渝坚守党的初心和使命的本质要求，是巩固党的长期执政地位的必然选择，是实现中华民族伟大复兴的根本保障。同时这也是保障刑事执行工作、监狱工作、社区矫正工作改革发展顺利进行的首要前提，是提高执法公信力的强力支撑。

二是要深刻认识全面从严治党新时代伟大变革的时代特征。坚持以党的政治建设为统领，确保全党集中统一。在新时代新征程中，要明确全面从严治党在这个时代中主要的特征：全面从严治党要坚持以党的政治建设为统领，确保全党的集中统一；要坚持落实中央八项规定精神不动摇，以钉钉子的精神纠治"四风"，树立新风；要坚持不敢腐、不能腐、不想腐一体推进，与腐败做坚决斗争；要坚持依规治党、纪法贯通，推动制度优势更好地转化为国家治理效能；要坚持深化政治巡视，充分发挥巡视发现问题、形成震慑、推动改革、促进发展的作用；要坚持惩治一切损害群众利益的腐败和不正之风，让人民群众感受到公平正义就在身边；要坚持抓住"关键少数"以上率下，压紧压实全面从严治党的政治责任等。

三是要深刻认识持续推动全面从严治党向纵深发展的必要性、重要性、迫切性。刑事执行机关要自觉坚持不懈地用习近平新时代中国特色社会主义思想凝心铸魂，增强各级党组织的政治功能和组织功能，坚持以严的基调来强化正风肃纪，打铁还得自身硬，要坚决打赢反腐败斗争攻坚战持久战。刑事执行机关，包括监狱和社区矫正部门，应当按照二十大精神的要求，巩固政法队伍教育整顿的成果，清醒认识刑事执行部门面临的反腐败斗争形势，深入持久、坚持不懈、坚定不移地开展刑事执行的反腐败工作，始终不渝地坚持全面从严治党、从严治警、从严治队伍，打造过硬的监狱人民警察铁军，打造清正廉洁的监狱，切实提高刑事执行机关的司法公信力。

（三）全面推进法治建设，建设法治监狱

要全面推进法治建设，建设新时代的法治监狱。党的二十大报告专章论述、专门部署法治建设，充分体现了以习近平同志为核心的党中央对全面依法治国的高度重视。党的二十大报告指出，全面依法治国是国家治理的一场深刻变革，关系党执政兴国，关系人民幸福安康，关系党和国家长治久安。必须更好地发挥法治固根本、稳预期、利长远的保障作用，在法治轨道上全面建设社会主义现代化国家。报告专章阐述了全面依法治国的地位作用、总体要求和重点工作，体现了我们党对中国式现代化规律性的认识不断深化，充分彰显了法治是治国理政的基本方式，是国家治理体系和治理能力的重要依托。刑事执行机关必须坚持以习近平法治思想为指引，在党的绝对领导之下，坚定不移地走中国特色社会主义法治道路。

刑事执行机关要自觉运用习近平法治思想蕴含的立场、观点、方法来研究分析解决刑事执行领域，监狱工作、社区矫正各个部门工作过程中存在的困难和问题，努力构建更高水平的法治监狱和法治社区矫正。

监狱作为国家刑罚执行机关，要深刻认识严格公正执法、强化监狱管理、提高改造质量等工作都是全面依法治国、建设法治中国的重要一环，是维护社会公平正义的最后一道防线。要结合二十大的精神，紧密联系实际，认真思考研究谋划，在加强刑罚执行、加强"减假暂"工作、加强监狱管理、加强罪犯改造工作等方面，如何采取更有力的措施、更明确的思路，更有效的改革办法，把党的二十大精神落实到刑事执行工作中去。

党的二十大发出了"全面推进国家各方面工作法治化"的前进号令。这既是未来五年实现"中国特色社会主义法治体系更加完善"目标任务的应有之义，也是"坚持全面依法治国，推进法治中国建设"工作部署的预期成效和检验标准。"国家各方面工作法治化"这一命题内涵丰富，意义深刻。国家各方面工作法治化，当然包括监狱社区矫正各项工作都要法治化，其主要含义包括刑事执行各项工作各个方面都要纳入法治的轨道，坚持以法治的理念、法治的思维、法治的程序、法治的方式、法治的机制来开展工作，坚持依法执政、依

法行政、依法执法，坚持法定职责必须为，法无授权不可为，在国家工作各方面各环节都增强合法性，在监狱社区矫正各项工作各个环节都增强合法性，减少直至杜绝刑事执行部门违纪违规违法的现象。

（四）坚持总体国家安全观，打造平安监狱

维护国家安全和社会稳定乃国家治理的重中之重。党的二十大报告共有十五个部分，其中第十一部分是"推进国家安全体系和能力现代化，坚决维护国家安全和社会稳定"。这是党的报告第一次把"国家安全"作为单独一章来阐述、来要求，足见党对安全这一国之大事的重视程度达到了空前的高度。可以说"安全"是二十大报告中"人民"与"发展"之后提及率第三高的关键词，在报告中共出现数十次。2014年，习近平总书记就创造性地提出了"总体国家安全观"，提出要统筹发展和安全，提出"安全是发展的前提，发展是安全的保障"。习近平总书记在党的二十大报告中又指出："国家安全是民族复兴的根基，社会稳定是国家强盛的前提。必须坚定不移贯彻总体国家安全观，把维护国家安全贯穿党和国家工作各方面全过程，确保国家安全和社会稳定。"刑事执行机关的工作人员和司法人员都要深刻认识到，如果我们的根基不牢，前提不稳，中国式现代化之路就会面临重大风险和挑战。

监狱和社区矫正的安全、稳定，事关刑事执行的顺利进行，事关刑罚执行的公平正义，事关国家的安全和社会大局的稳定。因此在维护国家安全和社会稳定这一重大任务之面前，监狱责无旁贷，必须将其作为首要前提，头等大事，这也是监狱应当承担的法定职责。刑事执行机关要坚持总体国家安全观，坚持以安全为前提，坚持以稳定为前提，坚持以改造人为宗旨，来确保监狱的安全和改造秩序的稳定。严格公正文明执法，努力提高改造质量，努力使社区矫正对象融入社会并成为社会稳定的一分子。在刑事执行领域坚持总体国家安全观，要打造平安监狱，打造平安的社区矫正秩序，最重要的是把罪犯和社区矫正对象教育改造成为新时代合格守法公民。

二、坚持以宪法为指导，加强刑事执行法律研究

学习宪法、宣传宪法、落实宪法应该是法律人的基本使命。现行宪法颁布

40年，也是我们法律人同步学习、同步成长的历程，同样的感悟很多。应该说40年在历史长河中是很短暂的，在个人的生涯中却是难以忘怀的经历。现行宪法的40年，时光悠悠、征途迢迢、历程艰辛、成就辉煌。监狱工作同样是这样。

（一）对宪法的再学习和再理解

宪法是国家的根本法，是治国安邦的总章程，是党和人民意志的集中体现。它具有最高的法律地位、法律权威、法律效力，其具有根本性、全局性、稳定性和长期性。"宪法的生命在于实施，宪法的权威也在于实施"。宪法是政治性特别强的法律，所以学习宪法首先要讲政治，这不能也不用回避。在我们国家，宪法是取得胜利、掌握国家政权的阶级的意志的体现。坚持依宪治国、依宪执政是习近平法治思想的核心要义。宪法是中国共产党治国理政领导人民取得经济快速发展和社会长期稳定两大奇迹的法治保障。

要认真对现行宪法进行反复学习、深刻领会，自觉以宪法的精神来指导刑事执行工作，切实增强宪法意识，遵循宪法至上。为了准备今天的课，我把宪法又拿出来学了两遍，将其中几条结合刑事执行工作，感到仍然缺乏对其准确深刻的认识，需要请相关的专家学者及大家进一步共同认识领悟，如宪法规定了中国共产党领导，宪法明确规定了在习近平新时代中国特色社会主义思想指引下，应做到三个坚持，坚持人民民主专政、坚持社会主义道路、坚持改革开放。现在人民民主专政很少有人提了，这是宪法的明确规定。宪法明确规定，"阶级斗争还将在一定范围内长期存在"。我想跟大家讨论一下，这个"阶级斗争"指的是什么？"一定范围"是什么？是多长期限？什么范围？学习理解宪法，首先要准确定义，刑事执行机关算不算"一定范围"？监狱算不算"一定范围"？监狱中的危害国家安全犯和恐怖犯算什么性质？算不算"一定范围的阶级斗争"？大家可以讨论，我认为"阶级斗争还将在一定范围内长期存在"这种观点可以用于监狱。再有，宪法明确规定"实行依法治国，建设社会主义法治国家"。依法治国，建设社会主义法治国家，是党的主张、党的要求，是宪法的要求，宪法是管所有国家机关单位和全体公民的。中华人民共和国公民或者单位或企事业、组织团体、高等院校都必须自觉地学习贯彻落实宪法。联想到这些要求，刑事执行机关到底做得怎么样？在工作中有没有违反宪法的行为？宪法的规定我们做到了没有？没做到怎么办？我觉得这些都是需要认真研究的。我们应该从宪法实施过程中切身感受到，宪法守护着我们每一个人，守护着我们祖国每一寸土地，保护着每一位公民，呵护着每一刻美好。我们学习宪法，到弘扬宪法的精神，维护宪法的权威，让宪法成为我们共同的信仰。同时，宪法规定"国家维护社会秩序，……惩办和改造犯罪分子"，宪法规定"国家尊重和保障人权""全国各族人民、一切国家机关和武装力量、各政党和各社会团体、各企业事业组织，都必须以宪法为根本的活动准则，并且负有维护宪法尊严、保证宪法实施的职责。""一切违反宪法和法律的行为，必须依法追究"等宪法规定，学习、理解、执行得怎么样？总之，学习宪法应联系实际，落实到实际工作中去，要不断地再学习再认识再理解。

（二）以习近平法治思想指导刑事执行工作

要自觉坚持以习近平法治思想指导刑事执行工作。习近平法治思想是刑事执行工作的行动指南和根本遵循。习近平法治思想博大精深、内容丰富，我们在学习时，要自觉地在监狱管理中、在社区矫正工作中联系实际来学，学原文、悟原理，增强学习的自觉性、深刻性、主动性。习近平总书记在 2019 年 1 月中央政法工作会议上明确强调，要坚持党对政法工作的绝对领导，坚持以人民为中心的发展思想，加快推进社会治理现代化，加快推进政法领域全面深化改革，加快推进政法队伍革命化、正规化、专业化、职业化建设，保持经济健康发展和社会大局的稳定。我们一定要在刑事执行具体的工作中，增强学习的自觉性，深刻领会习近平法治思想蕴含的坚定的理想信念、鲜明的正确导向、深远的战略思维、强烈的历史担当、真实的人民情怀、科学的思想方法，真正做到领悟所有概念的要求，切实拥护"两个确立"，做到"两个维护"，不断提高政治判断力、政治领悟力、政治执行力。

（三）准确厘清刑事执行的基本概念

刑事执行相关的概念需要进一步厘清内涵和外延。我感到在实践工作中、在理论研究中，以及在法律政策研究中，有些法律基本概念一直到现在没有搞清楚，没有弄明白，更没有形成统一的认识。

第一类概念，如我上面讲到的宪法规定的"惩办和改造犯罪分子"，改造犯罪的理由和根据是什么；为什么要改造；改造哪些人；社区矫正对象到底算不算犯罪分子，为什么就不能谈改造；"使其顺利融入社会，预防和减少犯罪"的实质内容是什么。我们要好好地研究这些问题，现在国门打开，西方的矫正和矫治等法治理念涌入，现在不少学者都愿意提矫治、矫正而不提改造，我认为这些不是小问题，不能含糊。我认为刑罚执行工作中就要坚持宪法的原则，坚持提"改造犯罪分子"这个概念。

第二类概念，刑事司法包括什么，它的内涵和外延是什么。前段时间我看了有关刑事司法的一些文章，看了以后我都没看明白这些问题，文章对"刑事司法"等基本概念都没说清楚。刑事司法是否包括刑事执行；比如，相关的"刑事法律"的概念是什么；"刑事执行"包括哪些。我认为监狱是刑事执行的主体，监狱服刑人数最多、规模最庞大、管理人员最多、执行时间最长，在新中国刑事执行有 70 多年历史。同时，刑事执行当然还包括法院的部分刑事执行、公安机关的部分刑事执行。现在有观点说社区矫正不是刑罚执行，那究竟是什么？

第三类概念，刑法的目的到底是什么。国家预防和打击犯罪分子，公、检、法从侦查、起诉到审判最终要追究犯罪分子的刑事责任，那么实施刑罚最后的目的是什么，这是刑法的目的问题。此外，还有刑罚的目的，罚就是惩罚的罚，刑罚是最严峻的惩罚手段，刑法和刑罚最终要达到什么目的，是把罪犯都投入监狱吗，是要把罪犯都长期关押下去吗，《中华人民共和国刑法》中为什么要规定"减刑制度、假释制度"，其作用和意义是什么，刑罚仅是单纯的惩罚关押吗，"预防和减少犯罪"的刑法目的到底怎么实施。

第四类概念，刑事执行的目的是什么，监狱工作的目的是什么，社区矫正的最终目的是什么。我觉得这些基本概念和问题需要认真研究。另外，如社区矫正的目的与性质等，都需要进一步研究。要明确监狱执行机关的"三定"：定位、定性、定责，我们是否明确了"三定"。监狱的职能任务概括地讲，就是安保、执法、改造，社区矫正的职责通俗地讲，就是监督管理、教育帮扶。这些基本的概念，以及概念的内涵外延，需要下决心逐步进行认真的研究和探讨，梳理清楚，最终形成共识。

（四）自觉贯彻现行宪法的要求，结合刑事执行工作实际抓好落实

要自觉贯彻落实现行宪法的要求，结合刑事执行工作的实际抓好落实。《监狱法》和《社区矫正法》就是依据宪法而制定的，就是贯彻宪法的成果。为此，当下的刑事执行工作就是要坚定不移地、全面认真地严格执行《监狱法》和《社区矫正法》。尤其是 1994 年 12 月颁布的《监狱法》，到现在已有二十九年了，修订《监狱法》当然有必要，但更重要的是现在要进一步全面认真落实。例如，《监狱法》中武装警戒、追捕权限、分押分管、离监探亲、劳动报酬、罪犯生活保障和医疗保障等规定，要持续抓紧抓好落实。法律的生命在于实施，法律的权威也在于实施。坚持依法治国，建设社会主义法治国家，当然包含依法治监，建设社会主义的法治监狱和法治社区矫正，要按照宪法的规定去研究贯彻落实"惩办和改造犯罪分子"。要尊重和保障人权。在司法实践中如何保障罪犯的合法权益和社区矫正人员的合法权益，从观念上、理念上、学术上、政策上、措施上进一步进行研究。而且，我们要坚信"惩罚和改造相结合，教育和劳动相结合"，这是《监狱法》的明确规定。实践中就是要坚持这样的原则，这些原则是从我国几十年司法实践中总结出来的，要坚持"以改造人为宗旨"的方针不动摇，要相信人是可以改造的，要坚持实施正确的科学方法，多数罪犯经过努力是可以改造的等。学习贯彻宪法要落实在工作中，学习宪法不能纸上谈兵，一定要解决实际问题，要解决刑事执行面临的难点热点问题，要敢于亮剑，敢于争议，敢于表明自己的观点。

三、刑事执行工作取得的新成效新经验及面临的新挑战

党的十八大以来刑事执行工作取得了新的成效，积累了新的经验，同时也面临新的挑战。

（一）刑事执行工作的新成效

监狱工作十年新成效：

第一，以政治建设为统领，监狱政治工作得到了不断的加强。广大监狱干警政治意识增强，政治站位提高，政治的判断力、领悟力和执行力全面增强，成为党和人民完全可以放心的忠诚卫士。

第二，监狱法律制度不断完善，法治化的进程不断深化。以《监狱法》为核心的相关法律法规制度逐步健全，监狱各项工作基本做到了有法可依、有规可循。

第三，监狱实现了持续安全稳定，为维护国家和社会大局的稳定做出了特别贡献。可以说现在中国的监狱是世界各国最安全的监狱之一。我国这么大的国家，监狱基本实现了长期无重大脱逃、无重大案件、无重大暴狱骚乱，监狱改造秩序长期稳定。很多省的绝大多数监狱实现了长达十几年罪犯零脱逃。

第四，监狱的规范化管理水平不断提高。监管改造的秩序长期持续稳定，是基于监狱管理不断得到强化，监狱管理的规范化水平不断提高。

第五，刑罚变更执行工作不断强化，执法工作更加严格规范公正。严格公正执法意识全面加强，刑罚变更执行制度更加严密完善，减刑、假释、暂予监外执行工作经过队伍教育整顿得到全面的加强。监狱执法公信力得到了全面的提升。

第六，教育改造工作不断强化。十年来监狱教育改造工作不断强化，罪犯改造工作受到重视，教育改造的理念、方法、手段不断创新，罪犯改造质量稳步提高，为社会输送了更多守法公民和有用之才。

第七，监狱改革不断推进。监狱体制改革、监狱布局调整、监狱信息化建设、监狱规范化管理等各项改革工作不断深化并取得明显成效。

第八，监狱的改造实力和保障能力逐步增强。狱政设施、装备建设全面提升，科技应用能力增强，监狱经费逐年增加，警力编制进一步增加，为监狱维护安全和改造罪犯提供有力支撑。

第九，干警队伍综合素质全面提升。坚持从严治警、从优待警、依法治警，干警执法监管改造的水平和能力得到了提升。

第十，监狱的理论研究、教学科研和对外宣传交流都取得了比较明显的成效。司法部、中国监狱工作协会、司法部预防犯罪研究所、中央司法警官学院，相关政法大学及法学院，各省监狱局、各监狱工作协会，都长年坚持重视监狱理论研究和宣传工作，注重理论思考，理论研究、教学科研，出版各种有关监狱的报纸杂志，开各种研讨会，扩大了监狱工作影响，取得了较好的社会效果。

社区矫正工作新成效：

司法部主管指导开展社区矫正近二十年，为社区矫正工作提供了最有力的直接保障，通过大量卓有成效的工作，不断推进社区矫正的改革发展，并取得了明显的成效。

第一，国家《社区矫正法》颁布实行。从全世界来看，实行社区矫正的国家立法是十分不容易的。这也彰显了我们国家对法治工作的重视，对社区矫正工作法治的重视。同时颁布《社区矫正法》后，司法部持续不断地广泛宣传社区矫正法律。

第二，组建社区矫正专门机构。在司法部的高度重视和强力推动下，全国较普遍成立了社区矫正专门的机构。司法部设立专门的社区矫正局，具体主管指导全国的社区矫正工作。各省、区、市、县、乡镇都成立了各级社区矫正委员会，村一级村委会、社区、居委会都有社区矫正小组，开始不同程度地开展相关工作。

第三，理顺相关部门配合协作关系。政府各部门尤其是人民法院、人民检察院、公安机关、监狱机关等在社区矫正运行过程中的地位作用及其衔接配合关系逐步理顺。经国务院、中政委同意，公检法司联合出台了《社区矫正实施办法》。社区矫正运行工作中，各部门的权责得到了明确，关系进一步理顺，有效地推动了社区矫正过程顺利开展。

第四，智慧矫正工作得到了加强。社区矫正的信息化建设稳步开展，社区矫正的硬件建设和软件建设得到加强，社区矫正与政府、政法各机关的网络连接日益增强，有效地提升了社区矫正工作质量。

第五，依法对社区矫正对象监督管理、教育帮扶。尤其是分类管理和个别化矫正的格局基本形成。

第六，社区矫正持续安全稳定。全国社区矫正工作稳定，矫正秩序良好，尤其是经受了疫情期间的严峻考验，为维护社会大局的稳定作出了特殊的贡献。

第七，社区矫正对象的再犯罪率很低。相关资料显示，我国社区矫正对象经过监督管理、教育帮扶和改造，再犯率始终控制在0.2%以下，充分体现了促进社区矫正对象顺利融入社会，预防和减少犯罪，帮助其成为守法公民的立法目的和工作目标。

第八，社区矫正工作保障不断增强。通过多方的重视和努力，社区矫正经费不断增加，社区矫正的工作条件不断改善，社区矫正法规制度逐步完善。

第九，社区矫正专业队伍在不断加强。通过多方不断的努力，近几年社区矫正的队伍建设不断增强，包括社区矫正专业人员、志愿者队伍、社会帮扶力量都不断地得到加强，树立了社区矫正新形象。

在改造罪犯、促进社会稳定方面，近几年我国监狱工作取得了新的成效。例如，2022年12月1日，北京市监狱局对外召开新闻发布会，充分展示了北京监狱系统近些年来通过建章立制等顶层设计、人才建设和教材建设、分类教育、文化技术教育、初中级教育等改造措施，有效改造罪犯，以向社会回送守法公民为目标，大力推进科学改造体系建设。以北京市为例，在加强罪犯改造方面采取了一系列措施，取得了明显的成效。北京市监狱系统推行改造评估，5年来各监所动态开展各类评估达34万余人次，为罪犯的日常管理、罪犯改造和释放衔接提供了科学依据。再如，北京市监狱系统引进了23个创业培训项目，包括服装设计、车辆修理、中西面点、养老护理等，累计培训8641人，其中8625人通过考核并取得了技术证书，合格率达到99.8%，为罪犯释放后顺利融入社会奠定了基础。这些都说明监狱改造的成效。全国很多省监狱都特别重视加强罪犯改造工作，为促进社会的稳定方面作出了特别重要的贡献。

（二）刑事执行工作的新经验

刑事执行工作所取得的上述新成效的主要经验表现为：

第一，坚持党对刑事执行工作的绝对领导。这是我国刑事执行工作得以顺利发展的根本保证。

第二，坚持人民至上。一切以人民利益为重，以人民满意为最高标准。

第三，坚持刑事执行工作应该服从和服务于党和国家的大局。

第四，坚持不断强化刑事执行机关自身职能的履行，即全力维护安全稳定、严格公正文明执法、提高教育改造质量。

第五，坚持不断深化监狱和社区矫正工作的改革创新。

第六，坚持打造过硬队伍。从严治警，从优待警，不断提高监狱干警、社区矫正队伍的履职能力。

(三) 刑事执行工作的新挑战

一是刑事执行工作面临的共同挑战和风险。

第一，监狱在押服刑罪犯和社区矫正对象的基数庞大，构成十分复杂。全国社区矫正对象共计 70 万人左右，监狱押犯共计 170 万人左右。这么庞大的关押改造对象，要依法管理好，压力是巨大的。同时，各种罪犯的构成十分复杂，监管的任务很重，管理的难度很大。

第二，现在对监狱和社区矫正管理的标准更高、更具体、更细致。

第三，执法的难度更大。当前监狱执法工作面临诸多困难，如监狱工作长期面临的保外难、释放难、死亡处理难的"三难"问题难以解决，严重困扰监狱正常执法工作。在减刑假释实质化审理的规定出来以后，许多干警现在实际工作不适应，能力跟不上要求。例如，监狱工作迫切需要的"三个评估"，即危险性评估、风险性评估，改造质量评估等方面的工作差距还很大，本领恐慌、能力不足。

第四，执法管理的要求更严。现在对基层监狱的要求更加严格，考核的指标更加严格。例如，要求罪犯零脱逃、执法零违纪、工作零差错，有些指标脱离实际，这些要求确实需要再认真研究考虑。

第五，执法监管的风险更多。现在刑事执行的风险无处不在，监狱、社区矫正的风险很多很大。不少监狱干警、社区矫正工作人员都感到担忧，不敢大胆执法监管，担心追责。

第六，执法管理的责任更重。监狱社区矫正机关要担负更加重要的执法责任、监管责任、改造责任。

二是监狱工作所面临的新挑战和风险。

第一，确保监狱安全的新压力。现在许多地方对监狱安全提出了比以往更高更严的要求，要求确保万无一失、确保零脱逃、确保零事故、确保零死亡。监狱干警为了全力维护监狱安全稳定，承受了很大的责任和压力。

第二，队伍教育整顿严格规范减刑、假释、暂予监外执行的执法新要求。

第三，教育改造罪犯的新情况。不少监狱工作的目标现在仅是不出事，什么叫不出事？监狱不出事，放出去的人出事怎么办？监狱如果没有教育改造好罪犯，难道一点责任都没有吗？

第四，队伍建设面临的新问题。现在许多监狱一线警力很不足，难以正常开展工作。基层干警队伍中有的能力不足、能力不适应、观念不适应，有的监狱保障不够有力，有的干警不尽责、不尽心、不担当，当然这是少数个别干警，但这种影响很不好。

三是社区矫正面临的挑战和风险。

第一，社区矫正机构队伍建设滞后。机构队伍的建设前面我已提到，但在实际运行中，有的社区矫正委员会只是挂了个牌子，人员和力量薄弱，很多都是委托司法所在做，司法所本身就面临编制人员严重不足的问题。现实中，专门做社区矫正工作的专门人员就更少，实际工作是很难的。

第二，社区矫正执法标准不统一。各地对《社区矫正法》的理解、具体执行的标准差异较大，各有各的理解，执法标准不统一。

第三，监管的力度不足。包括社会力量参与社区矫正工作不充分，基础保障不完善，社区矫正工作的规范化、信息化水平有待加强。

第四，教育矫正的质量尚待提高。社区矫正教育缺乏专职人员、专门的教材，专职人员有的没有能力教，也没有职业资格证书，这些都是大问题。

第五，社区矫正专业队伍不足。队伍专业能力的不适应，包括社区矫正的编制、经费、装备保障的不足。

第六，社区矫正理论研究支撑不够。社区矫正一些基本的问题没有弄清楚，更没有达成共识，许多基本的理念、基本学术问题、认识问题都还有待再进一步的深入研究、统一思想认识。例如，社区矫正的刑罚化、社区矫正的警务化、社区矫正的精细化等。社区矫正实践过程中有些部门简单地学习监狱管理教育的做法，有的社区矫正学习监狱的管理精细化、规范化、严格化，如果这样那社区矫正和监狱还有什么区别。怎么做出非监禁刑、社区矫正自身特色，现在还有待深入研究。

四、自信自强，稳步统筹推进刑事执行工作

新中国七十年刑事执行工作，在党的领导下，经过一代又一代的干警不断地奋发、不断地努力、不断地斗争、不断地改革，探索到了一套具有中国特色的改造罪犯的方式方法、政策以及法律法规制度。监狱对罪犯改造的成果也是显著的。社区矫正工作近二十年的实践探索，《社区矫正法》这两年的实践成果也是值得肯定的，所以说我们要坚定自信，牢固树立信念，在改革开放的新时代，更要树立制度自信、文化自信、措施自信，要始终坚持宪法确定的中国共产党的领导地位不动摇，要始终坚持人民民主专政的国体和人民代表大会制度的政体不能动摇。党的二十大提出了全面建设社会主义现代化国家，这是一项伟大而艰巨的事业，前途光明，任重道远。我们在学习党的二十大精神的过程中要认识到，前进的道路上必须牢牢把握"五项重大原则"，即坚持和加强党的全面领导，坚持中国特色社会主义道路，坚持以人民为中心的发展思想，坚持深化改革开放，坚持发扬斗争精神。

刑事执行机关，必须要按照"五项重大原则"结合实际给予坚决的响应，紧密结合刑事执行的实际予以贯彻。具体考虑应做到六个方面：

（一）要始终坚持党建引领，创新刑事执行的方式

刑事执行机关应当提高党把方向、谋大局、定政策、促改革的能力，调动各方面的积极性。习近平总书记强调，"必须增强政治意识，善于从政治上看问题""在领导干部的所有能力中，政治能力是第一位的"。刑事执行工作要善于透过业务看政治，透过问题看责任，透过现象看本质，不断地推动刑事执行机关各级党组织和党员干警正确行使权力，履职担当尽责，把讲政治的要求具体地落实到贯彻落实党的理论路线方针政策的实际行动上。

（二）要坚持人民至上，确保底线安全，落实治本安全

民心是最大的政治，人民是党执政兴国的最大底气，秉持中国共产党的本色，坚定不移地相信群众、依靠群众，一切脱离人民的理论都是苍白无力的，一切不为人民造福的理论都是没有生命力的。人民的创造性实践是理论创新的不竭源泉。中国的问题必须从中国基本国情出发，中国的刑事执行问题必须从中国刑事执行工作实际出发。要坚持把中国刑事执行的事业发展放在自己力量的基点上，把中国监狱的改革创新落脚点放在自己身上，坚持把中国刑事执行发展进步的命运牢牢掌握在自己手中，以更加积极的历史担当和创造精神推进中国刑事执行事业的发展。

刑事执行首要的任务是什么？就是要确保底线安全，包括思想意识阵地的底线安全、公正执法的底线安全、监管工作的底线安全。安全稳定要做到守土有责、守土担责、守土尽责。同时还必须按照法律的要求，按照党和政府的要求着力提高改造质量，将罪犯改造成为守法公民，将社区矫正对象融入社会，助力预防和减少犯罪，落实治本安全，全力维护社会大局的安全与稳定。我想这就是要真正做到使广大人民群众获得感的成色更足，幸福感更可持续，安全感更有保障。

（三）要坚持问题导向，统筹发展和安全

刑事执行的改革一定要坚持问题导向，要围绕实践中的问题去改，自觉地强化问题意识，要始终紧盯刑事执行工作部门，包括监狱、社区矫正的主要问题的主要方面，从自身问题入手，既不走封闭僵化的老路，也不走改旗易帜的邪路。既不能刻舟求剑也不能照抄照搬、食洋不化。要知难而进，迎难而上，坚持总体国家安全观，统筹发展和安全，统筹管理与教育，清醒地认识到安全是发展的前提，发展是安全的保障。

（四）推进法治监狱建设，加强依法治监

党的二十大报告专章论述、专门部署了法治建设，充分彰显了党中央对全面依法治国的高度重视，也为依法治监，建设法治监狱提供了根本遵循。党的二十大报告对严格执法和公正司法作出了重要的部署。这些部署对刑事执行机关提出了新的更高的要求。建设法治中国必然包含建设法治监狱、法治社区矫正。要自觉增强法治思维，提高法治意识，采取法治方式，按照法律规定持续推动刑事执行工作的落实，坚定持续推进法治监狱建设。刑事执行机关应当坚持以习近平法治思想为指引，全面推进监狱和社区矫正各项工作法治化。

（五）要秉持系统思维，树立整体观念

刑事执行工作包括监狱、社区矫正。监狱工作系统复杂，它涉及监狱的政治建设、业务建设及队伍建设的改革等，因而推动这些改革必须坚持系统思维，树立整体观念，统筹协调推进。监狱、社区矫正都是维护社会公平正义的最后防线和底线，必须重之又重，慎之又慎。要全面推进严格规范公正文明执法，推行落实司法责任制、执法责任制和责任追究制，深化刑事执行体制、机制和制度的配套改革，建设公正、高效、权威的社会主义刑事执行制度，努力让人民群众在每一个司法案件、每一个事件处理中，感受到公平正义，努力严格依法办好每一起减刑、假释、暂予监外执行案件，确保刑罚变更执行的公平公正，不断提高刑事执行机关的执法公信力。

（六）注重协调配合，增强大局意识

推进刑事执行的全面深化改革，不能东一榔头西一棒子，要突出改革的系统性、整体性、协同性。法治监狱是法治国家、法治政府、法治社会的重要组成部分，推进监狱、社区矫正的改革，加强平安监狱、法治监狱建设，要高度重视刑事执行机关在刑罚执行过程中与相关系统单位的协调配合，要从大局和全局的高度出发，按照中央关于司法体制改革的总体要求，不断推进政法机关、刑事执行机关体制机制改革，规范政法各机关司法执法权力的运行。要按照党的二十大提出的健全公安机关、检察机关、审判机关、司法行政机关各司其职、相互配合、相互制约的体制机制。

除了稳步统筹推进刑事执行工作，今后监狱工作的发展目标应该是实现"十个进一步"。

一是进一步强化党的政治建设的统领，坚持党对监狱工作的绝对领导。

二是进一步完善监狱经费全额保障机制，健全财务支出科目，提高保障标准，建立监狱财政经费动态增长机制。

三是进一步深化监狱体制机制制度的改革，重点推进监企分开，全面推进监狱和监狱企业工作规范运行。

四是进一步深入推进监社分开，重点要解决那些偏远监狱办教育、办社会、办医疗的问题。

五是进一步加强监狱的法治建设，加快修订《监狱法》，对监狱制度进行规范，完善监狱体制改革配套规章制度和相关的政策法规。

六是进一步规范完善监狱刑罚执行制度，严格公正文明执法，依法保障罪犯的合法权益，提高刑罚执行的公信力。

七是进一步加强教育改造罪犯工作，创新改造的观念、方法、手段，提高改造的针对性和有效性，加强罪犯改造工作的规范化、个别化、社会化、科学化，推进改造质量评估，着力提高改造质量。

八是进一步加强和创新监狱内部管理，不断提高监管工作的水平，实现监狱管理的标准化、规范化、法治化、精细化。全面落实监狱的分级分类分管、离监探亲、罪犯劳动报酬等制度。落实对罪犯危险性评估。始终坚持严格管理、依法管理、文明管理、科学管理、直接管理。

九是进一步推进监狱建设和布局调整，提高监狱的科技装备和信息化水平。

十是进一步加强监狱人民警察队伍建设，不断提高队伍建设的革命化、正规化、专业化、职业化。打造过硬的监狱人民警察队伍。

通过持续不断加强和创新监狱治理，努力建设执法严明、管理规范、改造有效、保障有力、安全文明的社会主义现代化监狱，更好地确保监狱持续安全稳定，履行维护社会大局稳定、促进社会公平正义、保障人民安居乐业的职责和使命。

对于进一步加强社区矫正工作，有如下六个方面的建议：

第一，严守社区矫正安全稳定的底线。进一步严格落实各方的管控责任，管控措施，加强风险评估和应急处突。社区矫正的特点是没有围墙，首先要管得住，如果管不住还帮扶什么，教育什么，因此要管住、管好，否则会给大局添乱、给社会添乱，人民会不满意，群众的安全感得不到保证。

第二，要继续深入坚定地去抓《社区矫正法》的落实。落实的时候重点要聚焦社区矫正的机制、体制、机构、队伍、社会力量参与、职业保障等。

第三，要继续加强社区矫正执法管理的标准化、规范化建设。

第四，要提高社区矫正工作的规范化、精细化的教育矫治水平和能力，加强对社区矫正对象的分类管理、个别矫正、个别教育帮扶。

第五，继续推进社区矫正管理的智能化建设和智慧矫正的建设。

第六，要大力推进社区矫正的队伍建设，打造一支党和人民信任和放心的革命化、正规化、专业化、职业化的社区矫正队伍，充分运用社会力量来参与社区矫正工作，走出一条有别于监狱执法改造的路子，创造出自身的特色。

五、加强刑事执行理论政策研究，深入推进刑事执行改革

（一）高度重视、宣传刑事执行的法理研究和实务工作的重要作用

要通过刑事执行实务部门自身的努力工作，通过今天会议在座的以及各方面的专家学者，还有实践工作者，对刑事执行工作进行认真研究，采取多形式、多方法主动宣传、善于宣传，尤其是要向立法、政法、财政、组织人事等有关部门及领导重点汇报宣传。要充分认识刑事执行理论研究、改革创新、宣传工作的重要性、紧迫性。要上下一心，团结协作，实务工作者与学术工作者互相团结，互相理解。要培养大量的专业化的刑事执行队伍。在这方面教育要担当重任，我国的政法大学、法学院，包括北京大学、清华大学、中国政法大学、西南政法大学、中央司法警官学院等，应当带头重视刑事执行的教学科研，设立刑事执行专业院系，培养刑事执行专业的本科生、研究生、博士生。据了解，国内现在已有六七所大学设立了专门的刑事执行专业，如上海政法学院、甘肃政法大学、浙江警官职业学院等，但是这些还远远不够。刑事执行专业改造人

是最难的事，涉及法学、教育学、社会学、监狱学、心理学、管理学等多学科。这方面可以参考国外的一些做法。国外制定刑事执行法的国家有俄罗斯、法国、德国、瑞典、丹麦，这些国外的刑事执行法律对我们来说是一个很好的参考，要系统地进行比较法研究，通过研究《监狱法》的修订，促进刑事执行法的创立。党的十八届四中全会文件明确提出了"统一刑罚执行体制"的具体要求，这都为我国刑事执行工作指明了改革的方向。

（二）牢牢把握改革的正确方向，勇于担当，解决难题

党的十八大以来，习近平总书记高举改革开放的旗帜，对全面深化改革提出了一系列重要论断，作出了一系列战略部署，创造性地提出了全面深化改革的总目标是完善中国特色社会主义制度，推进国家治理体系和治理能力现代化。

监狱、社区矫正以至整个刑事执行工作的改革，最核心的是要坚持党对刑事执行工作的绝对领导、坚持党对刑事执行工作改革的统一领导。不走偏，不反复，行稳致远。坚持完善中国特色社会主义的法律制度，走中国特色社会主义的法治道路。在改革过程中要保持监狱改革的政治坚定性，明确政治定位，有些不能改的必须坚持，有些需要改的必须推进。例如，坚持党的绝对领导，坚持依法治监，坚持监狱工作方针，应当一以贯之地坚持下去。党的十八届四中全会提出"统一刑罚执行体制"的改革要求，涉及各部门的利益，公检法司的部门都有涉及，具体将涉及司法资源的重新调配，利益格局的调整。这更需要党的统一领导、统一协调，必须发挥党总揽全局、协调各方的领导核心作用。

共产党人干革命、搞建设、抓改革都是为了解决中国的现实问题，同样监狱工作的改革也应当是为了解决监狱工作的现实问题，在部署推进监狱、社区矫正各项改革的过程中，应当秉持强烈的问题意识，无论是制订方案还是督促落实，都应当把切实解决问题作为目标指向。在制订方案上强调改革是奔着问题去的，解决问题要针锋相对，拿出的方案要有棱角，提出的措施要有针对性，做到抓实问题、开实药方、提实举措。在具体部署推动上，要聚焦主要问题和关键环节，哪里矛盾和问题最突出就重点抓哪里的改革。

（三）坚持以法治思维和法治方式推进改革

习近平总书记多次强调，凡属重大改革都要于法有据。在整个刑事执行改革过程中，要高度重视运用法治思维和法治方式，发挥法治的引领和推动作用。加强对相关刑事执行立法工作的协调，确保在法治轨道上推进改革。修改《监狱法》，推动《社区矫正法》的落实和完善，研究制定《刑事执行法》。在研究改革方案和改革措施的同时，要同步考虑立法的问题，如《监狱法》修改问题，刑事执行的立法问题，要及时提出立法的需求和建议，要坚持依法立法、民主立法、公开立法。《监狱法》的修改要广泛听取广大监狱工作者、法治工作者的意见，广泛听取相关专家学者的意见，广泛听取相关部门的意见。监狱法律修改要紧密联系实际，切实解决实践中难以解决的重大疑难问题。要准确把握刑事执行实际执法司法工作者的共同期盼。实践证明，行之有效的改革成果要及时上升为法律，条件还不成熟的，需要先行先试的，要按照法定程序作出授权，对不适应刑事执行改革发展要求的法律法规制度，要及时地修改和废止。

（四）坚持顶层设计与基层探索良性互动推进刑事执行改革

加强顶层设计和基层探索，都是推进刑事执行改革的重要方法。改革在认识和实践上的每一次突破和发展，无不来自人民群众、基层的刑事执行的干警的实践和创造。智慧在基层、力量在基层，期盼改革最迫切的需求来自基层。顶层设计的改革要注重贯彻落实党的二十大精神，贯彻落实党中央关于政法改革、刑事执行改革、监狱改革的总体要求，近几年中央关于刑事执行改革的总体要求已经写进了党的十八届三中、四中全会文件中。刑事执行改革这些要求都是顶层设计方面的，需要抓紧进行全面系统研究，逐一落实。同时，更要鼓励刑事执行的基层干警转变观念、提高认识、统一思想，积极探索改革，问计于基层，直接听取基层对改革的想法和意见。对必须取得突破但一时还不那么有把握的改革，要采取试点探索、投石问路的方法，看准了再稳步推开，这是改革的一条基本经验。刑事执行改革是一项复杂的系统工程，需要统筹兼顾、系统谋划、整体推进。要重视基层的首创精神，鼓励探索，及时总结典型经验，推动面上的改革，以"一马当先"带动"万马奔腾"。在全面深化改革刑事执行的过程中，正是要通过加强宏观思考顶层设计，鼓励大胆实验，大胆突破，才能不断把改革推向深入。

（五）要以"钉钉子"的精神狠抓改革落实

党中央已经对司法改革、政法改革、刑罚执行改革提出了明确的总体改革要求和方向。但是同时我们要客观清醒地认识到，监狱实践工作和社区矫正实践面临很多新的矛盾和新问题，大家面临的困难多，监狱人民警察和社区矫正基层干警队伍迫切需要解决的急难愁办的问题也很多。深化改革将进一步触及深层次的利益格局的调整和制度体系的变革，要预测预想到刑事执行改革的复杂性、敏感性、艰巨性更加突出，能否坚定信心、凝聚力量、攻坚克难，确保各项改革举措落地生根，直接决定着改革的成败。比认识更重要的是决心，比方法更重要的是落实。只有拿出真抓的实劲、敢抓的狠劲、善抓的巧劲、常抓的韧劲，坚持不懈，久久为功，改革的蓝图方能化为现实的美景。如果不沉下心、不静下心来抓改革落实，再好的目标、再好的蓝图、再好的口号，也只是镜中花、水中月。因此，要想顺利推进刑事执行改革，应在原有改革取得成效的基础上，进一步统一思想，坚定推进。必须聚焦聚神聚力去抓落实，抓铁有痕，踏实留印。盯住抓、反复抓，直到抓出成效，坚定不移的将刑事执行的改革进行到底。

学习贯彻党的二十大精神
推动监狱工作高质量发展①

学习宣传贯彻党的二十大精神，是监狱机关当前及今后一个时期首要的政治任务，监狱机关应当进一步提高政治站位，统一思想认识，领会精神要义，做到学以致用。结合监狱工作面临的新形势、新情况、新问题，切实做到对党的二十大精神全面学习、全面把握、全面落实。准确把握新时代新征程中国式现代化的使命任务，不断完善思路举措，深化改革创新，不断推动监狱工作高质量发展。

一、从新中国监狱历史发展中吸取力量，增强自信

我从事监狱工作40多年，弹指一挥间，回首往事，感慨万千，这40多年也是国家经历改革开放的40多年。我们这一代是监狱工作改革发展的亲历者、见证者、践行者、推动者。几十年来我国监狱工作在党的绝对领导之下，攻坚克难、艰苦奋斗、从弱到强、从乱到治、与时俱进，通过不断的改革发展，监狱工作取得了长足的进步和很大的成绩。其主要成绩表现在：一是政治建设进一步加强，二是法治意识进一步增强，三是制度建设进一步健全，四是监管安全进一步稳定，五是刑罚执行进一步公正，六是劳动改造进一步强化，七是改造质量进一步提高，八是装备财务基础建设进一步加强，九是监狱理论研究科研宣传进一步繁荣，十是干警队伍素质能力进一步提高。综观世界各国矫正领

① 本文根据作者在2023年6月、7月、8月分别在司法部监狱管理局及广东、北京、安徽监狱管理局干警培训班上的发言进行整理。

域，我国监狱工作的管理水平和改造成效是领先的，中国监狱是世界各国监狱中最安全的监狱之一，始终坚持以改造人为宗旨，改造的成效也是最好之一。我国探索了监狱管理的特点规律，积累了监管改造成功的经验。进一步增强了我国监狱工作的政治自信、制度自信、文化自信、刑罚执行自信、改造政策自信。监狱工作为预防和减少犯罪，维护国家政治安全和社会稳定作出了特别重大的贡献，值得骄傲、值得梳理、值得总结、值得宣传。但是要清醒认识到，新时代新征程中，监狱工作仍面临新的情况、新的问题，党中央和人民群众对监狱工作提出了新期望、新要求，监狱工作没有最好只有更好。

一代人有一代人的问题，一代人有一代人的使命。监狱管理永远在路上，监狱工作十分复杂和艰巨，其政治性、政策性、专业性、法律性、社会性都很强。需要继续在推进中国式现代化的大局中谋划、思考、践行监狱的管理，推进监狱工作现代化，切实做好罪犯改造工作，不断深化监狱的改革创新，在建设更高水平平安监狱、法治监狱上迈出新步伐。

二、认真学习贯彻二十大精神，提高政治站位

2022 年 10 月 29 日，中共中央印发了《关于认真学习宣传贯彻党的二十大精神的决定》（下文简称《决定》），《决定》要求全党认真学习贯彻党的二十大精神，并提出了要做到"九个深刻领会"的明确要求。党的二十大报告蕴含着丰厚的政治分量、理论含量、精神能量、实践力量。

党的二十大报告高举中国特色社会主义伟大旗帜，站在中国共产党百年奋斗和新时代伟大变革新的历史起点上，宣示了新时代新征程中国共产党的使命任务，开辟了马克思主义中国化、时代化的新境界，是以中国式现代化全面推进中华民族伟大复兴的政治宣言和行动纲领。

学习贯彻党的二十大精神必须采取有力措施，抓紧抓实抓出成效，具体要做到三点：一是要在深学上下功夫。坚持原原本本地学、持久深入地学、全面系统地学、融会贯通地学，要读原文、悟原理、学习一定要真学真信、入脑入心。二是要在缜思上下功夫。在学习的过程中要紧密结合实际，联系司法行政、监狱工作的职能任务和监狱工作面临的实际困难问题，系统地进行深入研究、

思考、谋划当前及今后一段时期的工作，统筹谋划监狱的改革发展。三是要在笃行上下功夫。学习一定要结合实际，要联系实际学，要学以致用，不能学习是一套，干事另一套，要坚决防止"两张皮"。要做到政治理论学习与业务工作紧密融合，要将学习与思考促进工作结合，落实到行动上，落实到职能中，更好地促进监狱改革发展，更好地完成党和国家赋予监狱机关神圣的职责任务。

党的二十大报告将"自信自强、守正创新，踔厉奋发、勇毅前行"写进大会的主题，这是要郑重宣示，全党必须保持自信果敢、自强不息的精神风貌，保持定力、勇于变革的工作态度，永不懈怠、锐意进取的奋斗姿态，使各项工作更好地体现时代性、把握规律性、赋予创造性。监狱工作要从建设社会主义法治国家，坚持总体国家安全观的高度，建设更高水平平安监狱、法治监狱，充分认识监狱工作新征程上的历史使命，深刻把握监狱工作所处的发展方位、面临的时代要求、承担的使命任务，增强做好新时代监狱工作的信心和志气，聚心聚力履行监狱工作的职能职责。深入总结监狱工作取得的经验、发展的规律，与时俱进，推进监狱理论创新、制度创新、机制创新、实践创新。

党的二十大报告指出，高质量发展是全面建设社会主义现代化国家的首要任务。监狱工作作为全面建设社会主义现代化国家的重要组成部分，必须自觉的贯彻高质量发展的理念，推进监狱工作高质量发展，以监狱新安全格局保障和促进现代化国家的高质量发展。推动高质量发展的最终目的是什么，习近平总书记给出了答案：人民幸福安康。同样监狱工作的最终目的，也是为了促进人民幸福安康。新时代评价监狱工作的好坏，最终要以人民满意为标准。监狱工作高质量发展的具体内容应当包括监狱安全更加持续稳定，监狱管理更加严格规范文明，刑罚执行更加严格规范公正，罪犯合法权益依法得以保障，罪犯改造质量不断提高，监狱保障能力不断增强，干警队伍素质能力不断提高。

二十大报告对推进中国式现代化的深刻内涵、主要特征、本质要求、重大原则都作了全面阐述和明确要求，对坚持全面依法治国，推进法治中国建设、坚持总体国家安全观、维护国家安全和社会稳定、弘扬伟大建党精神、坚定不移地全面从严治党等重大工作作出了重要阐述、提出了明确要求。监狱机关一定要认真学习领悟党的二十大精神，结合监狱工作实际，自觉提高政治站位，提高理论思想水平，提高法治能力，全力以赴抓好党的二十大精神的学习贯彻落实。自觉以二十大精神为指导，自觉以监狱工作现代化服务中国式现代化。监狱机关要更加自觉地把各项工作置于中国式现代化这个"国之大者"中思考、谋划、推动。坚持为大局服务，牢牢把握中国式现代化、政法工作现代化的本质要求和重大原则，在推进中国式现代化、政法工作现代化大局中，统筹谋划监狱工作现代化的思路、方法和路径，提出推进监狱工作现代化的努力方向、奋斗目标、实现路径和工作要求。坚定不移、坚持不懈地努力维护监狱的持续安全稳定，严格规范公正文明执法，着力提高罪犯教育改造质量，为在新时代新征程中更好地履行职责，维护国家安全和社会和谐稳定作出监狱机关新的更大的贡献。

三、坚持全面从严治党管警，锻造坚强过硬队伍

二十大报告强调，腐败是危害党的生命力和战斗力的最大毒瘤，反腐败是最彻底的自我革命。只要存在腐败问题产生的土壤和条件，反腐败斗争就一刻不能停，必须永远吹冲锋号。坚持不敢腐、不能腐、不想腐一体推进，以零容忍态度反腐惩恶、绝不姑息。党的二十大强调"全面从严治党永远在路上，党的自我革命永远在路上"，充分体现了党时刻保持解决大党独有难题的清醒和坚定。习近平总书记关于反腐败的一系列重要讲话、重要论述，深刻阐明了反腐败斗争极端重要性，明确提出新时代新征程推进反腐败斗争的新要求，是打赢反腐败斗争攻坚战持久战的根本遵循。长期监狱实践表明，监狱作为国家的刑罚执行机关、政法机关，掌握着执法权、管理权、财务权、人事权、生产经营权等法定权利，是腐败易发生的重要之地，腐败的风险仍然较多，如权钱交易的风险，执法的风险，监管的风险等，监狱系统反腐败的形势依然严峻，必须充分认清监狱系统全面从严管党治警的长期性、复杂性、艰巨性。监狱机关必须坚持不懈地反腐败，必须坚持全面从严治党、从严治警。

1. 要深刻认识全面从严治党是党永葆生机活力的必由之路。意义重大，这是持之不懈坚守党的初心使命的本质要求，这是巩固党的长期执政地位的必然选择，这是实现中华民族伟大复兴的根本保障。也是保障监狱改革发展顺利进

行，提高执法公信力的强力支撑。

2. 要深刻认识全面从严治党新时代伟大变革的特征。坚持以党的政治建设为统领，确保全党集中统一。坚持把思想建设作为党的基础性建设，用马克思主义中国化、时代化最新成果武装全党。坚持落实中央八项规定精神不动摇，以钉钉子精神纠治"四风"，树立新风。坚持不敢腐、不能腐、不想腐一体推进，与腐败作坚决斗争。坚持依规治党、纪法贯通，推动制度优势更好地转化为国家治理效能。坚持深化政治巡视，充分发挥巡视发现问题、形成震慑、推动改革、促进发展的作用。坚持整治一切损害群众利益的腐败和不正之风，让人民群众感到公平正义就在身边。坚持抓住"关键少数"以上率下，压紧压实全面从严治党的政治责任。在新时代新征程上，必须把坚持"两个确立"作为加强党的领导、全面从严治党、推进党的建设的根本点、着力点。

3. 要深刻认识持续推动全面从严治党向纵深发展的必要性、重要性、迫切性。全面从严治党，必须坚持和加强党中央集中统一领导，坚持不懈地用习近平新时代中国特色社会主义思想凝心铸魂，要完善党的自我革命的制度规范体系，增强党组织政治功能和组织功能，坚持以严的基调正风肃纪，打铁还得自身硬，坚决打赢反腐败斗争攻坚战持久战。

4. 要深刻认识监狱机关本质是政治机关，必须以政治建设为统领。要旗帜鲜明讲政治。讲政治就应当有更严的要求，一是讲政治要自觉提高政治站位。要把政治自觉、法治自觉、监狱工作自觉更好地落实到监狱工作各项业务中去。二是讲政治要严守纪律规矩。底线、红线、高压线绝不能触碰。三是讲政治要更加注重实效。讲政治和抓业务要融为一体，要讲究效果，落地落实，坚决反对形式主义，坚决反对空谈政治喊口号。四是讲政治要坚决拥护"两个确立"，坚决做到"两个维护"，对党忠诚，坚定信仰。

监狱机关要按照二十大的精神，巩固政法队伍教育整顿的成果，清醒认识监狱反腐败问题，深入持久、坚持不懈、坚定不移开展监狱反腐败工作。要坚持强化政治监督，严守纪律规矩。要始终抓牢"关键少数"，加强领导班子建设。要锤炼队伍过硬素质，推进队伍的革命化、正规化、专业化、职业化建设。要持续深化正风肃纪，强化政治监督，坚决查处干警中的违纪违规违法行为。

始终不渝地坚持全面从严治党，打造过硬的监狱人民警察铁军。作为一名共产党员，任何时候都必须牢固树立三个观念，即组织观念、纪律观念和群众观念。

在坚持全面从严治党、从严治警的同时，还必须要特别强调，要坚持从优待警、厚爱干警。进一步关注关心关爱监狱基层干警。监狱干警很辛苦、很不易、压力很大、十分艰辛。因此要全面认真落实习近平总书记对政法队伍的要求，即"对这支特殊的队伍，要给予特殊的关爱，做到政治上激励、工作上鼓劲、待遇上保障、人文上关怀，千方百计帮助解决各种实际困难，让干警安身、安心、安业"。要采取多种措施、多管齐下，及时解决干警队伍的急难愁盼问题，及时出台从优待警的各种政策措施，营造风清气正、干事创业奋发有为的良好氛围，持续不断地提高监狱干警的工作积极性、主动性、创造性。

四、全面推进法治建设，努力建设法治监狱

党的二十大报告专章论述、专门部署法治建设，充分体现了以习近平同志为核心的党中央对全面依法治国的高度重视，充分彰显了党矢志不渝推进法治建设的坚定决心，为在法治轨道上全面建设社会主义现代化国家提供了根本遵循。二十大报告对严格公正执法司法作出重要部署，对刑罚执行机关、监狱工作提出了新的更高的要求。建设法治中国必然包含建设法治监狱。

党的二十大报告指出，全面依法治国是国家治理的一场深刻变革，关系党执政兴国，关系人民幸福安康，关系党和国家长治久安。必须更好发挥法治固根本、稳预期、利长远的保障作用，在法治轨道上全面建设社会主义现代化国家。报告专章阐述全面依法治国的地位作用、总体要求和重点工作，体现了我们党对中国式现代化规律性的认识不断深化，充分彰显法治是治国理政的基本方式，是国家治理体系和治理能力的重要依托。

监狱工作应当坚持以习近平法治思想为指引，在党的绝对领导之下，坚定不移走中国特色社会主义法治道路。习近平法治思想是新时代中国法治建设的最重要标志性成果，这是我们党百年来提出的最全面、最系统、最科学的法治思想体系，为发展马克思主义法治理论作出原创性贡献，推动新时代全面依法治国发生历史性变革，取得历史性成就。监狱机关要自觉运用习近平法治思想

蕴含的立场观点方法研究分析解决刑罚执行领域、监狱实际工作中存在的矛盾困难问题，不折不扣做到"十一个坚持"，推动建设更高水平的法治中国，努力构建更高水平的法治监狱。

监狱作为国家的刑罚执行机关，要深刻认识严格公正执法，强化监狱管理，提高改造质量等工作都是全面依法治国，建设法治中国的重要一环，是维护社会公平正义的最后一道防线。要进一步结合学习二十大精神，紧密联系实际，认真思考，研究谋划。新时代新征程我国监狱工作如何深化改革；如何推进监狱工作现代化；监狱工作需要确定什么样的新定位；需要明确什么样的奋斗目标，以凝聚人心、提振士气、指明方向。这些都需要顶层设计、统筹谋划。在加强刑罚执行，加强监狱管理、加强罪犯改造工作、加强监狱干警队伍建设方面如何采取更有力的改革措施，更明确的发展思路和更有效的改革办法，把党的二十大精神落实到监狱实际工作中去。进一步凝聚发展共识，改革创新共识，努力实现监狱安全治理能力不断提升、科学改造能力不断提升、规范执法能力不断提升、科技支撑能力不断提升、综合保障能力不断提升、理论政策研究水平不断提升、管党治警能力不断提升，以政治建设为统领，以高质量发展为主题，全面推进监狱工作的标准化、规范化、法治化、现代化。

刑罚执行是维护公平正义的最后一道防线，是依法治国的重要方面，必须深入贯彻推进法治中国建设部署安排，自觉将监狱执法工作纳入法治轨道，着力增强刑罚执行的权威性。一是要着力提升执法管理理念。充分认清监狱每一项执法活动都是法律尊严、刑罚权威、警察形象的具体体现，要更加主动践行执法为民的宗旨，认真对待执法的每一个环节、每一个事项，坚决防范和消除机械执法、随意执法、选择执法、任性执法，树立严格规范公正文明执法良好形象。二是要规范执法办案管理。加快构建以实质化审查为中心的执法办案模式，推行罪犯认罪悔罪、悔改表现负面清单，健全完善覆盖案件办理全要素、全过程的制度规范和纠错防错机制。加强执法制约监督体系建设，执法责任体系改革，促进刑罚执行效能提升。三是依法惩罚和改造罪犯，最大限度预防和减少重新犯罪。严格落实教育改造罪犯纲要和相关规定，规范罪犯出入监教育、危险性评估及刑释安置帮教衔接管理，加强个别教育、分类施教和重点攻坚，常态化开展罪犯改造质量跟踪回访和分析，促进执法改造政治效果、法律效果、社会效果有机统一。

党的二十大发出了"全面推进国家各方面工作法治化"的前进号令。这既是未来五年实现"中国特色社会主义法治体系更加完善"目标任务的应有之义，也是"坚持全面依法治国，推进法治中国建设"工作部署的预期成效和检验标准。"国家各方面工作法治化"这一命题内涵丰富、意义深刻，国家各方面工作法治化当然包括监狱各项工作法治化，其主要含义，就是把国家各方面工作，当然包括监狱工作纳入法治轨道。坚持以法治的理念、法治的思维、法治的程序、法治的方式、法治的机制开展工作，坚持依法执政、依法行政、依法执法。坚持法定职责必须为，法无授权不可为。在国家工作各方面各环节都增强合法性，在监狱各项工作各环节各方面都增强合法性，减少直至杜绝监狱违纪违规违法的现象发生。

建设法治监狱，必须坚持以问题为导向，深化监狱改革。中国共产党人干革命、搞建设、抓改革，都是为了解决中国的现实问题。同样监狱工作的改革，法治监狱的建设，都必须是为了解决监狱工作的现实问题，推进监狱工作高质量发展。要始终强化问题意识，坚持以问题为导向。2022 年，最高人民检察院通过组织全国性的监狱巡回检察，检察机关发现监狱监管执法方面存在的主要问题有：一是执法理念存在偏差，不适应新时代监狱监管执法要求。二是刑罚执行违规，影响执法司法公信力。三是狱政管理粗放，影响监管秩序和安全稳定。四是教育改造不实，影响将罪犯改造成为守法公民等。在推动法治监狱建设中，应当针对这些问题加以全面系统的整改。要清楚，无论是制订方案，还是部署推动督促落实，都应把切实解决问题作为目标指向，在制订方案上，要强调改革是奔着问题去的，解决问题要针锋相对，拿出的方案要有棱角，提出的措施要有针对性。做到抓实问题，开实药方，提实举措，在具体部署推动上，要聚焦主要问题和关键环节，哪里矛盾和问题最突出，就重点抓哪里的改革。同时，在整个法治监狱建设中，要自觉高度重视运用法治思维和法治方式，发挥法治的引领和推动作用，加强对相关监狱立法工作的协调，确保在法治轨道上推进监狱改革。

建设法治监狱，必须坚定不移走中国特色社会主义法治道路。道路问题不能含糊，必须坚定社会主义法治建设的正确方向，坚定社会主义法治监狱的正确方向。习近平总书记强调，"推动高质量发展，必须坚持和加强党的全面领导，坚定不移全面从严治党""党的领导直接关系中国式现代化的根本方向、前途命运、最终成败"。监狱工作高质量发展，最关键的是坚持党对监狱工作的绝对领导，这是社会主义法治监狱的最根本保证。社会主义法治监狱要突出以人民为中心，坚持人民至上。要紧紧围绕大局、服务大局、服从大局、在大局中谋划和推动监狱工作高质量发展。

建设法治监狱，必须着力构建社会主义法治监狱的法治体系。监狱法治体系是一个内容丰富的有机整体，是监狱法治建设的"纲"，是监狱治理体系的"骨干工程"。要加快建设法治监狱的五大体系。一是构建完备的监狱法律法规制度体系。加快修改《监狱法》，制定《监狱法实施条例》及细则，努力创制国家《刑事执行法典》。确保监狱各项工作有法可依。二是构建并形成高效的监狱法治实施体系。坚持全面依法治监，确保严格执法、规范执法、公正执法、文明执法。努力做到监狱工作标准化、规范化、法治化、精细化。推进监狱工作现代化，应当在理念、体系、机制、能力、保障、队伍等方面着力。理念现代化是先导，体系现代化是重点，机制现代化是关键，能力现代化是基础，保障现代化是前提，队伍现代化是根本。按照推进中国式现代化的总体要求，结合监狱工作实际，着力推进监狱管理现代化、刑罚执行现代化、教育改造现代化、狱政设施装备保障现代化、干警队伍建设现代化。三是构建严密的监狱法治监督体系。努力确保党内监督、纪检监督、巡视巡察、检察监督、上级监督、舆论监督，群众监督等各项监督工作有力有效，坚持抓好党风廉政建设和反腐败工作，打造廉洁监狱。四是构建有力的监狱法治保障体系。完善政治保障、法治保障、经费保障、政策保障、警力保障等，努力使监狱各项工作做到保障有力。五是完善监狱的党建工作体系。健全监狱党委、党总支、党支部、党小组。充分发挥好党委的领导作用，党支部的战斗堡垒作用，党员的先锋模范作用。努力通过抓党建带队建，抓队建强业务，使党建与业务工作更有机的结合。

五、坚持总体国家安全观，努力建设更高水平的平安监狱

维护国家安全和社会稳定，是重中之重。党的二十大报告共有 15 个部分，其中第 11 部分"推进国家安全体系和能力现代化，坚决维护国家安全和社会稳定"，这是党的报告中第一次把"国家安全"作为单独一章来阐述、来要求，足见其对安全这一国之大事的重视程度达到了空前的高度。"安全"是二十大报告中"人民"与"发展"之后提及率第三高的关键词，在报告中数十次出现。

2014 年，习近平总书记就创造性地提出了"总体国家安全观"，提出统筹发展和安全，提出"安全是发展的前提，发展是安全的保障"。党的二十大报告指出，"国家安全是民族复兴的根基，社会稳定是国家强盛的前提。必须坚定不移贯彻总体国家安全观，把维护国家安全贯穿党和国家工作各方面全过程，确保国家安全和社会稳定"。监狱干警要深刻认识到，如果根基不牢、前提不保，中国式现代化之路就会面临重大风险和挑战。

二十大报告以专章对维护国家安全和社会稳定作出战略部署，充分体现了以习近平同志为核心的党中央对国家安全工作的高度重视。报告关于维护国家安全的新论述、新部署、新要求，阐明了国家安全的新定位，凝练了国家安全的新思想，提出了国家安全的新要求，明确了国家安全的新部署，进一步丰富和发展了总体国家安全观，为新时代国家安全工作指明了方向、提供了根本遵循。

习近平总书记指出："安全是发展的基础，稳定是强盛的前提。"监狱机关作为维护国家安全的重要力量，必须坚定不移地贯彻总体国家安全观，坚持以安全为前提，坚持以稳定为前提，坚持以改造人为宗旨，全力确保监狱的安全和改造秩序的稳定，严格公正文明执法，努力提高改造质量，努力将罪犯改造成为守法公民。为维护国家安全和社会稳定作出监狱自身应有的贡献，这是监狱应当承担的政治任务，应当履行的法定职能。实践中要妥善处理好安全与发展的关系，监管安全与教育改造的关系。安全是发展的前提，是改造的前提。监狱安全不保，何谈改造？要努力做到万无一失，否则将一失万无。从事监狱

工作的干警必须始终清醒认识到，统筹发展和安全，增强忧患意识，做到居安思危，是治国理政的一个重大原则。维护监狱安全稳定，必须始终警钟长鸣，下好先手棋，打好主动仗，有效防范化解各类风险挑战，坚决守住高质量发展格局的安全底线。

党的十八大以来的非凡十年，监狱工作取得了非凡成就，确保了全国监狱的持续安全稳定。正如 2018 年 3 月 3 日全国两会"部长通道"上，时任司法部部长回答记者说，"经过十几年的监狱体制改革，对于'收得下、管得住、跑不了'这样一个底线安全，我们做到了"。监狱机关在确保监狱实现底线安全观的同时，还应坚持以改造人为宗旨，按照总体国家安全观的要求落实治本安全观，坚持采取有力有效的措施，着力提高改造质量，追求治本安全，为维护国家安全和社会稳定作出监狱新的贡献。监狱机关应当自觉地把维护国家安全和社会稳定贯穿于监狱工作各方面全过程，构建持久稳固的监狱安全防范体系，不断推进监狱治理体系和治理能力现代化。打造平安监狱、法治监狱、清廉监狱，全面推进监狱工作的标准化、规范化、法治化、科学化，始终坚守职责定位，坚守执法岗位，认真履职，不负重托，敢于担当。

监狱机关要认真贯彻落实中央政法委书记陈文清于 2023 年 1 月 17 日在视察司法部燕城监狱的最新讲话精神，要把对党的忠诚展现在监狱各项工作上，做好本职工作，就是对党最大的忠诚。作为监狱，主要的还是改造人，教育人，而不是惩罚人。中国几千年的文化还是重在教育，"惩"字的上面一个"征"字，下面是一个"心"字，说明"惩"还是征服人心的工作，是做人的工作。希望你们把教育人的工作做得更好。陈书记的讲话明确提出了新时代监狱工作的奋斗目标和根本任务，即重视教育改造工作，努力提高改造质量，将罪犯改造成守法公民。我国监狱工作的性质和任务决定了，监狱应当重视教育改造工作，应当突出监狱的主责主业。多措并举、多管齐下将教育改造工作软任务做硬做实。在新时代新征程中，适时出台《关于进一步加强和改进监狱教育改造工作的实施意见》，推动教育改造工作上台阶、上水平。

监狱机关要以监狱工作现代化服务中国式现代化，以新安全格局保障新发展格局，确保监狱底线安全，努力践行治本安全，坚持追求监狱本质安全，全力维护国家政治安全、社会安定、人民安宁。

现在对监狱安全的要求就三个字：不出事。监狱不能出事，不准出事，出事就追责。这种简单的考核评价是否科学，值得反思研究。什么叫不出事，怎么才能做到不出事。我对此的理解，就是要求监狱工作要树立大安全观，坚持贯彻总体国家安全观，包括监狱的意识形态领域安全、狱政管理安全、刑罚执行安全、警戒设施设备安全、教育改造安全、监狱生产安全、监狱医疗卫生安全、监狱信息化安全、干警队伍建设安全。这九个安全就是监狱不出事的内涵。按照总体国家安全观的要求，从推进监狱工作现代化的高度出发，监狱工作不仅要努力确保在监狱内部不出事，同时，更要努力使罪犯在释放后也不出事，努力预防和减少重新犯罪，提高教育改造质量。这就是监狱治本安全的要求。当然，要清醒地认识到，完全做到这些工作要求的确是很不容易的，绝不是简简单单、轻轻松松的，而是需要付出巨大的努力。这就涉及方方面面的工作，需要始终高度重视、系统谋划、认真研究、改革创新、聚心聚力、狠抓落实。

坚持贯彻总体国家安全观，打造平安监狱，推进监狱工作高质量发展，应当统筹抓好"十个全面"的重点工作。一是全面加强监狱机关政治建设。坚持党对监狱工作的绝对领导，坚持人民至上，以政治建设统领监狱工作的改革发展。二是全面加强监狱的法治建设。强化法治意识、法治观念、法治思维、法治方式。加快修改《监狱法》，完善监狱法律制度。三是全面提高监狱执法公信力。严格规范公正文明执法，全面推行狱务公开，确保减刑、假释、暂予监外执行公平公正。四是全面强化监狱内部管理。做到标准化、规范化、精细化、法治化。着力抓好对罪犯的危险性评估和改造质量评估，全面推行对罪犯的分押、分管、分教，加强罪犯生活医疗卫生保障工作，维护罪犯合法权益。加强监狱管理要找准突破路径，既抓总又落细，突出抓好三项重点：补短板。加快补齐监狱基础设施、制度建设、管理运行、能力素质、应急体系、综合保障等方面的短板弱项，持续解决发展不平衡不充分的问题；治顽疾。加强对监狱各类风险的研判，分门别类、逐项排查分析影响监狱工作高质量发展的顽瘴痼疾、潜规积弊，找准问题症结，摸清形成机理，采取措施深化整治；强规范。加快完善监狱各方面工作的制度体系，强化制度意识，习惯按制度办事，以标准化引领规范化、以规范化促进法治化，确保监狱持续安全和改造秩序稳定。五是全面加强教育改造工作。坚持以改造人为宗旨不动摇，着力提高罪犯改造质量。加强监狱企业安全生产，科学组织罪犯劳动改造，重视罪犯劳动保护。创新改造工作的方式方法，注重罪犯改造工作的针对性、有效性，推进教育改造工作的规范化、社会化、个别化、科学化。六是全面加强监狱的保障建设。包括政治保障、组织保障、体制保障、制度保障、警力保障、经费保障、设施装备保障、制度政策保障。努力实现监狱工作保障有力。七是全面加强监狱信息化建设。打造"智慧监狱"，真正做到科技兴监，科技强警。八是全面加强监狱基层基础建设。全面推行监区、分监区、监狱食堂、监狱医院各项工作的规范化标准化，开展升级达标活动。九是全面加强监狱理论研究科研宣传工作。重视监狱理论研究，深化监狱科研教学，办好监狱工作的各种报刊网站，稳妥主动开展监狱宣传，树立监狱工作的正面良好形象。十是全面加强监狱干警能力建设。加强干警专业化建设，大力开展专业培训，练就过硬本领，着力提高监狱干警监管改造的能力和水平。

六、认清监狱管理机关职责使命，履职尽责担当

部、省两级监狱管理局是直接主管全国和各省监狱工作的最高司令部、最高指挥机关，是法律规定的监狱管理机关，在司法部党组和省司法厅（局）的领导下，具体统一管理指导全国及各省的监狱工作。地位特殊、责任重大、使命光荣。建议应更加自觉把各项工作置于中国式现代化这个"国之大者"中思考、谋划、推动，坚持为大局服务，为基层监狱服务，在统筹发展和安全中全面履职尽责，为中国式现代化建设提供有力保障，作出应有的贡献。作为监狱管理机关干警应当倍加珍惜、倍加努力，不负重托、不负基层、不负韶华。下面是我的几点建议或感悟。

1. 提高政治站位。坚持和捍卫"两个确立"，坚决做到"两个维护"。监狱管理机关是政治机关、法治机关、领导机关，必须旗帜鲜明地讲政治，必须强化政治纪律和政治规矩。要始终把监狱工作置于党的绝对领导之下。

2. 坚持守正创新。遵循监狱工作规律，贯彻监狱工作方针，全面落实《监

狱法》，继承优良传统，推广成功经验，研究明确监狱机关各层级各部门的职责定位，研究监狱工作的评价标准及考核制度机制，全面深化监狱改革创新。

3. 珍惜平台岗位。身处伟大时代，要珍惜美好时光，珍惜自身岗位，养成学习思考的习惯，努力建功立业，实现人生价值，严格遵纪守法，终身职业奋斗。

4. 调研建言献策。高度重视调查研究，熟练掌握政策，及时了解下情，善于协调沟通，注重理论思考，提高表达能力，敢于善于发声，积极建言献策，当好参谋助手。

5. 指导服务基层。智慧在基层，力量在基层，办法在基层。高手在民间。要经常性地深入基层监狱，问计于基层。真正相信基层、关心基层、理解基层、服务基层。切实帮助基层监狱解决实际困难问题，及时出台有关监狱工作的重大政策和法规制度，这也是监狱管理机关的职责和使命。

6. 着力提高能力。适应繁重工作，承担历史使命，需要不断提高干警的政治能力、法治能力、协调能力、监管能力、改造能力、处突能力、表达能力。

第四讲

关于修改《监狱法》的几点意见①

修改我国《监狱法》，应当围绕三个问题进行思考：

一是为什么要修改？

二是要修改什么？

三是怎么样修改。

一、为什么要修改《监狱法》

（一）现行《监狱法》的重大现实意义和影响

现行的《监狱法》于 1994 年 12 月 29 日颁布实施，《监狱法》是我国第一部监狱法典，它的颁布是我国监狱工作史上一件具有划时代意义的大事，是我国法治建设的一大成就，是监狱工作发展史上的一个里程碑。这一重要法律的实施标志着新中国监狱工作进入了一个新的历史发展时期，标志着具有中国特色的社会主义监狱制度的基本确立与完善，这对于全面依法治监，推进法治监狱建设具有重大意义。

《监狱法》自颁布实施至今已二十六年。我们切身感受到其对促进中国监狱工作全面健康发展的重大现实意义和历史影响。具体表现为：一是《监狱法》的颁布标志着国家刑事法律体系的初步完善。二是《监狱法》为确保正确执行刑罚奠定了基础。三是《监狱法》总结了我国监狱工作的成功经验，规范了监狱的执法活动。四是《监狱法》以国家刑事法典的形式明确界定了监狱的

---

① 本文根据作者 2020 年 7 月参加中国政法大学犯罪与司法研究中心等单位举办的"监狱法修改研讨会"的发言进行整理。

性质、任务、目标、职能，并为之提供了应有的经费设施法律保障。五是《监狱法》确立了监狱人民警察的法律地位，强调了对罪犯权利的法律保障。六是监狱法的颁布与实施有利于加强国际司法交流与合作，适应国际人权斗争的需要。

《监狱法》颁布二十六年的实践证明，我国《监狱法》是一部良法、好法，对推动监狱工作的法治建设及全面发展起到了重要的指引和推动作用。二十六年来，全国监狱机关坚定不移、坚持不懈地大力推进法治建设，全面落实《监狱法》，监狱工作取得了显著的成效，实现了历史性的转变。对此应当予以充分的肯定，并需要系统地加以总结提炼推广。同时，在学习、研究、落实《监狱法》方面还存在不够、不到位的问题。

（二）为什么现在应当要修改监狱法

1. 修改《监狱法》是新时代全面推进依法治国的新要求。2012年4月，全国人大常委会听取了国务院关于《监狱法》实施和监狱工作情况的报告，全国人大常委会审议意见建议国务院尽快启动《监狱法》修订工作，适时提请全国人大常委会审议。2012年10月，全国人大常委会对《监狱法》等七部法律作了"打包"修改，但仅解决了个别条款与修改后的《刑事诉讼法》不一致和不衔接的问题。党的十八大作出了全面推进依法治国，加快建设社会主义法治国家的重大部署。党的十八届三中全会《关于全面深化改革若干重大问题的决定》，进一步明确了推进法治中国建设的具体要求，提出了加强法治保障，运用法治思维和法治方式化解社会矛盾。党的十八届四中全会部署统一刑罚执行体制。

2. 修改《监狱法》是改革完善刑罚执行制度的客观需要。是落实十八届四中全会作出的《中共中央关于全面推进依法治国若干重大问题的决定》的需要，是完善刑罚执行制度的要求。

3. 修改《监狱法》是充分总结反映二十多年监狱改革成果的客观需要。

4. 修改《监狱法》是促进监狱工作科学发展的客观需要。

5. 修改《监狱法》是适应新时代监狱工作发展变化形势，解决监狱重大问题的需要。现行《监狱法》中有的规定已完全不适应客观工作和形势发展的要求。

按照全国人大常委会及国务院立法工作计划，司法部高度重视《监狱法》的修改工作。近年来，司法部几次召开部长办公会研究修改《监狱法》相关事宜。现已经形成了《监狱法修改稿》，并征求了全国司法行政系统、监狱系统的意见，以及相关部委、大专院校的意见。目前的《监狱法（修订征求意见稿）》在现行《监狱法》七章七十八条基础上进一步修改增加充实完善，共八章一百四十条。如第一章总则，第二章监狱，第三章刑罚的执行，第四章狱政管理，第五章生活卫生，第六章罪犯改造，第七章未成年犯特别规定，第八章法律责任及附则。目前仍然在继续进一步征求意见和修改之中。

二、《监狱法》要修改什么

修改《监狱法》一定要根据新时代国内国际行刑发展变化的新形势，根据中央关于全面依法治国的新要求，根据近年来监狱工作实践中迫切要解决的重大热点难点问题进行修改。

（一）法律定位的问题

一是监狱法体系的划分存在争议。监狱法属于何种法律部门还存在一定争议，部分学者认为《监狱法》作为刑事执行的基本法，自然应属于刑事法律部门，然而有些学者认为监狱法应定位为行政法律部门，认为监狱也是国家行政管理的一部分，到底是属于刑事法律呢，还是属于行政法？我个人认为监狱法是属于刑事法律部门。

二是法律位阶划分存在争议。《监狱法》在位阶方面的争议主要是针对《监狱法》《刑法》《刑事诉讼法》的相对关系问题，有的学者认为《监狱法》依据《宪法》制定，应当与《刑法》《刑事诉讼法》具有同等的法律位阶，也有学者认为《监狱法》应为《刑法》《刑事诉讼法》的下位法。我个人意见，《监狱法》不应当为《刑法》《刑事诉讼法》的下位法而是依据《宪法》而制定的刑事执行的基本法律。

（二）法律衔接的问题

1. 与《宪法》衔接的问题，主要涉及的是通信检查条款、特赦的条款。

2. 与《刑法》的衔接问题，包括"依法从重处罚"的问题，限制减刑、终身监禁如何执行的问题等。

3. 与其他法律衔接的问题，如与《反恐怖主义法》《人民警察法》《人民武装警察法》等。

（三）监狱实践中面临的主要问题

1. 关于监狱人民警察的职权应当进一步明确。

2. 关于监狱戒备等级分级设置，罪犯分类分级处遇问题。

3. 关于收监时交付执行机关，应当向监狱提供罪犯身体健康检查表、财产履行情况表等手续问题。

4. 关于罪犯申诉控告、检举的处理期限和处理结果通知罪犯的问题。

5. 关于减刑、假释、暂予监外执行的法定条件、程序、监督进一步具体明确公开，确保公正执法的问题。

6. 关于暂予监外执行的保证人、有关法律事务的处理和不计入刑期的情形以及相关的程序性规定等问题。

7. 关于刑满释放人员安置帮教及享受社会保险政策，预防重新犯罪等问题。

8. 关于罪犯医疗纳入社会居民基本医疗保险，推进罪犯医疗社会化问题。

9. 关于罪犯死亡处理的有关规定。

10. 关于罪犯文化教育、技术教育纳入国家教育培训规划问题。

11. 关于罪犯脱逃的追捕权问题。

12. 关于人民武装警察看押监狱与监狱机关权责分工协作问题。

13. 关于监狱企业的性质、任务和监狱人民警察的兼职问题。

14. 关于违反《监狱法》的法律责任问题。

15. 关于外国籍罪犯管理的特殊要求及罪犯国际移管问题。

16. 关于监狱对罪犯开展心理矫治的问题。

17. 关于落实总体国家安全观，全社会协助监狱维护安全稳定，促进罪犯改造的社会化及法律责任问题。

18. 关于出台《监狱法》配套实施细则的问题。

三、监狱法应当怎么修改

（一）把握好四个重点

1. 提高站位，服务大局，坚持中国共产党的绝对领导，坚持以人民为中心，坚持总体国家安全观。

2. 不忘初心，牢记使命。明确我国监狱工作的初心和历史使命。

3. 坚持公平正义，以国家治理现代化，着力维护社会稳定，以将罪犯改造成为守法公民为目标。

4. 遵循监狱工作规律，坚持惩罚与改造相结合，体现改造人的宗旨。

（二）坚持五条基本原则

1. 基本保持《监狱法》的体例结构。

2. 强化问题意识，坚持问题导向。突出《监狱法》修改应解决的重大问题。

3. 应当充分体现监狱工作改革发展的成果经验。

4. 应当保持刑罚执行法律体系的协调统一。

5. 开门立法，公开立法，力求将《监狱法》修改完善为一部高质量、管长远的刑事执行法律。

（三）充分注重体现六项要求

立足国内，坚持特色，借鉴国际，开放创新。

1. 充分吸收和体现中华法系的优良传统思想。

2. 全面体现监狱的法治化。推进平安监狱、法治监狱建设。

3. 有效促进监狱管理执法的规范化。

4. 充分体现监狱制度及改造罪犯的科学化。

5. 有效推进改造罪犯工作的社会化。

6. 有效加强监狱人民警察的革命化、正规化、专业化、职业化建设。

第五讲

刑事执行检察的回顾思考及展望①

刑事执行检察或监所检察均是检察监督别人的，而刑事执行部门，像监狱干警，是被检察监督的。一个是检察者、一个是被检察者，一个是监督者、一个是被监督者。怎么看待这样的关系，怎么看待这些问题，如何依法妥善处理好双方的关系。我完全支持将监所检察改为刑事执行检察。二十多年前，西南政法学院和西北政法学院就设有刑事执行的专业，中国政法大学也设有培养刑事执行专业的研究生。这些人现在都成为我国刑事执行的骨干力量，但是，刑事执行理论研究教学科研却滞后了，几所政法大学早已取消了培养刑事执行专业的本科生、研究生。

一、刑事执行部门要自觉和清醒地认识到刑事执行检察对于助力刑罚执行活动的必要性和重要性

不能因为有人监督刑罚执行工作，检察和监狱就造成矛盾和对立，不配合监督，司法实践中还是存在极少数不想配合、不愿受监督的情况。刑事执行检察十分必要和重要，第一，这是国家法律的明确规定；第二，这是最高人民检察院的法定任务职能；第三，有利于监狱刑罚执行的公平公正；第四，有利于刑罚执行中的反腐败工作，及时查办刑罚执法问题背后的职务犯罪等，有利于惩治司法腐败；第五，有利于依法维护罪犯的合法权益。总之，刑事执行检察监督有利于刑罚执行工作的健康发展。

---

① 本文根据作者在 2022 年 4 月 24 日由中国政法大学犯罪与司法研究中心、中国人民大学刑事执行检察研究中心等单位举办的预防犯罪论坛——"从监所检察到刑事执行检察——中国刑事执行检察制度的改革巡礼"专题研讨会的发言进行整理。

二、不忘初心，共同推进刑事执行工作的改革发展

长期以来，无论是过去监所检察部门，还是现在刑事执行检察部门，都能够与刑罚执行机关密切合作、相互理解、相互支持。这使得刑事执行检察工作以及监狱工作都各自取得了很大的成绩，从而进一步促进了刑罚执行的公正公平，促进了监狱持续安全稳定，促进罪犯改造质量的不断提高。中国监狱经过几十年的发展，现在可以说是世界最安全的监狱之一，这些成绩当然离不开刑事执行检察监督的成效，包括改造罪犯工作的推进。可以说在世界各国中，中国监狱改造罪犯的质量是高的，在这方面检察工作也是功不可没。2017 年张军同志担任司法部部长时，提出了监狱要贯彻"治本安全观"，后来张军部长到了最高人民检察院担任检察长，也仍然要求刑事执行检察部门把共同推进"治本安全观"作为刑事执行检察的任务和要求。这就是不同的职能，共同的使命。

监所检察是针对监管场所的检察。监管场所检察是什么工作都要检察吗？是不是监狱的什么事项都要检察、都要监督？按照法律规定，检察院只是对刑罚执行活动是否合法进行法律监督，并不是说所有的监狱工作都要由检察院监督。监狱的党政工作、警务队伍建设、监狱的生产工作、监狱的经济问题，监狱的方方面面，业务很多也很庞大，但是刑事执行检察的工作职能到底是什么，应当监督什么，监督的对象、重点是什么，值得认真研究。我认为从监所检察到刑事执行检察更加聚焦，职能更加明确，指向更加精准。这些年来，刑事执行检察工作越来越规范。最高人民检察院制定了关于刑事执行检察的制度规范，同时也使刑事执行检察更加深入，更加专业，更加有效。每年全国"两会"期间，最高人民检察院的检察报告也展示了刑事执行检察监督方面的成效，无论是对监狱、还是看守所，检察监督的成效都很大。如果没有检察监督，可能会发生更大的问题。感谢刑事执行检察对监狱工作的理解。因为监狱工作很不容易，监狱直接承担着维护监狱安全、保证公正执法，提高罪犯改造质量的艰巨任务。监狱工作和检察机关的角色定位不一样，一个监狱可能关押改造几千名犯人、有几百名干警，检察官到监狱驻点检察也就是三四个人，但是他们各自

承担的任务完全不一样。所以在这方面，在各自的职能下应相互理解，共同推进国家的平安监狱，共同打造国家的法治监狱。

三、各司其职，共同推进和解决刑罚执行和刑事执行检察面临的问题

一是监狱刑罚执行方面的问题。从公正执法的角度看，刑罚执行的根本目的是要追求执法公正，预防和减少犯罪。执法公正是核心价值追求，也是监狱工作的生命线。那么从监狱来看，尤其是去年政法队伍教育大整顿来看，有的监狱确实存在执法不严、不公，尤其是在办理"减假暂"案件方面仍然存在一些问题，仍有不少顽瘴痼疾的问题。有些问题十分严重，引起了中央的高度重视，如云南的孙小果案，山西的任爱军案、北京的郭文思案，还有内蒙古的"纸面服刑"案等，这些都是监狱在刑罚执行工作存在的问题，必须要高度重视。从监狱的管理工作看，仍有少数监狱存在管理比较粗放的问题，一些顽瘴痼疾难以彻底根除，违禁品、违规品带入监狱内，直接影响了监狱的安全稳定。监狱工作现在对安全的要求达到了极致，一切以"不出事"为监狱工作最高标准。从改造工作看，不少监狱对教育改造工作重视不够，改造工作力度不够，教育改造说着重要，实际上重视不够。有些干警改造的能力不够，改造的质量也受到影响，这都是监狱面临的问题。

二是刑事执行检察面临的问题。总的来讲，检察机关过去几十年都在实行驻点式检察。驻点检察有驻点检察的好处，驻点检察不是巡回检察能代替的。驻监检察的主要问题就是人太少。检察监督力量明显不足，经常导致监督失职、监督失察、监督失效。例如，一个监狱很大，驻监几个检察官怎么能够深入下去？同时长期在一个场所共事，彼此人太熟往往抹不开情面。有的驻监检察机关监督不敢较真、"硬碰硬"地检察，导致检察工作浮在表面上。监狱出问题与检察监督不到位、检察提醒不够是有关系的。关于巡回检察，它是个新生事物，是最高检力推的在新的形势下刑事执行检察的一种创举，说明最高检察机关为了加强刑罚执行监督，想了很多办法。其中巡回检察就是最有效的办法之一，客观上这两年巡回检察取得很大成绩。但是巡回检察仍有需要完善的地方，

如巡回的时间太短，流动性大，临时组建队伍，情况不可能很熟悉，工作也难以深入，使得真正的巡回检察制度优势没有彰显。在实践中，一些地方仍然存在检察虚化、弱化，监督低效、监督不能，事后监督多，监督的刚性不足等问题。据基层干警的反映，通过政法队伍教育整顿，在刑事执行检察工作中，暴露和发现不少值得重视注意并需要反思的现象和问题。例如，派而不驻、巡而不专，巡回检察依据不明确、标准不统一，巡回检察对象重点不突出，有的对案件审查意见不明确等。

三是刑事执行及刑事执行检察理论研究滞后。从学术理论研究看，对于刑事执行及刑事执行检察监督的理论研究重视不够、研究不足，总的表现为"三重三轻"：重诉讼、轻执行，重打击、轻改造，重结果、轻过程。往往很多人，包括相关部门和一些领导，长期以来形成了一些不正确的认识，认为反正把人抓起来就行，关在监狱能有啥事？因此一判了之，一关了之。监狱也是只追求不出事而已。如何实现改造好罪犯的目标任务；如何着眼于促进社会和谐稳定；如何做到预防和减少犯罪。现在的理论研究力量很小，重视程度也不够。

四是需要深入研究的现实困惑及问题。在长期的刑事执行工作中，经常面临不少困惑的问题不得其解，迫切需要从法律上、政策上、理论上、学术研究中得出解释或答案。其表现为：

1. 为什么要监督？我国法律规定，检察机关作为国家的法律监督机关对刑罚执行活动是否合法进行法律监督，因而，在刑事执行实践中，就应当执行法律的规定，刑事执行部门如监狱、看守所、社区矫正等机构应当接受刑事执行检察机关的法律监督。检察机关既是追诉犯罪的公诉机关，又是承担对刑事执行法律监督机关，两项任务都是检察机关的职能，其科学性、正当性、公正性值得深入研究。

2. 监督的依据标准是什么？这是实践中经常遇到的问题，刑事执行检察部门对刑罚执行机关活动实施的法律监督的具体依据、具体标准应当是什么？究竟是依据国家法律还是依据检察机关或司法行政机关或监狱系统各个部门自行制定颁发的规章制度进行检察监督呢？这是一个很关键的问题。执行实践中时常会出现的现象是，同样的事情不同的检察机关、不同的检察官、不同的地区监督的尺度是不一样的，有时甚至是截然相反的。刑事执行检察机关不应把内部的工作制度规范当成法律监督依据和标准，两者性质不一样。内部规定多是要求性、提高性的，就像改造好罪犯是宗旨、是方向、是要求，依法惩罚和严格执法才是法定性的。刑事执行检察法律监督的依据标准应当是国家法律的明确规定，如果规定不明确，就应当完善立法。

3. 监督的对象重点是什么？现实中，监督的对象重点往往不明确，很容易产生监督与被监督者之间的矛盾。是不是刑事执行检察机关要对监狱所有的工作进行监督，如监狱的党务活动、队伍建设培训、监狱经济活动、教育改造、心理矫治、后勤保障等。我认为，应从法律上明确监督的对象和重点，即仅对监狱的刑事执法活动是否合法进行监督。重点应是刑罚变更执行活动、改造罪犯、查办职务犯罪、维护罪犯合法权益。分工明确，各司其职，互相配合支持，互相监督。

4. 监督的方式是什么？刑事执行检察部门对刑罚执行机关的法律监督是形式监督还是实质监督？何种监督方式更符合规律、更加有效果？驻点检察或巡回检察各自的优势利弊是什么？全程监督怎么做？事前监督、事中监督的具体要求应当是什么？事后监督有无必要？应采取什么方法和形式？办案监督如何定位？应发挥什么作用？如何发挥科技信息化在执法监督中的作用？这些问题都应当深入研究。

5. 监督的效果如何评估？监督后不改怎么办？执法实践中，对监狱执法活动的各种监督工作经常出现，每个监狱每年都要接受检察机关、上级机关、社会相关部门的各种形式的监督、检察。监狱工作经常疲于应对各种形式的检查。检察监督耗费了大量的人力、财力、精力，但效果到底怎么样，也很难说清楚。因此，应当建立对监督效果的评估制度和机制，检察监督发现的问题就应当盯住整改，不整改不放过。同时，也应反思检察监督的针对性、实效性。应建立刑事执行检察法律监督的责任制，以明确具体的责任规范约束监督行为，评价监督效果，使其更好地发挥刑事执行检察的功能和作用，从而促进刑罚执行部门严格规范公正文明执法，维护监狱及社会的安全稳定，不断提高罪犯改造质量，实现刑罚执行目的，预防和减少犯罪。

四、关于刑事执行检察的未来期望

第一，刑罚执行部门和刑事执行检察机关，都要自觉地坚持以习近平法治思想作为工作指导。刑事执行检察机关和刑事执行部门，是法治战线的战友，关系密切。双方的目标都是实现执法的公正、公平，使监狱更加安全，使改造质量得到更大的提高，这是共同的任务、共同的使命、共同的责任。刑罚执行的改革方向应当按照党的十八届四中全会提出来的"完善刑罚执行制度、统一刑罚执行体制"这么一个大方向去推进。2019年中共中央办公厅印发的《关于政法领域全面深化改革的实施意见》中关于深化刑罚执行制度改革提出了明确要求。中央已经明确了刑罚执行工作改革的方向任务，就需要各个部门共同地朝着这个方向努力，持续不断地推动刑罚执行和刑事执行检察的改革。

第二，作为刑罚执行部门应当要养成自觉接受监督、欢迎监督的意识。希望今后有更加明确的监督制度规范。既要全程监督，更应注重事后监督，通过办案监督。监督要有刚性，刑罚执行工作是很复杂的一项工作，而且往往在大墙之内、远离社会。没有监督怎么行？没有监督怎么可能不出问题？信任不能代替监督，刑事检察监督有利于刑罚执行机关有错必纠、有问题必查、有罪必追。

第三，刑事执行检察部门既要立足自身的监督职责，同时应当换位思考，充分了解被监督对象的实际情况、真实难处。监狱工作责任大，压力大，任务重，要求高。应该换位思考，监督与被监督关系既要明确，更要规范，更要互相理解，这有利于共同从大局出发，在大局的推动下，促进各自的工作。同时还应该提升检察官的专业素质和检察能力，真正严格依法去追究责任，准确客观地界定追责的范围。例如，罪犯在狱内自杀死亡，该不该追干警之责？应该怎么追责？不能简单地认为罪犯死亡都是监狱干警的责任。我曾经到过不少国家的监狱，在交流中他们认为犯人的生命是自己的，如果犯人自愿放弃生命，干警不应该承担什么责任。这些问题处理起来不应该过于简单化，而应该考虑建立依法履职免责的制度。检察机关不能单纯以查办干警的数量多少来衡量检察的成绩。实际上监狱的成绩也应有检察工作的功劳。监狱如果出问题，那么检察也脱不了监督失职之责。因此，要换位思考，互相理解，当然还是要严格按照过错责任来处罚，严格依规依纪依法处罚违纪违法的相关司法执法人员。

第四，要进一步加强刑罚执行的研究、配合、协作。首先，刑罚执行部门和刑事执行检察部门应该加强长期稳定协作，最好有相关的制度加以约束，加强共同培训。这几年采取了一种很好的培训办法，即法检监三个部门同堂培训，形成共识，相互理解，起到了很好的效果，有助于真正实现双赢、多赢。这是共同的责任，要相互信任，建立一种平等关系，正确处理好监督与被监督的关系。追求刑罚执行的公平公正，既是刑事执行检察的任务和追求目标，当然也是刑罚执行部门追求的目标。刑事执行不是刑事诉讼。诉讼和执行应分开研究，目前，更应注重对刑事执行的研究。学术界现在关注少、研究成果少。现有的中国几所政法大学，应当可以创建刑事执行研究院、培养刑事执行专业的本科生、研究生。刑事执行检察是富矿，刑事执行是更大的富矿，这里面理论学术研究容易出成果。理论研究是为实践服务的，是要解决真问题的。理论学术研究只有解决实际问题，才有生命力，才有价值。最终实现我们的共同目标——促进刑罚执行的公正，促进监狱和社会的安全稳定，促进罪犯改造质量的提高，使人民群众得到更多的幸福感、安全感。

第六讲

《中国刑事执行新论——监狱工作创新及变革》[①] 创作谈

刑事执行是国家刑事司法活动的重要组成部分，是国家刑罚权的直接表现形式，也是实现国家刑罚目的的根本保障。刑事执行是伴随着刑罚的存在而存在的，肩负着实现刑罚目的的使命，又相对于其他刑事司法活动而独立存在，承担着特殊职能和使命，即执行刑罚，惩罚和改造罪犯，预防和减少犯罪，促进社会安全稳定。

新中国的刑事执行、监狱工作是伴随着中华人民共和国的诞生而创立发展起来的。党中央、全国人大常委会、国务院历来高度重视刑事执行、监狱工作。党的几代领导人多次对刑事执行、监狱工作作出一系列重要指示，为刑事执行、监狱工作发展指明了方向。长期以来，中国监狱工作坚持惩罚与改造相结合、以改造人为宗旨的工作方针，坚持依法治监，强化监狱内部管理，狠抓监狱安全，严格公正执法，加强罪犯教育改造，推进创新发展，有效预防和减少了违法犯罪，为维护国家安全和社会稳定作出了贡献。

2007年3月，司法部党组研究决定，将我由司法部直属煤矿管理局局长调任司法部监狱管理局担任监狱局常务副局长，2010年8月提升为正局级巡视员，2011年3月国务院总理温家宝签发警衔令授予我人民警察一级警监警衔。

近十年来，作为监狱局局领导，我分管全国监狱的监管安全、狱政管理、刑罚执行、教育改造、狱内侦查、罪犯生活卫生、司法人权研究等有关刑事执行的主要业务工作，任务繁重、责任重大，专业性强、政策性强，要求很高。

---

① 李豫黔著：《中国刑事执行新论——监狱工作创新及变革》，法律出版社2017年版。

尤其是确保监狱安全稳定、严格规范刑罚执行、推进监狱改革创新、完善监狱制度建设的新任务、新要求更是前所未有。为此，我始终努力工作，兢兢业业，不敢懈怠，尽心尽责，加班加点工作已成为常态，放弃节假日休息也已成为习惯，勤于思考敢于担当成为自觉。

近十年来，在党中央的重视和关心下，在司法部党组的正确领导下，在有关部门的支持下，在全国监狱机关广大干警职工的共同努力下，监狱工作不断创新发展，刑事执行理念不断提升，监狱法律规章制度不断健全，监狱法治化建设成效明显；监狱安全稳定长效机制不断形成并日臻完善，全国监狱实现持续安全稳定。监狱坚持以教育改造罪犯作为中心任务，坚持统筹运用惩罚和改造两种手段，充分发挥惩罚改造、教育改造、劳动改造三大改造手段的作用，注重改造工作的针对性、实效性，不断创新教育改造的方法、手段和内容，罪犯改造质量不断提高；坚持严格规范刑罚执行，严格执行减刑、假释、暂予监外执行等法律规章制度，全面深化狱务公开，监狱执法更加规范，执法的公信力进一步提升；监狱改革三大工程基本完成，即监狱布局调整任务基本完成，监狱体制改革任务基本完成，监狱信息化建设一期工程基本完成，监狱改革创新发展实现重大突破，取得明显成效，为推动监狱整体协调发展提供了有力保障；监狱人民警察政治素质、业务能力、执法水平有了新的提高，队伍整体战斗力不断加强。总之，近十年是中国刑事执行、监狱工作取得巨大成就、监狱面貌发生巨大变化的十年，是监狱工作整体水平得到大幅提高的十年，是党中央、国务院和各省区市党委、政府及广大人民群众对刑事执行机关、对监狱工作满意度不断提高的十年，是监狱工作发展的最好历史时期。

近十年来，我有幸亲身参与了国家刑事执行法律法规、重大刑事政策的研究制定，直接参与了中国《刑法》《刑事诉讼法》《监狱法》《反恐怖主义法》等重大刑事法律的讨论修改；亲自参与组织调研、起草、制定有关国家刑事执行、监狱管理、教育改造、狱内侦查、罪犯生活及医疗卫生等规章制度20多件；亲历并推动了有关刑事执行改革、监狱安全、监狱管理、刑罚执行等重大活动，如四十年一遇的国家特赦行动，严格规范"三类"罪犯减刑、假释、暂予监外执行的相关文件的出台及实施，监狱规范化管理年，监狱基层基础建设年，教育改造质量年，全面加强监狱管理查禁违禁物品专项行动等；每年都深入基层、深入一线调研检查，足迹遍布全国所有省区、市的绝大多数监狱，仅2016年我就到了19个省的53所监狱调研检查，召开了几十个不同类型的座谈会、研讨会。难忘的经历、丰富的实践、有挑战性的职业、广阔的舞台，使我更加成熟、更加自信、更加豁达。

能在司法部监狱管理局这个管理指导全国监狱工作、国家刑事执行的最高平台工作，我很幸运，从而十分珍惜，更是将自己的所思、所想、所爱全部倾注于刑事执行、监狱管理、改造罪犯这项伟大的事业中；也可以讲，对这项维护社会安宁、彰显法律公平，矫正罪犯促其重塑新生的伟大事业，自己有着宗教般的虔诚。十年来，在努力完成大量繁重烦琐的行政业务工作的同时，我始终坚持不懈地进行理论研究，注重理性思考，养成理论思维，充分利用时间，督促自己对中国的刑事执行、监狱工作所思所干所悟留下一些印迹，力求留下一些值得珍藏、值得传承、值得研究的文稿。夜深人静的灯下案桌前，我将自己近十年的理论研究文稿反复整理，多次捧读，感慨万千。可以讲，这是继我2012年4月出版《刑罚执行的理念与实证》一书后的又一理论研究成果，本书的所有文章与上一本书的内容完全不同，是本人的又一新作，是我十年来对监狱工作、刑事执行的真情流露，是对刑事执行这一事业孜孜不倦追求、勤恳耕耘的收获。

本书的主要内容是围绕近年来刑事执行的创新发展、法规政策解读、监狱管理、监狱安全、刑罚执行、教育矫正、监狱体制和制度改革、监狱人权司法保障等重点、热点问题进行思考，阐述了我的新思考、新理念、新观点、新批判、新建议、新对策、新展望等。本书文章的大多数内容更加紧扣时代，更加贴近刑事执行的实践，更加以问题为导向进行深入思考，更加着眼今后中国刑事执行、监狱工作未来发展的探索思考。毋庸讳言，回头再研读本书的内容，仍会发现它们在理论上不够成熟和完美，有些表述还显示出一定的局限或偏颇，有的文章结构欠严谨和规范，这些反映了我当时的认识能力和思考观点。愿以其"本来面貌"展现给读者，供大家借鉴、研究，期望从一个刑事执行实践者、管理者、研究者的特殊角度，充分反映这十年中国刑事执行改革创新、丰富生动的理论研究与实践探索。十年来，刑事执行的创新变革，监禁刑与非监禁刑的改革与发展，经历了从朴素的监狱管理改革到理性的刑事执行制度创新的新阶段，其间的探索、实践、研讨如火如荼。最明显的成果标志是2014年10月党的十八届四中全会作出了《中共中央关于全面推进依法治国若干重大问题的决定》，明确提出"统一刑罚执行体制"，这是中央最高层对中国刑事执行发出的最权威的声音、最明确的要求。习近平总书记在党的十八届四中全会第二次全体会议讲话中强调："坚定不移推进法治领域改革，坚决破除束缚全面推进依法治国的体制机制障碍。解决法治领域的突出问题，根本途径在于改革。"中国刑事执行监狱工作在取得巨大成就的同时，也在新时期面临许多新情况、新问题、新挑战，如国家的刑事法律体系还不完善，刑罚执行制度不健全，统一刑罚执行体制更是面临诸多的难题，至今认识不统一，部门利益困惑，阻力较大，措施不力，行动迟缓，效果甚微，司法体制改革面临许多深层次的矛盾和现实问题，对刑事执行在整个国家刑事司法体系中的地位缺乏整体统一的认识，在预防和减少犯罪领域中的重要作用更是缺乏足够理论支撑，包括在认识上、立法上、体制上的保障也不足。监狱在押罪犯人数长期居高不下，消耗了大量财政资源，也给数千万个家庭带来严重影响和生活困难。刑事执行对象为受到监禁、监视、监督、监管的人群，对这些庞大的特殊人群的收押、管理、教育、执法、生活、医疗等都将有极大的困难和严峻的挑战。

在对罪犯的刑事执行实践中，也面临许多需要改革创新的问题，如刑事执行体制、监狱管理体制的改革创新，少数监狱管理仍较粗放，违禁品成为许多监狱久治不愈的顽症，刑罚变更执行中监管人员执法犯法，受贿索贿，少数"有权人""有钱人"变相出狱的现象并未杜绝；教育改造罪犯的方式方法、手段内容，监狱机关面临的反恐维稳，对危害社会安全的暴恐犯"去极端化"的教育改造，矫正项目、矫正技术的应用推广等都需要进一步改革。实现刑罚的目的，预防和减少重新犯罪，给全社会尤其是刑事司法、刑事执行机关提出了更为艰巨的任务。监狱的分级分类建设，罪犯的分类管理、分级处遇，罪犯的分类教育、个别矫治，罪犯的文化技术教育，罪犯的医疗保障，罪犯的危险性评估，罪犯的改造质量评估，罪犯人权保障，监禁刑与非监禁刑的有效配合衔接，罪犯出狱后与社会的无缝衔接，安置帮教，如何适应现代新媒体网络舆情对刑事执行工作的监督、披露、公开报道，刑事执行信息化建设的应用及推广等问题，还需要理论和实践的广泛深入研究。监狱警务机制和值勤模式的改革，监狱人民警察作为刑事执行的主体，其职业认同、执法保障、专业能力、应急处置能力都面临新的更大的挑战。

提高工作预见性，研判刑事执行风险点，坚持问题导向，紧盯突出问题，我认为，这应是刑事执行理论研究的起点和目的，也应是理论之树常青的生命力所在。长期的刑事执行实务、监管改造罪犯实践，使我深刻地认识到，没有理论政策的深入研究和突破，就很难有实践上的开拓和创新，就不可能面对大量突出的问题找出正确有效的实现途径和科学方法，也就难以解决刑事执行中的重点问题。刑事执行的实践呼唤，希冀通过深入的理论思考，顶层及多层设计推动，法律政策研究来推动、破解中国刑事执行、监狱工作改革发展面临的难题。

2017 年，党的十九大胜利召开，我轻松、释然、深情地回眸自己这十年的历程。再次审视这段岁月，眼前案桌上这厚重的饱含对刑事执行、监狱工作思考的文稿，并为参与了中国监狱工作创造的这段光辉灿烂的经历及所作的奉献而自豪和骄傲。人的职业生涯很短，选择一件雪中送炭、给人光明的事情，就算再辛苦、付出再多也是值得的，而且从人的心灵上讲，这个世界上再没有比能成全人更伟大的事情了。为此，我对长期工作在刑事执行工作一线的监狱人民警察表示由衷地赞赏和崇高的致敬。

正是怀着这份热爱之情，带着这种执着的信念，肩负传承的使命及责任，我为自己近四十年始终从事这项很有挑战、很有意义并能服务社会安全稳定、造福千万家庭幸福团圆的伟大事业而感到幸运，感到欣慰，感到自足。自己始终不悔，矢志不渝，为这一伟大事业坚定地、执着地探索思考并乐此不疲。

减刑、假释法律适用问题及深化改革建议

减刑、假释作为刑罚变更执行的重要措施，是我国《刑法》《刑事诉讼法》《监狱法》等法律规定的重要制度，是宽严相济刑事政策在刑罚执行过程中的具体体现，对于稳定监管秩序、激励罪犯积极改造、促进罪犯回归融入社会、预防和减少犯罪、维护社会安全稳定都具有非常重要的意义。减刑、假释办理情况是罪犯及其家属最为关心的问题，是社会最为关注的热点和敏感问题，依法办理减刑、假释，人民法院的生效判决才能得到切实执行，监狱机关公正文明执法形象才能树立，执法司法公信力才能确立。

一、减刑、假释工作的基本情况

前些年，减刑、假释、暂予监外执行工作中暴露出了一些突出问题，尤其是一些"有权人""有钱人"被判刑入监之后，减刑相对较快，假释及暂予监外执行比例过高，实际服刑时间偏短，个别案件办理违背法律法规及司法解释的规定，有的甚至暗藏徇私舞弊、权钱交易、司法腐败，对执法司法公正和执法司法公信力的损害巨大，造成恶劣影响。为此，党中央高度重视刑罚执行变更工作，习近平总书记对严格执法、公正执法提出了明确的要求。2014 年 1 月 7 日，在中央政法工作会议上，习近平总书记强调："树立惩恶扬善、执法如山的浩然正气，要信仰法治、坚守法治，做知法、懂法、守法、护法的执法者""要靠制度来保障，在执法办案各个环节都设置隔离墙、通上高压线，谁违反制度就要给予最严厉的处罚，构成犯罪的要依法追究刑事责任""要坚持以公开促公正、以透明保廉洁，增强主动公开、主动接受监督的意识，让暗箱操作没有空间，让司法腐败无处藏身"。党的十八届三中全会决议和党的十八届四中全

会决议明确提出了"严格规范减刑、假释、保外就医程序，强化法律监督""完善刑罚执行制度，统一刑罚执行体制"的要求。2014年1月21日，中央政法委发布了《关于严格规范减刑、假释、暂予监外执行切实防止司法腐败的意见》，该意见从"从严把握实体条件""完善程序规定""强化环节责任""严惩腐败行为"四个方面对减刑、假释、暂予监外执行提出了新要求、新标准。为回应人民群众关切，司法部、最高人民法院、最高人民检察院高度重视、迅速行动，相继出台、修订了一系列规范性法律文件，司法部等中央五部门联合出台了《暂予监外执行规定》。这一系列制度规定，就是要进一步从实体上、程序上统一减刑、假释案件的办案理念，统一司法执法的标准，落实好中央关于严格规范减刑、假释工作的部署，落实和细化《刑法修正案（九）》有关减刑、假释的新规定，积极回应司法实践中的强烈呼声，解决减刑、假释、暂予监外执行工作中遇到的突出问题，以此促进监狱机关严格执法、公正执法，提高执法司法的公信力。由此，刑罚执行工作进一步规范，刑罚执行变更工作得以全面加强，刑罚执行工作取得了明显成效，具体表现为：一是健全完善相关规章制度。二是狠抓执法规范工作。三是依法保障罪犯合法权益。四是大力加强执法监督。五是全面推进狱务公开。六是执法信息化建设深入推进。七是加强监狱警察队伍执法能力建设。相关资料显示，近年来，我国监狱每年办理减刑、假释、暂予监外执行案件达60多万起，违法违规办理减刑、假释、暂予监外执行案件数不到万分之一。

党的十八大以来，在党中央高度重视下，在全国监狱机关和法院、检察院的共同配合努力下，我国刑罚执行工作取得了较好的成绩，整体执法工作的质量较高。监狱工作及其体制机制改革取得了令世人瞩目的显著成就，有力有效地保障了监狱的持续稳定、国家的政治安定和社会安宁。刑罚执行机关成功地收押并改造了绝大多数罪犯，狱内罪犯脱逃率逐年减少，尤其是近两年全国监狱罪犯脱逃数为零，这是新中国成立70周年来我国监狱罕见的成就，创造了监狱管理改造的奇迹，我国监狱现已成为世界上最安全的监狱之一。监狱罪犯改造质量不断提高，刑满释放回归社会人员的重新犯罪率始终保持在世界最低的水平。监狱执法的规范化水平稳步提升，违法违规减刑、假释和出狱后又重新犯罪造成恶性案件的数量极少。为此不能也不应当随意否定我国监狱工作取得的巨大成绩。但是同时也必须清醒地认识到，监狱在执法中仍然发生了云南孙小果、山西任爱军、北京郭文思、内蒙古王韵虹等极少数和减刑、假释、暂予监外执行有关的重大司法腐败案件，有的案件性质恶劣，影响极坏，暴露出监狱系统存在的突出问题。对此，必须引起高度的警醒，绝不能掉以轻心，也绝不能容忍，应当以案为鉴，以案明纪，坚决予以整治。司法部党组针对这些案件提出明确要求：要彻查此案，依法严厉处置，同时要以此案为警示，举一反三，在全国监狱系统深入开展大整顿活动，从严治警，打造"四铁"队伍。云南、山西、北京、内蒙古等省市监狱管理局积极行动，查漏洞、究原因、严追责、补短板，会同有关部门严惩司法腐败分子，全面系统地针对问题开展大整顿、大整治、大整改。这些态度和措施都是完全正确的，并取得了阶段性的整改成效。要全面彻底解决刑罚执行变更中的腐败问题，就应该将"严"的主基调长期坚持下去。对此，应当认真落实《中共中央关于开展全国政法队伍教育整顿的意见》，坚持问题导向、民意导向、目标导向，按照中央政法委、司法部的统一部署和要求，紧盯违规违法办理减刑、假释、暂予监外执行等执法司法的突出问题，突出重点、标本兼治、综合治理，要紧扣实际，深挖根源并有的放矢地提出标本兼治、上下发力、同频共振的综合治理对策，狠抓落地落细落实。

二、减刑、假释工作中存在的主要问题及原因剖析

（一）现行法律对减刑、假释条件的规定较为原则性，操作性不强。一是立功和重大立功的规定较为笼统，难以准确界定。例如，"有发明创造或重大技术革新"中对"发明创造"的规定就太笼统，如果仅凭罪犯手中的一纸专利证书就认定重大立功进而减刑，这种做法是否科学，值得商榷。立功表现中"成绩突出的"由谁认定，如何认定，认定的标准程序是什么，等等。二是"确有悔改表现"的具体标准及把握尺度难以界定。罪犯是否"确有悔改表现"，应当由谁来判定？是监狱机关，还是检察院或是法院？司法实践中，对罪犯改造表现好坏的掌握了解，最熟悉的当然是监狱干警。三是法律规定的假释条件难

以把握。《刑法》第八十一条规定的假释条件中包含"没有再犯罪的危险",对此标准的认定,就很难掌握和执行。尽管 2016 年最高人民法院的司法解释中也作出了"还应当根据犯罪的具体情节、原判刑罚情况,在刑罚执行中的一贯表现,罪犯的年龄、身体状况、性格特征,假释后生活来源以及监管条件等因素综合考虑"的规定,但是这些规定仍然是对未然行为的判断,是主观的考虑,没有客观具体的标准,实践中难以把握。罪犯假释后重新犯罪的原因多种多样,如果仅仅根据罪犯在服刑期间的表现就推断评估出罪犯出狱后不再重新犯罪,实践中是难以做到的,也不太可能。这也是当今世界各国监狱在罪犯评估问题上面临的最大挑战。四是法律有关禁止假释的规定违背改造的要求和矫正的原理,不利于对这些罪犯的监管和改造。紧急情势如重大自然灾害、重大疫情情况下,减刑、假释缺乏制度性的法律支撑。法律对老病残罪犯、未成年犯、女犯的减刑、假释缺乏针对性的具体规定,难以体现从宽的刑事政策。对外国籍罪犯和我国港澳台籍罪犯不能适用假释,行刑实践中造成了执法工作的被动。

(二)各地执行减刑、假释的情况不规范、不统一。一是罪犯所获行政奖励与"确有悔改表现"及减刑幅度的对应关系不规范、不统一。如有的省规定在执行期间被监狱记功一次并表扬一次,或者连续表扬两次,或者累计表扬三次的,可视为确有悔改表现,而有的省则规定罪犯获得四次以上监狱行政奖励即可认定确有悔改表现。此外,单个行政奖励对应的减刑幅度各省也不一致,罪犯获一次表扬的,有的地方可以减刑两个月,有的地方可以减刑三个月。二是各地减刑适用比例存在很大差异。相关资料显示,有的省减刑比例高达 35%,甚至 40% 以上,而有的省减刑比例不到 20%,有的省也就 15% 左右。有的同一省内不同监狱的减刑比例也都不一样,差异较大。三是法院单方面发文件作出规定,将减刑、假释与财产性判项的执行直接挂钩,实践中产生了许多误解和矛盾,而且这种做法也容易给罪犯及亲属造成"花钱买刑""提钱出狱"的误解和印象,有的还误认为是监狱违法收钱。有的罪犯虽然改造表现好但是因为交不起罚金就不能减刑、假释,继而消极改造、破罐破摔甚至闹监自杀,给监管改造秩序维护带来了很大的麻烦。四是有的省法院制定的关于减刑、假释的规定与上位法不一致,甚至与《刑法》及相关司法解释的规定不符,层层加码，层层严控。

（三）罪犯计分考核规定的科学性、严谨性还需进一步提高。计分考核结果是对罪犯减刑、假释的重要依据，但在实践中也出现了一些问题。一是计分考核"重行为、轻思想"。实践中，由于思想考核难以把握，劳动考核便于操作，在考核中，罪犯劳动得分占有较大比重，使罪犯误以为"劳动指标完成好，就是改造表现好，就可以获得奖励了"，而不注重思想改造和认罪悔罪。二是计分考核"重定量、轻定性"。罪犯累计得分高低只是"量"的堆积，不能进行"质"的分析。如果绝对化地以分数高低来衡量罪犯的改造表现，甚至直接与确有悔改表现画上等号，其结果只是看到了罪犯改造的表面，而忽视了隐藏在分数背后的思想改造的好坏。三是计分考核效果"重形式、轻实体"。仅仅因为罪犯在遵守纪律、参加劳动、接受教育等方面"无扣分"就认定其表现良好，即"无过就是好"，从而就给予各项奖分，最终兑现减刑、假释奖励，这种做法弱化了减刑、假释的激励功能。四是计分考核制度"重狱内稳定、轻社会效果"。在罪犯的计分考核奖罚工作中，有的监狱仅追求狱内的稳定，而忽视了社会效果。许多干警将最大限度地适用减刑、假释作为维护安全稳定的主要手段，这种以减刑、假释的最大化来换取监狱安全稳定而忽视罪犯改造质量的短视眼光使监狱的本质职能、治本安全不能很好地实现。

（四）减刑、假释的适用比例严重失衡。减刑制度、假释制度都是我国法律规定的刑罚执行变更的重要制度，是宽严相济刑事政策在刑罚执行变更中的具体体现，都具有激励罪犯改造的重要作用。相关资料显示，从近 10 年减刑、假释制度的实践来看，减刑比例高达 30%、40%几，而假释率则不断地下跌，从 5%降到 2%，目前甚至不足 1%。远远没有发挥假释在实践中更有利于促进罪犯改造、更有利于加强监管、更有利于预防和减少重新犯罪的功能。

（五）假释制度长期被忽视而且适用率极低。尽管几年前中央政法委、最高人民法院、司法部都积极倡导提高假释率、扩大假释、充分发挥假释的积极作用，然而，实践中仍然没有什么效果，甚至更加萎缩。从中反映出来的主要问题，一是观念落后、理念陈旧，不适应现代行刑法治的要求。二是法律的规定太原则、太粗糙从而难以执行，"没有再犯罪的危险"的法定条件难以评判。

三是在广泛追责的高压态势下，依法履职免责机制不健全、不明确，严重影响和制约了假释工作的开展，监狱、法院普遍对假释工作不愿办、不想办，甚至不办。只要不出事，宁可不做事。四是假释的配套制度不到位、不完善。社区矫正的力量、措施还不完善，群众对假释的接受度还不高，安置帮教工作衔接机制还不够有力，做不到"无缝衔接"，尤其是对出狱三年内可能重新犯罪的高发期，衔接失控、监控不严，帮扶不到位、安置不到位，预防重新犯罪的效果不是很明显。

（六）执法、司法三部门的配合不够协调有力。行刑变更实践中，有的地方监狱、法院、检察院由于各自的站位不同、职能不同、认识不同，导致在办理减刑、假释案件中追求的目的也不同，实践中配合不够有力、不够顺畅。监狱追求的主要是维护监狱安全稳定、促进罪犯改造。检察机关追求的是监督执法公正。法院作为审判机关，追求的是公正裁判。同样的减刑、假释工作，《刑法》没有作出统一明确具体的规定，三部门又从各自的角度出发，往往单独发布各自的文件规定，这导致在实践中必然产生不同的认识。

（七）行刑变更实践中的司法腐败问题屡禁不止，没有做到"杜绝"。监狱作为惩罚和改造的专门场所，关押、改造着大量形形色色的罪犯。长期以来，始终存在着改造与反改造、腐败与反腐败的斗争。监狱干警直接掌握着监管改造罪犯的权力，掌握着对罪犯减刑、假释的提请权利，因而始终面临着各种的诱惑和"围猎"，执法、司法工作人员如果政治立场不坚定、法治意识淡薄，就极有可能走向违纪违法犯罪的深渊。近年来，在监狱减刑、假释执法过程中发生的极少数重大司法腐败案件，就暴露出了刑罚执行工作中存在的突出问题，明显表现为执法不公、权钱交易、权刑交易、贪污受贿、徇私舞弊、失职渎职等。严重的违法违规问题，性质恶劣、影响极坏，严重地影响了执法司法的公信力。

三、减刑、假释适用中产生腐败案件的主要原因

一是政治意识淡化、党的领导弱化。监狱机关有的领导和干警忘记了监狱机关首先是政治机关的政治属性，政治意识不强，政治敏锐性差，缺乏政治判

断力、政治领悟力、政治执行力。有的监狱党委领导核心作用发挥不好，监区党支部的战斗堡垒作用发挥不好，党员的先锋模范作用没有很好地发挥。二是法治意识淡薄，法治思维欠缺。情大于法、有权任性，私欲膨胀、罔顾法纪，徇私枉法、以身试法。三是法律制度不完善不具体，可操作性不强。面对行刑实践中具体的执法工作缺乏刚性要求，随意性较大。四是减刑、假释适用制度不统一、不标准、不规范、不严格，严格依法减刑、假释和暂予监外执行不能完全做到位。五是执法监督体系不完备。监督乏力，监督做不到全覆盖，有死角、有漏洞。存在监督不科学、不规范的地方，从某方面也反映出执法的透明度、公开度不够。六是责任体系不完善。权力分工与责任确定流于形式，责任不明确，追责不规范，依法履职、出错免责制度缺乏。七是执法、司法人员的业务能力还要提高。法律素养不够，执法办案能力不强、本领不足，对罪犯真正改造好坏的评价水平不高，评估能力欠缺。八是执法保障不够有力。办案力量欠缺，办案培训不够，减刑、假释适用的专业化、职业化水平还有待提高。面对各种诱惑，有的执法、司法人员拒腐防腐能力还比较差。

四、进一步完善减刑、假释制度的对策及建议

首先，应当全面客观地评价减刑、假释制度。要充分认识做好减刑、假释工作对贯彻宽严相济刑事政策的重要意义，绝不能仅仅因为出现了极少数司法腐败案件就否定减刑、假释的功能，必须客观、理性地分析认识我国减刑、假释制度产生的历史背景、重大作用，充分认识到世界各国监狱减刑、假释制度及矫正罪犯发展的大趋势。减刑、假释制度是在我国改造罪犯的长期实践中建立并逐步完善的具有中国特色的刑罚执行变更制度，这个制度体现了我国惩办与宽大相结合、惩罚与改造相结合的刑事政策，是实现刑罚目的、预防和减少犯罪的重要手段。要充分认识到减刑、假释制度对服刑罪犯的激励教育作用，要充分认识到减刑、假释制度降低行刑成本的作用，要充分认识到减刑、假释制度调控监管场所容积的重大功能作用，应当在不断改革完善减刑、假释制度的前提下，进一步坚定依法适用减刑、假释制度，用好减刑、假释制度，确保公平、公正、依法办理减刑、假释、暂予监外执行案件。

其次，要坚定不移走中国特色社会主义法治道路，自觉坚定地坚持以习近平法治思想为指导，坚持党对监狱工作的绝对领导，坚持以人民为中心，坚持总体国家安全观。坚持以政治建设统领刑罚执行工作，坚决贯彻党中央关于减刑、假释改革的要求。近几年，习近平总书记多次对监狱工作、刑罚执行变更工作作出重要指示批示，对严格执行减刑假释制度、严格规范公正执法提出了明确要求，监狱机关要切实认真学习贯彻执行，自觉强化政治意识、大局意识、法治意识、责任意识，努力提高政治判断力、政治领悟力、政治执行力。要严格落实中央政法委相关文件精神，要严格执行中央政法机关各部门出台的进一步规范减刑、假释和暂予监外执行工作的规范性文件的基本精神、具体内容、实体条件、程序规定、执法要求，持续开展减刑、假释专项执法检查活动，严格依法做好减刑、假释和暂予监外执行工作，确保严格执法、公正司法，努力完成好"筑牢政治忠诚、清除害群之马、整治顽瘴痼疾、弘扬英模精神"政法队伍教育整顿 4 项任务。努力使反腐倡廉的法治精神和政策目标落实到位，努力让人民群众在每一个司法案件中都能感受到公平正义。

最后，要加强顶层设计和制度安排，统一思想，提高站位，着眼长远，坚定不移地将刑罚执行改革进行到底。笔者为此提出如下具体建议：

一是认真落实中央关于刑罚执行改革的要求。2019 年，中共中央办公厅、国务院办公厅出台了《关于加强和改进监狱工作的意见》等文件，2019 年 1 月，司法部出台了《全面深化司法行政改革纲要（2018—2022 年）》，这几件最具权威性、影响力的有关我国刑罚执行的改革文件，从顶层设计、制度安排上明确了刑罚执行改革的总体要求，必须高度重视、认真学习，结合实际、认真贯彻、坚决落实。要从讲政治的高度聚焦改革、深化认识、统一思想、提高站位，真正重视改革、推动改革，落实改革的"时间表""路线图"，明确相关部门改革的主要任务和组织保障。

二是要上下努力落实好党的十八届三中、四中全会决议中关于"完善减刑、假释制度""严格规范减刑、假释、保外就医程序，强化法律监督""完善刑罚执行制度，统一刑罚执行体制"的改革要求和目标。深化刑罚执行制度改革，完善刑罚执行制度，统一刑罚执行体制，健全公安机关、检察机关、审判机关、司法行政机关各司其职、相互配合、相互制约的体制机制。着眼全局和长远，研究推进刑事一体化，着手研究制定《刑事执行法》，与《刑法》《刑事诉讼法》并列构成完整的刑事法律体系。从现实和短期来看，要加快推动修改《监狱法》。

三是要认真研判并逐步取消减刑比例控制的"土政策""土规定"。长期以来，我国减刑工作一直存在一个比较大的问题，各地法院或监狱规定了对在押罪犯的减刑比例，而且各地规定的减刑比例还不一致。应当进一步修改与完善减刑的具体标准和程序，在全国范围内对减刑的标准、对象、幅度、程序等问题作出统一、具体、明确的规定，从而保证全国减刑标准的统一化、规范化、程序化、科学化、公开化。

四是刑罚执行变更工作要加强各部门的沟通协调与合作。有关刑罚执行及其变更制度的司法解释，应充分征求监狱、社区矫正等刑事执行机关的意见，涉及监狱、社区矫正、检察机关等部门的执法问题应密切沟通，达成共识。应依据上位法，共同下发文件作出规定，而不应单方面下发文件、作规定，造成行刑实践执行中的矛盾。最好是通过立法机关或者是中央政法委统一规定、统一要求、统一执行。

五是要加大推进"控制减刑、扩大假释"的力度。中央关于刑罚执行改革的文件明确要求：要"建好用好全国减刑假释信息化办案平台。统筹使用好减刑假释法律手段，依法提高假释适用率，充分发挥假释激励罪犯改造，促进罪犯顺利回归社会的功能优势，构建监禁刑与非监禁刑相互衔接、统一协调的刑罚执行体系"。应当全面研判现行减刑制度的条件、程序，减刑的范围、幅度、比例以及减刑的改造效果等，从整体上控制减刑的适用。应当在现行法律制度下联合出台关于依法提高假释适用的意见，逐步将假释扩大到3%—5%以上，同时要研究修改现行《刑法》关于假释的条件规定，从立法上扩大假释力度，逐步将假释率提高到20%、30%以上。从长远来看，应当改革减刑制度，建议将减刑期纳入假释考验期，监狱中多数罪犯改造的路径都应当是通过假释逐步融入社会，设置一个进入社会的过渡期，以实现预防和减少重新犯罪的目标。

六是不断改革与完善假释制度。要让罪犯在希望中改造，取消《刑法》中对某方面罪犯绝对禁止假释的规定，变为严格限制重点罪犯的假释。从法律上淡化甚至取消"没有再犯罪的危险"的假释实质条件规定。创立法定假释和裁定假释制度。建立对个案特别例外的罪犯的特殊假释制度，建立紧急情势如重大自然灾害、重大疫情态势下减刑、假释制度的特殊应对之策，如有条件地依法释放部分在押罪犯，以缓解监狱的压力。研究逐步取消减刑、假释与财产性判项直接挂钩的相关规定。

七是建议假释决定权由人民法院行使转变为由假释委员会行使。关于假释决定权的归属，理论上和实践中一直都有争论，争论焦点在于，假释是审判的内容，还是行刑的手段。笔者认为，审判与假释有诸多不同，包括对象不同、程序不同、方法不同、性质不同、任务不同，显然，假释所具有的行刑阶段法律事物的属性占主导地位。从现实来看，假释的功能作用尚未得到充分发挥，究其原因，主要是现行假释决定权的归属有悖于刑事诉讼程序的客观要求，行刑部门与运用行刑方法的权力分离，使假释功能的正常发挥遇到障碍，造成假释的低效运用。因此，笔者建议假释的审批或撤销应当由专门的假释委员会负责，假释委员会分中央、地方两级。中央假释委员会设在司法部，地方假释委员会设在司法厅（局），中央假释委员会委员由司法部部长提名、全国人大常委会任命。假释委员会的构成要注重广泛性，包括法官、检察官、律师、人民警察、矫正官、监察官、人大代表、相关专家等。

八是坚定推进监狱自身改革与发展。客观分析我国监狱的制度优势、基本情况、面临的突出问题及其原因，要标本兼治、综合治理、深化改革。一要明确监狱改革的总体目标：提高政治站位，坚守安全底线，践行改造宗旨，严格刑罚执行，深化监狱改革，推动科技应用，打造过硬队伍，确保监狱持续安全稳定，切实把罪犯改造成为守法公民，推进国家治理体系和治理能力现代化、建设社会主义法治国家相适应的中国特色社会主义监狱制度。二要明确监狱改革的基本原则：坚持党的绝对领导，坚持以人民为中心，坚持总体国家安全观，坚持依法治监，坚持改革创新，坚持队伍为本。三要明确监狱改革的主要任务：始终把维护国家安全和社会稳定作为监狱工作的首要任务，切实把罪犯改造成为守法公民，扎实推进严格规范公正文明执法，全面加强监狱工作保障，努力打造信念坚定、执法为民、敢于担当、清正廉洁的高素质监狱人民警察队伍。全面实现监狱工作的标准化、规范化、法治化，推进监狱工作社会化，完善监狱安全治理体系，推进监狱的分级分类建设，增设半开放和开放监狱，实行累进处遇，与社区矫正制度、安置帮教制度衔接配套。全面深化罪犯教育改造工作，深入开展教育改造工作的督导检查，大力创新改造方式方法，推进罪犯改造科学化、罪犯改造专业化、罪犯改造个别化、罪犯改造社会化。完善刑罚执行制度，推进依法治监，修改并完善罪犯计分考核奖罚制度。深化狱务公开，强化执法监督，依法保障罪犯权益。健全监狱经费保障制度，完善监狱企业管理体制和运行机制，推进监狱建设和布局调整，加快推进"智慧监狱"建设。

九是进一步推进执法司法制约监督体系改革，提升执法司法公信力。构建侦查权、检察权、审判权、执行权相互配合、相互制约的体制机制。促进监狱与公安、检察、法院、社区矫正等部门在刑事执行过程中形成完善的权力责任分工及运行机制，切实保证在办理罪犯减刑、假释案件过程中，各部门相互配合、相互制约、相互监督，真正实现减刑、假释的公开、公平、公正。监狱要推行集中办案模式，统一设立刑罚执行变更办案中心，统一办理监狱内减假暂案件，实行"五统一"，即办案标准、办案程序、执法文书、办案时间、办案进度的统一。建立执法标准、流程全控、协同联动、制约监督、执法保障五大工作体系，扎紧扎牢减刑、假释制度笼子。统一实施办案质量责任制。紧盯罪犯的加分、表扬、记功立功、技术发明专利、劳动岗位安排、调监、疾病鉴定等执法重点环节。全面推行阳光执法，让暗箱操作没有空间。健全减刑、假释等案件信息及时向罪犯及家属、社会公开的制度机制。从严从实抓内部监督，主动接受检察监督，积极拓展社会监督。优化全国减刑、假释信息化办案平台，全面推动减刑、假释案件全流程网上流转、全程留痕，把智能化作为制约监督的有效载体和重要手段。注重维护被害人在减刑、假释适用过程中的权利、地位及其权益保障。

十是改革刑罚执行中的责任追究方式，把从优待警落到实处。健全监狱人民警察职业保障制度，建立干警履行法定职责保护机制、人身安全风险防范制度、救济保障制度、抚恤优待制度，保障和维护干警合法权益。健全监狱特殊岗位干警津补贴政策。真正关心爱护广大干警，积极解决干警实际困难，提高队伍的凝聚力、战斗力。建议明文规定，干警凡做到了依法办案，即使罪犯出狱后再犯罪，也不应该对干警追责，让干警打消顾虑、轻装上阵，让一线执法司法工作人员放心大胆地适用减刑、假释制度，真正实现尽职免责、渎职追责。

十一是大力建设高素质专业化的监狱干警队伍。优化监狱干警编制布局，形成动态调整机制，研究论证符合监狱工作要求的警囚比，充实一线警力。建立完善的监狱人民警察分类管理制度，制定警员职务序列和警务技术职务序列配套政策。完善干部考核评价机制，充分发挥考核对干警的激励鞭策作用。加强干警教学练战一体化培训，大力提高教育管理罪犯的能力。建立政府出资保障、监狱使用管理的警务辅助人员制度。建立职业荣誉制度，宣传表彰先进典型，大力弘扬英模精神，激励引导担当作为。注意总结行刑实践中办理减刑、假释案件的先进典型、有效做法和成熟经验，及时表彰先进单位和先进个人，以树立典型、树立正气、树立形象。

十二是加强刑罚执行理论研究，注重理论与实际的紧密结合。近年来，刑罚执行工作实践部门面临的许多新情况、新问题、新压力，亟须从理论上说清楚、整明白。没有清晰科学的刑罚理论指导，行刑实践就会被动盲目。立法部门、高等院校、科研部门、实务部门都应当高度重视刑罚执行理论研究，齐心协力、携手共进。应切实加强理论与实践的结合和指导，相关大学法学院应当开设刑罚执行本科专业，培养刑罚执行的硕士、博士研究生。建议从高层面设立刑罚执行研究中心、改造罪犯研究中心。我国刑法理论的研究应向刑罚制度的研究着力，对当今行刑实践中迫切需要的人身危险评估理论、刑事一体化理论、社会防卫理论、恢复性司法理论、预防性理论、监狱安全治理、改造刑、教育刑、循证矫正、心理矫治、更生保护、安置帮教等重大理论问题作出深入系统的研究，积极回应行刑实践的呼唤，给予行刑实践有力地指导。坚持注重培养刑罚执行、教育改造罪犯的高端专业人才。为确保刑罚执行变更的公平公正和改造质量的提高，为刑事政策制定和立法编纂提供坚实的理论支撑。

刑罚变更执行制度的基本评价及改革对策①

　　刑罚变更执行制度是我国法律规定的重要刑罚执行制度，也是国家宽严相济刑事政策在刑罚执行活动中的具体体现。其中减刑、假释、暂予监外执行这三种刑罚变更执行活动是整个刑罚执行工作中较为重要的活动。刑罚执行制度在全部刑事司法活动中占有十分重要的地位，起着特别重要的作用。党中央关于开展政法队伍教育整顿的重大决策部署，其中整顿重点之一就是违法违规减假暂问题。减假暂问题表面上看是办理减假暂的问题，实际上这个问题背后透露出整个刑罚变更执行以及整个刑事司法中一些深层次问题，甚至包括队伍建设、刑事立法、刑事检察、刑事裁定、刑事执行、体制机制等问题，需要高度重视，认真研究。

　　为此，要提高政治站位，强化法治意识，加强刑罚执行理论研究，紧密结合学习贯彻习近平法治思想来指导刑罚执行工作。习近平法治思想是全面依法治国的根本指导思想，是做好刑罚执行工作的行动指南和根本遵循。关于刑罚执行的理论，包括关于减刑、假释工作、政法队伍建设的要求等都是习近平法治思想的重要组成部分。

一、如何评价近年来刑罚变更执行工作

　　第一，要十分清楚地认识到：违法违规办理减假暂是当前包括整个政法工作、监狱工作的一个重要问题，不能回避，必须特别地给予关注。全国政法队伍教育整顿将违规违法减刑、假释、暂予监外执行列为重点整顿内容，人民群众十分关注，社会媒体舆论多次报道，中政委、司法部对此项工作提出了明确

---

　　①　本文根据作者 2021 年 9 月 18 日由中国政法大学犯罪与司法研究中心等单位联合主办的"治理减刑假释暂予监外执行专题研讨会"的发言进行整理。

的要求，都十分重视这项工作，并采取了强有力的措施予以整治。

第二，对刑罚变更执行工作怎么看？对减假暂这项工作，总体上讲要充分肯定，总体来说成绩是显著的。广大司法人员、监狱干警在执法活动中是按照国家的法律政策严格依法办理，成绩巨大，不可否认。尤其是在党的十八大以来，这项成绩尤为明显。党的十八大以来，按照中央政法委以及司法部相关部门一系列的部署，采取了前所未有的政策调整、法律调整，制度完善，开展专门治理各种活动，使现在的减假暂工作，监狱的刑罚执行工作取得了明显的成效。相关资料显示，监狱机关每年平均办理的减假暂案件60多万件，真正因为办理减假暂案件出现问题的案件，不到万分之一，是极少的。当然极少的问题也是问题，问题就是问题，该查处的查处，该整顿的整顿，但是对刑罚执行这项工作要充分肯定，要充满自信心，要客观冷静看待发生的问题，自信地认识到刑罚执行工作中取得的成绩和经验。

第三，对于刑罚执行中发生的问题，必须高度警醒，尤其是一些影响大的典型案例，恶劣影响不容忽视，要严肃查办，决不姑息，并且要深刻举一反三去分析问题的原因。总体上讲，它不是国家刑事制度政策的问题，也不是刑罚执行的基本政策和基本制度的问题，而是在实际执行刑罚中产生的问题。推进严格执法重点是解决执法不规范、不严格、不透明及不作为。现在还有一个重要问题，就是执法监督机制的问题。在关键领域、关键行业、关键环节，尚存在监督失效、监督不力的问题，所以应下大力气研究解决监督制约机制的问题。理论研究要求真务实，要看出深层次的问题及原因，要面对现实，不要讲空话套话，不要讲与实际脱节的话。

第四，要结合新的形势新的要求，按照全国政法队伍教育整顿、监狱综合治理的部署，大力整顿并进一步改革和完善刑罚变更执行制度。深化刑罚执行改革这项工作十分重要，也十分紧迫。治理违规违法减刑、假释、暂予监外执行，应从体制和制度方面入手进行解决。要标本兼治，健全完善制度机制。要善于运用制度思维和改革办法抓源治本，善于集成有效创新举措并上升为制度机制。真正做到严格执法、公正执法、公开透明、严防腐败，甚为重要，最为关键，这是最现实的问题。

二、充分认识刑罚执行在国家治理体系中的重要作用

第一，刑罚执行是国家法律赋予监狱的法定职能任务，是整个刑事司法中的重要组成部分。刑罚变更执行尤其是减假暂是监狱的法定职能，核心业务，同时，也涉及法院裁判、检察监督，直接体现政法机关执法的公平公正，是社会最为关注的执法工作之一，是全国政法队伍教育整顿的重点之一。

第二，刑罚执行是对犯罪人惩罚改造的实际体现。一个案件，从实施刑事强制措施到提起公诉到审判可能一年多就结束了，而送到监狱可能要待 5 年、10 年、20 年。原国务院副总理、公安部部长罗瑞卿同志曾说过，前面三个环节只是执行完成了一半的任务，更重要的一半任务还在监狱。刑罚的宣告和刑罚的执行是两回事，法院的宣告仅仅是刑罚的宣告，关键在于刑罚的执行。

第三，刑罚执行是将罪犯改造成为守法公民的前提条件。惩罚与改造是监狱的法定职能。惩罚是手段，也是目的。惩罚是改造的前提，改造是惩罚的根本目的。不论犯罪人入监前是什么身份，进监狱都是一样的，要先"惩"后"教"。惩罚是刑罚的天然属性。惩罚更重要的目的是要改造罪犯，使他们逐步走向社会，成为一个守法公民。

第四，刑罚执行是实现国家刑罚目的的基本措施。国家刑罚目的是预防和减少犯罪，刑罚执行是国家治理的方式，刑罚目的是什么，是要起到特殊预防和一般预防的作用。这样两个作用是其他任何机关行业部门都无法代替的，如果国家监狱的监管改造质量不高，将会对社会产生难以估量的影响。

第五，刑罚执行是实现全面依法治国的重要方式，是整个刑事诉讼活动最后的环节，是维护司法公正最后的防线，是维护国家政治安全和社会稳定的重要保障，必须给予高度的重视和关注。

三、坚持具有中国特色的刑罚变更执行制度

第一，这是贯彻国家宽严相济的刑事政策在刑罚执行中的具体体现。中华人民共和国成立初期，毛泽东主席提出惩办与宽大相结合的政策，总体上说宽严相济刑事政策是一个总政策，是刑事基本政策在刑罚执行之中的体现，执行

刑罚、监狱改造过程中，应当要贯彻这样的政策，改造罪犯也应该执行这样的政策。正如毛泽东主席很早就说过，我们的监狱不是过去的监狱，我们的监狱其实是学校，也是工厂或者是农场。他提出：人是可以改造的，就是政策和方法要正确才行。监狱是社会的一个缩影，高墙深院使社会免于对罪犯的恐惧，同时也使罪犯丧失了回归社会的能力。监狱应当是重塑健全人格的学校，更是人性的复活地。我们应当怎么看待现代监狱，国家为什么要坚持减假暂的制度，并不是判10年就一定要关10年，不给罪犯改造的出路和希望。要真正弄清楚国家确立刑罚的目的是什么。要从预防犯罪、减少犯罪，促进社会和谐稳定的大局和长远思考。

第二，这是我国创立并坚持了具有中国特色的法定刑罚执行制度。从1954年的《劳动改造条例》确定刑罚制度到1979年的《刑法》制定刑罚变更执行制度，再到1994年《监狱法》制定的减假暂制度，都坚持并且多次加以确认，从中可见刑罚变更执行制度逐步完善，并在司法实践中发挥了重要作用。

第三，这是几十年中国监狱改造罪犯，调动罪犯改造积极性的有力有效的制度措施之一。减假暂这项制度，对促进罪犯改造发挥了重要的不可替代的作用。中华人民共和国成立以来我国监狱改造了上千万的罪犯，其中减假暂这项制度在改造罪犯过程中发挥着重要作用。

第四，这是实现我国刑罚目的、预防和减少犯罪的重要措施。通过刑罚变更制度的执行，使犯人在希望中得到改造，而不是在绝望中死去，不是要让犯人把牢底坐穿，这对多数犯罪来说是激励他们改造的动力，是改造的希望。

第五，这是维护监狱安全乃至维护社会稳定的有力举措。回顾我国监狱70年改造罪犯的历史，通过减假暂制度作用的发挥，回归社会的绝大多数服刑人员被改造成了守法公民，有些成了各种先进分子、劳动积极分子等，对监狱安全稳定产生了重大作用，对维护国家安全和社会稳定作出了重大贡献。

第六，这是我们国家司法人权保障的优势体现。我国的减刑制度具有中国特色，世界各国监狱像中国执行这种减假暂特色制度的并不多，其他国家多数都是赦免性质的减刑。从司法人权保障的角度，《中国改造罪犯状况白皮书》早已向全世界宣示了我们国家在改造罪犯中采取的重要措施制度，其中包括减刑假释制度。体现了我国刑罚执行制度的人权保障和司法文明。

第七，这是减少国家行刑成本的有效执行措施。监禁成本与非监禁成本比较起来，要高很多，当然世界多数国家都是这样，这是维护国家法治的需要，巩固国家政权的需要。通过刑罚变更执行制度，既能改造好罪犯，又能减轻国家财政负担，减少大量行刑成本投入。这是值得肯定的制度。客观地说，现在仍然还有相当部分监狱经济压力很大，国家财政仍然承担很重的责任，这些都是需要认真考虑的问题。

四、通过队伍教育整顿、监狱综合治理，刑罚执行工作取得了明显成效

第一，队伍政治忠诚进一步筑牢和增强。尤其是通过开展队伍教育整顿、监狱综合治理，取得了明显成效。通过加强政治教育，强化理论武装，提高了干警的政治判断力、领悟力，执行力。通过加强党史教育，发扬伟大精神，不忘初心，牢记使命。通过加强警示教育，引导干警自省自醒，增强反腐败的自觉性和坚定性。通过加强英模教育，感召人、鼓舞人，弘扬正气，增强自信心、自信力。

第二，监狱的本质职能得到进一步的回归。过去一段时期存在监企不分的问题。现在通过监狱体制改革使监狱职能得到进一步的回归。

第三，执法管理的理念得到了进一步的更新。标准化、规范化、法治化、科学化、社会化这样的观念理念，在逐步地渗透和强化。理念观念的转变对刑罚执行工作来讲十分重要。

第四，公正执法的水平得到了进一步提升。执法公信力明显增强。党的十八大以来，对刑罚变更执行工作要求进一步严格，尤其这几年。刑罚执行专项治理都没有断过，对此监狱干警感受更深，尤其是以全面排查整治违规违法减假暂、整治顽瘴痼疾工作为契机，执法能力和执法水平不断得到提高，坚持查处无禁区、全覆盖、零容忍，现在监狱严格公正执法水平明显提升。

第五，监狱管理工作进一步规范。近几年，监狱司法腐败案件的问题大幅度减少。通过整治，不断加强监狱的管理，包括会见、通信、离监就医、违禁

品的管理、劳动岗位的安排,改造三大现场的管理等,强化了风险意识,全面排查了监管工作隐患,明确了管理责任,监狱管理各项工作进一步规范化、标准化、法治化。

第六,干警队伍的素质得到了进一步提升。通过持续不断的专项检查、教育整顿、学习培训,正风肃纪,现在多数监狱干警的管理能力、管理理念、教育能力、执法水平等都得到了明显提升,政治意识不断增强,业务素质明显提高。

第七,执法监督制约机制进一步健全。按照中央的统一要求,在原有制度机制上,通过查处问题,举一反三,使执法监督机制进一步健全,各项规矩纪律立起来了,各种执法纪律明确了,执法监督机制逐步建立健全。

第八,人民群众满意度进一步提高。很多省监狱局、监狱通过网上征求意见,采取狱务公开、监狱开放日,为人民群众办实事,进行法治宣传等,人民群众满意度不断提高。

五、充分认识新时代刑罚执行工作面临的新形势

第一,外部形势出现了新特点。要适应新形势、新变化、新要求。外部形势的特点包括:世界形势复杂多变,信息化高速发展,中央相关的新要求,犯罪的一些新变化、犯罪活动的新动向等。我们都要适应这样的新形势,迎接这样的变化,保持战略定力。

第二,中央对公正执法提出了新要求。尤其是对减刑、假释、暂予监外执行工作提出了新的明确要求,对监狱管理提出新的要求。此外,习近平总书记明确提出要"努力让人民群众在每一个司法案件中都感受到公平正义"。司法案件当然包括监狱办理的减刑、假释、暂予监外执行案件,这些都是对刑罚执行工作提出的新要求。

第三,刑事法律政策呈现了新调整。这个力度是前所未有的,从党的十八大以来,尤其是从相关文件下发以后,全国人大及最高法、最高检、司法部、公安部等采取了一系列的法律政策调整,制定了严格执法的规定,提出了明确要求。刑罚变更执行制度总趋势是收紧从严,这对做好新时期刑罚执行工作提

出了严峻的考验。

第四，押犯结构发生了新变化。监狱在押罪犯出现了新的变化、新的特点，如重刑犯、暴力犯、职务犯、女犯、二次以上判刑的罪犯、毒品犯等罪犯逐年增加，未成年犯数量下降，包括大量的老弱病残犯增多等新变化。监狱押犯总量庞大。

第五，队伍建设面临的新挑战。复杂的押犯构成，空前的执法安全压力，对监狱、干警是一个巨大的挑战，怎么管理？怎么改造？干警队伍面临上级机关的高要求、社会舆论的关注、押犯结构性的变化。尤其现在是 80 后、90 后干警执法，过去的老经验学不来，新办法又没有，他们虽然学历很高，但是实际监管执法改造能力还不够。所以在这个执法过程中，先后出现了不少的问题，干警面临着管理上的新挑战。

第六，反腐整顿追责的新压力。党的十八大以来的反腐败力度持续增强，巡视利剑高悬，强化党风廉政建设、清除害群之马，队伍教育整顿起到了很大的作用、取得了很大的成效。对司法人员和干警追责的力度增大，确实造成他们的一些心理压力。现在相当部分领导和干警产生了只要不出事，宁可不办事的心理，怕追责就不担当不作为。据了解，多数省的监狱这一两年办减刑、假释、暂予监外执行案件急剧下降，因为怕出事干脆不办，因为谁签字谁负责，谁批准谁负责，办案质量实行终身追究制。在这种情况下，加之上级机关的依法履职免责制度、权利救济渠道等制度都没有配套。所以导致刑罚执行工作出现了三个变化，执法的标准更严，执法的要求更高，执法的风险更大。

六、关于减刑存在的问题和对策建议

世界上多数国家都存在根据服刑人在服刑期间的良好表现而减轻执行其原判刑罚的制度，只是其称谓和内容不尽相同而已。减刑制度是随着教育刑思想的产生而发端的，是功利主义刑罚目的观的必然要求。我国减刑制度的理论根据是刑罚的报应目的和功利目的的统一，是追求刑罚功利目的的结果，但是要以报应目的为基础和底线。减刑制度的政策是在惩办与宽大相结合的刑事政策指导下实施的，在刑罚执行中根据罪犯改造表现适当减轻其原判刑罚，有利于调动罪犯改造积极性，更好地实现改造罪犯，预防和减少犯罪的刑罚目的。减刑制度的重要意义在于，有利于激励罪犯积极改造，有利于稳定监管改造秩序，有利于贯彻刑罚执行经济性原则。

按照国家法律规定及司法解释来看，减刑体现的都是国家刑罚的权利，不是犯罪人的权利，减刑是国家的刑罚执行制度，不是罪犯应该获得的必然待遇，不具有应然性，而是罪犯在服刑期间积极改造达到了法定条件的情况下，国家权力将给予的一项法律奖励措施。这在 2016 年颁布的《最高人民法院关于办理减刑、假释案件具体应用法律的规定》的第一条就明确加以定性，确定减刑是法律奖励措施而不是罪犯的权利。但是从多年监狱刑罚执行的实践看，减刑制度本身的实质性弱化，权利性增强了。减刑在有些省、有些监狱已经普遍化、宽泛化、容易化，当中出现了减刑的"权利说"这个观点，从而导致减刑的功能异化，没有起到改造的促进作用，没有起到维护安全稳定作用。

（一）减刑制度的主要问题

1. 减刑制度缺乏法律的制约。减完刑就算完了，减刑不当怎么办？减刑缺乏法律的相应制约，法律制度上没有制约，也没有减刑撤销制度的规定。

2. 减刑率普遍过高。相关资料显示，多数省的监狱罪犯减刑率高达 30%、35%、40%。很多人将减刑异化为人人有份的福利制度。减刑功能异化、扩大化，甚至被滥用，减刑制度不严格、不规范。当然近年减刑率又大幅度下降了，多数监狱少办或不办减刑，不作为、不担当。

3. 减刑的幅度过大。有些地方监狱里发生了满格减刑，顶格减刑、踩点减刑等不正常情形，减刑动机不纯，钻减刑的空子。

4. 确有悔改表现的实际条件把握不准。从司法解释制度方面暂时难以规定。在实践中尚欠缺对悔改表现的实际条件和表现形式的规定。基层在怎么判定方面还有困难。

5. 办理减刑的一些形式资料不规范不严谨。例如，减刑假释的评审会、审议会，有的就是走形式，走流程，有的法律文书粗糙，不注重细节。

6. 减刑假释的适用很不平衡。相关资料显示，有的省监狱多年来年平均减刑率是 35%—40%，而假释率仅为 0.1%，甚至有的监狱多年不办假释，只办减刑。

7. 减刑罪犯计分考核不科学、不严谨，导致了源头污染。20 多年来监狱改造罪犯、判定罪犯悔改表现最基本、最有效、最普遍的方法就是采取计分考核，因为从目前来看还没有代替的好方法，考察世界各国监狱，比计分考核方法更好的方法还没发现，所以还是应该坚持计分考核，但问题是计分考核从实践来看还是出现不少的问题。这个制度本身没问题，但在具体设计上有问题，在实践执行中也有许多问题。

8. 部门之间的协调统一问题。部门认识协调不统一、不明确，具体就是监狱、检察院、法院有时立场不同、追求不同、评价不同，在实践中不统一，产生矛盾时，应该要统一认识，换位思考。

9. 减刑腐败案件时有发生，影响恶劣。深入分析导致减刑腐败问题的原因主要是：

一是政治意识不强。监狱首先要讲政治，要坚持党对监狱工作的绝对领导。什么叫绝对领导？监狱党委、各监区的党支部要发挥党内领导作用，所以讲减假暂是业务问题，实质是政治问题。背后涉及队伍建设、反腐倡廉、党内的领导和很多深层次的问题。

二是执法素质专业化的程度不高。执法工作中不严格、不规范、不透明、不作为的现象时常发生。

三是执法观念存在偏差。过分地强调、夸大了减刑的功能作用，忽略了减刑背后的刑罚属性，而且在办案过程中缺乏办案的思维和证据意识。

四是减刑制度的普遍适用甚至滥用造成了假象，罪犯不是真改造，而是假改造。

五是对法律一些用语含义理解存在偏差，对"可以""应当""必须"等法律规定的含义理解不一。

六是片面强调监狱日常管理工作的需要。有的监狱干警认为不给罪犯减刑就没法管理了，监狱减刑成了劝导犯人改造。对罪犯哄着管理、不敢管、不会管、不办减刑就管不了。这也与领导机关的教育观念引导有关系。

七是缺乏科学准确的认定改造表现的评价制度及办法。具体的办法和评价的技术问题、政策问题、考核问题，还没有解决好，这是专业性极强的工作。

八是有知法犯法、以身试法、违规违纪、执法腐败的现象。

（二）改革减刑制度的对策建议

1. 更新行刑理念，明确刑罚的目的，降低行刑的成本，严控和规范减刑。

2. 改革和完善刑罚变更执行制度，尤其是减刑制度要改革。减刑应统一基本条件、认定标准、办理程序。可以研究制定全国统一的减刑条例。确保减刑工作的标准化、规范化、精准化。

3. 优化刑事司法职权的配置，建立协调的刑罚执行体系。统一刑罚执行体制，包括法院的刑罚执行，公安司法的刑罚执行是个大问题，党的十八届四中全会提出了明确要求，要加大落实力度。

4. 大力加强刑罚执行队伍的"四化"建设。即队伍的革命化、正规化、专业化、职业化建设，坚持不懈，努力去解决好执法不严格、不规范、不透明、不作为的现象。

5. 加大干警培训的力度，提高素质能力。要关心干警培养干警就要从理念上宣传上反复讲明确减刑的功能及作用，减刑的手段和目的等辩证的关系。提高干警适用减刑、办理减刑的专业化能力。应当研究试行并逐步全面推行干警办案责任制的改革。

6. 严格科学界定，精准评价确有悔改表现的实质性内涵。监狱、检察、法院都应对减刑进行实质性审查，三部门应统一作出实质性审查和具体规定，科学认识罪犯、精准评价罪犯，加强考察考核。

7. 全面落实司法部颁发的经中央政法委同意的《监狱计分考核罪犯工作规定》，这是纳入中央司法体制改革的一个重要文件。在中央政法委的指导下，司法部反复征求意见，多次修改，从源头上来改变对罪犯的考核，同时更要制定细则。按照此规定省司法厅应当制定计分考核的细则，规定改造表现具体如何量化、怎么考核、怎么积分、怎么认定改造表现等。

8. 建议监狱成立刑罚变更执行办案中心。公安机关也成立了执法规范化办案中心，可以借鉴。监狱也可以成立相应机构，而且实际上有的监狱也已经成立了，并取得了很好的效果。要推进案件的办理由审批式向办案式转变，不是简单的改变审批方式，是转变整合力量，全面提升办案水平，确保将每一起减假暂案件都办成铁案。包括对减假暂的审理，要进行实质性的逐案审查。

9. 全面深化狱务公开。以公开促公正，以透明保廉洁。通过加强执法信息化建设更好地向全社会公开。刑罚变更执行在这方面没有什么不可公开的，当然除了涉及国家保密的问题以外。公开是常态，不公开是例外。

10. 大力加强执法监督。实际上就是要紧盯监督发现的问题，监督实施不力，监督失查失职。要进一步明责、督责、考责、追责，同时要考虑到依法依规履职免责，保护履职担当的干警、真正地关心干警、关心执法工作人员、使大家放下包袱，轻松上阵，履职尽责，敢于担当。

七、关于假释存在的问题和对策建议

假释制度是对确有悔改表现的犯罪人附条件的提前释放，以促进犯罪人再社会化为目的的一种刑罚执行制度。它在提高罪犯改造质量和罪犯改造积极性、补救量刑差异、缓解监狱压力等方面都有着重要的意义。假释作为一种已经为世界各国所普遍采用的刑罚制度，在历经各国刑事政策实践后，得到了各国的普遍重视。

假释制度最早起源于 18 世纪的英国、澳大利亚，随着刑事社会学派的兴起于 19 世纪在英美国家广泛建立。20 世纪初，世界各国纷纷采用。清政府于 1911 年 1 月颁布的《大清新刑律》中引进了这项制度，此后的北洋政府和民国政府的刑事立法中都明确规定了假释制度。中华人民共和国成立后，1954 年颁布的《劳动改造条例》将假释作为对表现好的在押罪犯的奖励措施而加以规定。1979 年颁布的《刑法》第七十三条至第七十五条对假释制度做了规定，1997 年修订的《刑法》第八十一条至第八十六条，对假释制度作了较系统的规定。假释适用的现实意义主要体现为，积极彰显刑罚目的、充分体现司法公平、减少国家行刑成本、有效激励罪犯改造、积极促进社会稳定。

（一）假释的问题及原因分析

多年来，我国假释的主要问题是：对假释工作重视不够，假释制度运用不充分，假释率普遍较低，假释的功能没有发挥好。而在世界各国监狱中普遍重视假释，相关资料显示，包括英国、美国、加拿大、澳大利亚、日本、俄罗斯、韩国以及中国香港、中国澳门等国家和地区罪犯假释率近十几年平均为30%—60%。假释发挥了很好的作用。

假释率低的原因主要是：

1. 对假释制度的认识偏差。假释奖励说异变为主流思想。片面理解为假释已成了国家司法机关对罪犯的最高奖赏，要严格审查控制，轻易不办。

2. 受传统文化影响，社会公众不理解假释。假释是对罪犯附条件的提前释放。不少公众将假释等同于刑罚执行的打折扣，等同于释放，"放虎归山"，从而认可度、接受度不高。

3. 假释后重新犯罪的风险大。假释增加了执法风险。假释的前提是没有再犯罪的危险，罪犯在脱离监禁以后，司法机关、刑罚执行机关对其难以进行监控和管理，却要为其重新犯罪承担风险，影响了相关机构办理假释的积极性。

4. 现行法律禁止假释对象范围大，不得假释占比较大。按照我国《刑法》相关规定，假释适用拥有比减刑更为严苛的限制，据有的省监狱局统计，罪犯不得假释比例高达40%。

5. 假释起报的条件高、考验期限较短、不能累进。如某省高级人民法院出台的文件，在《最高人民法院关于办理减刑、假释案件具体应用法律的规定》的基础上，对假释规定进一步从严，一是对假释条件进一步从严，从执行原判刑期1/2以上到剩余刑期不得超过两年六个月。二是考验期限进一步限制，将假释罪犯考验期限严格控制在两年六个月内，相关规定政策进一步提高了假释的门槛。

6. 法律规定假释的条件太原则化，难以准确把握，不利于实践操作。《刑法》规定假释的条件是：认真遵守监规，接受教育改造，确有悔改表现，没有再犯罪的危险的。尤其是"没有再犯罪的危险"的规定，这是对重新犯罪预测未来的要求，在实践中确实难以界定和把握。

7. 假释办理的主体责任较多。责任难以规范明确。

8. 司法解释中财产性判项执行的相关规定不够合法合情合理，"确有履行能力而不偿还"的界限难以把握。监狱承担了不合规、不合理的财产性判项的执行责任。

9. 对干警的执法保护制度免责机制不明确、不健全。假释案件的办理过程中，缺少依法免责规定，责任倒查的程序和标准不明确。办案实行终身追究制，始终存在各种执法风险，导致监狱检察法院都不敢办，不愿办假释。

10. 部门协作沟通机制不健全。相关部门职能职责不同，立场不同，认识不同，要求不同，导致扯皮现象。

11. 监社衔接不顺畅，社区矫正后续力量跟不上、管理不到位。从社区矫正的现状看，存在人员不足，法制不健全，保障不力，矫正手段单一的问题。

（二）扩大假释的对策建议

1. 提高认识，转变理念，高度重视假释工作。理念就是指导、引领办好减假暂案件的思想和灵魂，所以说理念一定要转变，同样是现行的法律制度，在十年前为什么上海、江苏、北京、浙江、贵州等省监狱假释率就能连续多年做到 3%、5%、6%，甚至做到 8%、9%，而多数省就做不到呢？甚至仅仅为 1%、0.5%、0.1%，说到底还是理念认识的问题，这是根本。

2. 下决心采取各种办法扩大假释。中央政法委或全国人大可以研究从法律上规定假释率至少要多少，制定法定假释制度。或在现有法律规定下，由中政委指导中央政法单位出台依法扩大假释的指导意见，强力稳妥推动假释工作的开展。假释的工作关键是认识和决心。

3. 立法上要补齐短板。改革完善假释制度，如扩大假释对象的范围。修改完善法定的实质条件，关键是：一是修改不得假释的限制条件；二是修改"没有再犯罪危险"这一前提性的规定，如可以改为"积极修复对社会的危害"类似的话；三是要修改财产性判项执行的规定。裁定执行要修改，包括最高法院的司法解释也应该修改；四是要修改假释对象从严从宽的规定；五是要增加假释撤销和执行制度；六是完善法定假释的执行时间的条件。

4. 修订完善假释罪犯危险性的评估。罪犯危险性评估很关键，很重要，尽管还不能要求 100% 准确，100% 本来是做不到的，不符合客观规律，那 80%、70% 行不行，实践中是行的。这项评估工作一定要下决心去做。力求评估工作科学化、精准化、规范化。

5. 全面落实司法部《监狱计分考核罪犯工作规定》。假释率要想提高、落实，前提基础是必须做好计分考核工作。各省应按照规定要求结合实际制定监狱罪犯计分考核实施细则，从罪犯长期日常改造中考核罪犯的实际改造表现。

6. 从长期行刑实践来看，应控制短刑犯假释，扩大一定比例的长刑犯假释。

7. 完善扩大假释的制度保证。怎么样完善假释制度保证？从现实来看，在现行法律制度没有改变之前，要加强监狱、法院、检察对假释的实质性审查，如召开听证会，公开开庭，还有深入实际的核查，等等。从长远来看，可以改革假释由法院单独审判的方式，成立专门的假释委员会审批。假释不是审判，仅是一种变更刑罚执行的方式，从过程来看，也应是一种制度保证。同时，应当建立假释矫正官的专业队伍。许多国家有专门的制度，设专门的假释官，一个人负责五六个假释对象，身份职务就是假释官。这个问题要研究解决好，怎么做到专业化。

8. 加强完善社区矫正。目前我国社区矫正工作取得了很大的成绩，但是问题也不少，需要改革完善的事情很多。社区矫正要有专门的力量、专门的制度、专门的编制经费保证工作，以此来促进假释工作有效开展。

9. 全面公开推进假释的信息化建设。通过打造智慧监狱、智慧司法，推动扩大假释工作。确保假释工作公平公正。

10. 推进假释责任制改革。要明确假释的分责、履责、考责和追责。同时，加强假释理论的研究，这方面理论支撑现在很不够。

八、关于暂予监外执行的问题和对策建议

暂予监外执行是一种暂时性的刑罚执行措施，一旦罪犯暂予监外执行的法

定情形消失，执行机关就应该将暂予监外执行的罪犯收监执行。暂予监外执行制度是对罪犯实行人道主义的具体体现，是我国法律规定的一种刑罚变更执行制度，也是我国改造罪犯行刑政策的有机组成部分，对于保障罪犯人权、促进罪犯改过自新都具有重要的意义，同时也符合有关国际法的精神。

（一）暂予监外执行存在的问题

1. 法律关于暂予监外执行的规定过于简单、比较原则化。法律没有明确规定暂予监外执行的具体程序、保外就医保证人的条件和保证人义务、罪犯在暂予监外执行期间应该遵守的规定、违反规定的法律责任、检察机关对暂予监外执行活动进行监督的具体程序，等等。

2. 暂予监外执行的决定和审批部门不统一，认识不一致。法院、检察院、公安、司法行政、监狱各部门定位不同，标准不一，评价不同。暂予监外执行决定权、审批权的分散行使是造成罪犯暂予监外执行执法混乱局面的一个重要原因。

3. 保外就医严重疾病范围文件法规有些条款的理解以及操作性容易出现偏差，增加执法的难度。例如，什么叫久治不愈、什么叫严重功能障碍、生活难以自理的具体标准是什么、什么是短期内有生命危险、谁来判定担责，等等。这些规定要具体化、易执行。

4. 保外就医难。现在保外难问题很大，该保外不能保外，保不出去，这是个问题。这个问题主要表现为，一是家庭经济状况差，无力承担医疗费用，没办法承担这个费用。二是家属亲属不愿担保。三是地方政府，包括司法行政部门、民政部门相关部门有畏难情绪，不愿担责任。四是因家庭困难一些生活不能自理的老病残犯也拒绝保外就医，保外亲属也拒收。

5. 由省级政府指定医院这个规定，现在具体化落实不下去，存在很多不完善的环节，包括指定的标准、指定的条件、程序设施、医疗技术、回避监督等等制度都不明确，很难指定。很难保证保外就医鉴定的质量。时常出现把关不严、不执行鉴定标准的问题。

6. 保外就医的保证人制度粗放不完善，保证方式单一。只规定保证人，没有规定保证金，保证人失职以后责任没法追究，等等。这些年每年都有上百名保外罪犯重新收监执行，但对保证人没有做出任何追究。

7. 暂予监外执行公开制度存在不足。狱务公开在哪个范围公开，怎么向社会公众公布公开，由于有时候病情变得很严重，突然急发重病要保外出去，来不及公开。而且公开的格式、公开的时间等都是问题。

8. 执法不严格、不作为，担心被追责任不敢办、不愿办保外就医。

9. 保外就医案件续保不及时。这种情况较普遍存在，在部分保外就医案件中，执行机关和监督机关不能经常或定期了解保外就医罪犯情况，续保手续不能及时办理，出现一保到底直至刑满。有的监督管理不力，罪犯脱管失控。

10. 因暂予监外执行引发的司法腐败问题凸显。保外就医容易出现的问题，主要是假诊断、假病例、假鉴定，违规违纪违法办理保外就医，"提钱出狱"、"纸面服刑"、索贿受贿、徇私舞弊等违法犯罪问题严重，群众对此反应强烈，公正执法受到严重质疑。

(二) 改革暂予监外执行的对策建议

暂予监外执行制度既要坚持也要改革，无论是从减轻国家行刑成本、人道主义、司法人权保障考虑，还是从罪犯生命权、健康权的维护考虑，都应当坚持。改革的总体想法就是要标准化、规范化、程序化。

1. 要转变理念，统一思想。依法维护罪犯的合法权益，坚持对患病罪犯实行人道主义，高度重视维护罪犯的生命权、健康权。

2. 推进改革统一规范暂予监外执行的审批决定机关。建议研究统一将暂予监外执行的决定审批权由法院统一行使，明确纳入司法程序。现在刑罚变更执行制度即减刑假释通过法院裁决，监狱、看守所的暂予监外执行则不用通过法院，监狱局、公安局就能批准把一个犯人放出去，这个权力太大，我认为应该通过司法程序来限制来制衡。最合理的途径应该是统一由中级以上人民法院通过特别审理程序以裁定的形式予以决定。

3. 要进一步细化和明确保外就医疾病的鉴定标准和鉴定程序。这是很专业的医学问题，法律应有规定，具体解释标准应当联合卫生相关部门修改共同下发文件。

4. 要切实解决暂予监外执行难的实际问题。例如，一是要研究解决罪犯家庭经济困难，无力解决医疗费用而拒绝担保的问题，协调相关部门研究解决。二是要修复被罪犯破坏的社会系统，争取被害人的原谅和谅解，建立被害人参与暂予监外执行制度。三是要与社区矫正部门建立常态的协作机制，加强社区矫正力量，争取社区矫正部门的支持。四是对生活不能自理的罪犯要做好相关工作，由民政等相关部门帮助解决。改造罪犯不只是监狱的事，也是政府的责任，监狱担不了的责任就应积极向党委政府汇报。

5. 进一步完善暂予监外执行医疗机构的指定制度。现在的指定规定太粗糙、太原则化，很多地方是监狱医院成为指定医院，既当裁判员，又当运动员，执法公信力必然受影响。指定的医院在资格条件、医生选定、诊断程序和医疗报告方面都要依靠一套制度来进行约束规范。

6. 改革现行的保外就医保证人的制度。保证人既然要当保证人，就要有制度规范。例如，要建立信用保和金钱保并行的保证制度，要建立保证人失信的责任追究制度，完善保证人的变更制度等。

7. 完善暂予监外执行信息的公开制度。要以公开保证公正，要通过公开建立全方位全过程的保外就医信息公示公开制度，建立权威统一公开的刑罚执行信息发布平台。

8. 建立统一规范的暂予监外执行办案中心。统一标准、统一规范、统一程序。确保每一件案件办成铁案，杜绝司法腐败。

9. 要特别重视对保外就医案件的监督。严防"纸面服刑"。要研究对暂予监外执行的三类情况出监狱以后怎么监督，怎么来保证它合法的出狱，而不是违规的变相出狱。应从法律上明确规定检察机关对暂予监外执行案件的具体监督程序及责任。

10. 要完善保外就医办案责任制，要依法公开从严追究对保外就医方面的"三假"问题，不断研究推进办案责任制的改革。

11. 从立法上修改完善。对违法违纪的暂予监外执行实行撤销制度。要明确规定，撤销不能算刑期。同时可研定保外就医期间建立可以刑期中止的制度。

想要保外出去看病，保外期间就不能算服刑期。同时还有一个问题应重视，很多患病犯人不保外都在监狱待着，那么怎么样解决好监狱的压力。监狱医疗负担过重，监狱死亡率过高的现象就会发生。要研究解决好这个问题，可研究改革设想，以"刑罚推迟执行制度"取代暂予监外执行制度。

12. 关键是司法执法队伍素质的提高。刑罚执行理论研究要支撑，政治业务素质能力要提高，这些都很重要。新形势下做好减假暂，要重点加强对干警的政治业务培训，真正做到通过全面加强规范减假暂，从而全面提高刑罚执行机关的管理水平、执法水平、改造能力，提高司法执法机关执法公信力。

减刑假释暂予监外执行的问题与改进探讨①

刑罚变更执行制度是我国法律规定的重要刑罚执行制度，是国家宽严相济刑事政策在刑罚执行活动中的具体体现。其中减刑、假释、暂予监外执行是整个刑罚执行工作中非常重要的活动。党的十八大以来，按照中央政法委及司法部相关部门一系列的部署，我国刑罚变更执行工作采取了前所未有的政策调整、法律调整、制度完善，开展专门治理活动，取得了明显的成效。

当前，刑罚执行工作面临的形势出现了新特点：一是中央对公正执法提出了新要求；二是刑事法律政策呈现了新调整；三是押犯结构发生了新变化；四是队伍建设面临着新挑战。复杂的押犯构成造成的执法安全压力，对监狱、对民警是一个巨大的挑战，因此有些干警存在不适应的问题。尤其是80后、90后干警，欠缺老经验与新办法，实际监管执法改造能力不适应的问题突出。结合新形势、新要求，按照全国政法队伍教育整顿、监狱综合治理的部署，进一步改革和完善刑罚变更执行制度，尤显必要。

一、减刑存在的问题和对策建议

减刑制度的政策是在惩办与宽大相结合的刑事政策指导下实施的。在刑罚执行中根据罪犯改造表现适当减轻其原判刑罚，有利于调动罪犯改造积极性，更好地实现改造罪犯、预防和减少犯罪的刑罚目的。按照国家法律规定及司法解释来看，减刑是国家的刑罚执行制度，不具有应然性。但是从多年监狱刑罚执行的实践看，减刑在有些省、有些监狱已经普遍化、宽泛化、容易化，当中

---

① 本文刊载于《犯罪与改造研究》2022年第2期。

出现了减刑"权利说"这个观点，从而导致减刑的功能异化。

（一）减刑存在的问题分析

第一，相关法律规范不够完善。一方面，法律制度中缺乏对减刑不当的制约规范，也没有减刑撤销的规定。另一方面，目前，司法解释对认罪悔罪、参加生产劳动、组织参加学习等的表现形式规定不明确，导致实践中减刑实质条件把握不准。

第二，减刑实践中存在亟待解决的具体问题。首先，减刑率普遍过高，幅度过大。很多人将减刑理解为人人有份的"福利制度"，呈现出滥用、不严格、不规范的趋势。相关资料显示，多数省的监狱罪犯减刑率高达30%、35%、40%。有些地方监狱发生了满格减刑、顶格减刑、踩点减刑等不正常现象，减刑动机不纯，钻减刑的空子。且办理减刑的资料不规范、不严谨。办理减刑假释的评审会、审议会，有的就是走形式、走流程，有的法律文书粗糙，不注重细节。其次，减刑与假释的适用很不平衡。有的省，监狱多年来年平均减刑率是35%—40%，而假释率仅为0.1%，有的监狱甚至多年不办假释，只办减刑。最后，减刑罪犯计分考核不科学，导致了"源头污染"。其程序设计与实践执行需进一步完善。

第三，部门之间存在不协调统一的问题。监狱、检察院、法院有时立场不同、追求不同、评价不同，在实践中存在不统一、不明确的问题，应进一步统一认识，换位思考。

第四，减刑中腐败案件时有发生，影响恶劣。一是政治建设不够有力，有的监狱党委、监区的党支部没有发挥好党内领导作用，从严治党不严，反腐倡廉建设抓得不紧不实；二是执法专业化的程度不高，执法工作中不严格、不规范、不透明、不作为现象时常发生；三是执法观念存在偏差，过分强调了减刑的功能作用，忽略了减刑背后的刑罚属性，而且在办案过程中缺乏办案的法治思维和证据意识；四是对法律一些用语含义理解存在偏差，"可以""应当""必须"等法律规定理解不清，将"可以"变成了"应当"；五是缺乏科学准确地认定改造表现的评价制度及办法，具体的技术问题、政策问题、考核问题还没有解决好，应当从专业性层面得到改善。

（二）改革减刑制度的对策建议

第一，更新行刑理念，明确刑罚的目的，降低行刑的成本，严控和规范减刑。优化刑事司法职权的配置，建立相协调的刑罚执行体系。统一刑罚执行体制，包括法院的刑罚执行、公安司法的刑罚执行。全面落实 2021 年司法部颁发的《监狱计分考核罪犯工作规定》，各省司法厅或省监狱局应当按照此规定制定计分考核的细则，改造表现具体细化为如何量化、怎么考核、怎么积分、怎么认定等规则。

第二，改革和完善刑罚变更执行制度，尤其是减刑制度。减刑应统一基本条件、认定标准、办理程序。可以研究制定全国统一的减刑条例，确保减刑工作的标准化、规范化、精准化，做到精准评价确有悔改表现的实质性内涵。监狱、检察院、法院都应对减刑进行实质性审查，三部门应统一作出实质性审查具体规定，科学认识罪犯、精准评价罪犯，加强考察考核。

第三，建议监狱成立刑罚变更执行办案中心。一方面，可以借鉴公安机关设置执法规范化办案中心的做法。另一方面，某些监狱已经进行了相关尝试，并取得了很好的效果。要推进案件的办理由审批式向办案式的转变，不是简单的转变审批方式，而是转变整合力量，全面提升办案水平，确保将每一起减假暂案件都办成铁案，要进行实质性的逐案审查。

第四，大力加强刑罚执行队伍的"四化"建设。即队伍的革命化、正规化、专业化、职业化建设，坚持不懈，努力去解决好执法不严格、不规范、不透明、不作为的现象。应当研究试行并逐步全面推行干警办案责任制的改革。同时，全面深化狱务公开，大力加强执法监督。以公开促公正，以透明保廉洁。通过加强执法信息化建设更好地向全社会公开。做到公开是常态，不公开是例外。紧盯监督出现的问题，防止出现监督实施不力，监督失察失职。要进一步明责、督责、考责、追责，也要考虑到依法依规履职免责，保护履职担当的干警，真正的关心干警，关心执法工作人员，使大家放下包袱，轻松上阵，履职尽责、敢于担当。

第五，加大干警培训的力度，提高素质能力。要关心干警、培养干警，就要从理念上、宣传上反复讲减刑的功能及作用，减刑的手段和目的辩证的关系，提高干警适用减刑、办理减刑的专业化能力。

二、假释存在的问题和对策建议

假释制度最早起源于 18 世纪的英国、澳大利亚，19 世纪随着刑事社会学派的兴起而在英美国家广泛建立。20 世纪初，世界各国纷纷采用。中国于 1911 年 1 月颁布的《大清新刑律》中引进了这项制度，此后的北洋政府和国民党政府的刑事立法中都明确规定了假释制度。1954 年《劳动改造条例》将假释作为对表现好的在押罪犯的奖励措施而加以规定。1979 年《刑法》第七十三条至第七十五条对假释制度作了规定，1997 年修订的《刑法》第八十一条至第八十六条，对假释制度作了较系统的规定。假释适用的现实意义主要体现为，积极彰显刑罚目的，充分体现司法公平，减少国家行刑成本，有效激励罪犯改造，积极促进社会稳定。

（一）假释存在的问题分析

多年来，我国假释存在的主要问题是：假释制度运用不充分，假释率普遍较低。相关资料显示，近五年全国监狱平均假释率为 1.74%。2013 年为 2.9%，2014 年为 2.05%，2015 年为 1.54%，2016 年为 1.28%，2017 年为 0.93%。许多省的监狱近五年平均假释率不到 0.8%。假释率呈逐年下降趋势。而英国、美国、加拿大、澳大利亚、日本、俄罗斯、韩国等国家罪犯假释率近十几年平均为 30%—60%，假释发挥了很好的作用。

第一，对假释制度的认识问题。一方面，对假释制度的理解存在偏差。假释"奖励说"异变为主流思想，即假释似乎已成了国家司法机关对罪犯的最高奖赏和恩赐，严格审查控制，轻易不办。另一方面，受传统文化影响，社会公众不太理解假释。假释是对罪犯附条件的提前释放。不少公众将假释等同于刑罚的打折扣，等同于释放、"放虎归山"，从而认可度、接受度不高。

第二，假释制度的适用问题。首先，现行法律禁止假释的对象范围较大，不得假释占比较大。按照我国刑法相关规定，假释适用拥有比减刑更为严苛的限制，据某省监狱局统计，罪犯不得假释比例高达 40%。其次，假释起报的条件高、考验期限较短、不能累进。例如，某省高级人民法院出台的文件，在最高法院"16 司法解释"的基础上，对假释规定进一步从严，一方面，假释条件更为严格，从执行原判刑期 1/2 以上到剩余刑期不得超过 2 年 6 个月；另一方面，对考验期限进一步限制，将假释罪犯考验期限严格控制在 2 年 6 个月内，进一步提高了假释的门槛。再次，法律规定假释的条件太原则，难以准确把握，不利于实践操作。《刑法》规定假释的条件是：认真遵守监规，接受教育改造，确有悔改表现，没有再犯罪的危险的。尤其是"没有再犯罪的危险"的规定，这是对重新犯罪的预测，在实践中确实难以界定和把握。最后，司法解释中财产性判项执行的相关规定不够合法合情合理，"确有履行能力而不偿还"的界定难以把握。监狱承担了不合规不合理的财产性判项的执行责任。

第三，假释机制的固有问题。假释后重新犯罪的风险大，进而增加了执法风险。罪犯在脱离监禁以后，司法机关、刑罚执行机关对其难以进行监控和管理，却要为其重新犯罪承担风险，影响了监狱、法院、检察院办理假释的积极性。同时，假释办理的主体责任较多，责任难以规范明确。

第四，假释实施过程中存在的问题。首先，部门协作沟通机制不健全。相关部门职能职责不同，立场不同，认识不同，要求不同，导致扯皮现象。其次，监社衔接不顺畅，社区矫正后续力量跟不上、管理不到位。从社区矫正的现状看，存在人员不足、法制不健全、保障不力、矫正手段单一等问题。最后，对干警的执法保护制度免责机制不明确、不健全。假释案件的办理过程中，缺少依法免责规定，责任倒查的程序和标准不明确。办案实行终身追究制，始终存在各种执法风险，导致监狱、检察院、法院都不敢办，不愿办理假释。

（二）扩大假释的对策建议

第一，提高认识，转变理念，高度重视假释工作。相关资料显示，十年前，北京、上海、江苏、浙江、贵州等地监狱假释率能连续多年达到 3%、5%、6%，甚至达到 8%、9%，而目前多数省仅仅为 1%、0.5%、0.1%，理念认识是根本问题。

第二，下决心采取各种办法扩大假释。首先，可以从法律上规定假释率标准，或在现有法律规定下，出台依法扩大假释的指导意见，强力稳妥推动假释工作的开展。其次，全面落实司法部《监狱计分考核罪犯工作规定》。计分考核工作是假释率提高、落实的前提。各省应按照规定要求结合实际制定监狱罪犯计分考核实施细则。从罪犯长期日常改造中考核罪犯的实际改造表现。再次，完善扩大假释的制度保证。从现实来看，加强监狱、法院、检察院对假释的实质性审查，采取召开听证会，公开开庭，深入实际的核查等。从长远来看，可以改革假释由法院单独审判的方式，成立专门的假释委员会审批。可考虑建立假释矫正官的专业队伍，一个人负责五六个假释对象。最后，推进假释责任制改革。要明确假释的分责、履责、考责和追责。同时，加强假释理论的研究，这方面的理论支撑现在很不够。

第三，立法上要补齐短板。修改完善法定的实质条件：一是修改不得假释的限制条件；二是修改"没有再犯罪的危险"这一前提性的规定，如可以改为"积极修复对社会的危害"；三是修改财产性判项执行的规定，裁定执行要修改，最高法院的司法解释也应该修改；四是修改假释对象从严从宽的规定；五是要增加假释撤销和执行制度；六是完善法定假释的执行时间的条件；七是修订完善假释罪犯危险性的评估，如可以将60%、70%、80%等作为标准，力求评估工作科学化、精准化、规范化。

第四，完善配套机制建设。一方面，加强完善社区矫正。目前我国社区矫正工作取得了很大的成绩，但需要改革完善的事情很多。社区矫正要有专门的力量、专门的制度、专门的编制、经费保证工作，以此来促进假释工作有效开展。另一方面，全面公开推进假释的信息化建设。通过打造智慧监狱、智慧司法，推动扩大假释工作，确保假释公平公正。

三、暂予监外执行的问题和对策建议

（一）暂予监外执行存在的问题

第一，法律关于暂予监外执行的规定过于简单、比较原则性，难免存在缺陷。法律没有明确规定暂予监外执行的具体程序、保外就医保证人的条件和保证人的义务、罪犯在暂予监外执行期间应该遵守的规定，以及违反规定的法律责任、检察机关对暂予监外执行活动进行监督的具体程序等。此外，保外就医严重疾病范围文件法规有些条款的理解及操作性容易出现偏差，增加执法的难度。例如，什么叫久治不愈、什么叫严重功能障碍、生活难以自理的具体标准是什么、什么是短期内有生命危险、谁来判定担责等，这些规定要具体化、易执行。

第二，暂予监外执行机制存在问题。首先，暂予监外执行的决定和审批部门认识不一致。法院、检察院、公安、司法等部门定位不同，标准不一，评价不同。暂予监外执行决定权、审批权的分散行使是造成罪犯暂予监外执行执法混乱局面的一个重要原因。其次，由省级政府指定医院的具体化落实中存在很多不完善的环节，包括指定的标准、指定的条件、程序设施、医疗技术、回避监督等制度都不明确，难以保证保外就医鉴定的质量，时常出现把关不严、不执行鉴定标准等问题。再次，保外就医的保证人制度粗放不完善，保证方式单一。例如，存在只规定保证人，没有规定保证金，保证人失职以后责任没法追究等情况。最后，暂予监外执行公开制度存在不足。狱务公开在哪个范围公开，怎么向社会公众公布，公布的格式，公布的时间等均需明确。尤其是服刑人员突然急发重病的情况，存在来不及公开等问题。

第三，保外就医难问题突出。具体表现：一是家庭经济状况差，无力承担医疗费用，没办法承担保外就医的费用；二是家属亲属不愿担保；三是地方政府，包括司法部门、民政部门相关部门等有畏难情绪，不愿担责任；四是因家庭困难一些生活不能自理的老病残犯，本人也拒绝保外就医，保外亲属也拒收，监狱成了"养老院"等问题。

第四，执法不严格、不作为，因担心被追责不敢办、不愿办保外就医。而且，保外就医案件续保不及时的情况较为普遍，在部分保外就医案件中，执行机关和监督机关不能经常或定期了解保外就医罪犯情况，续保手续不能及时办理，出现"一保到底"直至刑满的情况。有的监督管理不力，罪犯脱管失控。

第五，因暂予监外执行引发的司法腐败问题凸显。保外就医容易出现的问题，主要是假诊断、假病例、假鉴定，违规违纪违法办理保外就医，"提钱出狱""纸面服刑"、索贿受贿、徇私舞弊等违法犯罪行为，群众对此反映强烈，公正执法受到严重质疑。

（二）改革暂予监外执行的对策建议

暂予监外执行制度既要坚持也要改革，无论是从减轻国家行刑成本，人道主义、司法人权保障考虑，还是从罪犯生命权、健康权的维护考虑，都应当要坚持。改革的总体想法就是要按照标准化、规范化、程序化来严格推进。

第一，要转变理念，统一思想。依法维护罪犯的合法权益，坚持对患病罪犯实行人道主义，高度重视维护罪犯的生命权、健康权。应从立法上进行修改完善，对违法违纪的暂予监外执行建立撤销制度。要明确规定撤销不能算刑期。同时可研究保外就医期间建立可以刑期中止的制度。想要保外出去看病，保外期间就不能算服刑期。同时还有一个问题应重视，很多病犯不保外都在监狱待着，那么怎么样解决好监狱的压力，如果监狱医疗负担过重，罪犯死亡过高的现象就会发生，要研究解决好这个问题。笔者认为可研究改革设想，以"刑罚推迟执行制度"取代暂予监外执行制度。

第二，推进改革统一规范暂予监外执行的审批决定机关。建议研究将暂予监外执行的决定审批权由法院统一行使，明确纳入司法程序。现在刑罚变更执行制度为减刑假释通过法院裁决，监狱、看守所的暂予监外执行不需经过法院，这一决定权应该通过司法程序来限制。最合理的方式应该是统一由中级以上人民法院通过特别审理程序以裁定的形式予以决定。同时，可建立统一规范的暂予监外执行办案中心，统一标准、统一规范、统一程序。确保每一件案件办成铁案，杜绝司法腐败。

第三，完善相关制度与程序。首先，要进一步细化和明确保外就医疾病的鉴定标准和鉴定程序。对这个专业医学问题，法律应有规定，具体解释标准应当联合卫健委等相关部门修改共同下发文件。其次，进一步完善暂予监外执行医疗机构的指定制度。现在的指定规定太粗糙、太原则化，影响实际操作，很多地方是监狱医院成为指定医院，既当裁判员，又当运动员，执法公信力必然受影响。指定的医院在资格条件、医生选定、诊断程序和医疗报告方面都要依靠一套制度来进行约束规范。再次，改革现行的保外就医保证人的制度。保证人既然要当保证人，就要有制度规范。要建立信用保和金钱保并行的保证制度，要建立保证人失信的责任追究制度，完善保证人的变更制度等。最后，完善暂予监外执行信息的公开制度，以公开保证公正。通过公开建立全方位全过程的保外就医信息公示制度，建立权威、统一、公开的刑罚执行信息发布平台。

　　第四，要切实解决暂予监外执行难的实际问题。首先，要研究解决罪犯家庭经济困难，无力解决医疗费用而拒绝担保的问题。对生活不能自理的罪犯要做好相关工作，协调民政等相关部门帮助解决。其次，要修复被罪犯破坏的社会关系，争取被害人的谅解，建立被害人参与暂予监外执行制度。再次，要与社区矫正部门建立常态的协作机制，加强社区矫正力量，争取社区矫正部门的支持。最后，要特别重视对保外就医案件的监督，严防"纸面服刑"。要研究对暂予监外执行的三类情况出监狱以后怎么监督，怎么来保证合法的出狱，而不是违规的出狱。应从法律上明确规定检察机关对暂予监外执行案件的具体监督程序及责任，完善保外就医办案责任制，依法公开、从严追究对保外就医方面的"三假"问题，不断研究推进办案责任制的改革。

　　综上，新形势下做好减假暂，要重点加强对干警的政治业务培训，真正做到通过全面加强规范减假暂，从而全面提高刑罚执行机关的管理水平、执法水平、改造能力，提高司法执法机关执法公信力。

第二篇

历史回顾

中国共产党领导下
中国监狱改造罪犯的初心和使命①

在庆祝中国共产党建党一百周年的历史时刻，重温中国监狱在中国共产党领导下改造罪犯工作的奋斗历程，回顾总结其成长、壮大的基本经验，把握历史规律，探索监狱工作改革发展的道路，增强继续开拓前进的勇气和力量，具有重大的理论意义和实践意义。习近平总书记指出，"一切向前走，都不能忘记走过的路；走得再远、走到再光辉的未来，也不能忘记走过的过去，不能忘记为什么出发"。回顾新中国监狱改造罪犯的成功发展道路，是为了"不忘初心、牢记使命"。

1949 年 10 月 1 日中华人民共和国成立后，新中国监狱工作彻底废除了为国民党统治时期服务的旧监狱制度，在全面总结解放区、根据地监狱工作经验的基础上，以毛泽东等老一辈无产阶级革命家创立的改造罪犯理论为指导，紧紧围绕党和国家的中心工作，坚持正确的监狱工作方针、政策，逐渐形成了具有中国特色的社会主义监狱制度，并在实践中不断加以完善和发展，监狱工作取得了举世瞩目的伟大成就，为维护社会的和谐稳定作出了重大贡献。1954 年 9 月，中华人民共和国政务院公布施行《中华人民共和国劳动改造条例》，表明新中国监狱法规制度进入了一个有序规范的发展阶段。1994 年 12 月《监狱法》公布实施，监狱工作又获得了突飞猛进的发展。2014 年 5 月习近平总书记对监狱工作提出了明确的指示要求，近几年又多次对监狱工作作出明确的指示批示，为新时代构建具有中国特色的监狱工作发展道路指明了前进方向。

---

① 本文刊载于《司法警官学界》2021 年第 4 期，曾发布于"中国法律评论"微信公众号。

一、红色苏区劳动感化制度的开创

中国共产党最早的司法行政机关是中央司法人民委员部，负责对司法机关实行总的领导，掌管各地看守所和感化院（监狱）等事宜。1934年2月第二次苏维埃代表大会选举梁柏台为中华苏维埃共和国临时中央政府司法人民委员部部长、临时检察长等职，梁柏台同志是中国劳动改造教育感化制度的创始人，被誉为人民法制和人民司法的开拓者和奠基人。

1932年2月19日中央政府第7次常会上，梁柏台提议创办劳动感化院，得到认可后由梁柏台起草《劳动感化院暂行章程》（下文简称《章程》），经中央政府批准后于1932年8月10日颁布实施。《章程》有16条，对劳动感化院设立的条件、目的、隶属关系、内部设置机构和职能等方面作了具体而明确的规定。根据《章程》，劳动感化院是裁判部下的一个附属机构，其目的是看守、教育及感化违犯苏维埃法令的一切犯人，使这些犯人在监禁期间后，不再违反苏维埃的法令，成为遵守法律，具有某种劳动技能，自食其力的新人。

《章程》实施后，司法人民委员部先后在江西、福建和瑞金直属县等地办了5个劳动感化院，1934年，毛泽东同志在中华苏维埃第二次全国代表大会作工作报告，明确赞扬说："苏维埃的监狱对于死刑以外的罪犯采取感化主义，即是用共产主义精神与劳动纪律去教育犯人，改变犯人犯罪的本质。"

总之，在中国共产党领导下，红色革命根据地的监狱坚持"改造犯罪人使之成为自食其力的劳动者"，始终注重对犯人的改造，促其悔过自新。

二、以改造罪犯成为新人作为监狱工作的历史使命

以改造人类、改造社会为历史使命的中国共产党人，历来十分重视罪犯改造工作。早在新民主主义革命时期，人民民主政权领导下的监狱工作就走出了一条自力更生办监狱的成功之路，为新中国成立后监狱工作的开展，提供了可资借鉴的宝贵经验。新中国在接管旧监狱后，首先是对旧监狱进行清理改造。依据1949年9月《中国人民政治协商会议共同纲领》关于"强迫他们在劳动中改造自己，成为新人"的规定，总结继承了革命根据地民主政权监所的实践经

验，开创了新中国劳动改造罪犯工作。

新中国成立之初，根据《中央人民政府司法部试行组织条例》规定，司法部的主要职责之一是"关于犯人改造监管机关之设置、废止、合并及指导、监督事项"。根据这一规定，监管改造罪犯工作由司法部领导和管理，当时中央和各大行政区司法部均设监狱工作指导机构。根据 1950 年 11 月 3 日中央人民政府政务院的指示，中央政府司法部于 1951 年年初把监所和劳动改造机构移交给中央公安部领导和管理。1950 年 11 月 3 日，中央人民政府政务院颁布了《关于加强人民司法工作的指示》，明确"关于监所管理目前一般宜归公安部门负责，兼受司法部门指导"，1950 年 11 月公安部成立了"三局四处"，随后各大行政区，省（市）也相继建立了相应的监狱工作指导机构，领导骨干多是从公安部门和军队转业干部中抽调。

为了巩固新生的人民民主政权，党和政府开展了剿匪反霸和镇压反革命运动，监狱押犯由 1949 年的 6 万余人，猛增到 1951 年的 87 万余人。当时，接管过来的旧监狱，条件极为恶劣，能够使用的很少，国家的财政经济状况又很困难，如何处置这些罪犯成为当时一个极为艰巨又极为紧迫的重大任务。根据党中央、毛泽东主席的指示，1951 年召开的第三次全国公安会议，作出了组织全国犯人进行劳动改造工作的决定。本次会议通过了《关于组织全国犯人劳动改造问题的决议》，对于管理体制、经费来源、武装看押、劳动项目等具体事项，也都做出了明确安排。我国大规模的罪犯改造工作至此开始。

相关资料显示，到 1952 年 6 月第一次全国劳改工作会议时，仅一年多的时间里，投入劳动改造罪犯已占到在押犯总数的 62% 以上，开荒 127 万多亩，创建了千人以上的大型劳改农场 56 个，如东北的北安农场、北京的清河农场、湖北的沙洋农场、浙江的乔司农场等，百人以上的劳改工厂 160 个，有的也有相当的规模。第一次全国劳改工作会议决定，劳改生产从事大规模的水利、筑路、垦荒、开矿和建筑等生产建设事业。会议决定成立中央、大行政区、省、专区市四级劳改生产管理委员会，集中组织领导劳改生产。政务院成立劳动生产管理委员会，薄一波副总理兼主任，负责统筹协调指导全国劳改生产工作。会议作出了罪犯管理教育、劳改队政治工作制度、劳改机关机构、监护武装等 14 条决议案，这是一个具有重大历史意义的会议，奠定了新中国监狱制度的基础。

通过组织罪犯劳动生产和严格的管理教育，绝大多数罪犯都能认罪服法，接受改造。

我国监狱曾成功地改造了清朝末代皇帝溥仪、日本战犯、国内战犯以及各种反革命犯和刑事犯。

溥仪在 1959 年 9 月特赦释放后深有感触，写出了《我的前半生》一书，反省批判了自己的罪恶。溥仪在历史上两次当皇帝，两次被推翻，通过劳动改造，由战犯变成了自食其力的劳动者，由皇帝变成新人，这在世界上震动很大，引起了强烈的反响，当时很多外国朋友非常钦佩我国的劳动改造政策，称赞我国创造了人间奇迹。

相关资料显示，从 1948 年到 1952 年，我国先后逮捕了 140 名日本战犯，1950 年，根据中苏两国达成的协议，苏联政府将 969 名在中国犯有战争罪行的日本战犯移交给我国政府。日本战犯通过劳动改造，反思了自己所犯罪行给中国人民造成的深重灾难，深感悔恨，决心改恶从善。千余名日本战犯，除个别拒不悔改外，其余全部被改造成为维护中日友好的骨干力量。1956 年 9 月，首批被释放的战犯回日本后，成立了"中国归还者联络会"，为反对侵略战争，维护世界和平，促进中日友好做了大量的工作。

国内战犯主要包括国民党战犯、伪满战犯或伪蒙战犯。这些战犯长期受到反动教育，要把他们改造成为拥护中国共产党、拥护社会主义的新人，任务十分艰巨。我国监狱工作人员在改造工作中坚持正确的劳动改造方针，给予这些战犯以人道主义待遇，进行长期、艰苦、细致的教育改造工作，促使他们逐步消除了恐惧与对抗情绪，同时也使他们深受感动，加速了改造进程，反思自己的罪行，终于转变了立场，得到了脱胎换骨的改造。自 1975 年 3 月，这些战犯全部被特赦或释放。

电视剧《战犯》《特赦1959》生动客观形象地反映了我党领导的监狱改造战犯的伟大奇迹。

经过十几年改造罪犯的艰苦工作，先后改造了大批罪犯。到 20 世纪 60 年代，改造旧中国遗留下来的各类罪犯任务基本完成。大批罪犯刑满释放后成为遵纪守法、自食其力的劳动者。

三、坚守监狱工作方针，始终以改造人为宗旨

监狱工作方针是国家为监狱刑罚执行、惩罚与改造罪犯工作确定的指引监狱工作方向和目标的总体性要求和规定。随着社会的发展进步，形势的变化要求，改造罪犯工作实际需要，我国监狱工作方针随之调整，但70年来，将罪犯改造成为守法公民、成为社会有用之人的宗旨理念却一直没有变，监狱改造人的精神追求始终没有变。放眼新中国监狱工作发展历程，虽然时代在变，但一切为了人民的宗旨始终未变。

为了确保惩罚与改造罪犯任务的顺利完成，我国监狱工作方针先后进行了4次调整。

1. "三个为了"的监狱工作方针首次确立。中华人民共和国成立之初，新中国财政经济十分困难，接管过来的旧监狱破烂不堪，容量十分有限，监狱人满为患，罪犯吃、住都成了急需解决的问题。1951年5月，根据党中央、毛泽东主席的指示，公安部召开了第三次全国公安会议，《关于组织全国犯人劳动改造问题的决议》明确指出："大批应判处徒刑的犯人是一个很大的劳动力，为了改造他们，为了解决监狱的困难，为了不让判处徒刑的反革命分子坐吃闲饭，必须立即着手组织劳动改造工作"，"组织犯人劳动，从事大规模的水利、筑路、垦荒、开矿和造屋等生产建设事业，此事极为艰巨，又极为紧急，必须用全力迅速地获得解决"。至此，"三个为了"的监狱工作方针确立，为解决当时监狱工作问题指明了方向。全国用较短的时间，完成了从中央到地方五级劳改机关管理体制的建立，较快地解决了监狱人满为患的困难，不少监狱、劳改队在经济上做到了自给自足，既减轻了国家负担，又解决了罪犯坐吃闲饭的问题，并通过劳动全面有效地开展了对罪犯的劳动改造和教育改造，为我国劳改事业创出了新路子，从根本上改变了国民党监狱对犯人单纯施以惩罚和报复的做法，为以后劳改工作的顺利进行奠定了基础。

2. "两个结合"的监狱工作方针提出。随着国家政治、经济形势的好转和

人民民主政权的日益巩固，对罪犯实行劳动改造已经显示出重要的政治意义和经济意义，1952年6月，在第一次全国劳改工作会议提出的"政治改造与劳动改造相结合、惩罚与改造相结合"的管教工作方针。

1954年政务院颁布了《中华人民共和国劳动改造条例》（以下简称《条例》），《条例》共修改35稿，历时4年半，共九章七十七条，《条例》第四条规定："劳动改造机关对于一切反革命犯和其他刑事犯，所实施的劳动改造，应当贯彻惩罚管制与思想改造相结合，劳动生产与政治教育相结合的方针。"强调对罪犯惩罚管制、强迫劳动生产和实施政治思想教育三者必须密切结合，不可偏废。

实践证明，贯彻执行这一方针，在当时既防止和纠正了忽视对罪犯实施惩罚管制的错误倾向，又防止和纠正了忽视实施政治思想教育的错误倾向，大大加强了对罪犯的思想改造工作。

3. "改造第一，生产第二"的监狱工作方针确定。自1955年下半年始至1966年年初，我国监狱工作在顺利发展的情况下，出现了某些"左"的倾向。少数劳改单位片面追求经济效益，重生产轻改造，对罪犯搞超体力、超时间的劳动，罪犯脱逃、死伤、闹监等问题较为严重，劳改工作的改造任务和生产任务之间出现了矛盾。劳改工作究竟以改造罪犯这个政治任务为主，还是以搞建设、赚钱的经济任务为主，必须进一步明确。针对这些问题，1956年5月，时任中央领导刘少奇同志指出，劳改工作的方针是改造第一，生产第二。

1964年8月，党中央在批转公安部《关于第六次全国劳改工作会议精神的报告》时明确指出："要做好这项工作，必须坚决执行中央的既定方针，即改造与生产相结合，改造第一，生产第二的方针"，从此，"改造第一，生产第二"作为我国改造罪犯的工作方针，确定下来并沿用了很长时间。

1982年1月，《中共中央关于加强政法工作的指示》强调指出："现在，劳动改造对象的情况，已经发生了很大的变化，大多数罪犯是劳动人民家庭出身的青年，是职工子弟，面对这个新情况，劳改工作更要强调坚持改造第一，生产第二的方针，注重改造。"

1982年2月公安部颁布的《监狱劳改队管教工作细则》，共七章一百三十七条，第一次以法规形式规定犯人的权利义务，强调注重对犯人的改造。

4. "惩罚与改造相结合，以改造人为宗旨"的监狱工作方针正式确立，并沿用至今。进入20世纪80年代，随着国家改革开放的深入，党和国家为了监狱工作能够适应政治和经济形势的变化，从健全社会主义民主和法制的高度出发，总结监狱工作历史经验的基础上，依据《宪法》《监狱法》基本原则，遵循"改造人"根本任务，研究修改监狱工作方针。1994年12月29日，我国颁布了《监狱法》。该法第三条规定："监狱对罪犯实行惩罚与改造相结合，教育与劳动相结合的原则，将罪犯改造成为守法公民。"1995年2月，国务院印发《关于进一步加强监狱管理和劳动教养工作的通知》，确定监狱工作要坚持"惩罚与改造相结合，以改造人为宗旨"的监狱工作方针，从而取代了"改造第一，生产第二"的方针。这一方针的基本精神是坚持监狱的刑罚执行职能，以对罪犯依法实施惩罚为前提，在依法严格文明科学管理的基础上，运用各种有效形式，实现惩罚与改造的有机结合，加大对罪犯的改造力度。这一方针，把"改造人"作为监狱工作的根本任务，突出改造工作。强化监狱职能，提高改造质量，起到了重大的推动作用。

新的监狱工作方针，将"以改造人为宗旨"作为监狱工作的出发点和归宿，这是一个新的重大理论发展，要求监狱必须围绕"改造人"这一首要任务和最终目标开展工作，这既是多年来中国监狱工作的经验总结，也是中国特色监狱制度特征的体现。

2019年4月，中央关于加强监狱工作意见的文件中，再次强调：监狱工作要"坚持惩罚与改造相结合，以改造人为宗旨的监狱工作方针"。为新时代的改造罪犯工作指明了发展方向，提出了明确的要求。

四、将劳改场所办成教育改造罪犯的特殊学校

毛泽东同志早在1960年10月接见美国记者斯诺的谈话中，明确提出"我们的监狱不是过去的监狱。我们的监狱其实是学校，也是工厂，或者是农场"这一战略构思。为此，对罪犯的教育改造即以办特殊学校为载体。大规模地把劳改场所办成教育人、改造人的特殊学校的工作，始于20世纪80年代，到90

年代有了更广泛的发展。这是中国监狱工作的一项重要改革，是提高改造质量的有效途径，也是中国刑罚执行制度的一项重要特色。

1981年12月，由中共中央办公厅、国务院办公厅转发的《第八次全国劳改工作会议纪要》首次提出："要加强对罪犯的教育改造工作，把劳改场所办成改造罪犯的学校。要设置教育机构，配备专职教员，增加教育的设备和经费，健全教学制度，进行系统的教育，犯人文化学习考试合格的，技术学习考工合格的，由劳改单位发给证书。"1982年1月，中共中央在《关于加强政法工作的指示》中进一步强调："劳改场所是教育改造违法犯罪分子的学校。它不是单纯的惩罚机关，也不是专搞生产的一般企业、事业单位。"

1982年2月，公安部下达了《关于对罪犯教育改造工作的三年规划》，明确规定，"组织罪犯学政治、学文化、学技术"，"须始终如一地坚持下去，真正当作学校来办，对罪犯进行政治教育、文化教育和技术教育，应当以政治教育为重点，三者密切结合，不可偏废"。

1982年10月，公安部劳改局肯定了山东潍坊劳改支队等劳改单位办特殊学校的做法。随后向全国发出通知，推广潍坊劳改支队办特殊学校的经验。劳改场所的办学工作，由此开始在全国各地试行。同年11月，公安部命名山东省潍坊劳改支队为山东省潍坊育新学校，成为全国第一所被命名的特殊学校。

1983年，经中央决定，劳改工作由公安部移交给司法部管理。司法部加强了对劳改场所办特殊学校工作的指导，有计划，有步骤地采取了一系列重大措施。1985年召开的全国司法厅（局）长会议提出，争取在三五年内基本上把全国劳改场所办成特殊学校。为落实这一要求，1985年6月11日，司法部、教育部、劳动人事部联合发出《关于加强对劳改、劳教人员文化、技术教育的通知》，首次将劳改场所的办学工作纳入当地教育、劳动部门的统一规划之中。

1985年6月25日至28日，司法部在北京召开全国劳改场所办特殊学校经验交流会，时任司法部部长邹瑜到会讲话，提出了办好特殊学校的要求。对办特殊学校这项工作，从宗旨到指导思想，从内容到形式，从办学标准到时间要求，都作出了比较明确的规定要求，对全国劳改单位的办学工作起到了很大的推动作用。由于指导思想明确，措施得力，办学工作发展很快，到1986年，全国被命名为特殊学校的劳改单位已达到 214 个。

开展办学上等级活动。1987 年 4 月，司法部在云南昆明召开了全国劳改单位办特殊学校工作会议，总结经验，研究部署进一步办好特殊学校，不断提高改造质量，降低重新犯罪率的要求。为进一步巩固、提高办学质量，司法部于 1989 年 12 月制定印发《关于劳改场所特殊学校开展上等级活动的实施意见》，明确规定了特殊学校等级分为部级优秀特殊学校和省级优秀特殊学校两等，并对等级标准、考核指标、方法和申报审批程序，奖励办法作了规范，各地相继产生一批办学成果显著的单位，被命名为省级优秀特殊学校。

1992 年 1 月司法部召开全国劳改系统首批特殊学校命名大会，辽宁省瓦房店劳改支队、山东省第三监狱、河南省第一监狱三个单位被命名为部级优秀特殊学校。1993 年 2 月，又有浙江省第一监狱等 4 个单位被命名为部级优秀特殊学校。时任中共中央政治局常委、国务院总理李鹏题词："特殊学校，造就新人。"鼓舞了全国劳改场所的办特殊学校活动。1994 年 5 月，司法部又批准 11 个劳改单位为部级优秀特殊学校。

通过把劳改场所办成特殊学校，对罪犯进行思想、文化、技术教育，基本实现了教育系统化、规范化，教育改造工作取得了很大的成绩。相关资料显示，到 2000 年年底，全国已有 96.37% 的监狱办成了特殊学校。到 2000 年，全国监狱罪犯中累计有 311.6 万余人次获得各级文化结业、毕业证书，有 317.2 万余人次获得各类技术等级证书，取得发明专利项目 130 个。一大批学有所成的刑释人员成了自食其力的守法公民，特殊学校的持续开展，促使大多数罪犯在服刑改造期间遵守监规纪律，积极接受改造，把刑期变学期。不少人刑满释放回到社会后顺利就业。

1992 年司法部监狱管理局配合国务院新闻办，以中国政府名义公开发表了《中国改造罪犯的状况》白皮书，昭示了中国罪犯改造中的罪犯权利保障和法治文明。

五、创建现代化文明监狱提高罪犯改造质量

为了加快监狱法制进程，司法部经过 8 年多时间的监狱立法起草、调研、

修改、讨论、完善，完成了《监狱法》草案的提交。1994 年 12 月 29 日，第八届全国人大常委会第十一次会议审议通过了《监狱法》，共七章七十八条，这是继 1954 年 9 月《劳动改造条例》颁布后，时隔 40 年后我国颁布的第一部社会主义监狱法典，标志着我国监狱工作进入了全面法制化、规范化的轨道。

为了适应国家改革开放、现代化进程的发展要求，贯彻《监狱法》，提高罪犯改造质量，推动监狱工作整体上水平、上台阶，1994 年司法部提出了建设现代化文明监狱的战略目标。

1994 年 1 月，时任司法部部长肖扬同志在全国司法厅（局）长会议上提出：今后一个时期，监狱工作的目标是坚定不移、量力而行地逐步将中国监狱建设成为现代化文明监狱。时任中央政治局常委、中央政法委书记罗干同志在会议讲话中强调指出：要深化监管改造工作改革，逐步建立法制完备、执法严明、管理文明、设施完善的现代化文明监狱。

1995 年 2 月司法部召开全国监狱工作会议，会议对全面贯彻《监狱法》，推进依法治监作出了全面部署。司法部明确提出，"根据全面贯彻实施监狱法的要求，立足于中国的实际情况，吸收和借鉴外国监狱制度的有关做法，统一标准、总体规划、统筹安排、分步实施，逐步把我国监狱建设成为坚持社会主义方向，体现人类社会文明进步成果的现代化文明监狱"总体思路，并把创建现代化文明监狱作为今后一个时期监狱工作的战略目标，全面部署创建现代化文明监狱的工作任务。

1995 年 9 月，司法部制定下发《司法部关于创建现代化文明监狱的标准和实施意见》，指出：现代化文明监狱，是以比较先进、完善的监狱设施和健全有效的改造制度为基础，依法对罪犯实施科学、文明管理和教育改造，具有较高改造质量的场所。创建的原则是：硬件建设与软件建设并重，更重视软件建设；注重实效；量力而行，从实际出发，分阶段实施；分层次创建。要求广泛发动，深入调研，制定规划，先行试点，逐步推广。

在司法部创建现代化文明监狱的目标指引下，全国监狱广泛开展了现代化文明监狱创建评比活动，从 1994 年到 21 世纪初期，大批监狱建设成为部级或省级现代化文明监狱。

1996 年 10 月 20 日，司法部首批授予浙江省第一监狱、北京市监狱、山东省第一监狱、云南省小龙潭监狱、河南省豫东监狱为部级现代化文明监狱称号。同年 11 月 13 日，司法部在北京市监狱举行首批现代化文明监狱命名暨新闻发布会，向社会各界和新闻媒体通报了全国监狱系统创建现代化文明监狱活动情况和取得的成果。

1997 年 12 月 5 日，司法部授予河北省沧州监狱等 15 所监狱为部级现代化文明监狱，1999 年 10 月 10 日，司法部授予山东省北墅监狱等 13 所监狱为部级现代化文明监狱。在此期间，各地还建成一大批省级现代化文明监狱和监区。这些先进单位的涌现，为监狱整体工作上水平做出了榜样，为提高改造质量做出了贡献。

通过创建现代化文明监狱活动，全国大部分监狱步入了公正、廉洁、文明、高效的新型监狱管理模式中，大大推进了监狱工作法制化、科学化、社会化建设进程。为全面加强监狱管理，严格公正文明执法，提高罪犯改造质量，奠定了坚实的基础。

1999 年 2 月 5 日，在司法部召开的全国监狱工作会议上，部党组充分肯定了几年来创建活动取得的成果，提出今后创建工作要遵循坚持、总结、完善、提高的方针。司法部监狱局于 1999 年 4 月组成三个工作组，分别对河北、上海、江苏、浙江、广东、四川、广西、湖南 8 个省区市的创建活动情况进行调研。这次调研表明，通过创建活动推进了监狱工作的建设与发展，取得了阶段性成果，但也存在一些问题，有待进一步改进、完善和提高。这次调查总结之后，司法部及时调整了创建活动的整体思路，提出了具体的指导意见，为今后继续开展创建活动指明了方向，使现代化文明监狱建设逐步走向科学、规范的轨道，不断推动中国监狱工作的整体发展。

六、新时期改造罪犯的创新探索和成功实践

重视罪犯教育改造工作是新中国监狱同旧中国监狱、现代西方国家监狱的本质区别。党中央、国务院历来高度重视对罪犯的教育改造。党的十七大提出的"最大限度增加和谐因素，最大限度减少不和谐因素"的要求，在监狱领域

也反映了监狱机关服务和谐社会的本质要求，体现了科学发展观以人为本的核心理念，彰显了"改造人"的监狱工作宗旨，是党和人民赋予监狱机关的重大历史使命。

2006年2月8日，时任浙江省委书记习近平视察了浙江女子监狱。习近平详细地询问了监狱的情况，并仔细查看，包括监狱建设、干警、犯人、生产、教育、执法、生活等情况。

为了提高监管改造罪犯的能力，2002年，司法部对全国监狱长分十批进行全员集中培训，进一步研究监管改造罪犯治本之策。

为了从源头上解决监狱工作存在的深层次问题，着力从监狱体制机制上研究解决问题，2003年1月，国务院批转司法部《关于监狱体制改革试点工作指导意见》，我国监狱体制改革正式启动。2007年1月，国务院印发了《国务院批转司法部关于全面实行监狱体制改革指导意见的通知》，决定从2008年在全国全面实行监狱体制改革。

2008年中央政法委强调指出，监管场所要把改造人放在第一位，通过创新教育改造方法，强化心理矫治，提高教育改造质量，真正使他们痛改前非，重新做人。

2010年，中央相关部门对罪犯职业技能培训、心理矫治、落实衔接措施等，提出了明确要求，2011年年底中央综治委第四次专题会议对罪犯的职业技能培训、无缝对接、心理矫治、安置帮教等工作提出了明确的要求，这些新要求，既一脉相承，又与时俱进，其核心都是要求监狱提高教育改造质量。

司法部认真学习和坚决贯彻党中央、国务院关于监狱工作的重要指示精神，高度重视罪犯教育改造工作，对坚持监狱工作方针，提高罪犯改造质量作出了具体的部署。2008年10月、2010年10月、2013年5月，司法部先后在河南，安徽，山东召开全国监狱教育改造工作会议，在全国监狱系统开展"教育质量年"活动，不断深化罪犯教育改造改革，不断加强罪犯教育改造工作。司法部先后在全国监狱推广了湖南星城监狱、浙江乔司监狱、四川锦江监狱、山东微湖监狱等先进单位教育改造罪犯的工作，司法部、各省区市先后评聘了一大批教育改造罪犯的专家和能手，有力地持续推动了教育改造工作的开展，促进了罪犯改造质量的提高。

新时期我国监狱改造罪犯的主要做法及成效。

（一）确保监狱持续安全稳定。安全稳定是监狱改造罪犯的前提和基础，是监狱工作的第一责任。通过多年持续不断地强化安全认识，强化安全管理，强化安全风险排查，强化安全检查，强化安全建设，我国监狱安全稳定机制逐步形成完善，监狱持续安全稳定。2019—2020年，连续两年全国监狱在押罪犯脱逃率为零，全国监狱无重大事件事故发生，监狱安全稳定创造了中国监狱历史最高水平，中国监狱已成为世界上最安全的监狱。这也充分表明了监狱改造罪犯的成功。

（二）改造罪犯工作的认识不断提高，担当意识逐步增强。广大监狱干警坚持以人为本，坚持监狱工作方针，坚持把教育改造作为监狱工作的中心任务。正确处理监管和改造，劳动和教育的关系，不断增强了做好改造罪犯工作的责任感、使命感和自觉性、坚定性。敢于担当，善于担当改造罪犯的历史使命。

（三）构建教育改造制度体系。多年来，司法部先后制定出台了《监狱教育改造工作规定》《教育改造罪犯纲要》《监狱教育改造罪犯工作目标考评办法》《关于加强监狱心理矫治工作的指导意见》等规定，教育改造工作制度不断健全、完善并得到贯彻执行，教育改造工作制度化、规范化水平不断提高。建立健全了教育改造工作的领导责任制，明确监狱"一把手"是教育改造工作的第一责任人。

（四）创新改造罪犯工作的内容和方式方法。

一是严格落实每周5+1+1教育改造模式。转变教育工作理念，保障罪犯教育时间和学习效果。在一天的课堂教学中，突出思想政治教育的核心地位，并纳入监狱教育改造的考核内容中。

二是深化改造质量评估工作。坚持把科学认识罪犯作为提高改造质量的基础，按照入监、改造中期和出监三个阶段开展改造质量评估工作，加强犯因性问题分析，在不同改造时期制订不同的矫正方案。

三是突出心理矫治手段的运用。全国监狱普遍成立了罪犯心理健康指导中心，把普及心理健康教育作为监狱心理矫治工作的重要任务，不断增强罪犯心理承受和自我调控情绪的能力，提高其心理素质。相关资料显示，2018年，监狱接受心理健康教育的罪犯有1664175人，心理健康教育普及率98.87%。监狱心理治疗取得较好疗效的有16203人，接受心理治疗40382人次。对新入监罪犯和顽危犯的心理测试面达100%，顽危犯心理咨询面达100%。为了预防和制止罪犯自杀、脱逃和行凶伤害等监管事故的发生，在监狱车间、监舍设置罪犯心理晴雨表，罪犯心理咨询与矫治工作进入日常生活与改造层面，有力提升了教育改造效果。

四是入出监教育更加规范。监狱在普遍成立入出监监区、入出监考核评估中心等基础上，及时总结和完善入出监教育工作，对入、出监教育的时间、内容、对象、要求等项目不断进行规范，保证了入出监考核评估工作有序进行。

五是加强教育改造罪犯"三库"建设。按照司法部统一部署，监狱系统积极探索建立教育改造工作的标准库、改造典型罪犯案例库、教育改造专家库，为解决罪犯改造的普遍性问题提供了参照。

六是完善罪犯教育改造教材体系建设。司法部监狱管理局统一组织起草修订出版了罪犯文化教育、心理健康教育、公民道德教育、入出监教育、法律常识教育等教材，初步构建了罪犯教育改造的教材体系，编写了教学大纲，建立了题库，统一教学内容，统一考核，进一步规范了教育的内容。

七是重视监狱文化的育人功能。全国监狱普遍成立了图书室、阅览室，依托网络信息技术，引入"全国文化信息资源共享工程"，建立电子书籍、音像资料库。相关资料显示，2018年，全国监狱自办报纸发行7741632份，监狱电教室2394个，组织文艺活动5108次，体育活动4534次。全国监狱共有各类兴趣班、兴趣小组近5万余个，罪犯参与率达到90%。

八是不断深化劳动教育。监狱体制改革后，劳动改造人的功能进一步凸显。在劳动中，监狱注重让罪犯在劳动改造中学会和提高生产技能，使罪犯看到重新做人的希望。通过组织罪犯劳动，使罪犯了解社会财富来之不易，培养其热爱劳动、习惯劳动的思想，树立"不劳动不得食"的观念，矫正好逸恶劳、贪图享受等恶习。

九是加强女犯和未成年犯教育。对女犯开展适合其生理、心理特点的教育改造。未成年犯安排习艺性劳动，实行半天劳动、半天学习的制度。积极将未成年犯的教育纳入当地政府义务教育规划，义务教育经费由省政府参照当地义务教育保障机制改革的有关规定安排，大大提高了教育水平。

（五）不断深化对罪犯的基础教育。多年来国家把监狱罪犯的教育纳入国民教育计划，要求监狱设立专门的教育机构，建立完备的教育制度。使对罪犯的法制、道德、文化教育正规化、系统化。不断开展罪犯普法教育，加强罪犯道德和人生观教育。教育罪犯懂得什么是正确的社会公德和价值观念。相关资料显示，2018 年全国监狱系统参加思想教育学习的罪犯为 1693411 人，参加思想教育考试合格的罪犯 1662220 人，合格率为 98.16%，其中法律常识合格率、道德常识合格率、认罪悔罪教育考试合格率分别为 98.1%、98.03%、98.13%。

监狱不断深化罪犯的文化知识教育，以扫盲和普及初中教育为主，同时鼓励文化程度较高的参加社会上开办的大学学习。监狱定期对罪犯的实际文化程度进行测验，分年级编班，并设置与社会教育相适应的课程。相关资料显示，2018 年，全国监狱系统应参加文化教育学习的罪犯为 495624 人，实际参加文化教育学习的罪犯有 441926 人，入学率为 89.16%。经考试获得各类文化教育证书的罪犯有 115246 人。其中获脱盲证的有 25346 人，获小学毕业证的有 48065人，获初中毕业证的有 35116 人，获高中毕业证的有 6060 人，通过高等教育自学考试单科以上合格的有 19605 人。组织罪犯开展文化教育，对促进罪犯改造起到了良好的效果。

（六）个别化矫治水平不断提升。对罪犯进行分类、个别矫治是近二十年来世界各国监狱的普遍做法及发展趋势。我国监狱不断加强矫正教育、矫正方法、矫正技术等新的矫正手段方法的研究运用，如试行推广心理矫治、循证矫治、内视观想、惩戒内省等矫正技术方法，强化分类教育和个别矫治，着力提高改造罪犯科学性、针对性和有效性。

注重加强罪犯的分类个别教育。根据不同罪错类型、刑罚种类和犯罪特点，分类施教，在罪犯改造的全过程积极探索并强化个别化改造措施，着力提高教育改造的针对性。注重加强重点罪犯的个别化矫治。对重点罪犯坚持教育改造"一人一策"，整合狱内监管、教育、心理等方面的专家共同参与矫治方案的制订，并指定专管干警负责矫治方案的落实，提高个别化矫治的有效性。

（七）加强罪犯职业技能培训和出监后与社会的无缝衔接。监狱依托社会资源，开展分层次、分类别的继续教育和培训，有的成立了职业技术教育中心、技能鉴定所等机构，有的将罪犯职业技能培训纳入当地职业技能培训总体规划，广泛开展对罪犯的职业教育和技能培训。相关资料显示，2018 年，全国应参加职业技术教育学习的罪犯有 477383 人，实际参加职业技术教育的有 457442 人，入学率为 95.8%，获得职业技能证书的有 233714 人，获证率为 51.9%，出监罪犯获得职业技能证书的有 205114 人，获证率为 72.82%。不断规范刑释人员回归衔接，全面落实刑释前谈话制度，开展重新犯罪危险性预测和回归社会适应能力评估。加强与罪犯户籍所在地安置帮教部门的协作。经常开展对即将出狱人员的就业指导，邀请社会企业、职业介绍中心等单位到狱内召开罪犯刑释就业推介会，由社会企业到狱内进行现场招工，签订聘用意向，使罪犯在走出监狱前能够与社会"零距离"接触，找到工作，增加其感受社会和正确定位自我的机会，为顺利回归社会创造条件。

（八）不断推进教育改造工作社会化。多年实践证明，改造罪犯是社会化的系统工程。为不断提高教育改造质量，多年来监狱机关在教育改造方面，不断探索社会化的途径和方式方法。不断完善对罪犯社会帮教格局，推进教育改造工作向后延伸，努力构建改造对象的社会支持系统，充分发挥企事业单位、人民团体、罪犯亲属、社会帮教志愿者、爱国主义教育基地等在改造中的作用，推进改造社会化。相关资料显示，2018 年，全国监狱系统社会帮教志愿者人数为 94712 人，监狱系统与社会志愿者和各有关单位、社会团体签订帮教协议。

文明执法，罪犯教育改造工作得到了进一步加强，罪犯矫正工作的质量进一步提升，罪犯的改造效果进一步显现。多年来，罪犯获得普法教育合格证的比例达到 95% 以上，罪犯守法守规率达 90% 以上，罪犯改好率达 90% 以上。罪犯刑释后重新犯罪率始终保持在较低水平，大多数刑释人员成了自食其力的守法公民和社会主义建设的有用之才，有力地维护了国家的安全、促进了社会的和谐稳定。

七、坚守安全底线，践行改造宗旨

党的十八大以来，在以习近平同志为核心的党中央的坚强领导下，中国进入新时代，开启了实现中华民族伟大复兴中国梦的新征程。党的十九大进一步明确了习近平新时代中国特色社会主义思想作为全党全国的指导思想，并在新修改的《宪法》中明确固定下来。党的十八大以来，习近平总书记多次对监狱工作作出重要指示批示，为我国监狱事业发展指明了前进方向，提供了根本遵循。

2014年4月，习近平总书记专门听取了司法部部长关于监狱工作的情况汇报，作出了明确的指示要求，同年8月全国人大常委会专门听取了司法部部长关于监狱法贯彻实施的情况报告。

2014年10月，党的十八届四中全会专门进行研究，审议通过了《中共中央关于全面推进依法治国若干重大问题的决定》（以下简称《决定》），《决定》明确提出"完善刑罚执行制度，统一刑罚执行体制"，这是党中央最高层对改革刑罚执行工作发出的最权威的声音、最明确的要求。

2017年司法部提出监狱工作要"坚持治本安全观"，着力提高罪犯改造质量，推行节日罪犯离监探亲制度，提高罪犯劳动报酬制度等。

2018年6月28日，经中央领导同志批准，司法部召开了全国监狱工作会议。会议指出，党中央和国务院高度重视监狱工作，党的十八大以来，习近平总书记先后多次对监狱工作作出重要指示批示，为监狱工作提供了根本遵循，指明了前进方向。全国监狱工作会议要求：坚持以习近平新时代中国特色社会主义思想为指导，提高政治站位，坚守安全底线，践行改造宗旨，深化监狱改革，打造过硬队伍，奋力开创新时代监狱工作新局面。

全国监狱工作会议要求全国监狱广大干警牢牢把握新时代监狱工作的政治方向，始终坚持党对监狱工作的绝对领导，在政治立场、政治方向、政治原则、政治道路上，同以习近平同志为核心的党中央保持高度一致。要坚持总体国家安全观，坚守监狱安全底线，坚决维护监狱的绝对安全稳定，强化安全底线思维，完善安全治理体系，创建全世界最安全的监狱。要践行改造宗旨，坚持以政治建设为统领，统筹推进政治改造、监管改造、教育改造、文化改造、劳动改造。

司法部全面改革的号角已吹响。2019 年 1 月 11 日，司法部以司发〔2019〕1 号文件，正式印发了《全面深化司法行政改革纲要（2018—2022 年）》（以下简称《改革纲要》）。立足重新组建后的司法部职责和使命，在更高起点上谋划和推进司法行政工作改革发展。《改革纲要》提出了改革的总体要求、主要任务、落实保障。

2020 年 11 月，党中央召开中央全面依法治国工作会议，首次明确了习近平法治思想在全面依法治国中的指导地位。

2021 年 2 月，在党中央的统一部署下，全国政法队伍教育整顿动员部署会议召开，近 270 万名政法干警参加整顿，一场声势浩大、力度空前的自我革命正式掀起。司法部紧接着部署开展"监狱综合治理"，监狱机关重点开展违规违法"减假暂"案件全面排查整治工作，根据相关资料，截至同年 6 月 10 日，依法纠正近 30 年以来违规违法"减假暂"案件 10279 件。

2021 年 5 月，国务院办公厅印发的《国务院 2021 年度立法工作计划的通知》（国办发〔2021〕21 号），明确提出加强重点领域立法，推进国家治理体系和治理能力现代化。国家加大修法的力度，2023 年我国《监狱法》的修改，在被两度列入全国人大常委会立法预备项目之后，又被列入了国务院立法预备项目。

八、监狱工作的基本经验

我国监狱在中国共产党的领导下，各项工作取得了重大进展和巨大成就，为维护国家的政治安全和社会稳定做出了历史性的重大贡献。积累和形成了做好监狱工作的基本经验，这为中国监狱工作站在新时代的历史起点上实现新的发展和跨越奠定了坚实的基础。其最主要的经验是：

1. 坚持党对监狱工作的绝对领导

中国监狱是国家刑罚执行机关，更是政法机关、政治机关，必须自觉地坚持和加强中国共产党对监狱工作的绝对领导，不能有丝毫的动摇和含糊。党的领导是做好监狱工作的最根本保证，监狱人民警察必须提高政治站位，加强思想政治建设。监狱工作必须自觉以习近平法治思想作为指导，坚决贯彻执行党的路线、方针、政策，坚决执行党中央国务院对监狱工作的部署和要求，坚持把党的领导贯彻落实到平安监狱、法治监狱的全过程和各方面，推进党对监狱工作领导制度化、法治化、规范化。自觉践行社会主义法治理念，坚持总体国家安全观，坚持以人民为中心，坚持全面依法治国，确保监狱工作正确的政治方向。

2. 坚持监狱工作应服从、服务于社会稳定和改革开放大局

监狱机关是国家政府的重要部门，是党的政法机关的重要组成部分。监狱工作在确保国家政治安全、制度安全、社会稳定、维护公平正义、促进改革开放各项事业发展方面承担着重要任务。监狱工作必须牢固树立大局意识，自觉服从大局，把监狱工作放在党和国家的大局来思考、来谋划，把监狱工作的奋斗目标定位于维护国家政治安全和社会稳定、维护社会公平正义、维护人民安居乐业的全局来思考、来部署，才能找准方向、明确目标、确定位置、形成共识和合力，最大限度地发挥监狱工作在国家和社会发展中的作用，同时又有助于更好地促进监狱工作自身的发展。

3. 坚持以人民为中心的发展思想

全面依法治国最广泛、最深厚的基础是人民。全面推进依法治监，打造平安监狱、法治监狱，惩罚和改造罪犯的根本目的是依法保障人民权益，促进社会和谐稳定。我们党始终坚持法治为了人民、依靠人民、造福人民、保护人民，不断增强人民群众法治获得感、幸福感、安全感。在新的起点推进依法治监不断深入，推进监狱工作的法治化、科学化、社会化、智能化，必须坚决贯彻以人民为中心的本质要求，充分体现人民利益、反映人民愿望、维护人民权利、增进人民福祉，努力满足人民群众新要求新期待，谋划解决在刑罚变更执行、惩罚和改造罪犯的实践中人民群众关心关注的突出问题，切实让人民群众共享法治建设成果。

4. 坚持不断强化监狱机关自身职能履行

要自觉遵循监狱工作的发展规律，改造罪犯必须遵循改造罪犯的规律。依据中国法律规定，维护监狱安全，严格执行刑罚，将罪犯改造成为守法公民是监狱工作的法定职能和主要任务。打铁必须自身硬，监狱机关必须始终聚焦主

责主业，强化法定职能的履行。一是必须坚持监狱工作方针和严格依据《监狱法》办事，做到依法治监；二是必须始终坚守安全底线，强化监狱内部管理，确保监狱安全和改造秩序的稳定；三是必须始终坚持严格、规范、公正、文明执法，严格规范刑罚执行活动，严防司法腐败，依法保障罪犯合法权益，确保执法公平公正；四是必须始终坚持以将罪犯改造成为守法公民作为监狱工作的目标和检验监狱工作的标准，不断创新改造罪犯的理念、方法、手段，努力提高罪犯教育改造质量。五是必须积极争取并努力落实党和国家及有关部门、各级政府对监狱工作的重大政策、法律法规、物质装备、人员人才等方面的大力支持，为监狱工作更好地履行法定职能任务提供有力的体制、制度、经费、设施、装备、信息、警力等保障。

5. 坚持不断深化监狱工作的改革创新

新中国的监狱工作始终持续深入全面推进改革，夯基垒台、攻坚克难、砥砺奋进，监狱改革成果显著，积累了丰富经验。监狱工作的实践证明，改革创新是解决监狱工作困难和问题的重要途径，也是推动监狱工作科学发展的强大动力。改革开放只有进行时，没有完成时。改革由问题倒逼而产生，又在不断解决问题中得以深化，改革进程中的矛盾，只能用改革的办法来解决。

监狱工作应在继承中国监狱工作优良传统和经验的基础上，坚持解放思想、与时俱进、自我革新，用发展的观点、创新的思维、敢于啃骨头的精神，不断深化监狱各项改革，勇于突破利益固化的藩篱，打破传统定式，不断改革，解决监狱工作面临的困难和问题，为监狱工作发展注入新的活力，寻求新的突破，将监狱工作改革进行到底。深化监狱工作改革，必须牢牢把握全面深化监狱改革的正确方向。在深化监狱改革的进程中，必须把握好坚持和发展中国特色社会主义的根本政治方向，必须坚持和加强党的全面领导，确保监狱工作改革始终沿着正确的道路前进。

6. 坚持打造过硬队伍，不断提高监狱人民警察的履职能力

监狱人民警察是党领导下的武装性质的刑事司法力量，是一支执法、着装、带枪的正规化队伍，承担着维护安全稳定、维护社会公平正义、提高罪犯改造质量、保障人民安居乐业的重大任务，队伍的素质、作风、能力直接决定着惩

罚改造职能的正确履行。必须大力加强监狱人民警察队伍建设，坚持把思想政治建设放在首位，狠抓队伍的思想政治建设、业务能力建设、组织建设、作风建设和纪律建设，坚持加强领导班子建设和监狱基层基础建设，着力提高监狱人民警察的监管能力、执法能力、改造能力和应急处置能力，坚持从严治警、从优待警、科技强警，切实提高队伍建设水平，不断提高队伍的凝聚力、战斗力，打造一支信念过硬、政治过硬、责任过硬、能力过硬、作风过硬、敢于担当、奋发有为的监狱人民警察队伍，为监狱工作有效、正确履行职能和改革发展提供强有力的组织保障和动力支持。

伴随着新时代的伟大进程，中国的改造罪犯工作在中国共产党的坚强领导下，始终不忘初心、伴着风雨、不断前行，虽经艰难曲折，却又神圣而光荣。坚持以人民为中心，坚守安全底线，严格公正执法，践行改造宗旨，促进社会和谐稳定，这正是新中国监狱工作者的"初心"和"使命"。监狱人民警察将始终不渝地牢记自己的"初心"和"使命"，继续前进，不惧风雨。

监狱改造罪犯工作的辉煌成就，值得我们认真回顾总结。习近平总书记强调："今天，我们回顾历史，不是为了从成功中寻求慰藉，更不是为了躺在功劳簿上、为回避今天面临的困难和问题寻找借口，而是为了总结历史经验、把握历史规律，增强开拓前进的勇气和力量。"回顾中国监狱改革发展的光辉历程，正是为了不忘记走过的路，不忘记为什么出发，牢记职责使命，总结历史经验，把握监狱工作发展规律，安不忘危、稳不忘忧，坚定依法履职尽责，不断增强开拓前进的勇气和力量。

实现社会和谐，建设安全美好的家园，始终是人类孜孜以求的崇高理想。一代人有一代人的问题，一代人有一代人的使命，犯罪自古以来一直是困扰人类的社会现象，是世界各国政府长期面临的共同难题。只要社会有犯罪，监狱就必然存在，改造罪犯的任务也必将长期相伴。作为历史使命的改造，应始终坚守。

我相信，多数罪犯是可以并能够改造好的，新中国70多年改造罪犯的实践已充分证明，坚信法治的力量、道德的力量、改造的力量，关键要研究制定好改造的政策，遵循改造的规律，运用科学的改造方式方法。

新时代监狱工作发展趋势奋斗目标应当坚持追求：标准化、规范化、精细化、法治化、文明化、社会化、个别化、科学化、技术化、信息化，以及监狱干警队伍革命化、正规化、专业化、职业化，对社会的治理、对犯罪的治理、对监狱的治理、对罪犯的改造，是长期而艰巨的任务，需要全社会的共同努力，需要各国政府的坚定决心和高超智慧，需要法治和道德，需要理论研究和行刑实践同行，更需要亿万家庭和广大民众的积极参与，方可能凸现成效。

第十一讲

中国监狱改革发展 40 周年回顾与思考[①]

历史是未来的钥匙，时间是真理的挚友。40 年时光悠悠，征路迢迢；40 年天翻地覆，乾坤再造。中国改革开放的 40 年，也是监狱工作伴随着国家改革开放不断奋进、不断发展的历程，更是监狱工作全面改革、持续改革、不断进步的历程。我作为中国监狱工作改革发展的亲历者、参与者，见证了 40 年中国监狱改革的巨大变化。艰难的岁月、奋斗的历程、闪光的足迹、辉煌的成就，饱含着监狱人民警察始终在中国共产党的领导下不忘初心、牢记使命、逐梦前行的价值追求和坚定信念。

回顾我国监狱改革发展 40 年的光辉历程，正是为了不能忘记走过的路，不能忘记为什么出发，始终警醒监狱工作者牢记职责使命，总结历史经验，把握监狱工作发展规律，安不忘危、稳不忘忧，不断增强开拓前进的勇气和力量。

1978 年党的十一届三中全会正式提出了以经济建设为中心，加强社会主义法制，中国开始了改革开放。中国监狱的法制建设、改革发展也步入了恢复整顿、持续改革、全面改革，形成中国特色社会主义监狱制度的阳光大道。以党的十一届三中全会为起点，中国监狱改革发展经历了三大历史阶段，实现了三次历史性跨越。

一、监狱工作改革开放的启程和推进（1978—1993）

（一）监狱工作的重大转折

1978 年 12 月，中国共产党召开了十一届三中全会，结束了长达十年的

[①]　本文刊载于《犯罪与改造研究》2019 年第 1、2、3 期。

"文化大革命"，标志着新中国成立以来中国共产党历史上具有深远意义的伟大转折，标志着中国改革开放的巨轮正式起航。"文革"期间，我国监狱工作遭受了严重的干扰和破坏，按照中央的部署，必须全面进行拨乱反正、正本清源，彻底肃清其流毒和影响，使监狱工作重新回到正确轨道上来，完成监狱工作的历史性转折。

1. 思想政治路线的拨乱反正。（1）方针、政策上的拨乱反正。正确对待罪犯的权利和义务，肯定罪犯应享有的合法权利。中共中央在 1979 年在相关文件中指出："改变过去在一部分同志中曾经存在过的那种把一切犯罪和判刑的人员，统统当做敌我矛盾看待、处理的错误观念和做法。"坚持阶级斗争与人道主义相结合的原则，彻底清除那种不把罪犯当人看待，认为罪犯就是敌人、不能讲人道主义的"左"的思想影响，坚决制止任意打骂体罚罪犯的行为。（2）思想上的拨乱反正。党的十一届三中全会后，中央十分重视改造工作。1979 年 8 月，中共中央批转中宣部等 8 个部门《关于提请全党重视解决青少年违法犯罪问题的报告》，强调指出："对于违法犯罪的青少年，我们的方针应着眼于教育、挽救和改造。"1980 年 4 月，中央政法委员会召开会议，专门研究劳改、劳教工作。1981 年 8 月，中央政法委、最高人民法院、公安部共同召开改进改造工作座谈会，重点研究改进对罪犯的管理教育工作，落实教育、感化、挽救方针，提高改造工作质量的问题。遵照中央指示，全国监狱系统开展大规模的拨乱反正和监管场所恢复整顿工作，解决干警的思想路线和政策、法制观念问题。（3）组织上的拨乱反正。十一届三中全会后，迅速在组织上拨乱反正。公安部及各省公安厅（局）坚持加强对监狱工作的领导，大批领导干部重新回到工作岗位，党组织逐步得到恢复。大批熟悉业务、被下放到农村以及被调离监狱系统的干部，陆续调回监狱系统，同时吸收部队转业军人，录用劳改单位干部、职工中有一定文化的子女为干部，监狱干部队伍的组织建设得到了加强。

2. 改造生产秩序的恢复整顿。（1）监管改造秩序的恢复整顿。由于拨乱反正刚刚开始，许多干部思想不适应，工作跟不上，监狱罪犯逃跑和狱内案件大量增加，聚众哄监闹监暴狱不断发生，监管秩序很不稳定。相关资料显示，1979 年全国监狱罪犯脱逃 5283 名，比上一年上升 70.2%；1980 年监狱脱逃罪犯 7620 名，又比 1979 年上升 44.2%。为此，公安部劳改局于 1979 年 11 月至 1981 年 4 月相继在四川等地三次召开会议，研究部署监狱防逃工作。各地迅速行动，切实加强监管、加强防逃，整顿监管秩序，各项工作逐步走上正轨。到 1983 年，全国监狱罪犯脱逃率和发案率由 1980 年的 1.3% 和 0.6% 分别降为 0.6% 和 0.4%。1981 年 2 月，公安部发出了《关于认真追捕逃跑的罪犯和追回逃跑的劳教人员的通知》。1979 年到 1981 年，共捕回逃犯 1.9 万多人。在整顿监管秩序中采取的主要措施：一是恢复 "文革" 前有效的管理制度，如健全戒具使用制度、禁闭室工作制度、罪犯改造积极分子委员会制度。二是普遍建立 "严管队"。对累惯犯、顽危犯实行分别管理、强制严管。三是严明奖惩制度。对表现好的罪犯加大减刑、假释等多种奖励力度，对有行凶、逃跑、破坏危害监管秩序的危险分子严厉打击。在各地平息近 200 起罪犯聚众闹监事件。四是努力改善罪犯居住条件，搞好生活卫生。五是坚持以理服人、说服教育的原则，区别不同情况，分类妥善处理，及时化解各种矛盾。（2）生产秩序的整顿。1980 年，公安部连续下发关于整顿劳改生产秩序的 3 个文件。各地迅速按照文件精神，采取措施，整顿生产秩序，调整干部力量，修订规章制度，加强企业管理，逐项验收，使整顿落到实处。

（二）"八劳会议" 的成功召开

为了总结历史经验，规划今后中国劳改工作的发展，经党中央批准，1981 年 8 月 18 日至 9 月 9 日，第八次全国劳改工作会议（以下简称 "八劳会议"）在北京召开。会议回顾了新中国成立以来的劳改工作，肯定了成绩，总结了经验，确定了转折时期的工作任务，针对押犯构成的变化，提出了加强改造工作的重要措施。会议期间，受中共中央总书记胡耀邦的委托，中央书记处书记习仲勋代表中央到会作了重要讲话，强调做好劳改工作的重要意义，阐明新时期劳改工作的方针、政策和任务，充分肯定了劳改工作取得的成绩，高度赞扬劳改工作干警为巩固人民民主专政作出的贡献。1981 年 12 月 11 日，中共中央、国务院批转了《第八次全国劳改工作会议纪要》（以下简称《纪要》）。这次会议，是加速劳改工作改革开放、开创新局面的一次重要会议，是劳改工作实现历史性转折进入新的历史发展时期的标志性会议，会议提出和解决的一系列重大问题，在新中国劳改工作发展史上具有深远的现实意义和历史意义。

1. "八劳会议"科学地确定了监狱工作的社会地位和历史使命。会议确定：劳动改造罪犯的工作，是我们党和国家改造人和社会的伟大、光荣事业的一部分。要大力加强和改进对罪犯的改造工作，维护社会秩序。明确提出，要把改造罪犯工作看成一项改造人、改造社会的伟大事业。对劳改工作干警高度评价，"八劳会议"、《纪要》指出：广大劳改工作干警为劳改事业作出了很大贡献，应当受到全党、全社会的尊重。中央领导在会议讲话中指出：他们的所在岗位，要比别的方面工作还更辛苦、更重要、更光荣。他赞扬劳改工作干警是"攀登十八盘的勇士""真正的灵魂工程师""无名英雄"。

2. 确定了新的政策和方法。主要有：加强教育改造工作，办好特殊学校。会议首次提出创办特殊学校的工作要求，并对办学原则、办法、学习内容以及检查考核等方面作出规定。对青少年犯实行"三个像""六个字"政策。要相信绝大多数犯人是可以改造的。对青少年罪犯"要像父母对待患了传染病的孩子、医生对待病人、教师对待犯了错误的学生"那样，做耐心细致的教育、感化、挽救工作。实行管理工作法律化、制度化。会议要求，要健全监狱法规，从收押到释放，逐步实行管理工作法律化、制度化。依法打击狱内重新犯罪活动。对确有悔改和立功表现的，依法减刑、假释。教育罪犯严格遵守监规纪律，同时依法保障罪犯的合法权利。

3. 完善管理体制，加强队伍建设。一是会议强调，各省劳改工作管理机关必须坚持在党委、政府的领导下，完善领导体制改革。省劳改局升格为地（市）级；局机关内设部门可定为处级。关于生产体制，劳改生产单位是特殊的地方国营企业，列入地方经济建设计划。推行经济责任制，参加地方企业之间的产、供、销联合体，加快企业发展。关于计划财政体制要切实解决劳改企业指标过高、生产任务过重、利润效益过低的问题。生产、狱政等基本建设单列户头，列入本省的基建计划。二是从优待警，加强队伍建设。会议决定，劳改干警与公安干警一样着民警服装，增发岗位津贴；劳改干警居住在农村的配偶或直系亲属，可按规定调到干警单位落户。解决两地分居和家属"农转非"

问题等从优待警政策，解决了长期困扰干警工作、生活的实际问题，对稳定队伍、提高战斗力具有重大意义。三是加强劳改干部队伍整顿和建设。搞好领导班子建设；加强干部培训工作，各省要创办劳改工作干部学校；补充干部编制，以适应工作需求。规定劳改单位的干部编制，工业按罪犯人数的20%、农业按16%配备；加强劳改中队建设。会议讨论制定了《监狱劳改队管教工作细则》《监狱、劳改队中队干部岗位责任制试行草案》；对干部进行法制教育，整顿纪律作风，对干部中严重违法乱纪的要严肃惩处；加强政策理论和罪犯心理研究，会议要求组建罪犯理论研究所，广泛开展理论研究，为劳改工作发展提供科学依据。

"八劳会议"对刑满后留场就业政策作了调整，对留场就业人员进行清理与安置。到20世纪90年代后期，全国共清理留场就业人员近40万人，清理工作基本结束。1982年3月，全国人大常委会作出决定："对在押的原国民党县团以下党政军特人员，全部予以宽大释放，并给予政治权利。"相关资料显示，同年6月，全国在押的原国民党县团以下党政军特人员3397名，全部给予宽大释放，标志着党和政府改造历史反革命犯的任务基本结束。

（三）领导管理体制的重大改革

我国劳改工作自1950年由司法部移交公安部管理，劳改工作在公安部管理的33年时间内，通过创建、巩固、发展，取得了很大成绩。1983年5月9日，中共中央发出通知，决定把劳改、劳教的管理工作由公安部移交给司法部。通知强调，劳改、劳教工作要整建制地尽快移交，移交时劳改、劳教单位的人、财、物，任何单位一律不得调动，违者将严肃处理。移交后，劳改、劳教单位的干警仍然是一个警种，着装、工资和岗位津贴等待遇一律不变。

为了保证交接工作的顺利进行，经中央同意，公安、司法两部于1983年6月9日联合下发《关于贯彻执行中央将劳改、劳教工作移交给司法行政部门管理的若干规定》，对移交工作提出明确要求。在公安、司法两部门的共同努力下，经过3个月的紧张工作，移交工作基本完成，各项工作平稳运行。1983年8月13日，公安部、司法部在北京联合召开劳改劳教工作交接大会，公安部劳改局局长李石生率局机关全体干部整建制移交司法部，改称司法部劳改局。由此，劳改工作正式由司法部管理。

(四) 劳改场所办"特殊学校"

毛泽东主席在 1960 年 10 月接见斯诺的谈话中，提出了"我们的监狱不是过去的监狱。我们的监狱其实是学校，也是工厂，或者是农场"这一战略构思。为此，对罪犯的教育改造即以办特殊学校为载体。大规模地把劳改场所办成教育人、改造人的特殊学校工作，始于 20 世纪 80 年代，到 90 年代有了更广泛的发展。这是中国监狱工作的一项重要改革，是提高改造质量的有效途径，也是中国刑罚执行制度的一项重要特色。

1. 办特殊学校的提出和推广。1981 年 12 月，"八劳会议"、《纪要》首次提出："要加强对罪犯的教育改造工作，把劳改场所办成改造罪犯的学校。要设置教育机构，配备专职教员，增加教育设备和经费，健全教学制度，进行系统的教育。"1982 年 1 月，中共中央在《关于加强政法工作的指示》中强调：劳改、劳教场所是教育改造违法犯罪分子的学校。它不是单纯的惩罚机关，也不是专搞生产的一般企业、事业单位。1982 年 2 月，公安部下达了《对罪犯教育改造工作的三年规划》（以下简称《规划》），《规划》不仅对办学内容作了规范，并对有关教育的结构、制度、时间、设施、经费等都提出了解决措施。1982 年 10 月，部劳改局在山东潍坊召开全国劳改单位办特殊学校现场会，随后向全国发出通知，推广潍坊劳改支队办特殊学校的经验。同年 11 月，公安部命名山东省潍坊劳改支队为山东省潍坊育新学校，成为全国第一所被命名的特殊学校。1985 年全国司法厅（局）长会议提出，争取三五年内基本上把全国劳改、劳教场所办成特殊学校。同年 6 月 11 日，司法部、教育部、劳动人事部联合发布《关于加强对劳改、劳教人员文化、技术教育的通知》，首次将劳改场所的办学工作纳入教育、劳动部门的统一规划。6 月 25 日，司法部在北京召开全国劳改场所办特殊学校经验交流会，邹瑜部长到会讲话，肯定了办学工作，明确"三课"教育以政治教育为核心，以文化教育为基础，以技术教育为重点；提出了办学工作的五条标准；明确了办学的指导思想。1986 年 5 月、1986

年9月、1988年11月、1990年7月、1991年1月，部劳改局先后在江苏、贵州、河南、福建、天津分别召开办特殊学校的推进会、专业会议，以全面深入地推进监狱系统的办学工作。

2. 办特殊学校的发展。由于指导思想明确、措施得力，办学工作发展很快。到1986年，全国被命名为特殊学校的劳改单位达到214个。1987年4月，司法部在云南召开了全国劳改、劳教单位办特殊学校工作会议，在总结交流办学工作经验的基础上，着重研究部署如何进一步办好特殊学校，使办学工作由"办成"向"办好"发展。1989年12月司法部制定印发了《关于劳改场所特殊学校开展上等级活动的实施意见》，对等级标准、考核指标、方法和申报、审批程序、奖励办法作了规范。1992年1月17日，司法部召开首批特殊学校命名大会，辽宁省瓦房店劳改支队、山东省第三监狱、河南省第一监狱3个单位被命名为部级优秀特殊学校。相关资料显示，到2000年年底，全国已有96.37%的监狱办成了特殊学校。相关资料显示，到2000年，罪犯中累计有311.6万余人次获得各级文化结业、毕业证书；有317.2万余人次获得各类技术等级证书，取得发明专利项目130个。一大批学有所成的刑释人员成了自食其力的守法公民，成为社会的有用人才。

（五）狱内侦查工作的加强

由于"文革"破坏，监狱狱侦工作机构被撤销，专业干部被调走，狱侦工作实际处于停顿状态。为了加强狱侦工作，维护安全稳定，1986年10月，司法部在四川召开了"全国狱内侦查工作会议"，交流工作情况，研究存在问题，制定具体措施，加强业务建设，形成了一系列规章，狱侦工作开始逐步恢复和加强。会后，各省区市监狱局及基层监狱逐步成立狱内侦查处（科），形成上下贯通、精干高效的狱侦指挥体系。为了提高狱侦干警业务素质，开展多种形式的培训，部劳改局委托西南政法学院为监狱系统培训狱侦干部，1986年至2000年先后培训4000人次；此后，中央司法警官学院和浙江警官职业学院也分别承担了培训业务。1988年，部劳改局组织编写出版了《狱内侦查学》。

1986年10月，经全国狱侦工作会议讨论，正式将狱内侦查工作方针修订为"预防为主、防破结合、及时发现、迅速破案"。这一表述明确了狱侦工作预防与打击的主从关系，重点在预防，同时把握侦破，力争先发制人、掌握主动。防范与侦破相结合，以预防为主，使狱侦工作指导思想更为明确，有助于降低发案率，提高破案率。

1996 年 12 月，司法部在武汉市召开了第二次全国狱内侦查工作会议，表彰 11 个狱侦先进单位和 22 名优秀侦查员，讨论修改相关规定，对狱侦工作进行了总结，提出了新的要求。

（六）监狱管理规范化改革

狱政管理四项原则的提出及要求。1985 年 2 月，在国务院下发的相关文件中明确要求监狱管理"要对罪犯实行依法、严格、文明、科学管理"。这也是中国政府对监狱管理的原则要求。1989 年 7 月，在上海召开的全国监管改造工作会议工作报告中，明确提出了"依法管理、严格管理、文明管理、科学管理以及干警直接管理"的要求。依法管理是做好狱政管理工作的前提，监狱各项工作必须严格依照国家法律和监管法规的规定办事。严格管理是狱政管理的基础，要求对罪犯的监禁和管理必须有严格的监管制度、严密的防范措施、严明的监规纪律和严肃的考核奖惩。文明管理是做好狱政管理的必要条件，要求尊重罪犯人格，保障罪犯人权和合法权益，实行人道主义，管理文明化。科学管理是狱政管理的发展方向，要求监管工作应当采用科学的理论指导，按照客观规律办事，运用科技手段对罪犯实时监控和管理。

推行监狱管理规范化。1990 年 11 月，司法部以第 11、12 号令发布的《监管改造环境规范》《罪犯改造行为规范》，推动了监狱管理改革，为监管改造环境和罪犯改造行为的规范化管理提供了实施标准和操作范式。1990 年 11 月，司法部劳改局在辽宁省瓦房店劳改支队召开了全国监管改造工作规范化管理现场经验交流会。会议总结和交流了近年来规范化管理的经验和做法。会议指出，实施监管改造工作规范化管理的总目标，是使监狱要像一所监狱，罪犯要像一名罪犯。会议指出，推行规范化管理意义重大，是监管改造工作上新台阶的需要，是矫正罪犯恶习、进行养成教育的需要，是狱政管理依法办事的需要，是从严治监、体现监狱威严的需要。这次会议标志着中国的狱政管理工作，开始从零星、分散的实践转向集中、统一的规范，从抓具体事务转向夯实基础工作，从经验型转向制度化、科学化。

（七）罪犯考核制度的改革

对罪犯的考核，是正确实施奖惩政策的依据。20 世纪 80 年代初期，山东等省的监狱实行犯人行为日准则，进而发展为改造、生产百分考核制。这是对罪犯考核的一项重要改革，很快在全国监狱推行。

1985 年 1 月，山东省潍坊劳改支队为适应改革开放的新形势，在推行罪犯"日准则"的基础上，以改造、生产两大任务为基点，对罪犯实行了"联改联产考核奖罚责任制"，开始对罪犯的考核奖罚制度实行改革。考核制度依照相关法律和司法实践，对罪犯的思想改造和劳动改造实行指标分解、逐项定分，按照奖优罚劣、奖勤罚懒的原则以分记奖。考核制度将思想改造、劳动改造两个部分，分解为认罪服法、遵规守纪、三课学习、生活秩序和产量、质量、消耗、文明生产等 8 项指标。按各项指标的作用和功能，逐项定分，共计 100 分，作为基准线。具体规定了 156 个控制点和应奖应罚的分数线，以便相机处置罪犯改造好坏的各种表现。围绕"百分基准线"，线上浮动部分是受奖条件，线下浮动部分是受罚条件。它让罪犯能够自己了解改造所得积分，从而有效调动罪犯改造积极性。为了落实好考核制，建立了相应保证体系，如领导小组、办公室、考核组以及相关考核报表等基础材料，客观记录犯人执行考核制度的真实情况，保证资料的准确、完整，用事实、数据说话。与以往以定性分析为主的考核制相比，山东等地实施百分考核后的效果明显。罪犯考核制度的改进，通过几年的试行，在认真总结各地罪犯考核成功经验和不足之处的基础上，司法部于 1990 年 8 月制定并下发了《司法部关于计分考核奖罚罪犯的规定》。该规定共分为 5 章、33 条，对全国监狱罪犯考核奖罚制度进行了统一和规范，明确了考核的原则、分数、审批、组织及监督等，使计分考核奖罚办法得到改进和完善，促进了监狱对罪犯的考核工作。

（八）对罪犯分类监管改造工作的改革

对罪犯实行分类监管改造，是按一定标准将罪犯分成若干类型进行监管改造的刑罚执行制度，是提高改造质量的一项重要措施，是我国监狱在新形势下融监狱执法、管理、教育、改造于一体的整体性改革。

20世纪80年代中后期，随着改革开放的深入和实际工作的发展，我国监狱监管改造工作酝酿着新的改革创新。1986年，上海市白茅岭劳改农场率先进行分类改造罪犯的试点，开始针对性罪犯的分类教育。同年12月，以犯罪性质和恶习深浅为主要标准，对全监1400名罪犯进行了分类关押，实现了首次分押部局。1988年12月，辽宁省瓦房店劳改支队开展对罪犯分级管理。1989年司法部在上海召开全国监管改造工作会议，肯定并推广了白茅岭劳改农场和其他试点单位的经验，将各地提出的改造罪犯单项措施，集中表述为分押、分管、分教工作，正式列为新形势下强化监管改造工作的重大改革措施。同年10月，司法部制定下发了《关于对罪犯试行分押、分管、分教的实施意见》，对分类改造工作的总体构想、分押标准、处遇形式、分类施教、实施步骤等作了原则规定，从而启动了新形势下全国监狱推进分类改造工作的改革。相关资料显示，到1991年7月底，全国已有29个省区市监狱局制定了"三分"工作规划；有77个劳改单位和68个大队、243个中队进行了试点工作，有1.3万名干警参加了"三分"试点工作，涉及罪犯19万余人。各地分类改造的探索试点，总结了不少各具特色的经验，取得了初步的成绩。

1991年9月，司法部在河北省第一劳改总队召开全国"三分"工作经验交流现场会。会后，司法部劳改局修订并印发《对罪犯实施分押、分管、分教的试行意见》，"三分"工作在全国监狱全面施行。从1991年9月至1993年6月，大多数省区市监狱推行"三分"工作，采取了一系列卓有成效的举措，点上深化、面上推开，从而使"三分"工作在原有基础上取得了较大进展。一些监狱在按犯罪类型分押的基础上，又实行类中分层，取得初步成果。至1993年6月，多数省区市监狱普遍实行了"三等五级"（宽管：特宽、从宽；普管；严管：从严、特严）的分级管理分级处遇，初步形成具有科学性、可操作性的管理制度、配套措施与考核办法，实践中受到干警拥护支持，广泛调动了罪犯改造积极性。分教的进展也较快，各地积极探索对盗窃犯、暴力犯、老残犯、职务犯等不同类型罪犯的分类改造，初步取得若干成功经验。至 1993 年 6 月，"三分"工作在全国推行的两年时间中显示出较明显的积极作用，取得了较大成效；增强了教育改造罪犯的针对性和实效性；促进了监管改造秩序的稳定，脱逃率、发案率进一步下降；调动了罪犯的改造积极性；推动了监狱生产的发展和经济效益的提高；提高了干警的专业化水平和业务能力，取得了良好的社会效果。当然，分类改造工作也存在一些困难问题，有待于在实践中逐步深化。

（九）罪犯改造社会帮教的改革

依靠社会力量参与帮教改造罪犯，是中国刑罚执行工作的重要特色。改造工作的向前、向外、向后延伸，是新时期社会帮教实行专门机关与群众路线相结合的新发展，是把改造工作纳入社会治安综合治理系统工程的好形式、新途径。

20 世纪 90 年代以来，监狱机关按照改革开放的新政策，积极探索改造罪犯的新路子，使社会帮教有了新的发展。一是党政机关和社会团体组织力量到监所给罪犯讲解形势政策，帮助、教育、感化罪犯。中国关心下一代工作委员会在对失足青少年的教育保护中发挥了积极作用。至 1992 年 8 月，全国有近百万名老干部投身帮教活动。1992 年 5 月，司法部和中国关心下一代工作委员会联合聘请了李运昌、乔晓光、陈野革等 14 位德高望重的老前辈担任监狱的特邀教育顾问，并在北京人民大会堂举行了隆重的颁发证书仪式。二是社会各界人士，包括社会知名人士、英雄模范人物、文艺体育明星等，到监所内对罪犯开展帮教活动，起到良好的教育、感化作用，引起罪犯热烈反响。三是原单位和原地区领导到监所与罪犯面对面开展规劝帮教，并表示愿意接纳改造表现好的罪犯在刑满后回单位安置，起到了良好效果。四是罪犯亲友和改造典型积极帮助做工作，促进罪犯安心服刑、积极改造。

社会帮教形式的新发展体现为：一是开展各种类型的演讲活动。多个省区市监狱机关组织社会各种帮教力量到监所进行演讲活动，引起罪犯共鸣，收到了较好的教育效果。二是签订帮教协议，规范帮教内容。包括与当地政府、村

（居）委、企事业单位和罪犯亲属签订帮教协议书或帮教责任书，明确监社各方各自承担的责任和义务。三是开展帮教志愿者活动。四是组织罪犯到社会上参观，现身说法使他们受到生动形象的形势、政策和前途教育。五是积极做好刑满回归人员的就业安置和接茬帮教。六是积极开展法律援助进监狱，依托律师协会进监狱为罪犯开展法律咨询、提供法律服务。

"三个延伸"的提出并应用于实践。改造工作向前、向外、向后延伸，是1987年3月全国政法工作座谈会提出的改革和加强改造工作的一项改革措施。经中共中央批准的《全国政法工作座谈会纪要》指出：对罪犯的改造工作，应当成为政法各部门的共同任务，并努力争取全社会的关心和支持。改造工作要向前、向外、向后延伸，实质上是把改造工作纳入社会治安综合治理的系统工程，动员政法各机关及全社会力量，共同做好对罪犯的教育改造工作。向前延伸是指，公安、检察、法院等机关在预审、起诉、审判过程中，要对犯罪嫌疑人进行认罪服法教育；罪犯交付执行时，要负责向改造单位介绍案情，并提交罪犯有关材料。向外延伸是指，改造工作应当由封闭走向开放，以监内教育改造为主，动员社会各方面力量参与对罪犯的教育改造。向后延伸是指做好对刑释人员的安置就业和接茬帮教工作，以巩固改造成果，预防和减少犯罪。改造工作三个延伸的提出，各地积极响应、积极探索，还逐步形成了社会帮教的三种代表性模式：即北京模式、赤峰模式、沈阳模式，在实践中起到了很好的改造效果。

（十）管教、生产双承包制的改革

为了深化推动监狱生产经营机制的改革，实现改造和生产的双重任务，1984年6月，司法部在得到中央领导对双承包责任制的肯定后，召开了全国劳改、劳教工作会议，下达了相关文件，要求监狱系统必须推行双承包责任制。主要内容：改造上考核包括罪犯脱逃和捕回率、发破案率、非正常死亡率、监内违纪和重新犯罪率、"三课"教育入学率和考试合格率等方面的指标；生产上包括考核产值、产量、质量、消耗、成本、利润及其他主要经济技术指标。会议强调，要将任务指标分解到科室、车间、大中队，层层落实到班组，责任到人。对罪犯要逐步完善考核办法，完成承包任务的要给予奖励。到 1985 年，双承包责任制在全国监狱系统普遍推行，促进了改造秩序的稳定和劳动生产的发展，全国监狱系统完成工农业生产总值比上年增长 15%。1988 年 12 月，司法部在北京召开全国劳改、劳教工作会议，肯定了 5 年来监狱系统推行双承包责任制所取得的成绩和经验，提出要在全面推行的基础上不断完善和发展，提出深化双承包责任制的总要求，即指标合理、考核严格、奖惩兑现、层层落实。这次会议，标志着管教、生产双承包责任制的推行进入了一个新的阶段。会后，各地继续探索、深化这一改革措施，不断促进改造质量和经济效益的提高。

二、监狱工作改革的历史性开拓和跨越（1994—2012）

（一）监狱法制建设重大改革

1994 年 12 月 29 日，第八届全国人大常委会第十一次会议通过了新中国历史上首部《监狱法》，《监狱法》的颁布实施进一步完善了中国刑事法律体系，是监狱法制建设改革的重大成效，是新中国监狱史上一座里程碑。

党的十一届三中全会后，国家加快了法制建设进程。1979 年 7 月，《刑法》《刑事诉讼法》经第五届全国人大第二次会议通过；1982 年 12 月，新中国第四部《宪法》经第五届全国人大第五次会议通过。在这样的大背景下，全国广大监狱干警都迫切希望制定一部适应新形势的监狱法典。1986 年 3 月，根据全国人大常委会和国务院的立法规划，司法部成立劳动改造法起草工作小组，确定立法的指导思想：根据宪法，从惩罚罪犯、改造罪犯和国家长治久安的全局出发，总结实践经验，借鉴国外有益做法，使监狱工作纳入法制化的轨道。立法的宗旨：正确执行刑罚，惩罚和改造罪犯，预防和减少犯罪。立法的原则：实事求是、积极慎重、规范协调、群众路线。

《监狱法》从起草到颁布，经过了一个漫长而又艰难的历程。从 1986 年 3 月着手起草工作，经过整整 8 年 9 个月的调查、论证、起草、讨论、修改，数易其稿，经国务院法制局 4 年的研究审议、修改，又经全国人大常委会多方征求意见，反复讨论后终于在 1994 年 12 月 29 日通过了《监狱法》。《监狱法》的主要内容包括总则、监狱、刑罚的执行、狱政管理、对罪犯的教育改造、对未成年犯的教育改造、附则，共七章七十八条，在结构上分为章、节、条、款、项。总体上分总则、分则、附则三大部分。《监狱法》内容丰富、覆盖面广、律条扼要、设项简明，主要特点有：一是确定了监狱以改造人为宗旨，明确了"将罪犯改造成为守法公民"是监狱工作的目标。二是确定了监狱的性质和法律地位。明确规定"监狱是国家的刑罚执行机关"。三是明确了监狱人民警察的法律地位。明确规定"监狱的管理人员是人民警察""监狱的人民警察依法管理监狱执行刑罚，对罪犯进行教育改造等活动，受法律保护"。四是规定监管、劳动、教育是监狱改造罪犯的手段。明确规定"监狱对罪犯应当依法监管，根据改造罪犯的需要，组织罪犯从事生产劳动，对罪犯进行思想教育、文化教育、技术教育。"五是规定了罪犯的权利和义务。明确了罪犯权利的广泛性和真实性，明确了罪犯应履行的义务。六是确立了监狱经费保障体制。

1994 年 12 月 30 日，司法部召开全国监狱系统电话会议，为《监狱法》的学习贯彻工作作出部署。1995 年 11 月，部监狱局在中央劳改劳教管理干部学院举办贯彻《监狱法》师资培训班。随后各省区市监狱局、各监狱举办各种形式的培训班，广泛开展学习，并通过各类新闻媒体向社会宣传《监狱法》。2007 年，司法部、全国普法办将每年 12 月 29 日确定为《监狱法》宣传活动日，集中宣传《监狱法》及相关法律法规。各级监狱机关认真组织学习贯彻《监狱法》和国务院相关文件精神，增强了干警的法律意识，提高了严格公正文明执法的自觉性，罪犯改造积极性明显提高，监狱改造秩序持续稳定，改造效果明显增强。通过《监狱法》的贯彻，财政和投资保障体制初步确定。

《监狱法》的颁布实施是中国监狱工作改革发展的一项重大成果，具有重大意义。它是中国监狱法治建设史上具有划时代意义的里程碑，体现了中国监狱制度的基本特色和丰富内容，构成了基本完整的中国刑事司法体系，适应了新形势下正确执行刑罚的基本需要，为维护社会稳定、促进经济发展提供保障，为国际行刑制度交流提供法律依据。当然，随着形势的发展和监狱工作的需要，《监狱法》也需要及时完善修改补充，以不断适应新形势对监狱工作的要求。

（二）推动监狱发展的重大改革——创建现代化文明监狱

为了适应国家改革开放和现代化进程，贯彻《监狱法》，推动监狱工作整体水平上台阶，司法部提出了建设现代化文明监狱的战略目标。1994年1月，司法部部长肖扬在全国司法厅（局）长会议上提出：今后一个时期，监狱工作的目标，是坚定不移、量力而行地逐步将中国监狱建设成为现代化文明监狱。中央政治局常委、中央政法委书记罗干在会议讲话中指出：要深化监管改造工作改革，逐步建立法制完备、执法严明、管理文明、设施完善的现代化文明监狱。在1995年2月召开的全国监狱工作会议上，司法部提出"根据全面贯彻实施《监狱法》的要求，立足于中国的实际情况，吸收和借鉴外国监狱制度的有关做法，统一标准、总体规划、统筹安排、分步实施，逐步把我国监狱建设成为坚持社会主义方向，体现人类社会文明进步成果的现代化文明监狱"的总体思路，并把创建现代化文明监狱作为今后一个时期监狱工作的战略目标，全面部署创建现代化文明监狱的工作任务。

1995年9月，司法部制定下发《司法部关于创建现代化文明监狱的标准和实施意见》，指出：现代化文明监狱，是以比较先进、完善的监狱设施和健全有效的改造制度为基础，依法对罪犯实施科学、文明管理和教育改造，具有较高改造质量的场所。标准涵盖了从执行刑罚、监管改造到监狱生产、队伍建设等各方面的主要内容及要求。创建原则：硬件建设与软件建设并重，更重软件建设；注重实效；量力而行，从实际出发，分阶段实施；分层次创建。工作要求：广泛发动，深入调研，制定规划，先行试点，逐步推广。

按照司法部部署，创建现代化文明监狱，深入人心，行动迅速，各省区市监狱局、监狱普遍制订了规划，拟定了创建方案，展开了扎扎实实的创建活动，涌现出一大批创建先进单位。1996年10月20日，司法部首批授予浙江省第一监狱、北京市监狱、山东省第一监狱、云南省小龙潭监狱、河南省豫东监狱"部级现代化文明监狱"称号。1997年12月，司法部授予河北省沧州监狱等15所监狱"部级现代化文明监狱"称号。1999年10月，司法部授予山东省北墅监狱等13所监狱"部级现代化文明监狱"称号。在此期间，各地还建成了一大批省级现代化文明监狱和监区，提升了监狱整体工作水平。1999 年 2 月，在司法部召开的全国监狱工作电话会议上，部党组肯定了创建活动取得的成果，提出今后创建工作要遵循"坚持、总结、完善、提高"的方针，指明了创建方向，促使现代化文明监狱建设走上科学规范的轨道，不断推动我国监狱工作的整体发展。

（三）推动监狱发展的重大改革——监狱布局调整

监狱布局和监狱建筑作为狱制文明的重要组成部分，在一定程度上反映了监狱的行刑水平与行刑理念。由于历史原因，中国监狱多处于远离城市、交通不便、信息闭塞、经济落后的偏远山区和荒漠地区，点多、线长、分散。自 20 世纪 80 年代中期开始，福建、广东等省根据实际开始监狱布局调整工作。推行监狱布局调整改革，有利于改变监狱布局不合理状况，有利于稳定干警队伍，有利于加强监狱内部正规化管理，有利于罪犯亲属会见规劝，有利于运用社会资源开展社会帮教和刑满释放后的接茬帮教安置，有利于罪犯改造，有利于减轻监狱办社会的沉重负担，有利于保护自然环境、恢复生态平衡等。福建、广东、新疆、浙江、黑龙江、云南、四川、青海等省出台"三个转移，两个收缩"（边远山区向沿海内陆地区转移，农业向工业转移，监外向监内转移；收缩不利于监管安全的关押点，收缩发展前景差、经济效率低的生产单位）的布局调整规划，加快了监狱布局调整，确保调整规划顺利实现并取得了明显成效。

2001 年 12 月，国务院召开专门会议，研究解决监狱布局不合理、监狱建设投入不足、狱政设施陈旧等问题，会后下发了《纪要》，对解决监狱布局问题提出了明确要求和部署。按照国务院的部署和要求，全国监狱布局调整重大改革全面推动，各地高度重视、坚决贯彻。各省区市在调研基础上制订上报了本省监狱布局调整规划方案。很多省在安排配套资金和给予优惠政策方面都实现了历史性突破，大幅增加投资。2007 年年初，经国务院同意，司法部、国家发改委、财政部、国土资源部、建设部五部委联合制定印发了《关于进一步推进监狱布局调整工作的意见》，提出了"布局合理、规模适度、分类科学、功能完善、投资结构合理、管理信息化"的总体工作要求，同年司法部召开全国监狱工作会议对监狱布局调整作出了进一步部署。国家发改委、司法部陆续批复了各地监狱布局调整方案，对先后确定的两批 13 个重点省份，中央投资予以重点支持。对于在监狱布局调整过程中涉及的应上缴的三项政府性基金和六项行政事业性收费，财政部、发改委正式下文予以免除，每年可节省 15%—20% 的建设支出，各省高度重视、抓住机遇加快布局调整，推动工作顺利进行。司法部先后制定下发了《监狱建设标准》《高度戒备监狱（监区）建设指导意见》等文件。

自 2001 年全面开展监狱布局调整以来，相关资料显示，到 2016 年为止，全国 600 余所监狱基本完成了布局调整任务，全国监狱关押能力显著增强。监狱布局调整对监狱工作带来的变化是全方位、深层次的：极大地改善了监狱的执法环境，增强了刑罚执行的物质基础；方便了罪犯家属会见和社会帮教，取得了社会的同情、理解和支持；改善了监管条件，树立了监狱的良好形象，促进了监狱安全稳定；提高了干警职工的生活水平，解决了干警职工的后顾之忧，稳定了队伍；基本解决了历史遗留的监狱办社会问题，大大减轻了监狱负担，纯化了监狱职能。

（四）推动监狱发展的重大改革——监狱体制改革

监狱体制改革是我国司法体制和工作机制改革的重要组成部分。自 2003 年改革启动至 2013 年，总体进展顺利，成效明显，基本完成了预定改革任务，有力地促进了社会主义法制建设，促进了罪犯人权保障，提高了改造质量，维护了社会公平正义，维护了监狱及社会的安全稳定，为建立公正、廉洁、文明、高效的新型监狱体制奠定了基础。

1. 监狱体制改革的历史背景。2003 年以前，我国一直实行监狱、监狱企业、监狱社区三位一体的管理模式，随着社会主义市场经济体制的不断完善和建设社会主义法治国家进程的加快，这一体制的弊端越来越明显：一是监狱职能严重错位。监狱领导既是监狱长，又是企业的厂长、经理，干警既是刑罚执行人员，又是企业经营管理人员。监企混合，监狱所要实现的刑罚执行功能与企业所追求的经济效益又完全不同，严重影响了监狱改造职能的正确行使。二是对监狱的财政投入严重不足，监狱经费不能足额到位，监狱将监狱经费与生产收入直接挂钩。罪犯劳动生产成为维持监狱运转的重要手段，监狱刑罚执行职能被削弱。三是由于监狱职能多元化，监狱背上了沉重的包袱。历史上形成的这种监狱体制，严重削弱了监狱的刑罚执行功能，影响了罪犯改造质量提高，导致监狱片面追求经济效益，一些监狱为此发生了较大问题，造成恶劣社会影响，引起了中央高度重视。为此，司法部组织调研组就监狱问题深入调研，形成报告上报中央，党中央、国务院对此高度重视。经反复论证，决定从2003年起在黑龙江等6省市进行监狱体制改革试点，监狱体制改革正式启动。

2. 监狱体制改革的主要任务和目标。主要任务为：落实"一个保障"（监狱经费全额保障），推进"三个分开"（监企分开、收支分开、监社分开），做到"六个规范"（规范监狱管理，规范监狱企业运行，规范监狱与监狱企业的关系，规范收支分开，规范监狱民警管理，规范工人管理）。通过监狱体制改革，使监狱逐步实现"全额保障、监企分开、收支分开、规范运行"目标，从体制上、制度上保证监狱刑罚执行功能的充分发挥，完善刑罚执行制度，建立公正、廉洁、文明、高效的新型监狱体制。

3. 监狱体制改革进展及成效。2003年1月，国务院印发了《国务院批转司法部关于监狱体制改革试点工作指导意见的通知》，决定从2003年起，在黑龙江、重庆、上海、江西、湖北、陕西六省（市）进行监狱体制改革试点。司法部按照国务院决定，2003年2月在北京召开了由试点六省（市）领导及相关部委负责同志参加的监狱体制改革试点工作会议。2004年9月，经中央领导批准，司法部在辽宁、吉林、青海、宁夏、甘肃、湖南、广西、海南8省（区）进行改革扩大试点。2007年11月，国务院印发了《国务院批转司法部关于全面实行监狱体制改革指导意见的通知》，决定从2008年起在全国全面实行监狱体制改革。司法部于2008年6月在北京召开了全国监狱体制改革工作会议，2009年8月在山东烟台召开了监狱体制改革工作座谈会。会议按照国务院文件要求，全面部署改革工作，加快推进改革。通过上下共同努力，不断推进监狱体制改革，到2013年基本完成监狱体制改革任务目标。具体体现：一是建立了监狱经费以省级财政为主、以中央转移支付为辅的财政保障机制，基本实现了监狱经费按标准财政全额保障。1993 年全国监狱财政拨款占支出的 61%，2013 年财政拨款占支出比重达 91%。二是监企分开基本完成，监管改造和生产经营两套管理体系基本形成。建立了党委统一领导的监狱长和总经理分工负责制、联席会议协调机制，保障了监狱与监狱企业规范有序进行。三是收支分开基本实现，监狱执法经费支出与监狱企业生产收入分开运行机制基本建立。监狱和监狱企业财务分账核算与管理。四是监社分开主要任务基本完成。五是改革配套政策进一步落实。六是规范监狱新体制运行的制度体系基本形成。通过十年的监狱体制改革，我国监狱工作发生了显著的变化，刑罚执行、安全稳定、教育改造各项工作取得显著成效。

（五）推动监狱发展的重大改革——监狱信息化建设推进

为了适应当今信息化时代的快速发展要求，改变监狱信息化十分落后的局面，按照国务院的部署和中央政法委关于加快信息化建设的要求，司法部在充分调研论证基础上于 2007 年制定下发了《全国监狱信息化建设规划》，该规划明确了监狱信息化建设的指导思想、基本原则、主要目标和建设任务。2010 年 7 月，国家发改委批准了司法部全国监狱信息化一期工程立项。2012 年，司法部协调国家发改委下达了 29 个省区市监狱信息化一期工程投资计划。司法部会同国家发改委、财政部落实建设资金，组织专家制定标准，研制开发监狱执法管理、改造等应用软件。各地按照司法部的部署和要求，成立了监狱信息化建设领导小组和办公室，制定了信息化建设规划和实施方案，开展罪犯数据库、监狱人民警察信息库等建设，建立罪犯信息的网上录入、管理和跨部门共享机制，监狱、法院、检察院共同建立了减刑、假释信息化办案平台，不断推动狱政管理、刑罚执行、教育改造、警务管理、生产管理、财务管理等业务应用系统的建设和使用。信息化建设的使用，大大推进了业务工作的发展。为加快推进信息化建设，2007 年、2010 年、2012 年、2016 年，司法部先后在江苏南京、安徽合肥、湖北襄阳、内蒙古呼和浩特召开全国监狱信息化建设会议，部署、推动监狱信息化建设及管理应用工作，多次举办监狱信息化培训班。司法部组织完成了监狱 15 项业务标准的软件开发工作，逐步在全国监狱推行。目前，各省监狱管理局、监狱正按照司法部的统一部署要求，结合实际，按照互联互通、全覆盖、全领域、智能化的要求，不断推进信息化建设。司法部指挥中心已与各省监狱管理局、监狱互联互通，随时调动、监控、指挥，30 个省区市监狱管理局完成了省级网络联通，省级指挥中心直接掌控指挥各监狱，全国 80% 以上的监狱建立了指挥中心、智能报警系统和综合门禁系统，90% 以上的监狱建立了视频监控系统，全国监狱信息网络平台基本建成，监狱信息化水平明显提高。

三、全面依法治国新时代监狱工作的全面改革（2012—2018）

2012 年，第十一届全国人民代表大会常务委员会第二十次会议听取审议了司法部部长受国务院委托作的关于监狱法实施和监狱工作情况的报告，全国人大常委会对监狱工作给予了充分的肯定，对切实解决监狱工作中存在的困难和问题提出了明确要求。监狱工作进入全面改革新时代。

（一）强化监狱内部管理的改革

依法管理好监狱，确保监狱安全稳定，维护国家政治安全和社会稳定，这是监狱的法定职责，也是监狱的职能任务。司法部进一步推进监狱管理改革，始终坚持把维护监狱安全稳定作为监狱工作的首要政治任务，不断强化监狱内部管理。

针对监狱不同时期存在的问题，司法部应从实际出发，坚持问题导向，不断调整、加强对监狱的管理。一是坚持依法管理、严格管理、文明管理、科学管理的原则，强调干警的直接管理，并先后提出了监狱管理的新要求，即监狱管理要实现标准化、规范化、精细化、信息化。二是建立完善的监狱安全稳定领导责任制和工作机制。把安全稳定作为"第一责任""重中之重"，要求"一把手"负总责、亲自抓。提出建立并落实监狱安全稳定防控、排查、应急处置、领导责任"四项机制"，加强人防、物防、技防、联防"四防一体化"建设，与驻监武警部队开展共建、共管、共保安全活动，形成监狱管理工作机制。三是健全并落实监狱管理制度。近年来，司法部先后制定下发了《关于加强监狱安全稳定工作的若干规定》等几十个监狱管理制度，每年坚持不断开展监狱管理、安全稳定大检查，组织跨省调犯将涉黑罪犯头目、骨干跨省异地关押，排查整治安全隐患，堵塞管理漏洞，及时发现和消除不安全因素。四是大力加强监狱安全防范设施建设及管理使用。经过多年的投入和建设，全国监狱基本完成了监狱围墙、电网、AB 门建设，建立完善了狱墙周界隔离、多层报警照明通风设施和智能化监管系统。五是不断加强监狱内部规范化管理。坚持按照统一标准开展创建现代化文明监狱活动，持续不断加强对监狱的规范化管理，广泛、持久推行"干警一日工作流程""罪犯一日改造行为规范"工作。司法部多次在全国监狱组织开展"规范化管理年""基层基础建设年"等专业管理活动，不断查找管理漏洞，夯实管理基础，完善管理措施，明确监管责任，制定修改完善各种管理制度，狠抓管理制度落实，监狱管理水平明显提高。六是大力加强狱内侦查工作。2010 年，司法部批准在部监狱局正式成立狱内侦查处，专职负责全国监狱狱内侦查的指导工作，各省区市监狱管理局、监狱按照司法部的新要求，进一步加强了狱侦机构、狱侦队伍建设。2011 年，司法部召开全国狱内侦查工作汇报会议，会后下发了《全国狱内侦查工作汇报会议纪要》。举办狱侦培训班，及时排查狱内案件线索，加强狱情收集研判，及时侦破预谋案件，有效防范和打击狱内犯罪活动。七是切实加强监狱安全生产管理。严格落实罪犯劳动生产项目准入制度，严禁组织罪犯从事有毒、污染、易燃易爆等生产劳动，加快罪犯退出煤矿井下劳动等高危行业，加强罪犯劳动现场的严格规范文明管理。司法部制定下发了《关于加强监狱安全生产管理工作的若干规定》等制度规定。八是认真抓好监狱生活卫生管理。2015 年，司法部在四川召开全国监狱生活卫生工作会议，会上部领导提出了加强罪犯生活卫生管理的一系列工作要求，会后司法部制定下发了《关于加强监狱生活卫生管理工作的若干规定》。各地监狱系统按照司法部的要求，高度重视监狱生活卫生管理，开展罪犯食堂、医院达标管理活动，提高罪犯伙食标准，保证罪犯吃饱、吃得卫生，加强食品、药品安全管理，加强罪犯疾病的预防和治疗，维护罪犯的身体健康及合法权益，保证监狱的生活卫生安全。

（二） 不断推进刑罚执行改革

完善刑罚执行制度是司法体制改革的重要任务，严格规范公正文明执法是中央对政法机关的明确要求。2013 年以来，习近平总书记先后多次对刑罚执行工作作出重要指示批示，习近平总书记的重要指示批示为监狱刑罚执行工作提供了根本遵循，指明了前进方向。

按照习近平总书记对刑罚执行工作的重要指示批示精神，中央政法委、司法部等部门高度重视刑罚执行工作，加强研究，推动改革，完善制度，严格责任，狠抓落实。2014 年发布了相关文件，2014 年 10 月 24 日最高人民法院、最高人民检察院、公安部、司法部和国家卫生计生委联合印发了《暂予监外执行规定》；2016 年 11 月 14 日发布了《最高人民法院关于办理减刑、假释案件具体应用法律的规定》；近几年，司法部与最高人民检察院、民政部联合印发了《监狱罪犯死亡处理规定》，司法部先后出台了《司法部关于进一步深化狱务公开的意见》，制定了《监狱暂予监外执行程序规定》《关于计分考核罪犯的规定》等刑罚执行制度规定。司法部高度重视刑事法律政策调整对监狱执法改造工作的影响，加强调研，及时下发通知，召开会议，要求各地认真组织学习、宣传、贯彻新出台的刑事法律法规政策，做好各项准备工作。司法部监狱管理局及时举办全国刑罚执行工作业务骨干培训班，编写出版《执法工作手册》《监狱系统学习贯彻新法辅导读本》，加强对刑罚执行工作的指导，组织工作组深入全国各监狱对刑罚执行工作进行检查督导。大力推进刑罚执行信息化建设，以标准化促进规范化，以信息化支撑规范化。多年来，监狱机关始终坚持把严格规范公正文明执法作为监狱工作的生命线，不断推进刑罚执行工作改革，不断健全完善罪犯收押、减刑、假释、暂予监外执行、释放等重点执法环节的规章制度和工作流程。全面深化狱务公开，严格落实执法责任追究，严肃查处刑罚执行中的违纪违法案件，推行执法办案质量终身负责制。监狱执法水平明显提高，司法公信力明显增强。

（三） 持续推进罪犯教育改造改革

党中央、国务院历来高度重视对罪犯的教育改造。1985 年国务院《关于进一步加强监狱管理和劳动教养工作的通知》明确提出，监狱要坚持"惩罚与改造相结合，以改造人为宗旨"的方针。

多年来，监狱机关坚持监狱工作方针，明确监狱工作指导思想，把教育改造罪犯作为中心任务。2008 年 10 月、2010 年 10 月、2013 年 5 月，司法部先后在河南、安徽、山东召开全国监狱教育改造工作会议，在全国监狱系统开展"教育质量年"活动，不断深化罪犯教育改造的改革，不断加强罪犯教育改造工作。司法部先后在全国推广了湖南星城监狱、浙江乔司监狱、四川锦江监狱、山东微湖监狱等教育改造罪犯工作先进单位的可贵经验，司法部、各省区市先后评聘了一大批教育改造罪犯专家能手，有力、持续推动教育改造工作开展。持续深化罪犯教育改造改革工作：一是对教育改造罪犯工作的认识不断提高。进一步树立了教育改造的中心地位，不断增强做好教育改造工作的责任感、使命感和自觉性、坚定性。二是不断健全完善教育改造制度体系。依据《监狱法》的规定，司法部先后制定下发了《监狱教育改造工作规定》《教育改造罪犯纲要》《司法部关于进一步加强监狱教育改造罪犯工作考核的通知》《监狱教育改造罪犯工作目标考评办法》等规定。教育改造工作制度化、规范化水平不断提高。三是不断改革教育改造的内容和方式方法。司法部提出并推行监狱罪犯每周"5+1+1"教育改造新模式，保障罪犯教育时间和学习效果。推行罪犯改造质量评估试点工作。坚持把科学认识罪犯作为提高改造质量的前提，按照入监、改造中期和出监三个阶段开展改造质量评估，加强犯因性问题分析，在不同时期制订不同的矫正方案。开展心理矫治。各监狱普遍成立了罪犯心理健康指导中心，普及心理健康教育，加强心理测试、心理危机干预。入监出监教育更加规范。监狱普遍成立了入监出监监区，加强考核评估。探索推动教育改造"三库"建设。监狱系统按照司法部部署，积极探索建立教育改造工作标准库、改造典型罪犯案例库、教育改造专家库，编辑出版改造典型罪犯案例文集。建立完善罪犯教育改造教材体系。司法部监狱管理局统一组织编写、出版了罪犯文化教育、心理健康教育、公民道德教育、入出监教育、法律常识教育等教材。加强监狱文化建设。全国监狱普遍成立了图书室，建立电子书籍、音像资料库、教育改造内部网络，普遍组建文艺队、体育队、兴趣小组，发挥文化育人功能。不断深化劳动教育。监狱注重让罪犯在劳动改造中学会生产技能，培养其劳动习惯。加强对女犯、未成年犯、邪教犯、危安犯等的特殊教育。四是加强罪犯个别化矫治改革。对罪犯进行个别化矫治是世界各国监狱矫治工作的发展趋势，符合改造罪犯规律。近十几年来，我国监狱不断加强罪犯个别化教育，加强新矫正方法、技术和手段的研究运用，强化罪犯分类教育和个别化矫治，着力提高改造罪犯的针对性和有效性。五是持续加强罪犯职业技能培训和出监后与社会的衔接。监狱机关充分认识到开展罪犯职业技能培训对罪犯释放后就业谋生、立足社会、巩固改造成果具有重要作用。各地监狱局、监狱对此项工作高度重视，依托社会资源开展分层次、分类别、分工种、分项目的技术教育和培训。有的成立了职业技术教育中心、职业技校等，有的将罪犯职业技能培训纳入当地社会职业技能培训总体规划，广泛开展对罪犯的技能培训，监狱定期邀请社会企业、职业介绍中心等单位到狱内对将出狱人员开展就业指导，为罪犯顺利回归社会创造就业条件，防止罪犯重新犯罪。六是探索推进教育改造工作社会化。多年来监狱机关不断完善社会帮教格局，大力推进教育改造工作三个延伸，努力构建改造对象的社会支持系统，充分发挥罪犯亲属、社会帮教志愿者、爱国主义教育基地等在改造中的作用。

（四）监狱人民警察队伍建设的改革

多年来，监狱机关始终坚持把队伍建设作为做好监狱工作的根本任务，不断推进队伍改革发展，不断提高监狱人民警察的政治素质和业务素质。1997年，党的十五大划时代地提出了"依法治国、建设社会主义法治国家"，开启了依法治国新阶段。1998年3月，司法部为贯彻党的十五大提出的依法治国号召，下发了《司法部关于加强监狱劳教人民警察队伍建设的决定》（以下简称《决定》）。该决定及以后多年来出台的队伍建设相关文件，对加强领导班子建设，加强干警思想道德建设，依法从严治警，反腐倡廉，加强基层党组织建设等，作出了一系列规定，并根据形势发展提出了重大改革措施：一是"凡进必考"，干警招新必须通过统一的国家公务员考试，择优录取，培训上岗。二是"从严治警"，要求做到"十不准""七个严禁"。三是从优待警，解决好干警的人身保险、养老保险、医疗保健、超时工作补贴、岗位津贴等。四是"凡晋必训"，规定干警警衔晋升，必须进行培训考核。五是加强对监狱长（政委）等领导干部的集中专门培训。

1995 年 2 月公布施行的《人民警察法》规定，监狱工作人员是我国人民警察的一个"警种"，"人民警察实行国家公务员的工资制度，并享有国家规定的警衔津贴和其他津贴、补贴及保险福利待遇。"2000 年 4 月，人事部、司法部联合下发了《关于监狱劳教系统人民警察实行公务员制度有关问题的通知》，大力推进监狱干警公务员制度建设，这项工作稳定了人心，理顺了关系，是我国监狱人民警察队伍建设史上的一个重大改革举措。近十几年来，队伍建设不断加强，司法部先后出台了有关加强监狱人民警察思想政治建设、作风建设、组织建设、廉政建设、纪律建设、教育培训、警务管理等方面的文件规定，监狱人民警察队伍不断壮大，整体综合素质不断提高。

进入全面依法治国新时代，监狱人民警察队伍建设持续改革、不断发展。一是坚持把思想政治建设放在首位。坚持不懈地用中国特色社会主义理论体系武装头脑，教育监狱干警始终保持忠于党、忠于祖国、忠于人民、忠于法律的政治本色，不断提高思想政治素质。二是加强执法能力建设。司法部近年来多次对监狱局长、政委、监狱长进行集中培训，并不断通过组织开展执法大培训、岗位大练兵活动，不断提高干警的整体素质和执法能力。三是改革干警队伍管理制度。司法部不断加大改革力度，健全了监狱人民警察考录制度、辞退制度、培训制度、执法质量考评和责任追究制度，连续多年出台监狱人民警察队伍建设的规划纲要和实施意见。四是加强领导班子建设。坚持德才兼备、以德为先的用人标准，选好配强监狱"一把手"，优化领导班子结构，加大监狱长、监狱领导班子成员和关键执法岗位干警轮岗交流工作力度。五是加强监狱干警职业道德建设。近年来，司法部先后制定下发了监狱人民警察职业道德准则、职业行为规范、执法过错责任追究办法等规定，各级监狱机关对干警执法履职行为开展经常性警务督察，有效地促进了干警队伍纪律作风和职业道德建设。六是坚持从严治警和从优待警。对监狱干警严格要求、严格管理、严明纪律、严肃奖惩，加强对于警执法管理、行为规范、警容风纪的监督检查，同时认真落实从优待警各项政策措施，大力表彰先进单位和先进个人，落实监狱人民警察学习培训制度、休假制度和干警超时工作补助、值勤岗位津贴、加班补贴等，调动干警工作积极性，不断增强干警的职业荣誉感、责任感、自豪感、幸福感。七是坚持反腐倡廉建设。以建立健全惩治和预防腐败体系为重点，教育、监督、惩处并重，持续推进监狱反腐倡廉建设，严肃查处监狱干警违法违纪案件，不断加强干警执法检查，及时纠正部门和行业不正之风，不断打造过硬的监狱人民警察队伍。

四、监狱工作改革发展的巨大成就及成功经验

（一）监狱工作改革40年的巨大成就

改革开放40年来，我国社会主义事业取得了世人瞩目的巨大进步，监狱工作也取得了新的更大的发展。40年来，党中央、国务院始终高度重视监狱工作，中央领导多次对监狱工作作出重要指示批示，中央领导多次参加全国监狱工作会议并作重要讲话，高度肯定监狱工作改革发展取得的成绩，不断为监狱工作改革指明方向，提出新的工作要求。广大监狱人民警察团结一致，奋力拼搏，艰苦创业，改革创新。改革开放40年来，全国监狱系统认真贯彻落实党中央、国务院的决策部署，在司法部的正确领导下，坚持党对监狱工作的绝对领导，认真贯彻实施《监狱法》，坚持"惩罚与改造相结合，以改造人为宗旨"的监狱工作方针，坚持依法治监，严格公正执法，加强罪犯教育改造，狠抓监狱安全稳定，推进改革发展，为维护国家安全和社会大局稳定作出了重大贡献。40年来，我国监狱工作在改革中发展，在发展中创新，从而逐步形成了全新的中国特色社会主义监狱工作的行刑理念、管理体制、工作机制和工作方法，并日渐发展、完善，取得了巨大成就。

1. 监狱法律制度不断完善，法治化进程不断深化。监狱作为国家的刑罚执行机关，始终坚持构建法律体系，实行依法治监。严格依据《宪法》《刑法》《刑事诉讼法》《监狱法》《人民警察法》等国家法律法规治理监狱、管理队伍，多年来已基本形成了较为完整的监狱法律制度体系。围绕贯彻执行《监狱法》，

24 年来司法部和有关部门先后制定了监狱刑罚执行、教育改造、监管改造、狱内侦查、罪犯生活卫生、监狱企业管理、安全生产、监狱建设、监狱财务、干警队伍建设等方面的监狱规章和规范性文件 200 多件，各省区市监狱机关也陆续制定出台了 2000 余件监狱制度规范。目前，中国监狱基本形成了以《监狱法》为核心、相关规章、规范性文件相配套的监狱法律法规制度体系，确保了监狱工作法治化和规范化，适应了几十年来监狱机关预防打击犯罪和刑罚执行、改造罪犯的需要，监狱依法治监水平不断提升。

2. 全国监狱实现了持续安全稳定，维护了国家安全和社会稳定。监狱机关为维护国家安全和社会和谐稳定、保证改革开放顺利进行作出了重大贡献。罪犯脱逃数逐年下降。相关资料显示，1980 年，全国监狱脱逃罪犯高达 7620 人；1993 年，监狱押犯 124 万人，脱逃罪犯 1721 人；2004 年，脱逃罪犯 46 人；2006 年，监狱押犯 156 万人，脱逃罪犯 39 人；2012 年，脱逃 6 人；2013 年，监狱押犯 170 万人，脱逃 1 人；2017 年，脱逃 2 人。近五年，全国监狱年脱逃罪犯均控制在个位数内。狱内发案率逐年下降。从二十世纪 80 年代的狱内年发案 3800 起下降到 1994 年的 656 起，2006 年狱内发案数控制在 70 起以内，近 5 年全国监狱狱内年发案数均控制在 20 起左右。近 5 年来，全国监狱基本实现了无重大案件、无重大安全事故、无重大疫情和食品药品事件的监狱安全目标。监狱安全工作连续多年创历史最好水平。特别是在汶川大地震、世博安保、奥运安保、庆祝新中国成立 60 周年、G20 峰会安保等国内国际重大事件、重大政治活动中，全国监狱场所没有发生任何重大问题，保持了监狱持续安全稳定，为维护国家安全和社会大局稳定作出了重大贡献。中国监狱现已成为世界各国最安全最文明的监狱之一。

3. 监狱管理水平不断提高，监管改造秩序持续稳定。监狱管理是一项法治性、政策性、专业性、技术性很强的工作。通过持续多年不断强化监狱管理意识，完善管理制度，加强监狱内部管理，整顿整改狱内发生的各种问题，不断改革创新监狱管理手段方法，监狱管理工作已完全从过去的粗放型、经验型转变到现在的规范化、法治化。监狱工作已经从整体上实现了依法管理、严格管理、文明管理、科学管理，监狱工作的管理意识不断强化，管理制度不断完善，管理方法和手段不断改革创新。监狱的狱政管理、生产管理、生活卫生管理等各项管理水平全面提高。目前，监狱管理工作正在全面向法治化、标准化、规范化、精细化、信息化发展，并在实践中取得了明显成效，监狱内部管理秩序平稳、规范有序、阳光公正，改造环境、秩序、面貌焕然一新，充分展示了我国社会主义监狱制度的先进文明。

4. 刑罚执行不断强化，刑罚执行工作更加严格规范公正文明。通过多年的改革创新，监狱干警普遍增强了法治意识，注重运用法治思维和法治方式履行刑罚执行职能。注重严格文明执法，依法保障罪犯合法权益，尊重罪犯人权，严禁打骂体罚罪犯，严禁对罪犯实施任何形式的酷刑或变相酷刑。严格规范刑罚执行活动，查处刑罚执行中的违纪违法行为，不断完善刑罚执行制度，经常开展刑罚执行专项整治活动和专题教育实践活动，强化了对监狱刑罚执行活动的监督，尤其是强化减刑、假释及暂予监外执行办案工作，严格条件、严格程序、严格审批、严格监督。建立健全警务督察制度，经常开展对刑罚执行工作的警务督察。人民检察院不断强化驻监检察机关对刑罚执行活动的监督。全面深入开展狱务公开，以公开促公正，以透明保廉洁。相关资料显示，近10年来，全国监狱机关年平均办理提请减刑案件约57万起、提请假释案件约3.6万起、批准暂予监外执行约7000起，均取得了良好的法律效果和社会效果，监狱执法水平明显提高，严格公正执法成效明显。

5. 教育改造工作不断强化，罪犯改造质量稳步提高。多年来，监狱机关在确保监狱安全稳定的前提下，牢记监狱工作方针，以改造人为宗旨，在"改造好"上下功夫。采取多项改革措施，不断创新教育改造制度、方法、手段、技术，充分发挥监管改造、教育改造、劳动改造三大改造手段的作用，促进了罪犯改造质量的稳步提高。监狱教育改造制度不断健全完善，全国监狱广泛开展了对罪犯的入监教育、出监教育、政治思想教育、文化教育、职业技术教育、法治教育、心理咨询、心理矫治、个别化教育、分类教育、社会帮教，推广矫正新理念新方法新技术。教育改造的经费投入不断加大，干警的教育改造能力不断增强，罪犯教育改造质量稳步提高。近10年来，全国监狱系统共完成约160万名罪犯的扫盲和义务教育，相关资料显示，罪犯中约有280万人次获得文化结业或毕业证书、240 万人次获得技术合格或等级证书，罪犯在生产中完成技术革新项目和发明创造项目上万项，监狱新入监罪犯测试率、罪犯心理健康教育普及率、出监罪犯评估率均达到 98%，罪犯刑满时获得普法教育合格证的达 95%，取得职业技术证书的罪犯达到参加总数的 75%，罪犯守法守规率达 90% 以上，顽危犯转化率达 70% 以上。罪犯回归社会后的重新犯罪率保持在 8% 左右的较低水平，是世界各国监狱罪犯刑释后重新犯罪率最低的国家之一。罪犯改造质量的稳步提高，为国家安全和社会和谐稳定，为改革开放伟大事业，作出了积极贡献。

6. 监狱体制改革基本完成，新型监狱体制基本形成。在全国全面实行监狱体制改革后，中央财政每年都安排专项资金，对位于中西部的一些财政困难的监狱予以补助。司法部、财政部制定了《监狱基本支出经费标准》，司法部会同国家有关部门制定下发监狱企业税收减免、化解历史债务、监狱企业工人养老保险等配套政策。经过 10 年的努力，监狱体制改革任务已基本完成，公正廉洁文明高效的中国特色社会主义监狱体制基本形成。一是全额保障基本实现。全国已建立了以省级财政为主、以中央财政转移支付为辅的监狱经费财政保障体制。二是监企分开基本实现。建立了监狱局党委、监狱党委统一领导下的监管改造和生产经营两套管理运作体系，明确了监狱企业为改造罪犯服务的性质，建立了监狱和监狱企业协调运行机制。三是收支分开基本实现。建立了监狱执法经费支出和监狱企业生产收入分开运行机制，监狱和监狱企业财务分账核算和管理。四是规范运行制度体系基本形成。基本建立了以安全为前提、以改造人为中心、保障监狱工作规范运行的制度体系，通过监狱体制改革进一步端正了监狱工作指导思想，强化了刑罚执行职能和安全稳定局面，有力推动了刑罚执行和监管改造工作规范运行，有力促进了罪犯合法权益保障和改造质量提高。

7. 监狱改造实力和保障能力显著增强，为监狱安全和罪犯改造提供了有力支撑。自 2001 年以来，国务院多次对监狱布局调整和监狱建设工作作出部署，在国家发改委、建设部、财政部等有关部门的大力支持下，在省委、省政府的领导和有关部门的帮助下，监狱机关坚持不懈、多方协调，开拓创新、奋力拼搏，全国监狱的整体面貌发生了根本性变化，监狱建设布局实现了由简陋、闭塞、分散向现代、科学、合理的全新转变。各省区市监狱局、各监狱面貌都大为改观，相关资料显示，到2016年全国已有近600所监狱完成了布局调整，全国监狱新建、迁建、改建、扩建工程取得重大成效，全国监狱关押能力由20年前的约120万人增加到约180万人。监狱执法环境明显改善，监狱设施和功能普遍得到完善，监狱的关押条件、监管改造实力全面加强，监狱干警的工作环境和生活条件明显改善。目前，已有95%以上的监狱，基本位于或靠近大中城市、城镇和主要交通沿线。监狱分类建设取得新进展，监狱功能逐步完善，监狱安全警戒设施和教育改造设施明显加强，干警武警执勤备勤设施得到完善。监狱信息化建设从无到有快速发展，成效明显。司法部制定下发了《全国监狱信息化建设规划》，全国监狱信息化一期工程均已完成，司法部完成了监狱15项信息化业务标准的软件开发并在监狱陆续推行，司法部指挥中心到各省区市监狱局指挥中心、再到各监狱指挥中心实现了网络连通，视频监控、通讯及指挥实现了上下网络联通。监狱普遍建立了视频监控系统，全国监狱信息化网络平台基本建成，监狱信息化水平和应用能力明显提高。监狱经费保障能力不断增强。1993年，全国监狱财政拨款占经费支出的61%，2005年财政拨款占经费支出的79.6%，2015年这一数字已上升至93.2%，2017年已为95%，彻底改变了长期以来主要依靠监狱生产收入提供监狱经费的局面。

8. 打造了一支政治强、业务精、作风硬的高素质监狱人民警察队伍。改革开放40年来，我国监狱工作之所以能够取得巨大成就，除党的坚强领导和法律法规、科学理论的正确指引外，还在于监狱系统锻造了一支政治素质高、奉献精神强、改革开放观念新、业务素质高、纪律作风严的监狱人民警察队伍。在40年奋力拼搏的创业实践、改革发展中，锻造了中国监狱人民警察特别能战斗、特别能吃苦、特别能忍耐、特别能奉献的优良传统和弥足珍贵的中华警魂。随着监狱事业的改革发展，监狱人民警察队伍不断壮大，队伍结构不断改善，文化程度明显提高，管理制度基本健全。不断加强监狱干警三级培训网，广泛培训干警，推进了干警的正规化、专业化建设；坚持干警思想政治建设，坚持从严治警和从优待警有机结合，持续打造了过硬的干警队伍。多年来，监狱机关按照政治坚定、业务精通、作风优良、执法公正的要求，坚持抓班子、带队伍、强素质、树形象，坚持政治建警、素质强警和从严治警、从优待警，大力加强队伍正规化、专业化、职业化建设，广大监狱干警思想政治素质、业务工作能力、执法管理水平、监管改造能力明显提高，为监狱工作改革发展提供了坚强组织保证。多年来，监狱机关不断加强思想政治建设，广大干警理想信念进一步坚定，公正廉洁执法水平明显提高；着力加强能力建设，队伍素质和专业化水平明显提高；大力加强作风建设，警容警风进一步规范；大力加强领导班子建设，领导干部工作能力不断提高；努力做好从优待警工作，队伍凝聚力、战斗力明显增强；不断加强反腐倡廉建设，队伍拒腐防变能力明显提升。监狱人民警察队伍建设取得的成绩，有力促进和保证了监狱工作改革发展。广大监狱人民警察忠诚履职、奋力拼搏，特别是多年来在党和国家的重大政治活动、重大安保活动、重大急难险重任务中，经受了重大考验，出色完成了党和国家赋予监狱机关的各类神圣使命和重大任务。广大监狱干警为党和人民的事业付出了大量心血和汗水，有的甚至献出了宝贵的生命。仅2015年，全国监狱系统就有550个集体立功受奖，其中获得国家级、省部级表彰的有93个；有45743名监狱干警个人立功受奖，占总数的15%。几十年的改革发展实践充分证明，监狱人民警察队伍是一支忠诚、敬业、无私奉献的队伍，是一支政治立场坚定、专业素质高超、纪律作风严明的富有改革创新能力的过硬队伍。

9. 监狱理论研究和对外交流取得了丰硕成果。监狱改革发展的生动实践，推动着监狱理论研究的繁荣发展和对外交流工作的日益活跃。一是监狱理论研究不断加强。监狱学被国家教育部纳入法学教学计划，各综合性大学政法专业、政法院校和中央司法警官学院以及各省区市警院（校）的监狱学教学和科研活动不断发展，中国监狱工作协会及各省区市监狱工作协会和司法部预防犯罪研究所等监狱理论研究机构、社团组织相继成立，不断推动监狱理论研究的开展。多年来，监狱实务和理论研究工作者针对监狱工作中的热点难点重点问题，广泛深入开展调查研究，提出对策建议，为监狱工作改革发展提供了有力支撑。中国监狱工作协会充分发挥联系广大监狱干警和理论工作者的桥梁纽带作用，服务监狱工作大局，开展了多种形式的理论与实践研究活动，有力推进了监狱理论研究工作的健康发展。中国监狱工作协会组织开展了"监狱理论研究十百千人才"评优活动，评选出监狱理论研究带头人 21 名、监狱理论研究专家 96 名、监狱理论研究骨干 790 名。建立了监狱工作博士文库，扩展了理论研究视野，扩大了学术信息交流，促进了监狱理论研究，为指导推动监狱工作改革发展发挥了重要作用。二是监狱工作对外交流日益活跃。随着国家对外开放的日益深入，监狱对外开放也逐步开展，经历了起步、有限度发展和全面恢复、较快发展两大阶段。监狱对外开放的接待单位、接待对象范围逐步扩大，监狱接待外宾工作进一步规范。近 20 年来，我国监狱系统与世界主要国家或地区的监狱矫正管理机构，以及监狱矫正组织，保持了较为密切的交往联系。我国监狱部门每年都派员积极参加监狱矫正管理方面的联合国会议、国际或地区会议，与各国监狱矫正同行交流，介绍中国监狱改革发展取得的巨大成就和成功经验，树立了中国监狱工作的良好形象。监狱机关积极参与国际人权活动，开展国际人权对话，有效应对涉监国际人权斗争，有力维护国家的良好人权形象。我国监狱每年都要接待来自世界各个国家或地区的外宾或侨胞、政府官员、法律界人士等到监狱参观访问、座谈交流。近十几年来，我国先后在北京、上海、天津成功举办了三届国际矫正与监狱协会年会和亚太地区矫正管理者会议，每次会议都有近 60 个国家或地区的近 200 名外方代表参加会议。中国监狱对外开放交流合作不断健康发展，取得了积极成果，开阔了视野、增进了交流、树立了自信、促进了监狱工作不断改革完善。

（二）改革开放新时期监狱工作的基本经验

在监狱各项工作取得重大进展和巨大成就的同时，我们还不断进行探索和总结，积累了做好监狱工作的基本经验，这为我国监狱工作站在新时代历史起点上实现新的发展和跨越奠定了坚实基础。最主要的经验是：

1. 坚持党对监狱工作的绝对领导。我国监狱是国家刑罚执行机关，更是政法机关、政治机关，必须自觉坚持和加强中国共产党对监狱工作的绝对领导，不能有丝毫的动摇和含糊。党的领导是做好监狱工作的最根本保证，监狱干警必须提高政治站位，加强思想政治建设。监狱工作必须坚决贯彻执行党的路线、方针、政策，坚决执行党中央、国务院对监狱工作的部署和要求，自觉践行社会主义法治理念，坚持总体国家安全观，坚持以人民为中心，坚持全面依法治国，确保监狱工作正确的政治方向。

2. 坚持监狱工作应服从和服务于社会稳定和改革开放大局。监狱机关是政府的重要部门，是政法机关的重要组成部分。监狱工作在确保国家政治安全、制度安全、社会稳定和维护公平正义、促进改革开放各项事业发展方面承担着重要任务。监狱工作必须牢固树立大局意识，自觉服从大局，把监狱工作放在党和国家的大局来思考、来谋划，把监狱工作的奋斗目标定位于维护国家安全和社会稳定、维护社会公平正义、维护人民安居乐业的全局来思考、来部署，才能找准方向、明确目标、确定位置、形成共识和合力，最大限度地发挥监狱工作在国家和社会发展中的作用，同时又有助于更好地促进监狱工作自身的发展。

3. 坚持不断强化监狱机关自身职能履行。自觉遵循监狱工作的发展规律，依据我国法律规定，维护监狱安全，严格执行刑罚，将罪犯改造成为守法公民，是监狱工作的法定职能和主要任务。打铁必须自身硬，监狱机关必须坚持监狱工作方针，严格依法办事，做到依法治监；必须始终坚守安全底线，强化监狱内部管理，确保监狱安全和改造秩序稳定；必须始终坚持严格、规范、公正、文明执法，严格规范刑罚执行活动，依法保障罪犯合法权益，确保执法公平公正；必须始终坚持以将罪犯改造成为守法公民作为监狱工作的目标和检验监狱工作的标准，不断创新改造罪犯的理念、方法、手段，努力提高罪犯教育改造质量。必须积极争取并努力落实党和国家及有关部门、各级政府对监狱工作的重大政策、法律法规、物资装备、人员人才等方面的大力支持，为监狱工作更好履行法定职能任务提供有力的体制、制度、经费、设施、装备、信息、警力等保障。

4. 坚持不断深化监狱工作改革创新。改革开放40年来，特别是党的十八大以来，监狱工作全面推进改革，夯基垒台、攻坚克难、砥砺奋进，改革成果显著，积累了丰富经验。监狱工作40年的实践证明，改革创新是解决监狱工作困难和问题的重要途径，也是推动监狱工作科学发展的强大动力。改革开放只有进行时，没有完成时。改革是由问题倒逼而产生，又在不断解决问题中得以深化，改革进程中的矛盾只能用改革的办法来解决。应在继承我国监狱工作优良传统和经验的基础上，坚持解放思想、与时俱进、自我革新，用发展的观点、创新的思维、敢于啃骨头的精神，不断深化监狱各项改革，勇于突破利益固化的藩篱，打破传统定式，解决监狱工作面临的困难和问题，为监狱工作发展注入新的活力。必须牢牢把握全面深化监狱改革的正确方向，在改革进程中必须把握好坚持和发展中国特色社会主义的根本政治方向，必须坚持和加强党的全面领导，确保监狱工作改革始终沿着正确的道路前进。

5. 坚持打造过硬队伍，不断提高监狱干警的履职能力。监狱人民警察是武装性质的刑事司法力量，是一支执法、着装、带枪的正规化队伍，承担着维护安全稳定，维护社会公平正义，提高罪犯改造质量，保障人民安居乐业的重大任务，队伍的素质、作风、能力直接决定着惩罚改造职能的正确履行。必须大力加强监狱人民警察队伍建设，坚持把思想政治建设放在首位，狠抓队伍的思想政治建设、业务能力建设、组织建设、作风建设和纪律建设，坚持加强领导班子建设和监狱基层基础建设，着力提高干警的监管能力、执法能力、改造能力和应急处置能力，坚持从严治警、从优待警、科技强警，切实提高队伍建设水平，不断提高队伍的凝聚力、战斗力，打造一支信念过硬、政治过硬、责任过硬、能力过硬、作风过硬、敢于担当、奋发有为的监狱人民警察队伍，为监狱工作有效正确履行职能和改革发展提供强有力的组织保障和动力支持。

五、新时代全面深化监狱改革的新思考

一个时代有一个时代的问题，一代人有一代人的使命。历史不能割断，历史不能忘却。改革开放 40 年所取得的巨大成就，为今后的监狱工作奠定了较好的基础，40 年的经验和教训，也将为今后的监狱工作提供重要的借鉴。虽然我们已经走过万水千山，历经风雨，但仍需要跋山涉水，迎接新的考验。我国监狱工作改革发展 40 年的伟大实践，又走到了一个新的历史关头。当今世界，变革创新的潮流滚滚向前，"苟利于民，不必法古；苟周于事，不必循俗。" 变革创新是推动人类社会向前发展的根本动力，改革创新也是推动监狱工作不断发展的根本动力。新时代监狱工作面临的问题依然复杂、艰巨，确保监狱长期绝

对安全稳定的新要求，不断提高改造质量的新任务，深化监狱改革的新挑战等，都要求监狱工作必须继续前行。新时代的中国监狱工作，应按照党中央关于全面深化改革的总要求，结合监狱工作实际，坚定不移地全面深化监狱改革，健全完善新型监狱体制和刑罚执行制度，切实肩负起新时代赋予监狱工作的崇高使命。

（一）适应新时代新要求，继续深化监狱改革，重整行装再出发

党的十九大郑重宣示，中国特色社会主义进入了新时代，概括和提出了习近平新时代中国特色社会主义思想，确立为党必须长期坚持的指导思想并写进党章，实现了党的指导思想的与时俱进。十三届全国人大一次会议郑重将习近平新时代中国特色社会主义思想载入宪法，实现了从党的指导思想向国家指导思想的转化，实现了国家指导思想的与时俱进。新时代的中国监狱理论研究与实务工作也必须适应新时代与时俱进，按照党的十九大精神，提高政治站位、坚定政治方向、加强党的建设，自觉坚持以习近平新时代中国特色社会主义思想武装头脑，指导实践，推动工作。

习近平总书记明确指出，"改革只有进行时、没有完成时""改革和法治相辅相成、相伴而生""在法治下推进改革，在改革中完善法治"。新时代监狱工作，必须提高政治站位，坚持问题导向和目标导向相结合，全面深化监狱工作改革。自 2013 年以来，习近平总书记对监狱管理、刑罚执行工作先后多次作出重要指示批示，为新形势下做好监狱工作提供了根本遵循，指明了前进方向，应认真学习研究落实。中国监狱工作站在新的历史起点上，总结改革开放 40 年的经验，展望未来监狱工作发展前景，谋划今后监狱改革发展的宏观思路和奋斗目标，应当认真贯彻落实党的十九大精神，坚持以习近平新时代中国特色社会主义思想为指导，全面认真落实中央政法工作会议、全国司法厅（局）长会议和全国监狱工作会议精神，严格落实监狱工作方针，积极主动按照中央关于做好监狱工作的新部署新要求，适应新形势、树立新理念、确立新目标、采取新措施，全面深化改革、推动发展。要认真落实新组建的司法部党组和司法部部长对监狱工作提出的最新要求和明确的任务目标，"提高政治站位，坚守安全底线，践行改造宗旨，深化监狱改革，打造过硬队伍，奋力开创新时代监狱工

作新局面"。新时代监狱工作应当坚持党的绝对领导，坚决维护捍卫核心，坚持总体国家安全观，坚持以人民为中心，坚持强化政治引领，坚持遵循监狱工作发展规律，坚持问题导向，全面深化监狱改革。

我国社会正处于经济社会转型期、深化改革攻坚期、社会矛盾叠加期，主要矛盾已发生历史性变化，监狱工作已进入新时代，面临新的形势、新的挑战和新的任务。从监狱工作看，刑事犯罪高发态势没有从根本上发生转变，押犯数量高居不下、构成日益复杂，判刑两次以上罪犯、涉黑涉恶涉毒涉恐罪犯、女犯数量不断增多，狱内改造与反改造斗争日益尖锐。监狱自身安全基础还不牢固，改造水平有待提高，信息化建设相对滞后，体制改革亟须深化，队伍能力素质还不能完全适应新时代监狱工作需要。新时代呼唤新担当，新时代需要新作为，需要精心谋划新时代监狱工作新篇章。

(二) 坚持依法治监，全面推进监狱工作法治化

新时代监狱工作，应当按照中央全面依法治国委员会对全面依法治国的总体部署和总要求，认真学习贯彻落实习近平总书记关于全面依法治国重要讲话精神，依照司法部对监狱工作"必须坚持依法治监"的工作要求，结合监狱工作实际，加强党对依法治监的集中统一领导，坚持以全面依法治国新理念新思想新战略为指导，坚定不移地全面推进监狱工作法治化。

1. 完善刑罚执行制度，构建刑事法律体系。党的十八届四中全会明确提出了"完善刑罚执行制度"的司法改革要求，国家法治工作相关部门，应加强立法顶层设计和布局。根据法制统一的原则，完整的刑事执行应当包括死刑、死刑缓期两年执行、无期徒刑、有期徒刑、拘役、管制、缓刑、罚金、没收财产、驱逐出境等所有刑罚的执行及其执行方式。应当改革多年来我国刑罚执行制度、执行部门、执行方式多元化、分散化、零碎化和不规范、不协调、不统一的状况，实现国家刑罚执行制度的一体化、统一化。国家所有的刑罚执行应当改革统一由一个部门负责，凡羁押人的专门场所应全部改革收归一个部门管理，统一国家刑罚执行权，以此保证刑罚执行法治的统一规范，更好地实现刑罚执行效益，提高刑罚执行公信力。从构建完整的国家刑事法律体系思考，应考虑研

究制定专司刑事执行的法律，如《刑事执行法》或《刑罚执行法》，与实体性的《刑法》、程序性的《刑事诉讼法》共同构成完备的刑事法律体系，三者各司其职、独立运作、分工明确、相互衔接、有效实施，共同完成国家刑事司法活动。公安、检察、法院、执行四部门各司其职，分别独立行使侦查权、起诉权、审判权和执行权，四权相互配合、相互制约、地位平等。如此，有利于实现国家刑罚权的制刑、求刑、量刑和行刑活动的有机循环、有效运作。

2. 加快修订《监狱法》，全面推进监狱工作法治化。2018年6月，全国监狱工作会议明确提出：要抓紧推动《监狱法》修订，实现监狱工作更好发展，必须坚持依法治监，更加自觉运用法治思维和法治方式，紧紧依靠法治的引领和推动，切实用好监狱法等法律法规保驾护航。会议指出：现行《监狱法》已实施20多年，修订工作非常必要，十分紧迫。《监狱法》修订要把握修法原则，坚持问题导向，明确修法重点。修订《监狱法》应当包含的内容主要有：明确各类组织在监狱工作中的责任；厘清监狱管理体制；统一规范监狱组织结构；规范监狱机构编制，规范高中低不同戒备等级监狱及管理标准；规范罪犯分类关押；规范监狱建设配备标准，完善监管执法管理原则标准体系；继承、创新与明确教育改造的体制、形式、内容、方法、机制；规范监狱企业管理；罪犯合法权益保障；规范与公开的内容、形式；监狱保障；队伍建设等重点内容。

3. 完善刑罚执行相关法规制度。重点内容：一是健全刑罚执行体系，建立门类齐全、结构科学、内容协调、程序严密的刑罚执行工作制度体系，完善监狱刑罚执行与社区刑罚执行的相互衔接、统一协调工作机制。二是构建完整的监狱法律体系，以《监狱法》为主干，完善相关配套政策、条例、规定、细则等。三是健全完善监狱内部管理规章制度，完善监狱日常工作管理制度，全程责任考核制度。四是健全监狱警务督察制度，严格规范警务督察工作。五是健全监狱执法监督制度，完善刑罚执行办案质量终身负责制，完善纪检监察制度，完善检察机关驻点、巡检、依法监督制度。

（三）坚守安全底线，全面推进监狱执法管理保障规范化

监狱作为国家机器，专门关押、惩罚、改造罪犯的特殊场所，必须确保自

身安全。必须坚持安全底线，坚持问题导向，自觉当好"守门员"，把住"警戒线"。而要做到确保监狱安全稳定，就必须全面加强推进监狱执法、管理、保障规范化。

1. 不断强化规范精细的管理作风。监狱是高风险特殊场所，不安全因素随时存在，工作稍有疏忽不慎，就可能出事，甚至出大事。因此，监狱干警首先应当坚持安全底线思维，强化严谨、认真、规范、精细的管理作风。要严密控制监狱各个工作环节，做到处处有人盯、事事有人管，不留任何死角和盲点，要追求精细完备的管理，工作中要突出重点、注重细节，立足专业、科学精神，真正达到监狱精细规范化管理的目标。监狱工作要重视过程控制，按照"精、准、细、严"的工作要求，严格监狱管理制度和流程执行控制。

2. 构建规范精细的监狱执法体制机制。完善刑罚执行、狱政管理、政治改造、监管改造、教育改造、文化改造、劳动改造、生活卫生和警戒设施、警察管理、经费管理、后勤保障等规章制度，建立统一严密规范的执法制度体系和运行机制，建立相应的目标责任体系和考核评价体系，使监狱的执法活动更加统一、标准、规范、精细，执法标准、工作程序、行为规范、工作流程都全面具体细化，各个执法岗位、执法环节的执法行为都纳入规范之中，每一项执法管理行为都有法可依、有章可循、统一规范。

3. 构建规范精细的监狱业务工作体系。一是内容规范化。完善监狱执法管理工作规范，完善服务保障工作规范，完善规范中的子规范，如狱政管理工作规范中的安全防范、考核奖惩、分级处遇、通信会见等多项工作规范，安全防范工作规范中的狱内侦查、狱情分析处置、应急管理、重点管理、直接管理、外协人员管理等工作规范，共同构成一个完整的业务工作规范体系。二是程序规范化。明确执行依据、职责权限和程序步骤，让执行落实有章可循，对监狱重要的工作流程分解细化，使每一项工作都有具体内容、明确步骤，使监狱每项工作、每项任务都具体化和程序化，每一项业务都有落实、执行、流转、追踪、修正、完成等步骤流程，确保每名监狱干警都清楚知道什么时候该做什么、该怎样做。三是责任规范化。监狱要对各项工作进行量化分解，使每个岗位都有责任，通过量化管理让执行落实真正做到有的放矢，按照责、权、利相统一的原则，推行目标管理责任制。本着"谁主管，谁负责"的原则，通过细化各项工作目标，层层签订管理责任书，明确责任。

4. 构建规范精细的监狱保障机制。一是落实监狱经费全额保障机制。将监狱经费全部纳入财政保障，建立以省级财政为主、以中央财政转移支付为辅的经费保障体制和动态增长机制。二是落实监狱硬件设施标准建设。全面落实建设部、司法部印发的《监狱建设标准》和司法部、武警总部印发的相关文件，筑牢物防屏障，全面落实监狱 AB 门、隔离网、武警监门哨、围墙、电网、照明等警戒执勤设施。三是落实监狱信息化建设。全面落实向科技要警力，完善监控、周界控制、智能报警等设施设备，加强对监门、监舍、围墙、监内通道以及监狱周边主要出入口的全面监控，广泛运用信息化、物联网等科技手段提高技防水平，全面提高监狱科技化、智能化管理水平。四是落实规范化警力配备。实行监狱警察编制动态管理机制，优化警力资源配置，改革完善警务执勤值班模式，改革完善罪犯关押规模、戒备等级、监狱产业结构、教育改造类别相适应的警力合理布局，提高监狱安全保障能力。构建机构设置优化、结构形态扁平、组织规模适度的监狱组织结构。科学核定编制配备和警力配置比例，做到工作目标明确、职位分类健全、内设机构规范、定编定员合理、机构功能高效。

5. 构建规范精细的监狱（监区）分级分类体系。一是构建规范精细的监狱监区分级体系。统一规划、稳步推进全国监狱分级分类建设，构建符合关押不同危险程度罪犯的超高戒备、高戒备、中戒备、低戒备、半开放式监狱等五级监狱和专门（特殊）监狱建设体系，科学规范设置功能性监狱或监区，确定相应的监狱监区数量和分布。二是构建规范精细的监狱监区分类体系。按功能建成分流中心（新收犯监狱）、出监监狱、女犯监狱、未成年犯监狱、监狱中心医院（医疗监狱）、外籍犯监狱以及特殊病犯监狱（关押精神病犯、性病犯、涉毒犯等）、未决犯监狱等。各监狱内部也按戒备等级、类型功能建成相应的监区。

（四）坚持以改造人为中心，全面推进劳动改造现代化

1. 运用好劳动改造罪犯的手段，依法组织罪犯劳动。罪犯劳动应有利于罪

犯的改造，依法组织罪犯从事适宜的劳动。监狱企业生产项目的选择，应有利于安全环保和培养罪犯劳动技能，应设置适合监狱实际和罪犯劳动改造的生产项目；根据劳动矫治功能，确定适合罪犯改造的劳动种类等级；结合具体改造目标，科学安排罪犯劳动；根据罪犯身体状况、劳动能力和岗位需要适时调整；要按照回归社会就业的需要，选择引进就业市场广阔、劳动需求量大、人才短缺的项目；积极引进和使用先进的企业管理办法、现代生产方式，强化科技驱动，积极采用先进技术、先进工艺、先进装备等改造提升监狱生产项目，提高罪犯劳动岗位的技术含量，努力使罪犯劳动与社会接轨，适应市场就业的需要。紧紧围绕劳动改造罪犯的实际需要，确保生产项目的合法性、安全性、适宜性和有效性。

2. 注重社会效益和经济效益，建设现代监狱企业。监狱企业在确保社会效益的同时，也要讲经济效益，也要按照尽可能获得经济利益的原则选择劳动项目，实行科学管理，讲质量考核，讲成本核算，讲经济效益。要建立健全劳动改造组织形式，规范劳动改造工作机制，形成监狱企业增长快速、结构优化、质量效益提高、劳动改造效能提升的良好态势，达到强制、矫正、经济的劳动效果，发挥监狱劳动在监狱管理和改造罪犯中所具有的功能作用。严格执行监狱企业生产项目准入制度，规范项目投资管理，强化项目审查论证，不断提升项目层次。同时，还要建立劳动改造效果评估体系。

3. 坚持绿色环保，建设适宜性监狱。监狱应结合地方人文地理环境、自身实际情况，坚持有利于罪犯改造、有利于安全稳定和社会效益、经济效益有机统一的原则，按照监狱职能要求，考虑押犯规模、市场竞争、劳动强度、环保安全的因素，选择开展适合罪犯劳动的产业，坚决退出高风险、不环保和难以保证监管安全、生产安全不利于罪犯学习技能的项目，着力引进适合罪犯改造需要、适合政府采购、适合技能培训和具有竞争优势、效益好的生产项目，"合法、安全、适宜、有效"地选择劳动项目和确定监狱企业产业产品结构。

4. 依法保障罪犯权益。一是依法保障罪犯劳动权益。科学合理地组织罪犯劳动，落实职业病防治和劳动保护政策措施，监狱劳动项目和罪犯的劳动管理、劳动组织、劳动保护应当符合罪犯改造的实际需要，切实做到依法、科学、严格、文明管理。避免出现罪犯超时间、超体力、高强度劳动问题和没有劳动岗位、缺乏劳动手段、无事可做、坐吃闲饭等问题，加强罪犯劳动保护，大力推行监狱企业职业健康和安全环境体系认证。二是依法保障罪犯生活卫生，严格落实财政部、司法部制定的《监狱基本支出经费标准》，全面落实司法部《关于加强监狱生活卫生管理工作的若干规定》，建立罪犯生活卫生费动态增长机制，加强罪犯食堂、医院、洗浴等设施建设，改善罪犯生活卫生设施条件，有效保障罪犯吃、穿、住及医疗卫生等必要的物质需要。

5. 落实罪犯劳动报酬。认真落实好《监狱法》关于罪犯劳动报酬的规定，按照司法部关于提高罪犯劳动报酬的规定要求，提高劳动补偿费用与罪犯劳动报酬的比例，增加罪犯劳动报酬发放额度，将罪犯劳动报酬发放与劳动成果、改造实效等挂钩考核发放，充分调动罪犯劳动改造的积极性。

（五）坚持践行改造宗旨，统筹推进各项改造工作，促进罪犯改造的科学化

大力强化监管改造功能作用。一是强化监狱内部管理。这是习近平总书记对监狱工作的明确指示，是解决监管改造问题的重要举措，要坚决落实。依法监管是有效实施改造的基础和前提，居于基础地位。二是监管改造的主要功能是矫正，是通过实现系统、科学、规范、文明管理，采取定标、导引、培养、形成等方法，以矫正罪犯不正确、不健康的生活方式和行为，促其养成良好习惯。这是监管改造的价值所在。三是要从管理意识的强化、管理制度的完善、管理执行的落实、管理方法的有效、管理手段的到位、管理能力的提升、管理考评的科学着手，需要系统地进行研究，促进改造水平提升。最大化发挥好监管改造的矫正作用，既需要示范、引导、激励等方法，也需要必要的约束、规范、整训、惩戒等手段。

着力强化教育改造的治本作用。教育改造是监狱改造罪犯的基本手段，承担着攻心治本使罪犯洗心革面、重新做人的重要功能。这也是中国监狱的特色优势和一贯做法，必须长期坚持、改革创新。一是以人为本，教育为本。要高度重视、加大力度，创新方式、示范引领，明确改造项目，确立改造目标、项

目指标，改革创新罪犯"三课"教育的内容、方法。二是教育改造主要从三个方面下功夫：教育改造的科学化、专业化、社会化。发挥教育改造的提升功能，要从常规教育转变到提升罪犯的综合素养、促进人的全面发展，包括观念更新，道德和价值观体系的重构，市场需要的知识技能，以及认知水平、健康心理、法律素养、人格修养等。三是应注重采用柔性教育和刚性教育相结合的方法，刚柔相济、恩威并重、软硬兼施，追求改造好的效果。四是创新矫正技术、方法、手段。试行循证矫正、内视观想、国学、美学、文艺、体育等改造方法，构建改造质量评估体系、个案矫正方案以及改造好的评估标准。

大力拓展文化改造的教化功能。文化改造具有规范、自律、熏陶、提升、导向等作用。文化改造，即以文化为载体，发挥"以文化人、以文塑人、以文育人"作用，实质就是要发挥文化的教化作用，不断提升人的精神境界。文化改造过程其实就是一种优秀理念、传统、习惯的积淀、传承和发展过程。明确文化改造目标，丰富文化改造内容，拓展文化改造载体，创新文化改造方法，积聚改造正能量，抑制监狱亚文化现象。

稳步推进劳动改造的功能回归，正确发挥劳动改造罪犯的独特作用。劳动改造是法定改造手段，是中国监狱改造罪犯的优势，也是长期有效的改造方法。一是坚持劳动改造的法定性、正当性、文明性；二是坚持劳动对罪犯改造的有效性；三是明确劳动改造的非营利性，坚持"社会效益和经济效益相统一，以社会效益为先"；四是提升罪犯劳动素养，将罪犯培养成为有正确劳动观念和良好劳动习惯、劳动技能的劳动者；五是积极开展刑释前就业指导。充分发挥劳动改造的培训、教育、激励、纪律、合作等功能，把培养人、教育人、改造人贯穿于劳动改造全过程，建立劳动激励机制，调动劳动改造积极性。

（六）坚持科技共享，全面推进监狱工作信息化

1. 加强科技保障，坚持信息化引领。一是建立信息化经费投入和使用长效机制，提高监狱警察信息化素质和应用技能。二是形成监狱信息化标准体系，坚持围绕资源力量整合，完善信息化标准体系，统一平台、统一接口和共享模式，推动监狱系统各类基础设施互联互通，推进各类数据集成应用，发挥最大

效应，做到一体设计、同步推进，实现监狱信息最大程度的协同操作、互联互通，信息资源共享，标准规范统一，应用功能完备，保障监狱信息化标准的可持续发展。三是全国监狱系统内部信息互联互通，坚持智能化发展到什么程度，监狱安全管理建设就跟进到什么程度，建成覆盖全国监狱系统的信息化管理统一平台，司法部、司法部监狱管理局与各省区市司法厅、监狱管理局、各个监狱串联贯通，实现跨省区、跨监狱纵横贯通的监狱系统内部网络互联、信息资源共享和工作指导、业务交流协同。四是监狱系统与相关部门协调联动管控风险，依托"互联网+"加快监狱系统相关部门互联互通，共享信息、协调联动，创造性地运用现代科技最新成果破解公共安全难题，共同管控风险，维护社会安全稳定。

2. 完善硬件设施，建设数字监狱。建设数字化监狱，完成网络硬件建设，建成监狱网络和硬件平台，信息化硬件、安防系统基础设施设备配备到位。搭建好监狱系统综合业务应用系统。按照司法部信息化建设的总体部署和要求，以需求为导向，以应用促发展，以实用、真用、管用为目标，满足狱务、警务和日常事务管理的需求，达到流程规范、应用一体、视觉舒适、内容合理、服务一流。坚持用数据说话、用数据管理、用数据创新，加强关联分析、碰撞对比，使监狱日常管理、教育劳动、风险预警更科学，防控更有效、打击更精确。通过信息处理、网络通信、生物识别等各个学科的先进技术，将监狱内的各种记录、文字、图像以及多媒体等信息进行传输和处理，实现监狱系统内信息采集数字化、信息传输网络化、信息管理智能化、信息分析集约化和信息培训经常化。

3. 软件系统应用完善。一是集成优化监狱整体办公系统。与监狱业务工作相结合，控制和集成关乎监狱职能的所有信息，实现狱内外信息的共享利用，整合优化监狱人财物信息等资源，实现监狱各种活动信息资源数字化、传输网络化、管理智能化。二是集成优化监狱安全防范和应急指挥系统。借助视频监控、语音监控、通信监控和智能感知、生物识别、无线定位、物联网等先进技术，实现现代化监狱的全方位、定制化的安全防控网络。三是集成优化监管及执法管理系统。"执法信息网上录入、执法流程网上管理、执法活动网上监督、执法培训网上进行、执法质量网上考核"，通过综合信息平台建设，设定各项工作的内容、流程、步骤，规范执法管理程序和权限，减少执法行为的主观随意性，促进执法的标准化，自动记录警察执法管理活动情况，加强执法管理监督，强化对监狱执法管理全过程的刚性制约、系统管理。

（七）坚持统筹协调，全面推进监狱人民警察队伍专业化

1. 始终坚定理想信念。要教育引导广大监狱干警加强理论武装，坚定理想信念，严守党的政治纪律和政治规矩，做党和人民的忠诚卫士，树牢"四个意识"，坚定"四个自信"，坚决做到"两个维护"，始终坚持政治引领，提高政治站位，加强政治建设，增强政治自觉，坚定政治立场。坚持"忠诚、为民、公正、廉洁"的政法干警核心价值观，牢固树立忠诚、干净、担当、敬业的政治品格。

2. 建设好坚强的领导班子。监狱工作的关键在于领导班子的坚强有力。要优化领导班子知识结构和专业结构，注重培养选拔政治强、懂专业、善治理、敢担当、作风正的领导干部，提高专业化水平。应制定监狱长合格标准，对领导班子成员的素质和能力要提出明确指标和刚性约束，形成有利于监狱工作发展的目标体系、考核办法、奖惩机制。创新领导干部选拔制度，规范领导干部交流制度，定期开展轮训，完善领导班子议事决策机制，建设好监狱各级领导班子。健全领导班子监督制度，强化党风廉政建设。

3. 加强监狱人民警察队伍建设。健全监狱人民警察分类管理制度，根据监狱机关人民警察构成和职务特点，设立职务序列和职称序列，划分管理和辅助职能，规范执法、管理、教育、矫治和技能辅导、服务保障等岗位，完善警官、警员、警务技术人员职务序列及其管理办法，完善队伍管理、编制、经费相关工资福利、医疗保障等制度，完善警衔管理办法。优化配置编制和警力资源，执法工作依法规范化，核心工作专业编制化，辅助工作外包社会化。

4. 强化监狱人民警察队伍保障。要坚持从优待警，建立适合监狱特点的警察管理制度和保障机制。一是保障身份。明确监狱人民警察执法行为、执法程序，明确监狱人民警察行政奖惩的法定事由、法定程序，切实通过法律保障监狱干警的执法权益。二是保障执法。为监狱人民警察执法提供有力的法律、经费、设备、技术支持，建立干警依法履职免责制度。三是保障职业。保障监狱

人民警察依法享受国家规定的符合其职业特点的工资待遇、执勤岗位津贴等，严格落实国家规定的工时制度和休假制度。四是保险救济及警察死亡和伤残抚恤。建立警察职业风险保障体系，落实国家规定的保险制度，保障监狱人民警察在退休、患病、工伤、生育、失业等情况下获得帮助和补偿。五是保障福利。落实监狱人民警察体检、公休假制度。六是维护心理健康。重视提升监狱人民警察的心理健康水平和心理应对承受能力。

5. 构建队伍培训长效机制。监狱人民警察，应当经过国家认可的政法院校、警察院校、专门培训机构培训并考试考核合格，方可任职、晋升职务、授予警衔、晋升警衔。要建立培训经费动态增长机制，将警察培训经费单独立项，纳入当地财政预算；要建立符合监狱工作特点的统一规划、分级管理、分类实施的教育培训体系，制定上岗、出任、转岗、晋升、晋级培训制度，做到凡进必训、凡晋必训、凡转必训、省级统考；重视实战，建立岗位练兵长效机制，定期开展业务技能、警体技能、应对突发事件等实战演练活动；打造精品教材、科学课程等专业培训体系，设置专业培训基地，有效利用高等院校、社会培训机构等优质培训资源，设置在线学习、网络培训和远程教育，推行全方位模块化培训，打造学习型监狱。

6. 加强监狱人民警察文化建设。要求真务实，夯实监狱文化建设的根基，大力培训监狱人民警察的核心价值观，形成监狱警察队伍的价值文化，增强监狱警察的归属感、责任感、荣誉感、自豪感。围绕核心价值观，突出监狱特色，加强物质设施和人力资源投入，打造优美的监狱环境设施。要突出警察职业特色，反映监狱发展方向，尊重警察主体地位，凸显监狱特有的管理理念、人文精神和运行机制，打造先进的制度文化和管理文化。围绕精神文明建设目标，融合地方文化资源，借助现代传媒手段，强化社团组织模式，丰富监狱文化内容，树立监狱文化品牌。打造良好的用人机制，创造有利于人才成长、才干施展的良好环境，使监狱干警各得其所、各展其才。重视监狱理论研究，积极推动团队学习、全员学习、终身学习，打造学习型、研究型监狱。高度重视廉政文化建设，突出反腐倡廉，切实加强监狱干警廉政教育，着力增强广大监狱人民警察的廉洁自律意识和拒腐防变能力。

（八）坚持改革开放，全面推进监狱工作社会化

1. 合作共享确保监狱安全。一是同心协力共保安全。监狱安全是社会治安管理的重要组成部分，应当将监狱工作与当地社会治安工作紧密结合起来，提高共同防控风险的自觉性，共同承担确保监狱安全的责任。二是创新协调联动机制。深化监狱、武警部队、公安机关、检察机关的共管、共建、共保安全活动，加强与监狱周边社区、乡镇、工矿企业的联防联控，健全统一指挥、区域联动、部门协作、社会合作机制，把各种资源力量手段统筹起来，共同维护监狱及周边公共安全。三是完善多方应急反应协调机制。不断完善多部门协调配合的风险处置预案，完善狱内重特大突发事故、重大自然社会灾害、公共卫生防疫、安全生产、突发性群体事件的处置预案，建立完善统一指挥、反应灵敏、协调有序、高效运转的监狱应急反应机制，提高处置越狱、暴狱、集体脱逃、劫持人质等突发事件和重大自然灾害的应急能力。四是增强智能安全警戒设施。健全人防、物防、技防、联防四位一体内部外部联动管控体系，充分运用现代科技手段，加快实现监狱安全管理信息化、网络化、自动化和智能化。

2. 构建全方位的社会帮教体系。一是建立社会帮教联席会议机制。推进帮教活动公开化、制度化、规范化、常态化。二是构建刑罚执行联席会议机制。强化部门间的沟通协调和衔接配合，做好罪犯定罪入狱、服刑改造、保外就医、社区矫正、释放安置各个环节的无缝衔接，促进罪犯改造，巩固改造成果。三是打造罪犯刑释就业平台。做好刑满释放前的就业指导和职业推介工作，搭建服刑人员刑释就业信息管理库，开展刑释人员就业推介活动，帮助刑释人员顺利回归社会。四是构建区域性、综合性的罪犯会见中心。将监狱会见室打造成对外开放的窗口和宣传平台，与帮教部门、社矫中心联网，安装远程视频会见系统，做好罪犯亲属帮教工作。五是构建政府购买帮教服务机制。将帮教资金列入地方财政预算，聘请法律专家、心理理疗师、爱国宗教人士、社会志愿者等专业力量协助监狱做好教育矫治工作。六是落实帮教企业优惠政策。国家应以优惠政策鼓励引导热心社会帮教事业的企事业单位、社会组织和个人参与社

会帮教工作，加强社会帮教志愿者队伍建设。

3. 改革推进监狱工作社会化。一是健全罪犯文化教育体制机制。从法律上加以明确规范，改变多年来罪犯文化教育由监狱独立负责的现状，将罪犯文化教育纳入国家教育规划和城乡义务教育经费保障范畴，由教育、财政、司法部门共同负责对罪犯的文化教育，强制和鼓励罪犯参加相关义务教育。二是健全罪犯职业技能培训机制。从法律上加以明确规范，改变多年来罪犯职业技术教育由监狱独立负责的现状，将其纳入国家职业技能培训、纳入国家脱贫规划工作范围，由人社、职教、财政、司法共同负责对服刑罪犯的职业技术教育，为其提供职业技术培训、经费支持、就业扶持、职业指导等。三是健全罪犯医疗卫生工作机制。监狱卫生是公共卫生的一部分，应从法律上加以明确规范，改变多年来由监狱部门单独负责罪犯医疗卫生工作的状况，将其纳入国家医疗卫生工作规划体系，由卫生、司法、财政等行政部门共同负责罪犯医疗卫生工作，由卫生行政部门负责监狱医务人员派驻、设备及药品提供和预防诊疗，监狱管理部门负责罪犯监管安全，财政部门提供经费保障，改善监狱医疗卫生环境，提高罪犯医疗卫生保障水平。四是健全罪犯社保医保机制。修订《社会保险法》，明确保障罪犯相关权益。对已参保缴费的，继续参保缴费，享有相关社保医保，达到法定退休年龄和养老保险待遇领取年龄的，可按规定领取相应的基本养老金。符合申领失业保险金条件的刑释人员，可按规定享受失业保险待遇。要积极引导符合条件的罪犯参加医保社保，做好刑释人员医保社保关系的转移接续，多方筹措建立罪犯医疗保障基金，提高罪犯医疗保障水平。五是全面落实刑满释放人员社会救助措施。全力推动政府、社会企事业单位落实好 2015 年中央 13 部门联合颁发的《关于加强刑满释放人员救助管理工作的意见》，落实好社会救助措施，解决刑满释放人员实际困难，重点是要着力落实好最低生活保障政策、特困人员供养政策、医疗救助政策、教育救助政策、住房救助政策、临时救助政策、就业扶持政策、社会保险政策。

4. 营造全社会共同帮助罪犯走向新生的良好氛围。要自觉主动把监狱工作纳入社会大系统，积极争取党委、政府、社会共同关心支持监狱工作。媒体、宣传、司法、监狱等相关部门和单位应加强宣传报道，正确引导、大力表彰社会帮教工作中涌现出来的先进事迹和先进典型，鼓励引导更多社会力量参与帮教工作。广泛利用社会资源开展帮教工作，形成全社会关心支持监狱工作的良好氛围，创造有利于罪犯刑释更好回归的社会环境。

新中国监狱 70 年改造罪犯的成功发展之路①

伴随着新中国 70 年社会主义建设发展，新中国监狱工作在中国共产党的领导下，已走过了 70 年的奋斗历程，正在全力迎接新时代的挑战。70 年风雨兼程、70 年筚路蓝缕、70 年砥砺奋进、70 年薪火相传。在生与死，血与火的洗礼中，一代又一代的监狱民警把红色基因熔铸在血液里，铭刻在灵魂中，用血与汗、生与死镌刻出党的事业至上、人民利益至上、宪法法律至上的壮丽画卷。在庆祝新中国成立 70 周年的历史时刻，重温新中国监狱改造罪犯工作的奋斗历程，回顾总结其成长、壮大的基本经验，把握历史规律，探索监狱工作改革发展的道路，增强继续开拓前进的勇气和力量，具有重大的理论意义和实践意义。

一、旧中国遗留下的大批罪犯被改造成为新人

以改造人类、改造社会为历史使命的中国共产党人，历来十分重视罪犯改造工作。新中国在接管旧监狱后，首先是对旧监狱进行清理改造。依据 1949 年 9 月中国人民政治协商会议第一届全体会议通过颁布的《中国人民政治协商会议共同纲领》关于"强迫他们在劳动中改造自己，成为新人"的规定为法律依据，总结继承了革命根据地民主政权监所的实践经验，开创了新中国劳动改造罪犯工作和具有中国特色的刑罚执行制度。

新中国成立之初，根据我国公布的《中央人民政府司法部试行组织条例》规定，司法部的主要职责之一是"关于犯人改造监管机关之设置、废止、合并及指导、监督事项"。根据这一规定，监管改造罪犯工作由司法部领导和管理，

---

① 本文刊载于《犯罪与改造研究》2019 年第 10 期，也曾被中国人民大学《报刊资料复印》收录刊发。

当时中央和各大行政区司法部均设监狱工作指导机构，省地市县法院下设监狱。后来，根据 1950 年 11 月 3 日中央人民政府政务院的指示，中央政府司法部于 1951 年年初把监所和劳动改造机构移交给中央公安部领导和管理。1950 年 11 月 3 日，中央人民政府政务院颁布了《关于加强人民司法工作的指示》，明确"关于监所管理，目前一般宜归公安部门负责，兼受司法部门指导"，1950 年 11 月公安部成立了三局四处（管教处），随后各大行政区、省（市）也相继建立了相应的监狱工作指导机构，领导骨干多是从公安部门和军队转业干部中抽调组成。

为了巩固新生的人民民主政权，党和政府领导全国人民在新中国成立初期，广泛开展了剿匪反霸和镇压反革命运动，相关资料显示，当时的监狱押犯由 1949 年的 6 万余人，猛增到 1951 年的 87 万余人。当时，接管过来的旧监狱，条件极为恶劣，能够使用的很少，国家的财政经济状况又很困难，如何处置这些罪犯成为当时一个极为艰巨又极为紧迫的重大任务。根据党中央、毛泽东主席的指示，1951 年召开的第三次全国公安会议，作出了组织全国犯人进行劳动改造工作的决定。该会议通过了《关于组织全国犯人劳动改造问题的决议》，对于管理体制、经费来源、武装看押、劳动项目等具体事项，都做出了明确安排。我国大规模的罪犯改造工作自此开始。

到 1952 年 6 月第一次全国劳改工作会议时，仅一年多的时间里，投入劳动改造罪犯已占到在押犯总数的 62% 以上，开荒 127 万多亩，创建了千人以上的大型劳改农场 56 个，如东北的北安农场、北京的清河农场、湖北的沙洋农场、浙江的乔司农场等，百人以上的劳改工厂 160 个，有的也有相当的规模。第一次全国劳改工作会议决定，劳改生产从事大规模的水利、筑路、垦荒、开矿和建筑等生产建设事业。会议决定成立中央、大行政区、省、专区市四级劳改生产管理委员会，集中组织领导劳改生产。会议还作出了罪犯管理教育、劳改队政治工作制度、劳改机关机构、监护武装等 14 条决议案。这是一个具有重大历史意义的会议，它奠定了新中国监狱制度的基础。

通过组织罪犯劳动生产和严格的管理教育，绝大多数罪犯都能认罪服法，接受改造。

我国监狱曾成功地改造了清朝末代皇帝溥仪、日本战犯、国内战犯以及各种反革命犯和刑事犯。

爱新觉罗·溥仪 3 岁登基，做了 3 年皇帝，1911 年清朝被推翻。1932 年溥仪当上了伪满洲国的傀儡皇帝。1945 年日本战败，苏联红军出兵东北，抓获了溥仪和他手下的大臣（伪满战犯），将其在苏联关押 5 年。1950 年，苏联把他们移交给我国，关押在抚顺战犯管理所进行劳动改造。通过 10 年的劳动改造，我国监狱机关将原来的"衣来伸手，饭来张口"的皇帝溥仪，改造成了一名自食其力的普通劳动者。溥仪在 1959 年 9 月特赦释放后深有感触，写出了《我的前半生》一书，反省批判了自己的罪恶。溥仪两次当皇帝，两次被推翻，通过劳动改造，由战犯变成了自食其力的劳动者，这在世界上震动很大，引起了强烈的反响，当时很多外国友人因此非常钦佩我国的劳动改造政策，称赞我国创造了人间奇迹。

相关资料显示，从 1948 年到 1952 年，我国先后逮捕了 140 名日本战犯，1950 年，根据中苏两国达成的协议，苏联政府将 969 名在中国犯有战争罪行的日本战犯移交给中国政府。这些战犯在侵华战争中对中国人民犯下了滔天罪行，我国政府根据当时的国内外形势，从反对侵略战争，维护世界和平，重建中日和平友好关系的高度出发，对这些日本战犯没有采取报复手段，没有将他们处以死刑，而是用人道主义对待他们，用无产阶级改造社会、改造人类的伟大胸怀和气魄来改造他们。日本战犯通过劳动改造，反思了自己所犯罪行给中国人民造成的深重灾难，深感悔恨，决心改恶从善。这在人类历史上，在惩治改造战犯史上，是一个奇迹。千余名日本战犯，除个别拒不悔改外，其余全部被改造成为维护中日友好的骨干力量。1956 年 9 月，首批被释放的战犯回日本后，成立了"中国归还者联络会"，为反对侵略战争，维护世界和平，促进中日友好做了大量的工作。

国内战犯主要包括国民党战犯、伪满战犯或伪蒙战犯。这些战犯长期受到反动教育，要把他们改造成为拥护中国共产党、拥护社会主义的新人，任务十分艰巨。我国监狱工作人员在改造工作中坚持正确的劳动改造方针，给予这些战犯以人道主义待遇，并进行长期、艰苦、细致的教育改造工作，促使他们逐步消除了恐惧与对抗情绪，同时也使他们深受感动，反思自己的罪行，终于转变了立场，得到了脱胎换骨的改造。1975 年 3 月，这些战犯全部被特赦或释放。

新中国成立初期，新生的人民政权大张旗鼓地开展了镇压和打击各类犯罪活动的斗争。新中国成立仅两年时间，我国监狱的在押犯总数就迅速增加到 87 万人。针对罪犯人数大量增加的问题，经毛泽东主席提议，1951 年 5 月 15 日，第三次全国公安会议决议专门增写了关于组织罪犯劳动改造内容及要求。经过十几年的艰苦工作，先后改造了大批罪犯。到 20 世纪 60 年代，改造旧中国遗留下来的各类罪犯任务基本完成。大批罪犯刑满释放后成为遵纪守法、自食其力的劳动者。

二、坚守监狱工作方针，始终以改造人为宗旨

随着 70 年来社会的发展进步、形势的变化要求和改造罪犯工作实际需要，我国监狱工作方针随之调整，但 70 年来，将罪犯改造成为守法公民、成为社会有用之人的宗旨理念却一直没有变。放眼新中国监狱工作发展历程，虽然时代在变，但一切为了人民的宗旨始终未变。

新中国成立 70 年来，为了指导监狱的刑罚执行工作正确实施，确保惩罚与改造罪犯任务的顺利完成，我国监狱工作方针先后进行了 4 次调整。

（一）"三个为了"的监狱工作方针首次确立。新中国成立之初，中国财政经济十分困难，接管过来的旧监狱破烂不堪，容量十分有限，监狱人满为患，罪犯吃、住都成了急需解决的问题。1951 年 5 月，根据党中央、毛泽东主席的指示，中央人民政府公安部（中央人民政府公安部是根据 1949 年 9 月 27 日中国人民政治协商会议第一届全体会议通过的《中华人民共和国中央人民政府组织法》第十八条的规定，于 1949 年 10 月设置的一个部门，1954 年 9 月新的组织法颁布后，更名为"中华人民共和国公安部"）召开了第三次全国公安会议。《关于组织全国犯人劳动改造问题的决议》明确指出："大批应判处徒刑的犯人，是一个很大的劳动力，为了改造他们，为了解决监狱的困难，为了不让判处徒刑的反革命分子坐吃闲饭，必须立即着手组织劳动改造的工作""组织

犯人劳动，从事大规模的水利、筑路、垦荒、开矿和造屋等生产建设事业，此事极为艰巨，又极为紧急，必须用全力迅速地获得解决"。至此，"三个为了"的监狱工作方针确立，为解决当时监狱工作问题指明了方向。全国用较短的时间，完成了从中央到地方五级劳改机关管理体制的建立，较快地解决了监狱人满为患的困难，不少监狱、劳改队在经济上做到了自给自足，既减轻了国家负担，又解决了罪犯坐吃闲饭的问题，并通过劳动全面有效地开展了对罪犯的劳动改造和教育改造，为我国劳改事业创出了新路子，从根本上改变了国民党监狱对犯人单纯施以惩罚和报复的做法，为以后劳改工作的顺利进行奠定了基础。

（二）"两个结合"的监狱工作方针提出。随着国家政治、经济形势的好转和人民民主政权的日益巩固，对罪犯实行劳动改造已经显示出重要的政治意义和经济意义。在对罪犯的监管生产、教育改造走向正轨的情况下，1952 年 6 月，在第一次全国劳改工作会议提出的"政治改造与劳动改造相结合、惩罚与改造相结合"的管教工作方针的基础上，为了把前段改造罪犯的实践经验更加条理化，便于指导下一步的劳动改造工作，党和国家适时调整了监狱改造方针。

1954 年政务院颁布的《劳动改造条例》第四条规定："劳动改造机关对于一切反革命犯和其他刑事犯，所施行的劳动改造，应当贯彻惩罚管制与思想改造相结合，劳动生产与政治教育相结合的方针。"强调对罪犯惩罚管制、强迫劳动生产和实施政治思想教育三者必须密切结合，不可偏废。

"两个结合"的监狱工作方针，是前段劳改工作实践与当时政治、经济形势相结合的产物，也是劳改工作方针从"三个为了"向"两个结合"的发展。实践证明，贯彻执行这一方针，在当时既防止和纠正了忽视对罪犯实施惩罚管制的错误倾向，又防止和纠正了忽视实施政治思想教育的错误倾向，大大加强了对罪犯的思想改造工作，促进了劳改事业的发展，使劳改工作出现了新的局面。"三个为了"到"两个结合"的监狱工作方针，成功改造了大批罪犯。

（三）"改造第一，生产第二"的监狱工作方针确定。自 1955 年下半年始至 1966 年年初，我国监狱工作在顺利发展的情况下，出现了某些"左"的倾向。少数劳改单位片面追求经济效益，重生产轻改造，对罪犯搞超体力、超时间的劳动，罪犯脱逃、死伤、闹监等问题较为严重，劳改工作的改造任务和生产任务之间出现了矛盾。劳改工作究竟以改造罪犯这个政治任务为主，还是以搞建设、赚钱的经济任务为主，必须进一步明确。针对这些问题，1956 年 5 月，中央领导刘少奇同志指出，劳改工作的方针是：改造第一，生产第二。

1964 年 8 月，党中央在批转公安部《关于第六次全国劳改工作会议精神的报告》时明确指出："要做好这项工作，必须坚决执行中央的既定方针，即改造与生产相结合，改造第一，生产第二的方针"，从此，"改造第一，生产第二"作为我国改造罪犯的工作方针，确定下来并沿用了很长时间。

1982 年 1 月，《中共中央关于加强政法工作的指示》更明确地强调指出："现在，劳动改造对象的情况，已经发生了很大的变化，大多数罪犯是劳动人民家庭出身的青年，是职工子弟，面对这个新情况，劳改工作更要强调坚持改造第一，生产第二的方针，注重改造。"

（四）"惩罚与改造相结合，以改造人为宗旨"的监狱工作方针正式确立，并沿用至今。进入 20 世纪 80 年代，随着国家改革开放的深入，社会的政治、经济形势发生深刻变化，监狱工作也在不断改革中进入新的历史发展时期。尽管劳改单位的改革取得了令人瞩目的成绩，但也暴露出不少问题，距社会形势的要求和工作的需要还有差距。党和国家为了监狱工作能够适应政治和经济形势的变化，从健全社会主义民主和法制的高度出发，总结 40 多年中国监狱工作历史经验的基础上，依据《宪法》《监狱法》基本原则，遵循"改造人"根本任务，研究修改监狱工作方针。1994 年 12 月 29 日，我国颁布了《监狱法》。《监狱法》对监狱的性质、体制和保障机制，罪犯的权利义务、刑罚的执行、狱政管理等作了详尽的规定。《监狱法》第三条规定："监狱对罪犯实行惩罚与改造相结合、教育与劳动相结合的原则，将罪犯改造成为守法公民。" 1995 年 2 月，《人民警察法》颁布施行，为监狱人民警察队伍建设奠定了法制基础。围绕《监狱法》的实施，1995 年 2 月，国务院印发了《关于进一步加强监狱和劳动教养工作的通知》，确定监狱工作要坚持"惩罚与改造相结合，以改造人为宗旨"的监狱工作方针，从而取代了"改造第一，生产第二"的方针。这一方针的基本精神是坚持监狱的刑罚执行职能，以对罪犯依法实施惩罚为前提，在依法严格文明科学管理的基础上，运用各种有效形式，实现惩罚与改造的有机结合，加大对罪犯的改造力度。这一方针，把"改造人"作为监狱工作的根本任务，突出改造工作。这一方针的确立，为进一步推进监狱法制建设和依法治监，强化监狱职能，提高改造质量，起到了重大的推动作用。

新的监狱工作方针，将"以改造人为宗旨"作为监狱工作的出发点和归宿，这是一个新的重大理论发展。其一，新的监狱工作方针体现了宪法的基本精神。1982 年修订的《宪法》第二十八条规定："国家维护社会秩序，镇压叛国和其他反革命的活动，制裁危害社会治安，破坏社会主义经济和其他犯罪的活动，惩办和改造犯罪分子。"作为国家人民民主专政工具之一的监狱，必须依据宪法的要求，依法对犯罪分子进行惩办和改造。方针对依法执行刑罚职能的凸显，充分表达了宪法的意志和要求。其二，新的监狱工作方针直接表达了监狱对罪犯实施惩罚与改造的根本任务。在对罪犯实施惩罚的同时，着重对罪犯进行改造，二者是相互联系、相辅相成、密不可分的，贯穿于整个刑罚执行全过程，最终目的是把罪犯改造成为守法公民。新的方针充分反映了新时期监狱工作的基本特征，体现了时代性和科学性。其三，新的监狱工作方针，凸显了"改造人"这一根本目的。新的方针把"改造人"提到监狱工作宗旨的高度，要求监狱必须围绕"改造人"这一首要任务和最终目标开展工作，这既是 40 多年来中国监狱工作的经验总结，也是中国特色监狱制度特征的体现。新的监狱工作方针确定以后，广大监狱干警的思想认识迅速统一到新的监狱工作方针上来，并在贯彻执行中逐步实现监狱工作的历史转折。

2019 年 4 月，中央关于加强监狱工作意见的文件再次强调：监狱工作要"坚持惩罚与改造相结合，以改造人为宗旨的监狱工作方针"，为新时代的改造罪犯工作指明了发展方向，提出了明确的要求。

三、将劳改场所办成教育改造罪犯的特殊学校

毛泽东同志早在 1960 年 10 月接见斯诺的谈话中就明确提出，"我们的监狱不是过去的监狱。我们的监狱其实是学校，也是工厂，或者是农场"这一战略构思。为此，对罪犯的教育改造即以办特殊学校为载体。大规模地把劳改场所办成教育人、改造人的特殊学校的工作，始于 20 世纪 80 年代，到 90 年代有了

更广泛的发展。这是中国监狱工作的一项重要改革，是提高改造质量的有效途径，也是中国刑罚执行制度的一项重要特色。

1981 年 12 月，由中共中央办公厅、国务院办公厅转发的《第八次全国劳改工作会议纪要》首次提出："要加强对罪犯的教育改造工作，把劳改场所办成改造罪犯的学校。要设置教育机构，配备专职教员，增加教育的设备和经费，健全教学制度，进行系统的教育，犯人文化学习考试合格的，技术学习考工合格的，由劳改单位发给证书。" 1982 年 1 月，中共中央在《关于加强政法工作的指示》中进一步强调："劳改场所是教育改造违法犯罪分子的学校。它不是单纯的惩罚机关，也不是专搞生产的一般企业、事业单位。"

1982 年 2 月，公安部下达了《关于对罪犯教育改造工作的三年规划》，明确规定，"组织罪犯学政治、学文化、学技术"，"须始终如一地坚持下去，真正当作学校来办，对罪犯进行政治教育、文化教育和技术教育，应当以政治教育为重点，三者密切结合，不可偏废"。

1982 年 10 月，公安部劳改局召开了全国重点劳改单位潍坊劳改支队现场会，肯定了山东潍坊劳改支队等劳改单位办特殊学校的做法，随后向全国发出通知，推广潍坊劳改支队办特殊学校的经验。劳改场所的办学工作，由此开始在全国各地试行。同年 11 月，公安部命名山东省潍坊劳改支队为山东省潍坊育新学校，成为全国第一所被命名的特殊学校。

1983 年，经中央决定，劳改工作由公安部移交给司法部管理。司法部加强了对劳改场所办特殊学校工作的指导，有计划、有步骤地采取了一系列重大措施。1985 年召开的全国司法厅（局）长会议提出，争取在三五年内基本上把全国劳改场所办成特殊学校。为落实这一要求，1985 年 6 月 11 日，司法部、教育部、劳动人事部联合发出《关于加强对劳改、劳教人员文化、技术教育的通知》，首次将劳改场所的办学工作纳入当地教育、劳动部门的统一规划之中。

1985 年 6 月 25 日至 28 日，司法部在北京召开全国劳改场所办特殊学校经验交流会，司法部部长邹瑜到会讲话，提出了办好特殊学校的要求。对办特殊学校这项工作，从宗旨到指导思想，从内容到形式，从办学标准到时间要求，都作出了比较明确的规定要求，对全国劳改单位的办学工作起到了很大的推动作用。由于指导思想明确，措施得力，办学工作发展很快，到 1986 年，全国被命名为特殊学校的劳改单位已达到 214 个。

开展办学上等级活动。1987 年 4 月，司法部在云南昆明召开了全国劳改单位办特殊学校工作会议，总结经验，研究部署进一步办好特殊学校，不断提高改造质量，降低重新犯罪率的要求。为进一步巩固、提高办学质量，司法部于1989 年 12 月制定印发《关于劳改场所特殊学校开展上等级活动的实施意见》，明确规定了特殊学校等级分为部级优秀特殊学校和省级优秀特殊学校两个等级，并对等级标准、考核指标、方法和申报审批程序，奖励办法作了规范，各地相继产生一批办学成果显著的单位，被命名为省级优秀特殊学校。

1992 年 1 月，司法部召开全国劳改系统首批特殊学校命名大会，辽宁省瓦房店劳改支队、山东省第三监狱、河南省第一监狱 3 个单位被命名为部级优秀特殊学校。1993 年 2 月，又有浙江省第一监狱等 4 个单位被命名为部级优秀特殊学校。中共中央政治局常委、国务院总理李鹏题词："特殊学校，造就新人。"中央书记处书记、最高人民法院院长任建新，最高人民检察院检察长刘复之等分别题词，进一步鼓舞了全国劳改场所的办特殊学校活动。1994 年 5 月，司法部又批准了 11 个劳改单位为部级优秀特殊学校。

通过把劳改场所办成特殊学校，对罪犯的思想、文化、技术教育，基本实现了系统化、规范化，教育改造工作取得了很大的成绩。有关资料显示，到2000 年年底，全国已有 96.37% 的监狱办成了特殊学校。到 2000 年，全国监狱罪犯中累计有 311.6 万余人次获得各级文化结业、毕业证书，有 317.2 万余人次获得各类技术等级证书，取得发明专利项目 130 个。一大批学有所成的刑释人员成了自食其力的守法公民，成为社会的有用人才。在监狱这所特殊学校里，数以几十万计的罪犯摘掉了文盲或半文盲的帽子，成为有文化、懂技术的守法公民。监狱根据改造的需要，对罪犯进行系统的法制、道德、人生观、时事政策、监规纪律教育，促进罪犯认罪服法，积极改造，认清形势，争取光明前途。特殊学校的持续开展，促使大多数罪犯在服刑改造期间遵守监规纪律，积极接受改造，把刑期变学期。不少人刑满释放回到社会后顺利就业。

1992 年，司法部监狱管理局配合国务院新闻办，以中国政府名义公开发表了《中国改造罪犯的状况》白皮书，昭示了中国罪犯改造中的罪犯权利保障和法治文明。

四、依法治监创建现代化文明监狱提高罪犯改造质量

党的十五大报告提出："依法治国是党领导人民治理国家的基本方略，是发展社会主义市场经济的需要，是社会文明进步的重要标志，是国家长治久安的重要保障。"依法治国建设社会主义法治国家的重大决策的出台，标志着党的执政方式由主要靠政策到主要靠法治的根本转变。依法治国基本方略的提出，对监狱工作提出了新的更高的要求，随之全国监狱开启了依法治监的新进程。

为了加快监狱法制进程，司法部经过 8 年多的监狱立法起草、调研、修改、讨论、完善，完成了《监狱法》草案的提交。1994 年 12 月 29 日，第八届全国人大常委会第 11 次会议审议通过了《监狱法》，这是继 1954 年 9 月《劳动改造条例》颁布后，时隔 40 年后我国颁布的第一部社会主义监狱法典，标志着我国监狱工作进入了全面法治化、规范化的轨道。

为配合《监狱法》的实施，司法部会同有关部门，先后制定了一系列涉及监狱工作的法规性文件，至 2019 年已完成 200 余件。涉及罪犯改造的各类规范性文件，如《监狱服刑人员行为规范》《罪犯计分考核奖罚规定》《暂予监外执行规定》《监狱教育改造规定》《教育改造罪犯纲要》等法规制度，基本形成了以《监狱法》为主体的监狱法律法规制度体系。

为了适应国家改革开放、现代化进程的发展要求，贯彻《监狱法》，提高罪犯改造质量，推动监狱工作整体上水平、上台阶，1994 年司法部提出了建设现代化文明监狱的战略目标。

1994 年 1 月，司法部部长肖扬同志在全国司法厅（局）长会议上提出：今后一个时期，监狱工作的目标是坚定不移、量力而行地逐步将中国监狱建设成为现代化文明监狱。时任中央政治局常委、中央政法委书记罗干同志在会议讲话中强调指出：要深化监管改造工作改革，逐步建立法制完备、执法严明、管理文明、设施完善的现代化文明监狱。

1995 年 2 月，司法部召开全国监狱工作会议，会议对全面贯彻《监狱法》，

推进依法治监作出了全面部署。司法部明确提出，根据全面贯彻实施监狱法的要求，立足于中国的实际情况，吸收和借鉴外国监狱制度的有关做法，统一标准、总体规划、统筹安排、分步实施，逐步把我国监狱建设成为坚持社会主义方向，体现人类社会文明进步成果的现代化文明监狱总体思路，并把创建现代化文明监狱作为今后一个时期监狱工作的战略目标，全面部署创建现代化文明监狱的工作任务。

1995 年 9 月，司法部制定下发了《关于创建现代化文明监狱的标准和实施意见》，该意见指出：现代化文明监狱，是以比较先进、完善的监狱设施和健全有效的改造制度为基础，依法对罪犯实施科学、文明管理和教育改造，具有较高改造质量的场所。标准主要包括 6 大内容：一是狱政设施标准；二是罪犯行为管理标准；三是罪犯生活管理标准；四是罪犯教育改造标准；五是罪犯劳动改造管理标准；六是监狱人民警察队伍建设标准。尤其是对罪犯教育改造提出了明确的要求：即对罪犯采用科学的教育改造手段，提高教育改造工作的针对性和有效性，创造有益于罪犯身心健康、积极向上的改造环境和氛围。健全教育改造机构，落实教育改造管理制度，保证教育改造经费。有固定的教学场所、设备及图书室、运动场等文化、体育活动设施。建立一支合格的教师队伍，对罪犯实行正规、系统的政治思想、文化、职业技术教育。每年三课教育总课时，成年犯不少于 500 课时，未成年犯不少于 1000 课时。加强对罪犯实施分类教育、个别教育和心理矫治；积极开展社会帮教活动，社会帮教网络覆盖面在50%以上。教育改造各项综合指标要高于司法部颁布标准，出狱后重新犯罪率低于 3%—6%。上述标准涵盖了从执行刑罚、监管改造到监狱生产、队伍建设等各方面的主要内容及要求。创建的原则是：硬件建设与软件建设并重，更重视软件建设；注重实效；量力而行，从实际出发，分阶段实施；分层次创建。要求广泛发动，深入调研，制定规划，先行试点，逐步推广。

按照司法部创建现代化文明监狱的部署，全国各省区市监狱管理局、监狱迅速行动，普遍制定了规划，拟订了创建方案，展开了扎扎实实的创建活动，先后涌现出一大批创建现代化文明监狱的先进单位。在司法部创建现代化文明监狱的目标指引下，全国监狱广泛开展了现代化文明监狱创建评比活动，从

1994 年到 21 世纪初期，大批监狱建设成为部级或省级现代化文明监狱。

1996 年 10 月 20 日，司法部首批授予浙江省第一监狱、北京市监狱、山东省第一监狱、云南省小龙潭监狱、河南省豫东监狱为部级现代化文明监狱称号。同年 11 月 13 日，司法部在北京市监狱举行首批现代化文明监狱命名暨新闻发布会，向社会各界和新闻媒体通报了全国监狱系统创建现代化文明监狱活动情况和取得的成果。

1997 年 12 月 5 日，司法部授予河北省沧州监狱等 15 所监狱为部级现代化文明监狱。1999 年 10 月 10 日，司法部授予山东省北墅监狱等 13 所监狱为部级现代化文明监狱。在此期间，各地还建成一大批省级现代化文明监狱和监区。这些先进单位的涌现，为监狱整体工作上水平做出了榜样，为提高改造质量做出了贡献。

通过创建现代化文明监狱活动，全国大部分监狱步入了公正、廉洁、文明、高效的新型监狱管理模式中，大大推进了监狱工作法治化、科学化、社会化建设进程。为全面加强监狱管理，严格公正文明执法，提高罪犯改造质量，奠定了坚实的基础。

1999 年 2 月 5 日，在司法部召开的全国监狱工作会议上，司法部党组充分肯定了几年来创建活动取得的成绩，提出今后创建工作要遵循坚持、总结、完善、提高的方针。司法部监狱局于 1999 年 4 月组成 3 个工作组，分别对河北、上海、江苏、浙江、广东、四川、广西、湖南 8 个省区市的创建活动情况进行调研。这次调研表明，通过创建活动推进了监狱工作的建设与发展，取得了阶段性成果，但也存在一些问题，有待进一步改进、完善和提高。这次调查总结之后，司法部及时调整了创建活动的整体思路，提出了具体的指导意见，为今后继续开展创建活动指明了方向，使现代化文明监狱建设逐步走向科学、规范的轨道，不断推动中国监狱工作的整体发展。

五、新时期改造罪犯的创新探索和成功实践

重视罪犯教育改造工作是新中国监狱与旧中国监狱的本质区别。党中央、国务院历来高度重视对罪犯的教育改造。党的十七大提出的"最大限度增加和

谐因素，最大限度减少不和谐因素"的要求，反映了监狱机关服务和谐社会的本质要求，体现了科学发展观以人为本的核心理念，深刻揭示了监狱工作目标与《监狱法》关于"监狱对罪犯实行惩罚和改造相结合、教育和劳动相结合的原则，将罪犯改造成为守法公民"的目标的高度一致性，是监狱工作方针的具体体现，彰显了"改造人"的监狱工作宗旨，是党和人民赋予监狱机关的重大历史使命。

为了提高监管改造罪犯的能力，2002 年，司法部对全国监狱长分 10 批进行全员集中培训，进一步研究监管改造罪犯治本之策。

为了从源头上解决监狱工作存在的深层次问题，着力从监狱体制机制上研究解决问题，2003 年 1 月，《国务院批转司法部关于监狱体制改革试点工作指导意见》，我国监狱体制改革正式启动。2007 年 1 月，国务院印发了《国务院批转司法部关于全面实行监狱体制改革指导意见的通知》，决定从 2008 年在全国全面实行监狱体制改革。

2008 年中央政法委强调指出，监管场所要把改造人放在第一位，通过创新教育改造方法，强化心理矫治，提高教育改造质量，真正使他们痛改前非，重新做人，要把刑释人员重新犯罪率，作为衡量监管工作的首要标准，确保教育改造工作取得实效。新时期中央对改造罪犯工作提出了新的要求。

2011 年年底，中央综治委第四次专题会议对罪犯的职业技能培训、无缝对接、心理矫治、安置帮教等工作提出了明确的要求。这些新要求，既一脉相承又与时俱进，其核心都是要求监狱提高教育改造质量。

司法部认真学习和坚决贯彻党中央、国务院关于监狱工作的重要指示精神，高度重视罪犯教育改造工作，对坚持监狱工作方针，提高罪犯改造质量作出了具体的部署。2008 年 10 月、2010 年 10 月、2013 年 5 月，司法部先后在河南、安徽、山东召开全国监狱教育改造工作会议，在全国监狱系统开展"教育质量年"活动，不断深化罪犯教育改造改革，不断加强罪犯教育改造工作。司法部先后在全国监狱推广了湖南星城监狱、浙江乔司监狱、四川锦江监狱、山东微湖监狱等先进单位教育改造罪犯的工作。司法部、各省区市先后评聘了一大批教育改造罪犯的专家和能手，有力地持续推动了教育改造工作的开展，促进了罪犯改造质量的提高。

（一）确保监狱持续安全稳定。安全稳定是监狱改造罪犯的前提和基础，是监狱工作的第一责任。通过多年持续不断地强化安全认识，强化安全管理，强化安全风险排查，强化安全检查，强化安全建设，我国监狱安全稳定机制逐步形成完善，监狱持续安全稳定。2016年全国监狱在押罪犯165万人，仅脱逃1人，并很快捕回，全国监狱无重大事件事故发生，监狱安全稳定创造了中国监狱历史最好水平，中国监狱已成为世界上最安全的监狱之一。这也充分说明了监狱改造罪犯的成功。

（二）改造罪犯工作的认识不断提高，担当意识逐步增强。广大监狱民警坚持以人为本，坚持监狱工作方针，坚持把教育改造作为监狱工作的中心任务。正确处理监管和改造，劳动和教育的关系，不断增强了做好改造罪犯工作的责任感、使命感和自觉性、坚定性。敢于担当，善于担当改造罪犯的历史使命。

（三）构建教育改造制度体系。多年来，司法部先后制定出台了《监狱教育改造工作规定》《教育改造罪犯纲要》《监狱教育改造罪犯工作目标考评办法》等规定，教育改造工作制度不断健全、完善并得到贯彻执行，教育改造工作制度化、规范化水平不断提高。建立健全了教育改造工作的领导责任制，明确监狱"一把手"是教育改造工作的第一责任人。

（四）创新改造罪犯工作的内容和方式方法。一是严格落实每周"5+1+1"教育改造模式。转变教育工作理念，保障罪犯教育时间和学习效果。在一天的课堂教学中，突出思想政治教育的核心地位，并纳入监狱教育改造的考核内容。二是深化改造质量评估工作。坚持把科学认识罪犯作为提高改造质量的基础，按照入监、改造中和出监三个阶段开展改造质量评估工作，加强犯因性问题分析，在不同改造时期制订不同的矫正方案。三是突出心理矫治手段的运用。全国监狱普遍成立了罪犯心理健康指导中心，把普及心理健康教育作为监狱心理矫治工作的重要任务，不断增强罪犯心理承受和自我调控情绪的能力，提高其心理素质。据有关资料表明，2018年，监狱接受心理健康教育的罪犯有1664175人，心理健康教育普及率达到98.87%。监狱心理治疗取得较好疗效的有16203人，接受心理治疗40382人次。对新入监罪犯和顽危犯的心理测试面达 100%，顽危犯心理咨询面达 100%。预防和制止罪犯自杀、脱逃和行凶伤害等监管事故的发生。在监狱车间、监舍设置罪犯心理晴雨表，罪犯心理咨询与矫治工作进入日常生活与改造层面，有力提升教育改造效果。四是入出监教育更加规范。监狱在普遍成立入出监监区、入出监考核评估中心等基础上，及时总结和完善入出监教育工作。对入、出监教育的时间、内容、对象、要求等项目不断进行规范，保证了入出监考核评估工作有序进行。五是加强教育改造罪犯"三库"建设。按照司法部统一部署，监狱系统积极探索建立教育改造工作的标准库、改造典型罪犯案例库、教育改造专家库，为解决罪犯改造的普遍性问题提供了参照。六是完善罪犯教育改造教材体系建设。司法部监狱管理局统一组织起草修订出版了罪犯文化教育、心理健康教育、公民道德教育、入出监教育、法律常识教育等教材。初步构建了罪犯教育改造的教材体系，编写了教学大纲，建立了题库，统一教学内容，统一考核，进一步规范了教育的内容。七是重视监狱文化的育人功能。全国监狱普遍成立了图书室、阅览室，依托网络信息技术，引入"全国文化信息资源共享工程"，建立电子书籍、音像资料库。相关资料显示，2018 年，全国监狱自办报纸发行 7741632 份，监狱电教室 2394 个，组织文艺活动 5108 次、体育活动 4534 次。全国监狱共有各类兴趣班、兴趣小组 5 万余个，罪犯参与率达到 90%。八是不断深化劳动教育。监狱体制改革后，劳动改造人的功能进一步凸显。在劳动中，监狱注重让罪犯在劳动改造中学会和提高生产技能，使罪犯看到重新做人的希望。通过组织罪犯劳动，使罪犯了解社会财富来之不易，培养其热爱劳动、习惯劳动的思想，树立"不劳动不得食"的观念，矫正好逸恶劳、贪图享受等恶习。九是加强女犯和未成年犯教育。对女犯开展适合其生理、心理特点的教育改造。未成年犯安排习艺性劳动，实行半天劳动、半天学习的制度。积极将未成年犯的教育纳入当地政府义务教育规划，义务教育经费由省政府参照当地义务教育保障机制改革的有关规定安排，大大提升了教育水平。

（五）不断深化对罪犯的基础教育。多年来国家把监狱罪犯的教育纳入国民教育计划，要求监狱设立专门的教育机构，建立完备的教育制度，使得对罪犯的法制、道德、文化教育正规化、系统化。不断开展罪犯普法教育，组织罪犯学习《宪法》《刑法》《刑事诉讼法》《民事诉讼法》《监狱法》等法律，使其了解公民的基本权利和义务，犯罪的刑事责任等刑法的基本内容，刑事民事诉讼制度，以及关于婚姻、家庭、人身和财产权利的民事基本法律。加强罪犯的道德和人生观教育，教育罪犯懂得什么是正确的社会公德和价值观念。相关资料显示，2018年全国监狱系统参加思想教育学习的罪犯为1693411人，参加思想教育考试合格的罪犯1662220人，合格率为98.16%，其中法律常识合格率、道德常识合格率、认罪悔罪教育考试合格率分别为98.1%、98.03%、98.13%。

监狱不断深化罪犯的文化知识教育，以扫盲和普及初中教育为主，同时鼓励文化程度较高的参加社会上开办的大学学习。监狱定期对罪犯的实际文化程度进行测验，分年级编班，并设置与社会教育相适应的课程。相关资料显示，2018年，全国监狱系统应参加文化教育学习的罪犯为495624人，实际参加文化教育学习的罪犯有441926人，入学率为89.16%。经考试获得各类文化教育证书的罪犯有115246人。其中获脱盲证25346人，获小学毕业证48065人，获初中毕业证35116人，获高中毕业证6060人。通过高等教育自学考试单科以上合格的罪犯有19605人。组织罪犯开展文化教育，对促进罪犯改造起到了良好的效果。

（六）个别化矫治水平不断提升。对罪犯进行分类、个别矫治是近20年来世界各国监狱的普遍做法及发展趋势。我国监狱不断加强矫正教育、矫正方法、矫正技术等新的矫正手段的研究运用，如试行推广心理矫治、循证矫治、内视观想、惩戒内省等矫正技术方法。强化分类教育和个别矫治，着力提高改造罪犯的科学性、针对性和有效性。

注重加强罪犯的科学分类，从入监开始，就通过心理测试等手段，综合分析罪犯的犯罪类型、刑种刑期、犯罪原因、恶习程度、人格类型、人身危险性及性别、年龄、文化、职业、家庭背景等因素，对罪犯进行科学分类。在服刑中，注意科学制定罪犯的个别矫治方案和分阶段实施的具体改造目标，采取有针对性的教育矫治，切实提高教育改造的科学性。

注重加强罪犯的分类个别教育。根据不同罪错类型、刑罚种类和犯罪特点，分类施教，在罪犯改造的全过程积极探索并强化个别化改造措施，着力提高教育改造的针对性。注重加强重点罪犯的个别化矫治。对重点罪犯坚持教育改造"一人一策"，整合狱内监管、教育、心理等方面的专家共同参与矫治方案的制订，并指定专管民警负责矫治方案的落实，提高个别化矫治的有效性。

（七）加强罪犯职业技能培训和出监后与社会的无缝衔接。监狱依托社会资源，开展分层次、分类别的继续教育和培训。有的成立了职业技术教育中心、技能鉴定所等机构，有的将罪犯职业技能培训纳入当地职业技能培训总体规划，广泛开展对罪犯的职业教育和技能培训。相关资料显示，2018 年，全国应参加职业技术教育学习的罪犯有 477383 人，实际参加职业技术教育的有 457442 人，入学率为 95.8%；获得职业技能证书的有 233714 人，获证率为 51.9%；出监罪犯获得职业技能证书的有 205114 人，获证率为 72.82%。不断规范刑释人员回归衔接，全面落实刑释前谈话制度，开展重新犯罪危险性预测和回归社会适应能力评估。加强与罪犯户籍所在地安置帮教部门的协作。经常开展对即将出狱人员的就业指导，邀请社会企业、职业介绍中心等单位到狱内召开罪犯刑释就业推介会。由社会企业到狱内进行现场招工，签订聘用意向，使罪犯在走出监狱前能够与社会"零距离"接触，找到工作，增加其感受社会和正确定位自我的机会，为顺利回归社会创造条件。

（八）不断推进教育改造工作社会化。多年实践证明，改造罪犯是社会化的系统工程。为不断提高教育改造质量，多年来监狱机关在教育改造方面，不断探索社会化的途径和方式方法。不断完善对罪犯社会帮教格局，推进教育改造工作向后延伸，努力构建改造对象的社会支持系统，充分发挥企事业单位、人民团体、罪犯亲属、社会帮教志愿者、爱国主义教育基地等在改造中的作用，推进改造社会化。相关资料显示，2018 年，全国监狱系统社会帮教志愿者人数为 94712 人，监狱系统累计与社会志愿者和各有关单位、社会团体签订帮教协议 509634 份，全年接受社会帮助罪犯 965197 人次，监狱利用社会资源开展罪犯教育改造工作取得了长足的进步。很多地方将罪犯特困家庭扶助纳入政府救助体系，子女就学困难纳入希望工程和社会助学体系，有力地促进了罪犯安心改造。

几十年来，我国监狱机关始终坚持以人民为中心，坚持总体国家安全观，通过持续不断地重视罪犯改造工作，监狱保持了持续安全稳定，严格规范公正文明执法，罪犯教育改造工作得到了进一步加强，罪犯矫正工作的质量进一步提升，罪犯的改造效果进一步显现。多年来，罪犯获得普法教育合格证的比例达到95%以上，罪犯守法守规率达90%以上，罪犯改好率达90%以上。罪犯刑释后重新犯罪率始终保持在较低水平，大多数刑释人员成了自食其力的守法公民和社会主义建设的有用之材，有力地维护了国家的安全、促进了社会的和谐稳定。

六、坚守安全底线，践行改造宗旨

党的十八大以来，在以习近平同志为核心的党中央的坚强领导下，中国的社会主义建设、改革开放又取得了全面的发展和进步，中国共产党和社会主义中国迎来了又一个历史性的节点，中国进入新时代，开启了实现伟大复兴中国梦的新征程。党的十九大进一步明确了习近平新时代中国特色社会主义思想作为全党全国的指导思想，并在新修改的《宪法》中明确固定下来。习近平新时代中国特色社会主义思想为我国监狱事业发展指明了前进方向，提供了根本遵循。面对我国社会主要矛盾转化和人民对美好生活的向往，与坚持以人民为中心、落实总体国家安全观、推进国家治理体系和治理能力现代化、全面深化改革、全面依法治国的新要求相对照，监狱原有的"三大改造"手段已不能适应新时代监狱工作的新要求，也远远不能满足新时期改造罪犯工作的新需要。

2014年10月，党的十八届四中全会作出了《中共中央关于全面推进依法治国若干重大问题的决定》（以下简称《决定》），《决定》明确提出"完善刑罚执行制度，统一刑罚执行体制。"这是党中央对改革刑罚执行工作发出的最权威的声音、最明确的要求。

2018年6月28日，经中央领导同志批准，司法部召开了全国监狱工作会议。会议指出，党中央和国务院高度重视监狱工作。2013年以来，习近平总书记先后多次作出重要指示批示，为监狱工作提供了根本遵循，指明了前进方向。李克强总理等中央领导同志也多次对监狱工作作出指示批示，提出明确要求。全国监狱工作会议要求：坚持以习近平新时代中国特色社会主义思想为指导，深入贯彻落实党的十九大和十九届二中、三中全会精神，提高政治站位，坚守安全底线，践行改造宗旨，深化监狱改革，打造过硬队伍，奋力开创新时代监狱工作新局面。

当前，中国特色社会主义进入新时代，我国社会处于经济发展转型期、深化改革攻坚期、社会矛盾叠加期，主要矛盾发生历史性变化，监狱工作正面临新的形势、新的挑战和新的任务。新时代呼唤新担当，新时代需要新作为。

全国监狱工作会议要求全国监狱广大民警，要提高政治站位，牢牢把握新时代监狱工作的政治方向，始终坚持党对监狱工作的绝对领导，在政治立场、政治方向、政治原则、政治道路上，同以习近平同志为核心的党中央保持高度一致。要坚持总体国家安全观，坚守监狱安全底线，坚决维护监狱的绝对安全稳定，强化安全底线思维，完善安全治理体系，重点加强监狱内部管理，创建全世界最安全的监狱。

最美好的祝愿是平安，最真诚的期盼是安全。维护监狱安全稳定，确保国家安全和社会大局的安全稳定，守护百姓的平安，监狱机关始终奋勇向前，发挥了不可替代的特殊重要作用。回顾新中国监狱工作发展的历史，可以清晰地看到监狱机关为维护社会稳定，守护人民平安的脉络。70 年来，为切实守好社会安全底线，让老百姓日子太平安宁，全国监狱机关广大人民警察一代又一代默默无闻地奋战在监管改造罪犯的一线，不断强化监狱管理，耐心细致地教育改造罪犯，着力提高罪犯改造质量，全力确保监狱安全，全力维护社会的和谐稳定，用他们的执着坚守和辛勤付出，换来百姓的平安和社会的稳定。

习近平总书记指出，"安全是相对的，不安全是绝对的，虽然做不到零风险，但要做到零容忍。""必须增强忧患意识和责任意识，始终保持高度警觉，任何时候都不能麻痹大意。"监狱作为国家机器，作为政法机关的重要组成部分，既是维护国家安全和社会稳定的重要力量，更重要的是确保自身的绝对安全稳定，必须坚守安全底线，坚持问题导向。当好"守门员"，把住"警戒线"。紧盯重点领域、重点部位、重点人群，防范风险，堵塞漏洞，消除隐患，落实工作，落实责任，落实措施，确保监狱绝对安全稳定。

七、新时代赋予新任务，新使命要有新担当

新年伊始，司法部全面改革的号角已吹响。2019 年，司法部正式印发了《全面深化司法行政改革纲要（2018—2022 年）》。立足重新组建后的司法部职责和使命，在更高起点上谋划和推进司法行政工作改革发展，《改革纲要》提出了改革的总体要求、主要任务、落实保障，提出"刑事执行体制更加健全完善，以政治建设为统领的监狱工作新格局基本形成"的改革目标。

监狱要始终把维护国家安全和社会稳定作为监狱工作的首要任务。要坚决捍卫国家政治安全，切实加强监狱内部管理，完善监狱安全治理体系。

监狱要切实把罪犯改造成为守法公民。一是全面强化政治建设。二是全面夯实监管改造。三是全面深化教育改造。四是全面拓展文化改造。五是全面优化劳动改造。六是大力创新改造方式方法。推进罪犯改造科学化，推进罪犯改造专业化，推进罪犯改造社会化。

2019 年 7 月 21 日，司法部召开全国监狱工作会议，会议强调，要坚持以习近平新时代中国特色社会主义思想为指导，深入贯彻落实习近平总书记关于监狱工作的重要指示批示精神，增强"四个意识"，坚定"四个自信"，做到"两个维护"，坚守安全底线，践行改造宗旨，狠抓内部管理，深化监狱改革，不断开创监狱工作新局面。会议要求，要坚持党对监狱工作的绝对领导，坚定正确的政治方向，旗帜鲜明讲政治，严明政治纪律和政治规矩，不断完善领导体制，从严从实抓好党建。要夯实监狱事业的发展基石，完善以确保安全为底线的安全治理体系，完善罪犯改造体系，完善以严格规范公正文明执法为导向的监狱执法体系，完善以提升战斗力为重点的队伍建设体系，完善以保障有力为目标的监狱综合保障体系。

伴随着新时代的伟大进程，中国的刑事执行、改造罪犯工作在中国共产党的坚强领导下，始终不忘初心、伴着风雨、不断前行，虽经艰难曲折，却又神圣而光荣。坚持以人民为中心，坚守安全底线，严格公正执法，践行改造宗旨，促进社会和谐稳定，这正是新中国监狱工作者的初心和使命。只有树立自觉而坚定的信念与理想，才能有笃实的行动与不渝。监狱民警将始终不渝地牢记自

己的初心和使命，继续前进，不惧风雨。

70 年监狱改造罪犯工作的辉煌成就，70 年监狱工作的奋进历史，值得我们认真回顾总结。习近平总书记强调："今天，我们回顾历史，不是为了从成功中寻求慰藉，更不是为了躺在功劳簿上、为回避今天面临的困难和问题寻找借口，而是为了总结历史经验，把握历史规律，增强开拓前进的勇气和力量。"回顾中国监狱改革发展 70 年的光辉历程，正是为了不忘记走过的路，不忘记为什么出发，"不忘初心，牢记使命"，始终警醒监狱机关各级领导和广大监狱民警，牢记职责使命，总结历史经验，把握监狱工作发展规律，安不忘危、稳不忘忧，坚定依法履职尽责，不断增强开拓前进的勇气和力量。

实现社会和谐，建设安全美好的家园，始终是人类孜孜以求的崇高理想。犯罪自古以来一直是困扰人类的社会现象，是世界各国政府长期面临的共同难题。只要社会有犯罪，监狱就必然存在，改造罪犯的任务也必将长期相伴而随。对社会的治理、对犯罪的治理、对监狱的治理、对罪犯的改造，是长期而艰巨的任务，需要全社会的共同努力，需要各国政府的坚定决心和高超智慧，需要法治和道德，更需要亿万家庭和广大民众的积极参与，方可能凸显成效。

新时代监狱工作蓝图已经描绘，目标已经明确，路径已经确定。中流击水越险滩，扬帆破浪再起航。中国监狱工作将在新时代改革发展的进程中，坚持以习近平新时代中国特色社会主义思想为指导，总结历史、正视问题、把握规律、展望未来、锐意进取、开拓创新。始终坚守安全底线，严格公正执法，践行改造宗旨。以党的政治建设为统领，全面深化监狱工作改革，不断完善中国特色社会主义监狱制度，努力开创新时代监狱工作新局面，为决胜全面建成小康社会，夺取新时代中国特色社会主义伟大胜利，为实现中华民族伟大复兴的中国梦作出新的更大的贡献。

第十三讲

高度重视和大力加强监狱博物馆建设①

2017 年 12 月 29 日是一个值得铭记的日子。23 年前的今天，即 1994 年 12 月 29 日《监狱法》经全国人大常委会批准并经国家主席签发正式颁布和实施，这是我国社会主义法治建设史的一件大事，更是新中国监狱发展史的里程碑，具有划时代的重大意义！时隔 23 年后的今天，我们齐聚一堂，共同庆祝四川监狱博物馆正式落成、开馆，这是四川省监狱系统的一大盛事，也是中国监狱系统的一大喜事，这将成为监狱系统精神文明建设和文化建设又一道靓丽的风景线！在此，我代表中国监狱工作协会向四川监狱博物馆的落成表示祝贺！向关心支持四川监狱博物馆建设的各位领导、各位朋友表示感谢！

同志们，建成一座集革命传统教育、法治警示教育、监狱历史研究于一体的博物馆绝非易事，需要承先辈之志、启来者前行的情怀，需要立足四川、放眼全国的格局，需要中流击水、奋楫者先的魄力，而这些正是四川监狱工作者身上的宝贵品质。在四川监狱发展的历史长河中我们看到，无论是"5·12"汶川地震期间"千里大转移"的运筹决断，还是抢抓布局调整、争取资产处置政策的科学谋划；无论是从规范管理到精细管理的提档升级，还是从社会开放日的"请进来"到改造成果展的"走出去"，四川监狱人民警察贡献了一个又一个叫得响、推得开的"四川经验""四川范本"。司法部领导多次高度肯定四川监狱布局调整、治本安全、离监探亲等工作，司法部多次推广四川标准化建设、监狱工作社会化、离监探亲等先进经验，四川监狱工作的发展变化和特色亮点，在全国监狱系统获得高度评价。这些成绩的取得，靠的是一支信念坚定、

---

① 本文整理自作者在 2017 年 12 月 29 日四川省监狱博物馆开馆仪式上的讲话。

执法为民、敢于担当、清正廉洁的民警队伍，靠的是对监狱事业的忠诚，以及对初心的坚守！

博物馆是历史的沉淀和见证，它像一根纽带连接着过去、现在和将来，传递着精神和信仰。它是一座富饶的精神宝库，承载着初心的印记，激发着前行的力量。监狱博物馆是征集监狱历史文物、史料、遗迹，并进行展示、研究，供参观学习的场所。是社会了解监狱历史文化的重要窗口，是传承法治文明的重要场所。监狱博物馆的作用是展示监狱优秀历史文化和教育改造成果，激励监狱人民警察艰苦创业的斗志，弘扬监狱人民警察与时俱进勇于创新的精神。

在今天纪念我国《监狱法》颁布23周年这个特殊的日子，四川监狱博物馆落成开馆，这不仅对四川，甚至对全国监狱文化建设工作都作出了历史性贡献。这将有助于广大监狱民警了解中国监狱发展历程和四川监狱所取得的成就，增强从事监狱工作的自信心和使命感；有助于更好地保存监狱文化发展的史料，延续中国监狱文化的精髓；有助于向政法干警以及社会大众传播中国监狱的法治精神和文明管理的理念，促进普法教育赢得社会各界的更多的理解和支持；有助于为新时代的监狱做出全面准确的诠释：监狱是社会发展的产物，是法治进步的标志，是社会文明的缩影。

要坚持传承老一辈监狱工作者忠于职守、矢志不渝的价值追求，不忘初心，做党和人民的忠诚卫士。要学习他们在血与火、生与死的考验前，在得与失、名与利的选择中，始终坚定不移，将忠诚镌刻于心。广大民警职工要始终保持忠于党、忠于国家、忠于人民、忠于法律的政治本色，牢固树立"四个意识"，坚定"四个自信"，打造党和人民信赖、满意的过硬队伍。

要坚持传承老一辈监狱工作者不畏艰难、百折不挠的优秀品质，坚定信心，做教化冥顽的特殊园丁。要学习他们致力于成为"人类灵魂重塑师"的理想，"哀其不幸、助其更生"的情怀和春风化雨的坚持。广大民警要始终相信"人是可以改造的"，多数罪犯是可以改造好的，要认识到践行治本安全观是中国特色社会主义监狱制度的优势所在和必然要求，不断激发服刑人员自觉接受教育改造的内生动力，努力将服刑罪犯改造成守法公民，筑牢国家安全和社会稳定的坚强防线。

　　要坚持传承老一辈监狱工作者自强不息、执着奉献的崇高境界，下定决心，做谱写新篇的示范先锋。要学习他们白手起家、艰苦创业的豪情，"功成不必在我"的境界和"建功必定有我"的责任担当。广大民警要清醒地认识到，目前我们正处于深化司法体制改革和深化监狱体制机制改革的重要时期，这就需要我们按照司法部党组对监狱工作的统一部署和要求，上下一心、共同发力，为谱写新时代中国监狱新篇章、创造中国监狱新未来贡献力量。

　　四川监狱博物馆展现的是四川监狱的发展历程，呈现的是中国监狱的缩影，寄托的是全省监狱人民警察的美好愿景。希望四川省监狱管理局、监狱及博物馆的各级领导和广大民警继续高度重视和关心四川监狱博物馆的建设，加强文物收集开发工作、不断优化资源配置、强化运营管理、提高展陈水平，促进学术研究交流，发挥博物馆的导向、凝聚、激励、感召和宣传作用。充分发挥四川监狱博物馆保护监狱文化遗产、促进监狱学术研究、开展法制宣传教育、增进狱内外了解沟通的特殊功能。努力将四川监狱博物馆建成传播监狱传统文化的新阵地、繁荣监狱文化的新名片、宣传监狱形象的新窗口、淬炼监狱民警队伍的新平台。新时代，新思想，新使命。历史荣光不可忘却，时代使命呼唤担当并引领未来，希望四川监狱系统不忘初心、牢记使命，继续改革创新，践行治本安全观，不断创造更多更好的做法和经验，希望将四川监狱博物馆打造成行业领先、全省乃至全国知名、具有影响力的现代化博物馆。

第三篇

理论探索

奋力推进中国监狱工作现代化①

　　习近平总书记强调，概括提出并深入阐述中国式现代化理论，是党的二十大的一个重大理论创新，是科学社会主义的最新重大成果。党的二十大提出：从现在起，中国共产党的中心任务就是团结带领全国各族人民全面建成社会主义现代化强国、实现第二个百年奋斗目标，以中国式现代化全面推进中华民族伟大复兴。习近平总书记指出，中国式现代化，是中国共产党领导的社会主义现代化，既有各国现代化的共同特征，更有基于自己国情的中国特色。中国式现代化的特点为，人口规模巨大的现代化、全体人民共同富裕的现代化、物质文明和精神文明相协调的现代化、人与自然和谐共生的现代化、走和平发展道路的现代化。

　　2023 年 1 月，习近平总书记对政法工作作出重要指示，政法工作是党和国家工作的重要组成部分，要全面贯彻落实党的二十大精神。奋力推进政法工作现代化，全力履行维护国家政治安全、确保社会大局稳定、促进社会公平正义、保障人民安居乐业的职责使命。监狱工作作为政法工作的重要组成部分，应当按照习近平总书记的讲话要求，在大力推进中国式现代化、政法工作现代化的大局中，主动谋划和奋力推进监狱工作现代化。基于当前历史定位，按照中央关于推进政法工作现代化的总要求，今后一个时期监狱机关的中心任务应该是奋力推进监狱工作现代化，以监狱工作现代化服务政法工作现代化、中国式现代化，并围绕这个中心任务作出具体部署。

---

　　①　本文整理自作者 2023 年 8 月在山东省、陕西省监狱干警培训班、大讲堂上的讲话。

一、深刻认识推进监狱工作现代化的重大意义

一是适应实现中国共产党中心任务，推进中国式现代化的大势所趋。习近平总书记提出，大力推进中国式现代化，奋力推进政法工作现代化。监狱工作现代化是中国式现代化、政法工作现代化的重要组成部分。推进中国式现代化，监狱不能缺席，不能掉队。

二是适应推进全面依法治国，建设平安中国、法治中国总体要求。努力打造平安监狱、法治监狱，是监狱工作现代化的必然要求。

三是适应推进建设社会主义现代化国家高质量发展的客观需要。高质量发展是建设社会主义现代化国家的首要任务。监狱工作现代化必须首先实现监狱工作高质量发展。

四是适应推进监狱工作深化改革发展，解决监狱工作中的矛盾问题，推动监狱工作上台阶、上水平的必然要求。全面深化监狱改革是推动监狱工作现代化的主要途径和根本动力。

在新时代新征程上，监狱工作要完成好刑罚执行、惩罚改造罪犯的法定职责和历史使命，必须适应国家现代化的发展趋势，把监狱工作融入社会主义法治建设的实践之中，融入中国式现代化大局之中。在推进中国式现代化的进程中，监狱工作应当由传统经验管理向现代化管理转变。推进监狱管理工作的现代化、罪犯改造工作的现代化、刑罚执行的现代化。这已经成为监狱工作在新时代应当完成的重大使命。监狱工作的现代化发展趋势，既是现代社会发展的客观要求，政法工作现代化的要求，同时也是监狱工作适应社会发展的内在需求。

二、认真研究、准确把握监狱工作现代化的深刻含义和主要内容

中国式现代化概念的明确提出，是在党的十一届三中全会之后，邓小平同志首次提出"适合中国情况，走出一条中国式的现代化道路"。随着改革开放的不断深入，中国式现代化不断取得新的进展。习近平同志在党的二十大报告中深入系统地阐释了中国式现代化，并作出了总体战略安排。

现代化，理论学术界还没有统一公认的概念定义。现代化的本质是人的现代化。监狱工作现代化指整个监狱系统随着中国式现代化进程，不断促进监狱工作在指导思想、体制机制、理念观念、方式方法、法律制度、管理组织、管理手段、设施装备保障等各方面的科学化的过程。监狱工作现代化主要包含监狱具有当代先进的监管教育设施装备和现代化理念知识素质文化的监狱干警队伍。现代化应该包括人的因素和物的因素，一是人的因素。就是指监狱的各级领导和干警队伍，首先要有现代化的理念观念，现代化的意识，现代化的科技知识，现代化的法律知识，现代化的刑罚执行思想，现代化的专业能力和水平，这一点极为重要。二是物的因素。就是对监狱现代化设施装备的要求，包括具备必要的、先进的、适应现代监狱工作需要的现代化狱政设施、监管技术装备、生活医疗等智慧监狱所有硬件设施。监狱作为国家机器的重要组成部分，作为专门收押监管、教育改造罪犯的特殊场所，必须具备必要的硬件要求，这是由监狱固有的性质和功能所决定的，中外监狱概莫能外。

习近平总书记提出，"实现我们的发展目标，不仅要在物质上强大起来，而且要在精神上强大起来"，"中国式现代化是物质文明和精神文明相协调的现代化，要弘扬中华优秀传统文化，用好红色文化，发展社会主义先进文化，丰富人民精神文化生活"。新时代新征程上中国监狱工作现代化，必须在推进中国式现代化的大局下谋划和推动。始终坚持物质文明与精神文明并举，硬件建设与软件建设并重。在硬件上，既要量力而行，更要尽力而为。在软件上必须上水平，上档次，两手都要抓紧，两手都要硬。硬件建设要与我国国民经济发展的水平相适应，要与中国式现代化的进程相适应。稳步加大监狱建设资金投入，不断提高和完善监狱的设施和装备，以此加强监狱的安全防卫能力、教育改造能力、生活卫生保障能力，提高教育改造保障水平，提高干警队伍的保障水平，不断提升监狱工作现代化文明形象。

推进监狱工作现代化，既要抓好监狱的物质文明，更要抓好监狱的精神文明，做到物质文明和精神文明相互协调、相互融合、相互促进。在加强监狱硬件建设的同时，更要优先抓紧监狱软件的建设。软件要先行，这其中就包括政治建设、班子建设、党的建设、体制机制、理念观念、干警素质、执法水平、管理水平、改造能力、改造的内容载体、方式方法，劳动形式手段、改造效果和改造评估，尤其是监狱基层干警能力水平的提高，这是一项长期艰巨的任务，是发挥硬件建设综合效应的重要保证。

三、推进监狱工作现代化的主要内容和实现路径

监狱工作要坚持牢牢把握中国式现代化、政法工作现代化的本质要求和重大原则，在推进中国式现代化、政法工作现代化的大局中，统筹谋划监狱工作现代化的思路、方法和路径，提出推进监狱工作现代化的政治方向和工作要求。

（一）理念现代化是先导。要学深悟透习近平法治思想，牢牢把握贯穿其中的世界观和方法论，不断回答监狱工作遇到的新情况、新问题，与时俱进深化监狱工作的理念创新。应进一步解放思想，转变观念，思想现代化、观念现代化、理念现代化甚为关键。应适应新时代全面依法治国，建设平安中国、法治中国的总体要求。强化依法治监观念，推进平安监狱、法治监狱建设。

（二）旗帜鲜明讲政治。监狱机关首先是政治机关，必须旗帜鲜明的以政治建设为统领。必须把讲政治放在首位。把准政治方向，提高政治敏锐性、鉴别力。时刻从政治上认识、把握、检视、考量监狱工作，把讲政治贯穿到业务工作的始终。一是要强化理论武装。二是要强化政治监督。三是要强化纪律规矩。中国监狱必须坚持中国共产党的绝对领导，坚持以人民为中心的发展思想，坚持总体国家安全观，坚持全面依法治国。

（三）全面依法治监。落实好《监狱法》规定的各项要求。完善分押分管，分类分级改造，提高监管、教育、劳动三大改造功能的综合实效，采取适应形势要求、符合罪犯改造规律、有效实施罪犯本质改造的多形式、多途径的方法，追求改造实效，着力提高改造质量。严格规范公正文明执法，全面推行减刑、假释、暂予监外执行案件的实质化审理，提高监狱执法公信力。

（四）健全完善监狱制度体系。在管理制度上，建立以《监狱法》为龙头的法规制度体系。构建成龙配套、先进完善的监狱管理制度，法规制度建设更趋于配套、明确、细化，可操作性强。

（五）工作体系现代化是重点。持续深化监狱改革，进一步优化完善监狱

工作领导体制、管理体制、组织机构体系、职能体系，深化配套机制改革，不断提升监狱工作的科学性、系统性，有效性。建立适合监狱性质、特点、职能要求的指挥决策体系，深化监企改革，完善组织保障。

（六）监狱保障现代化是基础。进一步强调监狱硬件建设，配备现代化的狱政设施、教育改造设施、生活卫生设施，推行先进科学技术在监狱工作的有效应用。不断提升监狱经费保障力度。

（七）队伍现代化是根本。坚持全面从严治党管警，锻造过硬队伍。要把队伍建设作为基础性、战略性工作来抓。更要着力强调监狱干警的现代化理念、法律知识及法律意识、科学管理的理念及策略、理性思维及协调能力、应急处置能力，推行专家治监。始终坚持抓紧抓实党风廉政建设和反腐败工作。持续开展专业培训和岗位练兵。坚持从严治警和从优待警的有机结合，形成一套科学有效的考核评价、激励竞争、人才辈出的管理制度及运行机制。

（八）强化监狱管理手段现代化。遵循现代化科学化原则。从监狱布局、设计规划、改造手段方式方法、狱政设施、装备监控、智慧智能、交通通信、信息管理，环境建设等方面适应中国国情，跟上中国式现代化建设的步伐，适应中国监狱工作整体现代化进程的要求。

（九）能力水平现代化是根本。推进监狱工作现代化不仅是战略性部署，也是专业性要求，必须注重提升干警的专业能力，专业精神。提升法律政策运用能力，把改造罪犯和保障人权、实现公正和追求效率、执法目的和执法形式结合起来，努力实现最佳的政治效果、法律效果、社会效果。提升风险防控能力，研判监狱各种风险，全力防范重大风险，最大限度地把风险化解于无形。提升科技应用能力，坚持高起点规划，高水平建设，系统集成、共享发展，着力提高监狱防范化解风险的精准性、执法的公正性、改造罪犯的有效性。

习近平总书记强调，推进中国式现代化是一个系统工程，需要统筹兼顾、系统谋划、整体推进。中国式现代化是一个探索性事业，还有许多未知领域，需要在实践中去大胆探索，通过改革创新来推动事业的发展，绝不能刻舟求剑，守株待兔。要增强战略的前瞻性，增强战略的全局性，增强战略的稳定性。

监狱工作现代化，应当要在中国式现代化、政法工作现代化大局中，结合监狱工作实际，按照中央要求，大兴调查研究之风，全面深入监狱调查研究，客观分析现状和存在的各种问题，提出明确的奋斗目标、总体思路和实现路径。

推进监狱工作现代化，需要正确处理好顶层设计与实践探索、战略与策略、守正与创新、效率与公平、安全与发展、安全与改造等重大关系。进行顶层设计需要深刻洞察党和国家对监狱工作的总体要求，世界行刑发展趋势，准确把握人民群众对监狱工作的期盼愿望，深入探索总结中国监狱几十年成功的经验和发展规律，从而帮助在监狱工作现代化的进程中，使制定的规划方案、法律法规、政策体系能够充分体现时代性、把握规律性、赋予创造性。

四、全面深化监狱改革是推进监狱工作现代化的根本动力

2023 年 4 月 21 日，习近平总书记在二十届中央全面深化改革委员会第一次会议讲话指出："实现新时代新征程的目标任务，要把全面深化改革作为推进中国式现代化的根本动力，作为稳大局、应变局，开新局的重要抓手"。监狱系统应当认真贯彻习总书记这一重要指示，结合监狱工作实际，推进监狱工作现代化，应当将全面深化监狱改革作为根本动力，作为保安全、强改造、促发展的重要抓手。只有通过持续不断的全面深化监狱改革，解决监狱面临的重大难点热点堵点问题，从体制上、制度上、机制上、理念上、政策上、运营上、管理上深化监狱改革，才能稳步、有效地推进监狱工作现代化，才能更好地服从服务于中国式现代化。

（一）以党的政治建设统领推进监狱工作现代化。全面加强监狱机关政治建设，对于推进监狱工作现代化起着决定性、根本性作用，要以党的政治建设为统领，确保党的绝对领导落实到监狱工作现代化全过程、全方面、全领域。一是进一步坚定政治方向。二是进一步加强理论武装。三是进一步落实政治监督。四是进一步强化纪律规矩。

（二）坚持总体国家安全观，强化监狱管理，加强平安监狱建设。党的二十大，对"坚决维护国家安全和社会稳定"作出重大部署。安全稳定是人民群众最基本最普遍的愿望，是推动监狱工作现代化的前提和保障，必须坚定不移贯彻落实总体国家安全观，确保监狱持续安全稳定。一是确保政治安全要首责

必担。二是强化监狱内部管理，维护改造秩序安全稳定。三是全面推行监狱分级罪犯分类管理，消除风险隐患。四是强化对罪犯严格管理，严厉处罚违规违纪罪犯，让罪犯手无寸铁、身无分文、心无杂念，安心改造。

（三）坚守监狱工作方针，着力加强对罪犯改造。改造罪犯是宪法的规定要求，是监狱机关的法定职责，应当努力践行。应当将把罪犯改造成为守法公民作为推进监狱工作现代化的治本之策，始终坚持"惩罚与改造相结合，以改造人为宗旨"的监狱工作方针，更好地发挥监狱在预防和减少犯罪方面的积极作用。一是要重视和加强基层基础建设，突出监区主体地位作用。二是强化教育改造的治本措施。抓好罪犯的思想教育、三课教育、罪犯职业技术教育、罪犯个别谈话、专家队伍、改造案例库、监区文化建设、社会帮教等。三是加强改造体系的保障力度。探索建立重新犯罪调研评估机制。推进罪犯危险性评估，建立健全评估工作机构和机制，推动全过程评估应用。探索制定罪犯改造工作责任制实施办法，强化监狱、监区两级党组织书记抓改造工作责任，纳入监狱工作目标责任制考评体系，发挥好"指挥棒"作用。

（四）坚持严格公正文明执法，切实加强监狱法治建设。党的二十大报告用专章对全面依法治国作出新的部署，必须把法治作为推进监狱工作现代化的根本手段，切实遵循严格规范公正文明执法总要求，充分发挥依法治监固根本、稳预期、利长远的重要作用。一是健全执法内控办案机制，二是健全执法规范运行机制，三是健全执法监督公开机制。

（五）坚持全面深化改革，切实加强基层基础建设。党的二十大报告对改革提出了更高的发展要求，必须把坚定不移深化改革、推动发展，作为推进监狱工作现代化的关键支撑和根本动力，胸怀全局，谋远谋大，敢啃硬骨头，着力破除各类机制性梗阻和体制性障碍。一是持续优化监狱布局调整，加强监狱基础建设。二是全面深化监狱体制机制改革。三是强化科技信息保障作用，推进"智慧监狱"建设，让科技为干警赋能。

（六）坚持全面从严治党管警，打造过硬队伍。要按照党的二十大关于"健全全面从严治党体系"的要求，紧扣落实新时代党的建设总要求，坚持以严的基调、严的措施、严的氛围，为推动监狱工作现代化，提供坚强保证，通过全面从严治党管警，锻造出过硬干警队伍。一是持续健全工作机制，压实"两个责任"。二是持续打造过硬队伍，强化领导班子和队伍建设。三是持续正风肃纪反腐。四是持续激励担当作为，推动从优待警制度落地落实。

五、稳步推进监狱工作现代化的思路安排建议

推进监狱工作现代化，在实际操作中需要把握：

一是要认真组织学习，统一思想，提高认识，增强自觉性、主动性、创造性。

二是要各级领导和广大干警高度重视，营造奋力推进监狱工作现代化的氛围，全面系统专业培训。提高推进监狱工作现代化的政治自觉、思想自觉、行动自觉。

三是要全面深入监狱实际，大兴调查研究之风，深入监狱、监区，直接面向基层干警，开展调研，坚持问题导向，发现问题，力争解决问题。

四是制定推进监狱工作现代化的总体规划、奋斗目标和实施步骤。提出全面深化监狱改革的意见，以深化改革为动力，推进监狱工作现代化。

五是统筹兼顾、系统谋划、整体推进。监狱工作的物质文明和精神文明一起抓，软件建设与硬件建设同步推进。在新时代新征程中，监狱工作应以新安全格局保障新发展格局，以监狱工作的高质量发展，推进监狱工作的现代化。

构建我国监狱工作创新发展八大体系研究①

　　党中央、国务院历来高度重视监狱工作。党的十八大以来，习近平总书记等中央领导多次对监狱工作作出重要批示指示，为做好新形势下监狱工作指明了方向。2016 年 10 月，习近平总书记强调要继续加强和创新社会治理，完善中国特色社会主义社会治理体系，努力建设更高水平的平安中国。党的十八届五中全会和六中全会描绘了我国未来发展的宏伟蓝图，提出了坚持全面建成小康社会、全面深化改革、全面依法治国、全面从严治党"四个全面"战略布局，提出了坚持创新、协调、绿色、开放、共享的五大发展理念。监狱作为国家刑罚执行机关，是国家司法体制改革的重要组成部分，也是国家治理体系的重要组成部分，在改进社会治理方式，加强和创新社会治理，建设平安中国、法治中国的进程中发挥着重要作用。

　　中国作为世界大国，每年进出监狱的人数约 40 万，常年在押罪犯 165 万人，监狱收押任务很重，安全监管压力很大、教育管理任务很艰巨。从国际上看，随着我国日益发展壮大，和平崛起，总会引起一些误解和善意与恶意的揣测，总有一些反华势力看不顺眼，总会给我国带来种种善意与恶意的考验，因此我国要在军事、政治、经济、社会、环境等方面面临更多的挑战。而司法制度和司法活动始终处于高热状态，任何失误和瑕疵，都可能引起炒作。一个地方出现一个问题，就可能被抨击整个司法制度、整个司法体系、整个司法活动。从国内看，快速发展变革，有机遇也有危机，我国当前正处于经济社会快速发展期，也是刑事犯罪高发期，各类矛盾凸显期，重大恶性事件仍时有发生，新

---

　　① 本文刊载于《犯罪与改造研究》2017 年第 1、2 期。

型犯罪也在不断增多。监狱押犯数量持续高位运行，押犯结构日益复杂，重大刑事犯、二次判刑以上罪犯、涉黑涉毒罪犯、危安暴恐犯数量高居不下，女性罪犯、老病残犯、职务罪犯、外国籍罪犯数量近年来持续上升，给监狱管理执法教育带来了新的困难和压力。这些新情况、新问题都需要我们客观面对、认真研究解决，改进监狱关押模式，探索罪犯教育管理科学化，推进监狱管理创新，规范监狱运行，促进刑罚执行公平正义，不断提高罪犯改造质量，进一步提高监狱工作的整体教育管理水平，适应新形势对监狱工作的新要求。

确立监狱工作创新发展目标，应适应时代的要求、符合发展规律、尊重人民意愿。研判当前监狱工作中面临的困难和问题，一定要坚持管理矫正需要，坚持目标导向，坚持问题导向。围绕问题推进监狱创新发展：当前有的监狱存在领导班子建设弱化，队伍疏于管理，思想麻痹松懈，纪律作风涣散；有的监狱制度不落实，管理不严格；有的监狱执法不公正，矫正不科学，责任不明确，监督不到位；有的监狱物防技防不达标不合格，保障不力，能力不足等。对此，必须要高度重视，并及时下决心采取措施加以解决。今后监狱工作的发展目标应是实现"九个进一步"：一是进一步完善监狱经费全额保障机制，健全财务支出科目，提高保障标准，建立财政经费动态增长机制。二是进一步深化监狱体制制度改革，重点推进监狱和监狱企业工作规范运行。三是进一步深入推进监社分开，重点解决偏远监狱办教育、医疗等问题。四是进一步加强监狱法治建设，加快修订《监狱法》，对监狱制度进行规范，完善监狱体制改革配套规章制度和相关政策法规。五是进一步规范完善监狱刑罚执行制度，严格公正文明执法，依法保障罪犯合法权益，提高刑罚执行公信力。六是进一步加强教育改造罪犯工作，提高改造的针对性和有效性，提高矫正科学化，提高改造质量。七是进一步加强和创新监狱内部管理，不断提高监管工作水平，实现监狱管理法治化、规范化、精细化。八是进一步推进监狱建设和布局调整，提高监狱科技装备和信息化水平。九是进一步加强监狱人民警察队伍建设，不断提高队伍建设正规化、专业化、职业化水平。通过持续不断加强和创新监狱治理，努力建设执法严明、管理规范、改造有效、保障有力、安全文明的社会主义现代化监狱，更好地确保监狱持续安全稳定，履行维护社会大局稳定、促进社会公平正义、保障人民安居乐业的职责使命。

多年来，我国监狱工作通过持续不断加强和创新治理，监狱体制和制度改革取得了重要进展，监狱管理、教育、执法等各项工作取得显著成绩，监狱面貌发生了显著变化，可以说当前监狱工作处于历史最好时期。我们应当继承坚持监狱工作创造的诸多具有中国社会主义监狱特色的先进经验和科学理念，并始终做好"十个坚持"：坚持党对监狱工作绝对领导的理念；坚持监狱工作服务服从于社会稳定大局的理念；坚持依法治监、规范管理、安全为先的理念；坚持相信罪犯绝大多数是可以改造好的理念；坚持管理矫正工作应科学化的理念；坚持严格规范公正文明执法的理念；坚持惩罚和改造相结合、以改造人为宗旨的理念；坚持打造高素质、专业化过硬队伍的理念，坚持全社会齐抓共管、综合治理的理念；坚持改革创新、科技引领，持续推动监狱工作创新发展的理念。

笔者认为当前及今后我国监狱工作要按照加强和创新社会治理，建设高水平平安中国、法治中国的总体要求，着力构建好监狱工作创新发展八大体系，才能更好地提高罪犯教育改造质量，维护社会安全稳定，提高刑罚执行公信力，促进社会公平正义，实现监狱工作创新发展新目标。

一、构建全面的监狱法律制度体系

依法治监，就是要遵循监狱工作规律，深化司法体制改革，坚持运用法律制度管理和规范监狱工作，坚持运用法治思维和法治方式推进监狱工作发展。

（一）构建完善的刑事法律体系

制定《刑罚执行法》，明确四权职责。《刑法》《刑事诉讼法》《刑罚执行法》，刑事实体法、刑事程序法、刑事执行法三法分工明确、独立运作、相互衔接，共同构成完备的刑事法律体系。公安、检察、法院、监狱，各自独立行使侦查权、检察监督权、审判权、执行权，各司其职，相互配合、相互监督，共同实现国家刑罚权的发现、检察、适用、执行活动的封闭循环运作，共同打击犯罪、完成国家刑事司法活动。

1. 明确社会组织机构在监狱执法中的职责。监狱是国家机器的重要组成部分，是为国家、社会服务的。按照加强和创新社会治理的总要求，监狱的运行需要政府部门（财政、发改委、教育、医卫、人社、政法等）、社会团体（社区、街道、协会等）、公民（罪犯亲属、邻里、志愿者等）强有力的支持和配合。

2. 构建刑罚执行联席会议机制。全面推行监狱、公安、法院、检察、社矫、安帮办等部门信息联网、合作共享，完善合作制度机制，强化部门间的沟通协调和衔接配合。做好罪犯定罪入狱、服刑、保外、社矫、刑满释放、安置帮教各个环节的无缝衔接，维护社会治安，加强社会治理，促进罪犯改造，巩固教育改造成果。

3. 建立社会帮教联席会议机制。监狱机关要简化社会帮教办事程序，方便和吸引妇联、共青团、民盟、关工委等社会组织，法律专家、心理咨询师、爱国宗教人士、社会志愿者等专业人士，以及罪犯亲属等进入监狱开展帮教活动。推进帮教活动公开化、制度化、常态化。

4. 构建全方位的社会帮教机制。对服刑人员的社会帮教工作是一项涉及民主参与、权利救济、经济帮扶的综合性社会治理工作。要坚持狱内教育与社会教育相结合，将罪犯帮教安置等纳入社会治安综合治理体系和社会保障体系之中，将社会帮教机构、帮教志愿者的帮教活动制度化，探索建立多层次、全方位的社会帮教体系。

5. 构建政府购买帮教服务机制。将帮教资金列入地方财政预算。监狱应引进社会资源，由财政提供资金支持，聘请法律专家、心理理疗师、爱国宗教人士、社会志愿者等专业力量，协助监狱做好教育矫治工作。

6. 完善帮教企业优惠政策落实机制。国家应以优惠政策鼓励引导热心于社会帮教事业的企事业单位、社会组织和个人参与对刑满释放人员的社会帮教工作。加强社会帮教志愿者队伍建设。

（二）构建完整的刑事执行法律体系

建设法治国家，首先法制要统一。完整的刑事执行应当包括对死刑、死刑缓期二年执行、无期徒刑、有期徒刑、拘役、管制、缓刑、罚金、没收财产、驱逐出境、未决犯的羁押等所有刑罚的执行。

1. 无缝衔接监狱社区矫正。改革和规范刑罚执行中有关假释、暂予监外执行有关的规定，制定出台《刑释人员安置帮教法》《社区矫正法》，完善监狱刑罚执行和社区矫正相互衔接、统一协调的工作机制。健全完善监禁刑与非监禁刑相互衔接、统一协调的刑罚执行体系，建立门类齐全、结构科学、内容协调、程序严密的刑罚执行工作制度体系。使监狱行刑与社区矫正等非监禁式执行有效衔接、协调、配套。

2. 统一刑罚执行权责。通过深入推进司法体制改革，国家所有的刑罚执行应逐步统一由一个部门负责，凡剥夺或限制人身自由、羁押人的场所全部收归一个部门管理。稳步将审判机关、侦查机关承担的刑事执行权统一归属司法部行使。全面落实羁侦分离、审执分离、侦执分离的司法体制改革要求。可设想，将拘留所、看守所改建为未决犯监狱和短刑犯监狱或半开放监狱。

3. 统一刑罚执行管理机构。将地（市）管理的监狱全部收归省级统一管理，司法部统一指导监狱管理局、社区矫正局承担国家刑罚执行工作，确保刑罚执行公正、稳定、统一、规范，提高刑罚执行效益和刑罚执行公信力。

4. 统一监狱管理体制。完善常规罪犯省级管理和重要罪犯中央直管二级监狱管理体制。绝大多数罪犯由各省监狱局负责管理。部分重要或对社会有重大影响的外籍犯、职务犯、暴恐犯、危安犯由国家建设 3-5 所部直属监狱关押，由司法部监狱管理局直接管理。

（三）构建完整的《监狱法》体系

充分汲取 20 年来监狱改革发展成果，进一步修订完善我国现行《监狱法》。确保监狱工作的方向正确、内容科学、运行规范、效能高超。当前急需完成的有：一是完善监狱性质宗旨、目标任务，明确政府机关、社会团体、公民个体在监狱工作中的责任义务。二是完善五级戒备监狱（超高度戒备、高度戒备、中度戒备、低度戒备、半开放式五级监狱）分级设置原则标准。三是完善特殊监狱（如新收犯监狱、出监监狱、医疗监狱、精神病犯监狱、女犯监狱、未成年犯监狱和满足其他特殊需要的监狱等）分类设置原则标准。四是完善"监狱-监区"两级组织结构管理模式，规范监狱机构编制。五是完善监狱刑罚执行标准、条件、程序。六是完善监狱教育改造内容、模式、方法、程序、考核。七是增补监狱劳动改造内容、程序、考核和监狱企业管理规范。八是完善罪犯权益保障，增补狱务公开、社会监督相关内容。九是增加并完善监狱人民警察分类管理、职业保障等规定。

（四）构建《监狱法》实施体系

以监狱法为核心，加快监狱重点领域配套立法，如制定《监狱法实施条例》《服刑人员权利规则》《未成年犯管理教育条例》《女犯管理教育条例》《监狱人事组织管理细则》《刑罚执行工作细则》《狱政管理工作细则》《生活卫生工作细则》《罪犯劳动管理细则》《监狱建设标准细则》，修订完善《监狱教育改造工作规定》《监狱服刑人员行为规范》《监管改造环境规范》等。确保监狱运行有法可依，有规可循，确保监狱工作始终在法治轨道上运行。

（五）构建罪犯权益制度政策保障体系

一是将罪犯文化教育纳入国家教育规划和城乡义务教育经费保障范畴，由教育、财政、司法部门共同负责对罪犯的文化教育。强制和鼓励罪犯参加相关义务教育。

二是将罪犯职业技能教育培训纳入国家职业技能培训、纳入国家脱贫规划、精准脱贫攻坚战的工作范围。由人社、职教、财政、司法共同负责对服刑罪犯的职业技术教育，为服刑罪犯提供职业技术培训经费支持、就业扶持、职业指导等。

三是将罪犯医疗工作纳入所在地卫生、防疫规划，将罪犯医疗卫生工作纳入整个国家的医疗卫生工作规划体系，由卫生、司法、财政等行政部门共同负责罪犯的医疗卫生工作，由卫生行政部门负责向监狱派驻负责罪犯疾病治疗的医务人员、提供设备药品，负责预防诊疗，监狱管理部门负责对罪犯的监管和安全，财政部门提供经费保障，提高罪犯医疗卫生保障水平。

四是将罪犯社保医保接续全国社保医保体系。积极引导符合条件的罪犯参加医保社保，做好刑释人员的医保社保关系的转移接续。明确保障罪犯相关权益。对已参保缴费的，应继续参保缴费，享有相关社保医保，达到法定退休年龄或养老保险待遇领取年龄的，可按规定领取相应基本养老金。

五是将困难罪犯纳入社会救助体系。符合申领失业保险金条件的刑释人员，可按规定享受失业保险待遇。全面落实对刑满释放人员社会救助措施。全力推动政府、社会企事业落实好 2015 年 4 月司法、发改委、财政、综治、教育、公安、民政、银行、工商、税务等中央十三部门联合颁发的《关于加强刑满释放人员救助管理工作的意见》，落实好社会救助措施，解决刑满释放人员实际困难，重点是要着力落实好对刑满释放人员的"八项政策"，即落实最低生活保障政策、落实特困人员供养政策、落实医疗救助政策、落实教育救助政策、落实住房救助政策、落实临时救助政策、落实就业扶持政策、落实社会保险政策。要从多方面做好救助政策宣传和引导帮助工作。多方筹措建立罪犯医疗保障基金，保障罪犯得到基础医疗，保障罪犯合法权益。

二、构建持久稳固的监狱安全防范体系

监狱安全是国家安全、社会安全的重要组成部分，事关社会的长治久安。牢固树立监狱安全底线思维，不论任何时候、任何情况，一定要始终坚持把安全放在监狱工作的重中之重，是第一位的责任。要贯彻总体国家安全观，与当地社会治安工作紧密结合起来，预防为主，防控结合，确保监狱的持续安全稳定。

(一) 构建精准的安全风险评估体系

监狱始终是高风险聚集的特殊场所。要确保监狱安全，必须要对所有罪犯进行风险评估。罪犯人身风险评估既是维护监狱安全稳定十分重要的基础性工作，也是监狱管理科技含量很强的工作。只有准确评估并根据罪犯人身危险性的大小才能对不同罪犯采取针对性的管控和矫正措施。前置风险评估工作，完善安全风险预警机制。确定风险点及风险等级，通过拉网式梳理和厘清监狱风

险点，明确风险易发高发的人员、时段、部位、环节，形成风险点、风险等级、风险种类清单，并采取针对性的监管措施排除风险。以问题为导向，经常排查监狱存在的薄弱环节和隐患，下决心整改。切实落实监狱安全防控机制、安全排查机制、狱情研判机制、应急处置机制和领导责任机制。

（二）构建智能化的信息技防体系

增强智能安全警戒设施，充分运用现代科技手段，加快监狱安全管理的信息化、网络化、自动化和智能化。按照信息共享、同步感知的要求，加强监控、报警设施建设（包括红外报警、雷达报警、视频监控等），实现双方监控、报警系统联网互通和对监狱重要部位的双方全时监控，报警信息的双方同步感知，借助视频监控、语音监控、通信监控、智能感知、生物识别、无线定位、物联网等先进技术，实现现代化监狱的全方位、定制化的安全防控网络。善于通过现代信息技术，把各种资源、力量、手段统筹起来，共同维护监狱及周边公共安全。依托"互联网+""大数据"应用，加快监狱系统与公、检、法、武警部队、社区矫治、安置帮教等部门互联互通，信息共享，协调联动，创造性地运用现代科技最新成果破解公共安全难题。

（三）构建灵活机动的人防体系

按照封闭控制、不留空隙的要求，充实一线警力，严密警戒部署（包括监狱值带班民警、特警队、巡逻队、驻监武警等）。盯住看紧每名罪犯，严防罪犯脱管失控，由监狱加大警力投入，对罪犯生活区及劳作区实施严密管控；由武警看押部队对警戒区域外围实施封闭式警戒，发挥人的因素在安全防范中的关键性作用。

（四）构建科学合理的物防体系

按照符合标准、坚固耐用、防范有效的要求，全面加强并切实完善监狱围墙、岗楼、电网、照明、各监区的物理隔离网等警戒设施，形成功能完善的监狱警戒设施防范体系，包括建（构）筑物、屏障、器具、设备、系统等，筑牢物防屏障。完善监狱物防，做到监狱物防设施先进、功能完备、区隔明显、牢固规范。

（五）构建全方位安全联防联动机制

按照密切协作、联动处置的要求，整合武警看押部队、监狱、监狱驻地公安机关以及社会力量，形成完善的目标联防体系。完善监狱与武警、公安、检察、消防、卫生多警种的共管、共建、共保安全机制，加强与监狱周边社区、乡镇、工矿企业的联防、联控，健全统一指挥、区域联动、部门协作、社会合作机制。建立健全情报信息互通、联防联动机制。形成多方应急反应协调机制，建立完善统一指挥、反应灵敏、协调有序、高效运转的监狱应急反应机制。

（六）构建监狱舆情应对体系

应按照"及时准确、公开透明、有序开放、有效管理、正确引导"的原则及时应对涉狱舆情。明确专门机构，配置专门力量，依托先进的信息技术和专业的舆情调查机构，及时发现监狱舆情热点；科学研判分析，掌握舆情发展动向，有效引导舆论；迅速发布相关情况通报，抢占最新舆情制高点；先声夺人、统一口径，严明政治纪律、宣传纪律，有节奏有步骤地发布信息，及时管控恶意炒作。注重统筹协调相关部门，形成工作合力。

（七）构建监狱应急处置预案

健全狱内重特大突发事故、重大自然社会灾害、公共卫生防疫、安全生产、突发性群体事件等应急处置预案，强化认识，明确责任，配置装备，完善保障。定期开展演练，完善措施，强化责任，提高处置越狱、暴狱、集体脱逃、劫持人质等突发事件和重大自然灾害的应急能力。防范和降低可能引发的矛盾风险。

三、构建标准规范的监狱管理体系

监狱工作法治化，首要是标准化、规范化。全面加强监狱内部管理，内容上要依据《监狱法》规范、标准监狱刑罚执行、狱政管理、教育改造、劳动改造、生活卫生、狱内侦查、警察管理等各项工作；机制上要规范、标准监狱机构、人员、设施、经费等管理保障；程序上要确保各项管理制度得到严格依法依规执行；目标价值上要有效配置行刑资源，提升管理效能，体现监狱在国家治理结构和治理能力现代化中的社会价值、经济价值。监狱标准化包括从计划到执行、检查、处理的各个过程并持续加强改进。制订计划或规划目的要明确，各部门与民警执行计划要彻底，组织考核效果检查要认真，发现问题采取措施要及时，纳入标准要周全。特别是要重视查找出不足的地方，重点解决共性和个性问题，使工作不断持续改进。

（一）树立管理意识

切实增强规范化、精细化管理意识。全面加强监狱规范化、精细化管理是加强和创新社会治理的重要内容。要组织广大干警认真学习掌握有关法律法规、规章、规范性文件和管理制度，学习规范化管理相关知识，使广大干警熟练掌握从事本职工作必需的基本法律知识、执法技能、岗位职责和工作要求，强化监狱干警对监狱工作必须牢固树立标准、规范、精细的意识，坚决防止和杜绝管理的随意、任意、粗放的习惯和做法，把规范化、精细化管理意识内化于每一名干警心中，外化于每一名干警的工作言行中，确保管理尽责、管理到位。

（二）完善管理制度

健全完善监狱管理工作制度体系，加强制度立、改、废工作，使制度覆盖到监狱管理工作的所有方面、各个环节。健全完善工作机制，明确各个岗位职责，明确各项工作的程序和标准，健全完善部门协作、上下联动的有机协调制度机制，确保工作高效运转。健全严密合理的组织机构管理制度机制，对监狱机关的事权划分、职能定位、机构设置、职务序列、经费保障、警力配置、管理待遇等问题作出明确的制度规定。梳理清晰部门、监区职能，明确分工，确定流程，理顺部门、监区之间的行政层级、关系。明确监狱各岗位的职责，明确各项工作由谁做，责任由谁负，建立科学、规范的监狱管理制度体系。

1. 管理制度要完整。严格按照工作需要健全编制、完善体系，不但要使刑罚执行、狱政管理、狱内侦查、教育改造、生产劳动、生活卫生、行政后勤、队伍建设等各成体系，还要通过它们之间的相互配合、协调统一，形成完善的执法、监管、教育、培训、安全管理、应急处置等工作体系，有效支撑监狱整体工作。

2. 管理制度要实用。要用标准、细则约束、指导，以标本引领、示范。制度要具有科学性、针对性和可操作性。制度要立足实际，要可用、必用、实用、好用、管用，保持合法、权威。

3. 管理制度要连续。监狱管理是各个层面、各个要素有机联系的整体，并置身于更大的社会管理体系之中。制定制度要做到把握全局、统筹兼顾、决策连续，保证监狱整体工作良性推进、持续发展。

4. 管理制度要统一。管理过程即决策、控制、组织、实施、考核、奖惩的过程。要严格依照法律法规，真正做到法规一致、管理统一、效果相当。

（三）制定管理标准

监狱作为国家刑罚执行机关，其管理活动也是执法活动、执法过程，应当有完整的工作标准。制定监狱执法规范标准，如狱政管理、刑罚执行、狱内侦查、教育改造、生产安全、劳动改造、生活卫生等。制定服务保障规范标准，如队伍建设、信息监控、规划财务等。制定标准中的子标准，如狱政管理标准中的安全防范、考核奖惩、分级处遇、邮汇会见等工作子规范标准。总任务和分任务、类任务和子任务、职能任务和实操任务等共同构成一个完整的业务工作规范标准体系。通过严格标准，确保监狱各个执法环节工作内容规范标准化。具体可包括：

1. 服刑人员危险性分级标准。全面实施罪犯危险性评估和改造质量评估。在罪犯入监、出监及服刑期间每年定期对罪犯暴力、自杀、脱逃等危险性开展评估。监狱应当对所有新入监罪犯开展危险性评估并据此实施分级分类关押改造。监狱应当按规定对所有即将释放出监的人员在其出监前完成危险性和改造质量评估，并将评估结果通报相关的司法行政安置帮教、社区矫正部门和公安机关派出所，实现"无缝衔接"，确保安全。

2. 监狱分级分类建设标准。统一规划、统筹布局、稳步推进全国监狱分级分类建设。构建符合关押不同危险程度罪犯的超高戒备、高戒备、中戒备、低戒备、半开放式监狱等五级和专门（特殊）监狱体系。制定不同功能性监狱建设标准，按功能建成专门（特殊）监狱，如分流中心（新收犯监狱）、女犯监狱、未成年犯监狱、省局监狱中心医院（医疗监狱）、外籍犯监狱、特殊病监狱（关押精神病犯、性病犯、涉毒犯等）、未决犯监狱等。在全国范围和各省区市范围内科学规范设置功能性监狱或在监狱内设置功能性监区，确定适宜的数量和分布。

3. 监狱设施管理标准。按功能制定一般办公设施标准和监狱特殊设施标准；按岗位制定监管、教育、劳动、生活、医疗等岗位设施标准；重点制定好监狱安全设施标准，如监狱大门、武警哨位、围墙、电网、各监区物理隔离网等各项安全警戒设施标准。实施网格化管理，确保监控、巡视、门禁、路障等实现区域划分、隔离防护、周界控制、智能报警、整体联动的作用。在确保安全的基础上妥善制定罪犯生活、卫生、学习、会见、禁闭设施标准。

4. 监狱经费管理标准。包括监狱基本经费支出标准（监狱行政运行经费、罪犯改造经费、罪犯生活经费、狱政设施经费等如实列入政府财政预算）、监狱和监狱企业国有资产管理标准（实现国有资产的保值增值）、经费使用的监督与监察标准（确保经费安全、有效运行）。建立并完善监狱经费的动态增长机制。

5. 监狱安全管理标准。安全管理是监狱工作的重中之重。规范安全管理要充分掌握监狱安全工作的重点规律和基本脉络，对任何危及监狱安全的风险、隐患都应有明确的认定标准。制定对罪犯在学习、劳动、生活现场的直接管理和对重点人员、重点物品、重点时段、重点部位的管控标准，完善有关枪支弹药及警戒具管理标准，以规范明确的标准检验监狱安全管理的各项活动、措施和效果。

6. 监狱刑罚执行管理标准。包括执法程序标准、执法行为标准、狱务公开标准。主要内容有：罪犯收监，法律文书查验、人身物品检查、通知家属、入监登记及建立档案等程序标准；罪犯释放，衔接安置帮教部门程序标准；罪犯计分考核执行标准；罪犯减刑假释，监区警察集体评议、监区长办公会审核、监狱提请减刑、假释评审委员会评审、公示、监狱长办公会决定程序标准；执行暂予监外执行，病情鉴定、审查、与有关部门的衔接标准；狱务公开标准，执法监督标准；罪犯解回再审和罪犯诉求，审核、申诉、控告、检举制度及程序标准；罪犯死亡处理程序标准等。

7. 监狱狱政管理工作标准。主要包括，对罪犯学习、劳动、生活现场的直接管理和行政奖惩制度标准；落实罪犯日常行为规范标准；落实罪犯分押分管和分级处遇管理标准；出（入）监监区、高危犯监区、禁闭室、老病残犯监区等功能监区管理标准；罪犯会见通信、出入监车辆管理、外协人员管理和违禁品、危险品管理制度标准；罪犯调遣、外出就医、离监探亲、特许离监和港澳台及外国籍罪犯管理规定标准等。

8. 狱内侦查管理标准。包括狱情排查、收集、研判、处置工作标准；狱内侦查办案标准和程序、专案侦查现场勘查、物品痕迹鉴定、证据收集固定标准；耳目物建使用和奖惩标准等。

9. 监狱生活卫生标准。包括食品药品采购验收、农药检测、存储、制作、分发和留样规定标准；罪犯入监体检项目和程序标准；罪犯健康档案建立、迁移和管理标准；传染病、精神病和艾滋病等特殊病犯的集中关押、管理和治疗标准；罪犯狱内就医程序标准；监狱罪犯疾病预防控制标准；罪犯狱内个人钱款及消费管理标准等。

10. 监狱教育改造管理标准。包括罪犯的出（入）监教育、思想道德教育、法制教育、文化教育、职业技能培训、分类教育、矫正项目、个别教育、心理矫治、罪犯改造质量评估和入监甄别、出监前综合评估等管理制度标准；监区文化建设、社会帮教和刑释人员衔接工作标准等。

11. 监狱劳动改造管理标准。包括罪犯劳动项目评估选择标准；安全生产、劳动工时、节假日休息、劳动保护、劳动报酬、生产设备设施和劳动工具管理制度标准；罪犯劳动岗位管理及岗前、岗中、转岗培训和技术等级培训制度标准；罪犯劳动改造成效评估标准。

12. 监狱警察队伍管理标准。构建机构设置优化、结构形态扁平、组织规模适度的监狱组织结构标准。科学核定编制配备和警力配置比例,配合编制部门,研究确定符合监狱工作实际的编制配备和警力配备标准。规范和严格专项编制管理办法,实行监狱警察编制动态管理机制。形成工作目标明确、职位分类健全、内设机构规范、定编定员合理、机构功能高效的干警管理标准。完善职位设置、任职资格条件和岗位工作要求、责任要求标准。主要领导、领导班子成员以及重点岗位警察交流轮岗工作制度标准。警察日常执法管理行为和值班、备勤工作模式标准。"凡进必训""凡晋必训""定期轮训"的执法培训机制标准。警务督察工作标准。警察考核和警容风纪管理制度标准。

13. 监狱企业标准。制定按照罪犯回归社会就业的需要,选择要有利于培养罪犯劳动技能,设置适合监狱实际和罪犯劳动改造的绿色环保,建设适宜性劳务生产项目标准。制定就业市场广阔、劳动需求量大、人才短缺、管理先进,能够让罪犯接受现代工业文明生产熏陶,不断培养罪犯适应现代工业文明的质量、安全、节约意识和劳动习惯,具有社会、经济双重效益的项目引进标准。制定"合法、安全、适宜、有效"的监狱企业产业产品结构调整标准。制定劳动改造效果评估标准。根据罪犯身体状况、劳动能力、岗位需要,出于改造需要设定劳动岗位标准。根据劳动矫治功能,设定劳动种类等级标准。

(四) 明确管理职责

通过"量化管理",使监狱各项工作各个岗位责任清晰,管理目标明确,责、权、利统一,谁主管谁负责,设岗定责、依岗承诺,使工作责任具体化。领导上,明确全面领导责任、主要领导责任、直接领导责任;岗位上,明确狱政管理、刑罚执行、教育改造、生产安全、劳动改造、生活卫生等岗位责任;活动上,明确各项执法活动责任。通过明确每名干警工作权责、责任追究,确保每名干警严格把握工作标准和工作要求,严格遵守工作程序和业务流程。

(五) 严密管理程序

监狱管理程序要清晰规范。执行依据、职责权限和程序要步骤明确具体,执行活动有章可循,坚决防止管理工作的随意性、任意性。每项任务都具体化和程序化。每一项业务都有落实、执行、流转、追踪、修正、完成等步骤流程，确保每名警察清楚知道什么时候该做什么、该怎样做、做到什么程度才能符合标准。监狱过程管理要"精、准、细、严"。日常管理要严格遵守制度和流程。全体警察都能认清当前形势，明确监狱工作的重要性和规范化管理的必要性；明晰管理脉络，清楚自己所处的位置和应尽的职责；熟悉具体工作，掌握本级和下一级的工作业务和全部工作流程。监狱工作要严密控制各个工作环节，做到事事有安排，不留死角和盲点。事件管理要"注重细节、立足专业、科学量化"。坚持"持续改善"，做到有计划、有执行、有检查、有调控、有总结，形成持续改善动作并取得工作成果。真正实现监狱规范化、精细化管理目标。

（六）强化管理措施

监狱通过加强措施，依据目标标准、工作职责，确保责任到人，程序严密、行为规范。坚持政治建警、依法治警、从优待警，建设高素质的监狱人民警察队伍。建立执行主要领导、领导班子成员以及重点岗位警察交流轮岗工作制度；建立警察日常执法管理行为和值班、备勤工作模式。落实警力配备，保证75%以上的警力配置在监管改造一线；完善落实"凡进必训""凡晋必训""定期轮训"的执法培训机制。严格警务督察工作；完善落实警察考核机制和警容风纪管理制度。

（七）落实管理责任

履职必有责，管理必负责，心中有担当，行动不迷茫。监狱工作要奖罚分明，责任到人。坚决落实中央提出的"党政同责、齐抓共管、一岗双责、失职追责"要求，严格落实监狱管理责任制，构建完善的责任体系，完善责任分工、责任落实、责任考核、责任监督、责任追究机制。

（八）规范管理行为

制定完善具体细密、可操作性强的执法行为规范，将各个执法岗位、执法环节的执法行为都纳入规范之中，坚决防止和纠正监狱管理中的任意、随意、粗放等不规范行为，确保每一项执法行为都有据可依、有所遵循、统一规范。

（九）加强管理监督

信任不能替代监督。监狱工作要加强党内监督，监狱机关各级党组织应当把信任激励同严格监督结合起来，促使党的领导干部做到有权必有责、有责要担当，用权受监督、失责必追究。党内监督要贯彻民主集中制，依规依纪进行，强化自上而下的组织监督，改进自下而上的民主监督，发挥同级相互监督作用。加强狱务公开；加强社会监督；加强舆论监督；加强日常检查；加强监狱督察。监督是权力正确运行的根本保证，不允许有不受制约的权力，也不允许有不受监督的特殊干警。要完善权力运行制约和监督机制，形成有权必有责、用权必担责、滥权必追责的制度安排。

（十）严处管理失职

坚持从严治警，严格执行"六条禁令""六个一律""六个绝不允许"等铁规禁令。按照司法部规定要求，凡违反上述禁令的监狱人民警察，视情节轻重，依法依纪给予纪律处分或者行政处分，涉嫌犯罪的，依法移送司法机关处理。坚持有腐必反、有贪必肃，监狱机关反腐败工作坚持无禁区、全覆盖、零容忍，刑罚执行机关绝不允许有腐败分子藏身之地。

四、构建鲜明的监狱惩教体系

做好罪犯恶性程度、危险程度、矫正需求等情况的评估工作，科学认识罪犯，准确掌握罪犯实际情况是全面构建监狱惩教体系的前提。

（一）切实发挥惩罚在教育改造中的作用

中华人民共和国成立之初，国务院副总理、首任公安部部长罗瑞卿认为，"惩罚"是指严格执行法院的判决，剥夺罪犯的自由，强迫他们劳动，实行人身监禁。通过"管制"，强迫罪犯遵守法律，不得脱逃或违反监管规定。这也阐明了监狱惩罚的功能及惩罚在改造中的作用。监狱作为国家刑罚执行机关，作为监禁罪犯的特殊场所，其强制性、惩罚性是监禁刑的特点。作为犯罪的法律后果，罪犯不可能不受到严格强制管教，不执行刑罚，犯人就不可能深刻反省，痛改前非，教育改造就会成为一句空话，尤其是对具有危险性大的危安暴恐犯、重大刑事犯等，更要突出和强化惩罚的功能。因此，要始终坚持"惩罚和改造相结合，以改造人为宗旨"的监狱工作方针，坚持宽严相济的刑事政策，当宽则宽、当严则严，统筹使用好惩罚和改造两种手段，最大限度地发挥惩罚在教育改造中的作用，最大限度地实现刑罚的功能，增强刑罚的刚性。"能攻心则反侧自消，从古知兵非好战；不审势即宽严皆误，后来治蜀要深思。"对待犯人再严格也要以人为本，不能不把他们当作"人"来看待，对他们的从宽也不能突破"囚"的界限。"教育人、挽救人"，要宽严相济、恩威并施。

（二）切实发挥劳动在教育改造中的作用

我国《刑法》第四十六条明确规定：凡有劳动能力的罪犯，都应当参加劳动，接受教育和改造。我国《监狱法》第六十九条规定：有劳动能力的罪犯，必须参加劳动。依据法律规定，凡在监狱服刑的罪犯，凡有劳动能力的，都必须参加劳动，这是一种强制性的规定。长久以来，不少罪犯由于长期不劳而获，懒惰成性，缺乏独立生活能力，也对国家、社会、亲人缺乏情感和责任感。监狱对罪犯如果不通过劳动，仅孤立地进行谈话教育，只会是空洞、无力的。只有通过强迫并引导罪犯参加劳动，才能使罪犯养成劳动习惯，掌握一定的生产技术、职业技能，以便将来能够自食其力，同以往的寄生生活方式和思想意识彻底告别。我们说劳动既是生产又是教育，没有劳动这一课，其余的教育都是白费。劳动改造和劳动生产之间不是对立的，而是联系的，对某些罪犯，不通过劳动要想把他们改造过来是不可能的。要想达到劳动强制、矫正、经济的效果，应充分发挥监狱劳动在监狱管理和改造罪犯中的功能，构建劳动惩罚改造体系等。

（三）构建配置有效的改造设施

教育改造罪犯是法律赋予监狱机关的一项重要职能，是在法律规定的范围内实施的有中国特色的主要改造手段，具有严肃的法定性和强制性。监狱机关的任务不仅仅限于把大批犯罪分子监管起来，使他们不能在社会上继续作恶，而且更重要的是在惩罚管制期间组织他们从事劳动生产，在劳动过程中对他们进行监管改造，同样对他们进行文化教育和生产技能的训练，积极地争取让他们转变成为新人。要结合监狱教育改造的特点，在不同戒备监狱完善专门的教育机构和教育制度，落实文化教育、职业技能培训规定的教育场地、设施制度规范要求。建立健全教育改造职能科室，建立和完善教学教研室、电化教育中心、服刑人员心理健康指导中心、服刑指导中心等教育工作实施机构和配套实用的教育设施。建立规范化的入监监区和出监监区。根据司法部《监狱建设标准》《监狱教育改造工作规定》，达标建设教育改造罪犯所需要的教室等教育场所和硬件设施。

（四）构建科学教育管理体系

全面落实司法部"5+1+1"罪犯教育改造模式。落实教育日制度，开展集中教育，强化个别教育，推行矫正项目，确保教育效果。规范师资队伍管理，配齐配强专职人员，监区配备专职教育改造工作干警，满足日常教育改造工作需求。完善教师评聘、课酬制度，增强教师的积极性和主动性。争取教育行政部门、人社部门的配合支持，将文化教育、职业技术教育的师资派驻到监狱进行教学。规范电化教育、远程教育、网络教育等科技教育。实现监内广播、电视、教育网互联互通，提高信息资源的综合利用效能，提升教育改造的科技含量和信息化水平。

（五）构建科学的教学内容体系

积极争取实现由当地教育部门落实罪犯文化教育的师资、教材、教学、考核、入档等工作内容；积极争取实现由当地人力资源和社会保障部门落实罪犯的职业教育的师资、教材、教学、考核、入档、培训、发证等工作内容。通过改革，努力将监狱在押罪犯的义务教育和基础职业技能教育纳入国民教育统一规划之中，按照政府的统一教育规划，教育部门、人社保部门、财政部门、建设部门、司法部门等按照各自职能分工，各司其职，各负其责，共同为教育好罪犯服务，承担好政府应有的责任。监狱机关要发挥教育改造罪犯主阵地作用，确定监狱矫正、法德结合、教育为本、消除危险、防止再犯的理念，大力推进监狱法制、道德、文化和技术教育正规化、系统化、科学化。

（六）构建实效的个别化教育体系

在入监期间应对每一名罪犯开展文化、技能评估。将罪犯分配到相应的文化学习班、技能培训班和劳动改造岗位。健全罪犯劳动岗前、岗中和转岗培训制度，落实每一名罪犯"监狱、监区、劳动岗位"三级培训制度，根据社会用工需求扎实开展有针对性的职业技能培训，积极探索适用性技能培训、创业培训。

一是全面加强对每一名罪犯道德法制教育。参照并引进教育部小学到大学学历教育中的行为规范、道德法制教育机制和内容，引进传统国学教育，解决罪犯在思想道德、行为规范上存在的重大缺陷和严重失范等问题。

二是加强对罪犯的个别教育改造。做好罪犯矫治个案的收集整理工作，为总结提炼教育改造规律提供实证基础。探索推广循证矫正，创新个别矫治、分类教育、电化教育、管理教育、质量评估、社会帮教等方式方法，把普遍教育与个别化教育结合起来，把传统教育管理手段和现代教育矫治技术结合起来，完善多种类型罪犯的矫治改造方案。突出重点、创新形式，落实针对性、指向性、具体化的教育措施。重实战、讲实用、以务求实效为着力点。

三是加大对每一名罪犯心理、行为矫治力度，完善罪犯心理矫治体系。对罪犯心理健康状况分类分级，构建分类分级的罪犯心理健康教育内容体系，强化不同等级类型罪犯的体验式教学和团体心理辅导，加大罪犯心理干预、心理疏导力度，不断提高心理矫治工作的针对性和有效性。

（七）构建推广先进的矫治技术体系

罪犯矫正科学化是罪犯教育的重中之重。矫正是一种特殊的教育，其方法、目标都有其特殊性。应遵循规律、把握特点、研究方法、突出重点、讲究实效。

应大力推行矫正方式方法的创新，满足罪犯矫正需要，创新矫正罪犯技术，发挥罪犯的主体作用。坚持以消除罪犯的人身危险性、减少再犯可能性为罪犯教育改造的目标。紧密结合监狱改造罪犯需要和实际情况，坚持以问题为导向，以矫正需求为目标，充分学习引进当前国外、社会先进的教育理念和矫治技术，通过本土化、标准化、规范化、可操作化、有效化形成一整套包含针对问题罪犯的条件筛查、基础理论、操作技术、解决流程、效果评估、后期巩固、结果反馈的矫治技术群。研究制定针对各类重点罪犯，如危安犯、宗教极端罪犯、邪教罪犯、暴力犯、涉毒犯、短刑犯、未成年犯的教育矫治方案和矫正项目群。打造一批如项目矫治技术、内观技术、正念技术、动机性访谈技术等符合监狱实际情况的监狱管理和教育改造关键性核心技术。广泛推行应用罪犯个案矫正技术、音乐治疗项目矫正、循证矫治、内视观想等新型的改造罪犯的方法技术。

（八）构建罪犯辅助教育体系

打造罪犯刑释就业平台，积极争取各级政府和社会各界的支持，做好刑满释放前就业指导和职业推介工作，搭建服刑人员刑释就业信息管理库，广泛开展刑释人员就业推介活动，帮助刑释人员顺利回归社会。构建区域性的综合罪犯会见中心，将监狱会见楼、会见室打造成对外开放的窗口、宣传平台。与帮教部门、社矫中心联网，安装远程可视会见系统结合起来，做好罪犯亲情帮教工作。

（九）构建适合罪犯改造的文化体系

监狱应从自身实际出发，投入相应的物力和财力，坚持以改造人为宗旨，围绕罪犯教育改造目标，大力建设监狱文化。一是完善监狱文化建设机制，规范组织保障、顶层设计、统一规划，具体指导监狱文化建设。二是完善物质设施，建设良好的改造环境。办好监狱图书室、阅览室，美化绿化亮化改造环境，通过布设文化雕塑、小桥流水、花卉山石等人文景观，陶冶罪犯情操，发挥其"润物细无声"的功能。三是要不断丰富监狱文化活动内容，营造积极健康向上、矫正针对性强的监区文化氛围。不断完善监狱"园""场""节""庆"等主题性活动，开展体育活动，组织罪犯学习音乐、美术、书法等，开展多形式的艺术和美学体育教育，通过丰富的视觉、外观活动，营造健康的改造氛围。四是要发挥民警文化建设成果的示范作用，坚持以文"育"人、以文"化"人。充分发挥优秀的监狱文化的导向、凝聚、激励、协调、约束、辐射等功能，提升监狱改造内涵。

五、构建公正公平的执法体系

（一）构建公正严明的监狱执法体制机制

建立全面、统一、明确的监狱执法体制、机制和制度，完善刑罚执行、狱政管理、教育改造、劳动改造、生活卫生、警察管理等规章制度，建立统一严密规范的执法制度体系和运行机制，使监狱的执法活动尤其是收监、减刑、假释、暂予监外执行、会见、调犯、释放等重点执法行为都能严格法定条件，严格法定程序，严密监督机制，全面深化狱务公开，使监狱的执法活动更加规范、精细、统一、标准。每项执法管理行为都有法可依、有规遵循、统一规范、公平公正。

（二）构建信息化的执法管理系统

实现监狱执法办案及监督网络化、信息化。"执法信息网上录入、执法流程网上管理、执法活动网上监督、执法培训网上进行、执法质量网上考核"，通过综合信息平台建设，设定各项工作的内容、流程、步骤，规范执法管理程序和权限；统一罪犯计分考核奖罚的类型、幅度、分值和依据等执法管理标准，减少执法行为的主观随意性，促进执法的标准化；自动记录警察执法管理活动情况，加强执法管理监督，促使警察积极作为，强化对监狱执法管理全过程的刚性制约、系统管理。

（三）加强和促进监狱罪犯人权保障

监狱罪犯人权保障是国家人权保障的重要内容。监狱作为一个国家文明程度的窗口，体现的是整个社会的进步。南非前总统、世界著名政治家曼德拉曾断言："作为判断一个国家的标准，不应该看这个国家如何对待本国最上层的公民，而应该看这个国家如何对待最底层的公民。"2015年12月17日，时隔60年后，第70届联合国大会通过了对《联合国囚犯待遇最低限度标准规则》的修订，该规则由95条增加到122条，字数由约1.1万字增加到约1.6万字，篇幅显著增加。对基本原则、医疗和保健服务、纪律行动和惩处、获得法律代理的权利、申诉和独立检查、监狱工作人员培训等内容作了较大修改和充实丰富。并被尊称为《纳尔逊·曼德拉规则》，凸显国际社会对监狱的重视程度。中国作为联合国的主要成员，中国司法部监狱局曾受联合国相关部门的邀请，近5年来先后3次派人率团参与了对此《规则》的研讨修改。笔者曾于2015年3月受邀率团至南非开普敦参加联合国相关部门组织的对《规则》的国际研讨会。在会上，我作为中国代表，讲述了中国监狱故事，阐明了中国监狱保障罪犯人权的理念和观点。

罪犯人权保障是指国家或其他主体通过立法、司法等活动，依法保障罪犯未被剥夺或限制的人权不受侵犯或得以实现的制度和措施。监狱罪犯人权保障作为特殊领域的人权保障具有重要意义。监狱人权保障是整个社会人权保障的重要组成部分，加强罪犯人权保障有助于维护监狱安全稳定，有助于提高改造质量，有助于调动罪犯改造积极性，有助于提高刑罚执行公信力。立足于对罪犯的教育改造，将监狱罪犯人权保障贯穿于监狱管理执法的全过程，应做到"五个注重"，即注重罪犯人身权利的保障，严禁对罪犯实施酷刑或变相酷刑，注重罪犯生命和健康权的保障，注重罪犯劳动方面权利的保障，注重罪犯刑罚变更执行权利的保障，注重罪犯相关政治权利的保障。监狱罪犯人权保障最重要、最现实的是有关罪犯的生活卫生。生活卫生涉及罪犯的生命延续、健康维持以及饮食、卫生、医疗、防疫、保健等工作，在稳定罪犯改造情绪、保障罪犯合法权益、提高教育改造质量等方面具有其他工作不可替代的作用。规范罪犯生活卫生管理要健全完善罪犯生活、医疗保障体系，依法保障罪犯合法权益，确保不发生重大公共卫生突发事件。

依法保障罪犯劳动权益。科学合理地组织罪犯劳动，落实职业病防治和劳动保护政策措施，监狱劳动项目、罪犯的劳动管理、劳动组织、劳动保护，切实做到依法、科学、严格、文明。适度安排罪犯劳动，加强罪犯劳动保护。避免罪犯超时间、超体力、超强度劳动的问题和没有劳动岗位、缺乏劳动手段、罪犯无事可做、坐吃闲饭等问题。大力推行监狱企业职业健康和安全环境体系认证。全面实行罪犯劳动报酬，认真落实好监狱法关于对罪犯实行劳动报酬的规定，适当提高劳动补偿费用与罪犯劳动报酬的比例，增加罪犯劳动报酬发放额度，将罪犯劳动报酬发放与劳动成果、改造实效等挂钩考核发放，充分调动罪犯劳动改造积极性。

六、构建全面有力的保障体系

（一）强化监狱经费财政全额保障机制

监狱作为政法工作的重要组成部分，作为国家刑罚执行机关，作为惩罚和改造罪犯的特殊场所，其所有运行经费均理所应当地由国家财政经费予以全额保障。"犯人吃囚粮，干警吃皇粮。"古今中外监狱概莫能外。应依照法律将监狱经费全部纳入财政保障，建立以省级财政为主，以中央财政转移支付为辅的经费保障体制和动态增长机制，使监狱建设经费、运行经费、执法经费得到全面足额保障。全面实现"全额保障、监企分开、收支分开、规范运行"监狱体制改革目标。按照财政部、司法部要求，落实教育改造罪犯经费，确保专款专用，建立教育改造经费动态增长机制。全面落实财政部、司法部《监狱基本支出经费标准》，全面落实司法部《关于加强监狱生活卫生管理工作的若干规定》，建立罪犯生活卫生费动态增长机制。结合监狱建设，加强罪犯食堂、医院、洗浴等设施建设，大力改善罪犯生活卫生设施条件。有效保障罪犯吃、穿、住及医疗卫生等必要的物质需要。多方筹集信息化建设及运营维修经费，有效管理好使用好信息化经费。

（二）强化硬件设施标准化建设保障机制

全面严格落实建设部、司法部印发的《监狱建设标准》，全面落实司法部、武警总部共同印发的《关于加强监狱安全工作的指导意见》，监狱的所有安防、警戒、教育、执法、管理设施都应当严格按照国家标准予以保障，绝不能变相地、打折扣地、不达标地建设。全面筑牢物防屏障，全面落实监狱 AB 门、隔离网、武警监门哨、围墙、电网、照明等警戒执勤设施，确保监狱长久安全稳定。

（三）强化警力配备规范化保障机制

全面落实符合监狱工作实际的编制配备和警力配备标准，全面落实监狱警察编制动态管理机制，确保警力配备符合实际工作要求，强化充实监狱一线警力，直接从事管理教育罪犯的一线警力应当达到警察总数的 75% 以上。通过优化警力资源配置，改革警务执勤值班模式，规范监狱管理，确保形成与罪犯关押规模、戒备等级、监狱产业结构、教育改造类别相适应的合理警力布局。

（四）强化智能监管硬件保障机制

国家关于监狱布局调整建设的总体要求是：布局合理、规模适度、分类科学、功能完善、投资结构合理、管理信息化。应完善硬件设施，建设数字监狱。完成监狱网络和硬件平台建设，配齐配强信息化硬件、安防系统基础设施设备，搭建好监狱系统综合业务应用系统。以需求为导向，以实用、真用、管用为目标，面向全体工作人员，满足狱务、警务和日常事务管理的需求。

全面实施监控智能化。全面落实向科技要警力、要战斗力，完善监控、周界控制、智能报警等设施设备，加强对监门、监舍、罪犯学习劳动生活三大现场、围墙、监内通道以及监狱周边主要出入口的全面监控、智能报警。

完善监狱信息化标准体系。整合资源力量，统一信息平台、接口和共享模式，努力做到一体设计、同步推进，确保监狱系统各类基础设施互联互通。构建并完善监狱与当地武警、检察、法院、公安等部门信息化的互联互通，加强监狱间协同操作、资源共享，保障监狱信息化工作的可持续发展。

（五）强化监狱信息智能管理机制

促进监狱系统互联互通。构建覆盖全国监狱系统统一的信息化管理平台，司法部、司法部监狱管理局与各省区市司法厅、监狱管理局、各个监狱之间，实现跨省区、跨监狱互联互通、资源共享、协同工作。

倡导"大数据"留存。全面采集监狱人、地、物、事基本信息和吃、住、行、学、劳等动态信息，完善基础信息资源库，建成监狱管理信息库、罪犯信息库、警察信息库。实现监狱系统内信息采集数字化、信息传输网络化、信息管理智能化、信息分析集约化和信息培训经常化。坚持用数据说话、用数据管理。

强化"大数据"分析。通过信息处理、网络通信、生物识别等各个学科的先进技术将监狱内的各种记录、文字、图像、多媒体等信息整合处理，用数据创新，使监狱日常管理、教育劳动、风险预警更科学、防控更有效、打击更精确。

创新"大数据"应用。在监狱"大数据"基础上，创新开发、集成优化监狱整体办公系统。逐步建立监狱整体办公、监狱安全防范和应急指挥、监管及执法管理、决策支持、教育改造、生活保障及医疗卫生、生产管理与劳动改造、监狱建设与保障、狱务公开、警察管理、媒体网络舆论监测处置等应用系统。通过监狱资源数字化、传输网络化、管理智能化，实现监狱信息共享、整合利用，优化配置监狱人、财、物、信息等资源。

七、构建先进的监狱理论科研体系

监狱理论科研对监狱实务工作至关重要，对推动监狱工作的改革创新至关重要。近十年来，适应监狱工作改革发展需要，全国监狱系统围绕监狱法修改、罪犯分级处遇管理、罪犯分类教育矫正、刑罚执行公信力、罪犯人权保障、监狱体制改革、监狱分级分类建设管理、干警队伍管理、监狱企业管理等重大问题开展了大量理论研究，取得了丰硕成果，为推动监狱工作科学发展提供了理论支撑和智力支持。当前，监狱工作正处在改革发展转型的关键时期。监狱工作有许多重大的理论和实践问题迫切需要从理论上予以阐释、支撑和回答，迫切需要加强监狱理论研究，积极探索刑罚执行、矫治罪犯的内在规律，研究监狱内罪犯个体、罪犯群体思想意识形成、改变的方法途径，研究分析监狱内特殊的现象和行为的原理、规律，指导监狱工作。一是提高对监狱理论研究重要性的认识。各级监狱局、监狱、监区领导和干警要充分认识网络时代法治环境下加强理论研究的重要性，充分认识到理论研究是监狱实际工作决策的重要依据，是监狱工作开拓创新、改革发展的重要先导，是党和政府及社会重视支持了解监狱工作的重要渠道，是锻炼队伍、增长才干、提升业务素质的重要途径。尤其是各级领导，一定要拿出时间和精力，不仅要指导好理论研究工作，还要亲自率先垂范，亲自承担理论课题，带头搞研究出成果促发展。二是要建立健全从上到下、纵横相连、整合资源、符合监狱科学研究规律、符合实际的工作体制、制度和机制。应当进一步加强工作机构部门建设，有条件的地方可以成立专门理论研究机构，建立与高等院校理论研究合作机制，完善理论研究奖励制度和激励机制，为加强理论研究奠定制度基础。三是要把队伍建设放在理论研究工作的重要位置，从思想政治建设、业务素质建设、优良作风建设、人才队伍建设和经费保障等方面，努力建设一支政治素质高、学术功底深、科研能力强、务实创新的监狱理论研究工作者队伍，为监狱理论研究工作改革发展提供有力保证。特别是要进一步加强和充实理论研究部门的工作力量，进一步做好理论研究工作人员的培养和锻炼，开展不同层次、不同形式的培训班，让理论工作人员多参加一些会议、活动，多看一些材料，为他们的研究工作提供便利和创造条件。四是要选好、调整好、确定好监狱理论科研课题。要着眼于监狱工作的实践需要，着眼于监狱改革创新发展，着眼于监狱管理矫治工作科学化，以选题为龙头，以监狱理论研究规划课题为重要抓手，紧紧围绕监狱工作改革创新发展的实际，深入研究回答监狱工作重大理论和实践问题。要着眼于监狱体制和工作机制改革进程中遇到的重点、难点问题，加强监管矫治科学化的研究，加强监狱理论研究，促进理论研究工作持续深入开展，多出成果，多出精品。五是要对工作中出现的新情况、新问题，通过广泛论证，集思广益，形成共识，并在总结经验、深化理论、注重实践的基础上，进一步把新思路、新办法固化成切实可行的制度规定或完整标准的样板范例，使监狱的管理执法矫治工作始终在法治化轨道上运行。

八、构建正规化、专业化、职业化的监狱警察队伍体系

管理监狱、刑罚执行、改造罪犯是一个特殊复杂的系统工作，其专业性、特殊性、复杂性、职业化要求很高，否则很难搞好这项工作。中外大量事实证明，做好社会教育工作很难，而要做好教育改造各种形形色色的罪犯更是难上加难。可以说，如何教育改造好罪犯是一项世界性难题，也有著名学者说，矫正囚犯是天下第一大难题，这有大量历史事实佐证。要根本改变一个人的思想、行为、心理是很难的。世界范围内日趋走高的重新犯罪率，也说明了矫正工作的难度越来越大。监狱警察管理监狱、执行刑罚、教育改造罪犯是法律赋予的职责和权力。但监狱警察运用职权则是一个复杂的过程，它与许多动态的因素和不可预料的问题紧密相关。如何使矫正罪犯更加有效？如何确保监狱警察正确运用职权保证监狱工作有效运转？如何提高监管矫正效能？特殊的职业，就应当有特殊的要求，就需要采取一系列的措施和行动，努力建设一支政治坚定、理念先进、业务精通、作风优良、执法公正、勇于担当的监狱人民警察队伍。

（一）牢固树立职业理想信念

心中有信仰，脚下有方向。坚持"忠诚、为民、公正、廉洁"的政法干警核心价值观，坚持高举旗帜、听党指挥、忠诚使命的思想基础，坚持忠诚、干净、担当、敬业的政治品格，是做好监狱工作的最大优势。继承和发扬监狱机关长期以来创造的优良作风，引导广大干警勤于理论学习，善于实践检验，忠诚于职业要求。严守党的政治纪律和政治规矩，做党和人民的忠诚卫士。把抓基层打基础作为固本之举，增强监狱基层党组织的凝聚力、创造力、战斗力，充分发挥党员先锋模范作用和广大干部的带头作用，不断提高监狱人民警察的政治业务素质、职业理想、务实敬业精神。

（二）建设好过硬的监狱领导班子

领导班子建设是监狱各项工作得失成败的关键。应优化监狱机关领导班子知识结构和专业结构，对领导班子成员的素质和能力提出明确指标和刚性约束，

形成有利于监狱工作发展的目标体系、考核办法、奖惩机制。创新领导干部选拔制度，规范领导干部交流制度，定期开展监狱局局领导、处长、监狱长、政委轮训，完善领导班子议事决策机制，建设好监狱各级领导班子。制定监狱长、监区长任职资格制度，严格准入标准；及时配齐配强监狱局、监狱和监区领导班子，优化领导班子结构，使班子成员年龄形成梯次、经历性格互补、专业背景齐全，具有较强整体合力；坚持民主集中制，完善集体领导和个人分工，提高依法、科学、民主决策水平；健全对领导班子的监督制度，强化党风廉政建设。

（三）健全监狱警察分类管理制度

根据监狱机关人民警察的构成和职务特点设立职务序列和职称序列，划分专业、管理、辅助职能，规范执法、管理、教育、矫治、技能辅导、服务保障等岗位，完善警官、警员、警务技术人员职务序列及其管理办法；完善队伍管理、编制、经费等相关的工资、福利、医疗保障等制度。完善警衔管理办法。优化配制编制和警力资源，执法工作依法规范化、核心工作专业编制化、辅助工作外包社会化。构建科学、系统的监狱警察职业生涯规划。从监狱工作的特殊性要求和实战性出发，积极探索推行在监狱机关实行执法勤务机构队建制建设。

构建监狱矫治师制度。应当根据监狱教育改造罪犯的职能要求，在监狱直接承担对罪犯进行教育矫治职责并具备一定任职资格条件的干警中设置矫治师，突出专业化、职业化，完善相关评定考核制度，给予相应的待遇，赋予相应的权责。建设一批高素质矫治专门队伍，发挥矫治师在教育矫治工作中的骨干和示范引导作用，增强干警职业荣誉感和自豪感，引导一线干警安心基层、增强本领、提升素质、强化执法责任、提高教育矫治质量和水平。

（四）构建队伍培训长效机制

切实提高监狱警察业务能力，认真学习和熟练掌握监狱工作基本理论、基本制度、基本政策、基本要求和基本专业知识，为做好本职工作奠定坚实基础。

掌握与自身工作密切相关的岗位技能，熟练掌握口头和文字表达、调查研究、组织协调、信息化应用等基本工作技能，真正成为本职工作岗位行家里手。切实提高监管罪犯能力、严格规范公正文明执法能力、教育改造罪犯能力、应急处置能力、群众工作能力、社会沟通能力、科技应用能力，履行好自身职责任务。大力开展教育培训，扎实开展岗位练兵，不断提高监狱警察队伍专业化水平和实战能力。监狱人民警察应当经过国家认可的政法院校、警察院校专门培训机构培训并考试、考核合格，方可任职、晋升职务、授予警衔、晋升警衔。要建立培训经费动态增长机制，将警察培训经费单独立项，纳入当地财政预算；建立符合监狱工作特点的统一规划、分级管理、分类实施的教育培训体系。要制定上岗、初任、转岗、晋升晋级培训制度，做到凡进必训、凡晋必训、凡转必训、省级统考；重视实战，建立岗位练兵长效机制。定期开展业务技能、警体技能、应对突发事件等实战演练活动；打造精品教材、科学课程等专业培训体系。要设置专业培训基地，充分利用国家认可的政法院校、警察院校专门院校、培训机构，形成院校、师资、场所、内容、考核等一整套专业、权威、统一培训机构，发挥主渠道作用。有效利用高等院校、社会培训机构等优质培训资源。要设置在线学习、网络培训和远程教育，推行全方位模块化培训，打造学习型监狱。

（五）健全落实从优待警的保障制度

监狱人民警察长期工作在监管改造罪犯工作第一线，责任重大、风险性高、任务艰巨、工作辛苦，应当始终坚持从优待警、厚爱干警。建立适合监狱特点的的监狱警察管理制度和保障机制。一是保障身份。明确监狱人民警察执法权责、执法行为、执法程序。明确监狱人民警察行政奖惩的法定事由、法定程序，切实通过法律保障监狱民警的执法权益。二是保障执法。高度重视并切实为监狱人民警察执法提供有力的法律、经费、设备、技术支持，依法保障监狱警察正常正当履行职责而不受追究。三是保障职业。保障监狱人民警察依法享受国家规定的符合其职业特点的工资待遇、职业福利待遇、执勤岗位津贴等。定期接受培训，严格落实国家规定的工时制度和休假制度。四是保险救济及警察死亡和伤残抚恤。建立警察职业风险保障体系，落实国家规定的保险制度，保障监狱人民警察在退休、患病、工伤、生育、失业等情况下获得帮助和补偿。五是保障福利。落实监狱人民警察体检、公休假制度。帮助解决警察住房及家属子女就学、就业、就医等实际困难和问题。六是维护心理健康。重视监狱人民警察心理健康水平，不断提升监狱警察心理应对承受能力，保障监狱警察心理健康。

健全监狱人民警察准入退出机制。建立刑罚执行活动执法主体基本资格准入标准和程序。改善队伍知识结构，加大法律、管理、教育、心理、信息、医学等核心专业人员的招录力度，使其保持在警察总数的70%以上。建立部级、省级高层次综合管理人才、专业人才库，充分发挥高层次人才的带头引导作用。建立并完善监狱警察准入、退出条件和程序。

（六）构建廉洁高效的监狱人民警察文化

高度重视、持续开展监狱警察文化建设。一是要求真务实，坚持"三严三实"，夯实监狱文化建设的根基。二是要大力培育监狱人民警察的核心价值观，增强监狱干警的归属感、责任感、荣誉感、自豪感。三是围绕核心价值观，突出监狱特色，加强物质设施和人力资源投入，打造公平公正的一流刑罚执行环境，建设优美的监狱环境设施。四是要突出警察职业特色，反映监狱的发展方向，尊重警察的主体地位，突出监狱执法监管矫正的职业要求，凸显监狱特有的管理理念、人文精神和运行机制。打造先进的制度文化和管理文化。五是围绕精神文明建设目标，融合地方文化资源，借鉴现代传媒手段，强化社团组织模式，丰富监狱文化内容，树立监狱文化品牌。六是打造良好的用人机制。创造有利于人才成长干事创业的良好环境，使监狱干警各得其所、各展其才，做到栓心留人、靠事业留人、靠感情留人、靠良好保障留人。七是重视构建学习型监狱。建立良好的激励政策，鼓励支持干警研学，积极推动团队学习、全员学习、终身学习，打造学习型、研究型监狱。八是高度重视廉政文化建设。着力增强监狱人民警察的廉洁自律意识和拒腐防变能力。

改革永不停息，创新永无尽头，发展永无止境。我国新时期监狱工作又站在历史的新起点，迎接新挑战，要更好地承担国家赋予监狱的职责使命，更好地服务大局，更好地执行刑罚，唯有坚持不懈、坚定不移地实行改革创新。要按照中央"四个全面"的战略布局，按照中央关于司法体制和工作机制改革的决策部署，按照中央政法委、司法部党组关于监狱工作的总体部署和要求，与时俱进地不断推进和深化监狱制度改革，认真总结改革经验，巩固改革成果，加强和创新监狱治理，不断完善中国特色社会主义监狱制度。不断提高监狱教育管理工作科学化水平，努力使更多的罪犯刑满释放后更好地融入社会，实现预防和减少重新犯罪的刑罚执行目的。为更好地维护监狱安全稳定，提高罪犯改造质量，维护社会和谐稳定、促进社会公平正义、保障人民安居乐业不断作出新的更大贡献。

以政治建设为统领，全面加强监狱管理工作①

本人从事监狱工作已有四十年了，四十年弹指一挥间，回首往事，感慨万千。这四十年也是国家改革开放的四十年，我是监狱工作改革发展的亲历者、见证者，在某些程度上也是推动者。亲身见证了中国监狱的改革和不断发展，总的来说监狱工作比过去有了长足的进展和很大的进步。回顾新中国监狱七十年，回顾监狱改革四十年，监狱工作初心、监狱工作历程，监狱工作为维护社会稳定、改造罪犯、预防犯罪作出了重大的贡献，这是我们值得自豪骄傲的地方。但是，我们要清醒地看到，监狱工作没有最好，只有更好。监狱管理永远在路上。监狱工作十分复杂和艰巨，其政治性强、政策性强、法律性强，尤其是改造罪犯这项工作可以说是世界上最难的事之一，矫正罪犯的灵魂、矫正罪犯的思想谈何容易，教育改造形形色色的犯罪分子难度很大。

新的形势下，监狱工作取得了很大的成绩，但是也面临着很大的压力，出现了不少问题。有些人问，现在监狱硬件越来越强，经费投入也越来越多，条件设施比过去也越来越好，为什么感到工作压力越来越大？我想，这主要是新的形势发生了重大的变化，进入新的时代，新的要求和过去不一样了。新的政策、新的法律法规、包括司法解释，以及中央对监狱工作的要求都比过去更加严格、标准更高、要求更高。人民群众希望得到更多的获得感、安全感。监狱工作要保证安全，唯一的办法就是持续不断的加强监狱管理。

监狱管理涉及面很广，也十分专业和复杂。我国现代监狱的发展，涉及各个方面的管理工作。例如，狱政管理，狱政管理又包括会见管理、三大现场管

---

① 本文整理自作者于 2022 年 4 月在中国法学会举办的河北监狱系统培训班上的讲授。

理、通信管理、罪犯考核奖罚、危险性评估、各种类型罪犯管理等；刑罚执行管理，如收押释放、减刑、假释、暂予监外执行，狱务公开管理；教育改造罪犯管理，罪犯生活管理，医疗管理，监狱各种劳动生产管理，安全生产管理等；监狱基建财务、信息化建设、队伍建设、警务管理，等等，这些都是一个庞大的系统。今天，我仅从宏观、整体思路重点讲三个问题：第一，新形势对监狱工作提出了新要求，明确了新任务；第二，坚持底线思维和问题导向，充分认清监狱面临的重大挑战风险和突出问题；第三，以政治建设为统领，全面加强监狱管理工作。

一、新形势对监狱工作提出了新要求，明确了新任务

2022 年，按照党中央、中央政法委对政法工作的要求，全国政法机关包括监狱，最重要、最根本、最现实的要求和任务是，全力确保党的"二十大"顺利召开。各项工作都要围绕这个目标来全面推行、全面铺开，以安全稳定的成效来确保国家的政治安全、社会安定、人民生活的安宁。这就是对监狱工作的总体要求。2022 年对监狱的具体要求是什么呢？三个字：不出事，就是要求监狱不出事。什么叫"不出事"？所谓不出事，就是要树立大安全观，监狱大安全观，贯彻总体国家安全观，包括监狱狱政管理安全，刑罚执行安全，监管警戒设施设备安全，教育改造安全，监狱生产安全，医疗卫生安全，信息化安全，队伍建设安全。这八个安全就是监狱不出事的内涵。怎么做到"不出事"？做到确保监狱安全，从监狱实际工作来说，绝不是简单的一句话，而是涉及方方面面的工作。需要认真研究、踏踏实实、扎扎实实地谋划抓好这项工作。这项工作是非常艰巨的任务、十分重大的课题。对此我们要有坚定的信心、坚强的决心。我想我们应该树立信心，几十年来已打下了坚实的基础，积累了丰富的经验，要充满自信；同时我们要保持清醒的头脑，认识到目前监狱管理工作存在这样那样的问题，要充分认识当前新的形势和肩负的重任。总的来讲，监狱干警就是要"身在高墙内，胸怀天下事"，着眼全局，着眼时代，这样才能做到心中有数，才能充满自信，才能研究好、管理好监狱。监狱干警应该要有这样的胸怀，应该要有这样的自信。

那么，什么是新形势？新形势主要表现为以下几点：一是中央对监狱工作的新要求；二是动荡不安的世界新格局；三是监狱安全的新压力；四是队伍整顿的新要求；五是封闭执勤的新考验；六是队伍建设面临的新问题。正确认识当前的新形势，自觉提高政治站位，才能有条不紊、从容不迫地做好监狱工作。

第一，中央对监狱工作的新要求。党的十八以来，习近平总书记对监狱工作先后作出了多次的重要指示批示，对包括进一步强化监狱内部管理、严格规范刑罚执行、提高执法的公信力、强化特殊重要罪犯的管理、做好监狱疫情防控、防范重大风险、加强政法队伍建设等方面都给予了关心，并提出了明确的要求，作出了重要的指示。这充分体现了习近平总书记和党中央对监狱工作的高度重视和亲切关怀。习近平总书记的这些重要指示批示，高瞻远瞩、内涵丰富、重点突出，具有极强的前瞻性、针对性和指导性，为做好新时代监狱工作指明了前进的方向，提供了根本遵循。监狱机关从法律上讲是国家刑罚执行机关，是惩罚和改造罪犯的特殊场所，监狱的基本共性世界各国都一样；同时，要深刻认识到，我国监狱的性质、职能和任务，决定了监狱工作必须置于中国共产党的绝对领导之下，要旗帜鲜明地把政治建设放在首位，努力打造一支党中央放心的、人民群众满意的、高素质的监狱人民警察队伍，矢志不渝地做中国特色社会主义事业的建设者、捍卫者。新形势下，习近平总书记对政法工作提出了一系列的要求。2019年1月，在中央政法工作会议上，习近平总书记强调政法工作要"坚持以新时代中国特色社会主义思想为指导、坚持党对政法工作的绝对领导、坚持以人民为中心的发展思想。加快推进社会治理现代化、加快推进政法领域全面深化改革、加快推进政法队伍的革命化、正规化、专业化、职业化建设……履行好维护国家政治安全，确保社会大局稳定，促进社会公平正义、保障人民安居乐业的职责任务，不断谱写政法事业发展新篇章"。习近平总书记提出"要把专业化建设摆到更加重要的位置来做。"2019年1月，在省部级主要领导干部坚持底线思维着力防范化解重大风险专题研讨班，习近平总书记提出"坚持底线思维，增强忧患意识，提高防控能力，着力防范化解重大风险，保持经济，不断谱写政法事业发展新篇章健康发展和社会大局稳定"。习近平总书记强调"面对波谲云诡的国际形势、复杂敏感的周边环境，艰巨繁重的改革发展稳定任务，我们必须始终保持高度警惕……既要有防范风险的先手，也要有应对和化解风险挑战的高招；既要打好防范和抵御风险准备之战，也要打好化险为夷、转危为机的战略主动战"。新形势下，监狱工作怎么干、监狱管理怎么做，习近平总书记的重要指示批示给监狱工作提供了明确的思想、明确的思路、明确的要求。现在，中央要求做到"两个维护"。怎么才能做到"两个维护"呢？不是喊口号、唱高调，而是要把"两个维护"落实到具体工作中。"两个维护"是具体的，是实在的，作为监狱工作来讲，就是要把"两个维护"落实到监管安全、落实到执法工作中去。以党建带队建，以党建促业务，不能党建是一回事，业务是一回事，党建业务"两张皮"肯定不行。要打造平安监狱、法治监狱，就要求监狱从政治高度自觉学习践行习近平法治思想。习近平法治思想中一个重要观点就是强调要高度重视建设更高水平的平安中国。习近平总书记早在担任浙江省委书记的时候，就在浙江提出了建设平安浙江、法治浙江的要求。2013 年，习近平专门就做好新形势下政法工作作出了重要指示，强调全国政法机关要"全力推进平安中国、法治中国、过硬队伍建设"。建设平安中国当然包括建设平安监狱。监狱不平安怎么保证建设平安中国呢？要从这个观点和思路来建设平安监狱。2019 年党的十九届四中全会，明确提出"建设更高水平的平安中国"。2020 年习近平总书记在对政法工作的重要指示中再次强调，"要把维护国家政治安全放在第一位，继续推进扫黑除恶专项斗争，着力推进市域社会治理现代化试点，努力建设更高水平的平安中国、法治中国"。2022 年 1 月，习近平总书记对政法工作再次作出重要指示，"各级党委要及时研究解决制约政法工作的突出问题，支持政法各单位依法履职，为建设更高水平的平安中国、法治中国提供有力保障"。习近平总书记这一系列重要讲话要求，对打造平安监狱、加强监狱管理，提供了重要指导。监狱干警要保持政治上的清醒，做政治上的明白人，熟悉党中央对监狱工作的明确要求，熟悉习近平法治思想对监狱工作、刑罚执法工作有哪些要求。习近平总书记提出全面依法治国一系列新理念、新思想、新战略，尤其是在 2020 年 11 月中央全面依法治国工作会议上提出的"十一个坚持"，是习近平法治思想精髓和核心内容。学习习近平总书记的讲话，要自觉在监狱管理中，在刑罚执行工作中，联系实际学，学原文、悟原理，增强学习的自觉性、主动性，深刻领会习近平法治思想蕴含的坚定理想信念、鲜明的正确导向、深远的战略思维、强烈的历史担当、真实的人民情怀、科学的思想方法，真正做到领悟所有概念要求，切实做到增强"四个意识"，坚定"四个自信"，做到"两个维护"，不断提高政治判断力、政治领悟力、政治执行力。学习实践中要处理好六个关系：一是党的领导和法治的关系。二是政治和法治的关系。要使政治成为法治的根本保证，法治成为政治的坚强保障。三是法治和德治的关系。依法治国和以德治国的有机结合。四是发展和安全的关系。监狱工作要发展，更要保障安全，坚持安全是发展的前提，发展是安全的保障，要从总体国家安全观，来保障监狱的发展。五是改革与法治的关系。既要强调改革，又要保证法治，重大改革必须要依法进行，于法有据，不能胡来。不能打着改革创新的口号胡来，那是要犯错误的，一定要处理好改革和法治的关系。六是依规治党和依法治国的关系。巡视工作有明确的纪律，就是必须坚持依规依纪依法进行巡视，不能脱离规定，巡视也不能乱作为、更不能胡作为。监狱工作要提高站位，必须严格遵纪守法，依法治监，不能埋头具体事务，否则干不好、迷失方向。

第二，动荡不安的世界新格局。持续的俄乌之战，以美国为首的西方对俄罗斯的严厉制裁，将会改变全球的格局。美国遏制中国，是长期复杂严峻的，这些变化反映到监狱工作中，与监狱工作密切联系。西方对我国司法工作、监狱工作进行的攻击、抹黑，从来就没有停止过。尤其是对司法人权保障、监狱的管理、监狱的监督、监狱的医疗等监狱工作进行污蔑攻击。

第三，监狱安全的新压力。现在中国的监狱是全世界最安全的监狱之一。但是在我国，各个监狱都存在巨大的压力、担负着很大的责任。监狱的好坏，事关国家的刑罚执行，事关国家的安全稳定，事关人民群众的生活安居和社会的安宁。在这个新媒体发达的时代，网络信息满天飞，监狱一旦发生了事，如发生罪犯脱逃、暴力袭警、罪犯自杀、安全生产事故、医疗事故等，就可能被放大，给国家和社会带来影响。所以监狱压力大很正常。现在，监狱押犯总数在高位运行，而且监狱内罪犯的构成非常复杂，暴力犯多、职务犯增加、女犯增加、吸毒贩毒犯增加、老弱病残犯增加，监管改造难度现在越来越大，不服管、顶撞管教、顶撞干部、反改造、反惩罚等对抗活动从来就没有停止过。监狱干警职业风险非常大，而且对监狱的要求越来越高，如零脱逃、零违纪、零差错、零事故。怎样去面对？我想还是应少抱怨、正视现实，任何职业都有风险，既然从事这个职业，那么工作压力肯定是客观存在的。

第四，队伍整顿的新要求。按照党中央统一部署，2021年对政法队伍开展了全面的教育整顿活动，对监狱进行全面综合治理，现在总体上都在逐渐规范，由乱到治，各项工作逐步走向规范。但是要清醒认识到，全国监狱那么多，队伍那么大，押犯这么多，监狱存在的问题是否全面解决了呢？我说未必，如执法不公正、管理不严格、作风不过硬、顽瘴固疾仍不同程度的存在，个别害群之马也没有完全查出来。这些就是对监狱队伍教育整顿的新要求，监狱工作还需要相当长的时间来适应来改变。

第五，封闭执勤的新考验。现在监狱基层一线干警反应最强烈的就是封闭执勤、连续地封闭执勤。长期地封闭期必然导致少数干警身体、心理遭受巨大的考验。有的封闭7天、有的封闭14天、有的封闭21天，甚至几个月或更长时间。在信息这么发达的时代，不能打手机，不能与家人联系，不能照顾老人、孩子，这些都是对干警的考验。看到这些，我感到特别心疼，感到很难过，监狱干警确实很不容易。在这种情况下，对监狱安全、对执法安全、对改造的安全的要求也绝不可能放松，在这种形势下，监狱干警如何开展好工作，需要高度重视，认真研究解决。

第六，队伍建设面临的新问题。近些年，队伍建设通过不断地学习，不断地整顿，政治素质、业务素质等综合素质得到了极大的提高，但是监狱面临的问题依然存在，一线警力不足、能力不适应、保障不力等。面对形形色色的罪犯，有的干警不敢管、不会管、不愿管、不想管。这些怕担责、怕追责、不干事、少干事的做法和想法，虽可能是少数，但这些现象、问题，需要给予特别关注、研究和解决。

二、坚持底线思维和问题导向，充分认清监狱面临的重大挑战风险和突出问题

当前监狱工作面临新的特点，对监狱管理要求的标准更高，监管执法的难

度更大；对执法的要求更严，监管的风险更多、确保公正执法监管安全的责任更加重大，对此要保持清醒的认识。牢固树立底线思维，坚持问题导向，始终是做好各项工作的前提，不要认为好几年没出事了，就沾沾自喜。必须清醒地认识当前监狱工作面临的重大挑战风险及存在的突出问题。

第一，确保监狱安全稳定压力增大的新挑战。主要表现为：

一是监狱收押、改造罪犯的数量增长。多数监狱收押罪犯数量增多。尤其是整顿活动以后，相关部门把过去在看守所羁押的罪犯送往监狱。监狱不能拒收。现在的政策是进口敞开，出口收紧，减刑、假释、保外就医大幅收紧，导致监狱内押犯拥挤，监管改造难度加大，风险加重。

二是监狱内关押罪犯构成十分复杂。监狱内关押着形形色色的罪犯，老弱病残罪犯、患传染病的罪犯、暴力犯、职务犯，对这些各种罪犯怎么管？简单的"一刀切"，肯定不行。怎样增强针对性，做到个别性，这是个很艰难的工程。

三是狱内改造与反改造斗争始终存在，甚至是激烈的。少数罪犯不服管教、不思悔改，对抗管教，甚至是暴力袭警，有的挑战监狱的权威、挑战监狱干警的权威，而相关的监狱管理法律、法规不健全，政策支持力度不够，导致监狱确实不好管，难度大、压力大、风险大。

四是监狱反恐怖斗争的形势严峻。尤其是在边远地方的监狱，狱内狱外相互勾结，有些冲击监狱，包括一些从事恐怖主义犯罪的罪犯进监狱以后，反改造活动十分活跃。大量危安犯、邪教犯羁押在监狱，监狱的压力、风险无处不在。

第二，国家刑事政策新变化对监狱工作带来的新影响。

全国人大近些年几次修订《刑法》，《刑法修正案》陆续出台，刑罚执行工作要求更高，减刑、假释、暂予监外执行工作全面收紧、全面从严。严格控制假释，限制假释，不得假释；扩大限减罪犯的范围。例如，原来减刑一次性可以减刑一年半，现在一次性最高只能减刑 9 个月，这些对减刑假释等提出了一系列的具体限制要求。中央政法机关专门对监狱罪犯减刑审理实质化提出了相关意见，那么怎么适应呢？这个新要求很多监狱是不适应的，过去的老习惯、老办法、老思路不行了，这就给监狱带来挑战。例如，监狱减刑假释要进行开庭审理，每年每个监狱涉及减刑案件有很多，每个中级法院就那么两三个人，一年能够审理多少个案子？都能做到开庭审理吗？因为法院审监庭人很少，根本就顾不过来。法院不适应，监狱更不适应。这里有几个不适应。一是观念不适应，随便举个例子，开庭审理，监狱以什么身份出庭呢？以证人身份出庭？监狱干警以证人身份出庭怎么办？监狱干警为罪犯说话，说对了还好办，说错了怎么办？导致很多干警不愿意出庭，干警不愿意出庭就会影响减刑假释案件审理，怎么办？有的监狱安排公职律师出庭，很值得研究。二是能力不适应。出庭后干警怎么说？要面对社会、要面对司法部门，要对法官说，要对检察官说，监狱干警法律知识、辩护能力、叙事能力、表达能力等能适应吗？这里存在很多问题。三是制度机制不适应。减刑假释的实质化审理在基层缺少具体的制度办法，难以实施。《司法部关于计分考核奖罚罪犯的规定》新修订颁发，计分考核是监狱几十年的做法，目前没有什么办法能够替代这个管理措施。但是在执行过程中出现了这样那样的问题，所以才提出来要进行修改，试图从源头上解决问题、消除隐患，避免记分考核使减刑假释的源头受到污染。这个规定出来以后，就要求各省司法厅立马制定相应的实施细则，真正保证监狱管理计分考核对罪犯的评价做到公平、公正、公开。

第三，监狱工作相关保障不到位带来的新压力。监狱是基层执法单位，需要大量硬件、软件基础设施保障。压力具体表现为，一是经费全额保障还没有完全到位。财政经费动态增长机制在财政部门也没有完全建立。监狱不得不把大量的精力用在生产创造经济效益上。二是罪犯特别是老弱病残罪犯数量持续增加。对这个问题必须高度重视，党中央对老龄工作很重视，中央下发文件要求做好老龄工作，对老龄工作提出了新要求。监狱要将老年犯作为老龄工作的一个重要组成部分，抓紧做好。监狱病犯、老年犯大量增加，给监狱带来很多问题。三是监狱罪犯医疗经费保障严重不足。罪犯医疗保障体制和运行机制还没有完全解决好，怎么解决医疗经费亏空的庞大数字，现在各个监狱监狱长最头痛就是这个事。医疗经费严重不足，一个罪犯如果得了重病就可能花掉几十个罪犯的医疗保障费用。四是监狱医疗资源严重匮乏。监狱医疗社会化是改革发展的方向。但是目前远远没有达到，只能两条腿走路，既要加强监狱自己的医疗力量，同时也要加强与社会医院合作或和社会医院联办。

第四，监狱干警的执法理念和执法能力不适应新形势的要求。不适应表现在：一是少数干警政治站位不高，大局意识不强。二是执法理念陈旧，观念也陈旧，习惯用老套路、老办法、老经验。三是少数干警面对形形色色的罪犯不敢管、不会管、不愿管、不想管等现象依然存在。四是监管改造罪犯的专业能力不适应要求，能力不足，本领恐慌。五是监狱干警执法保障机制不完善。包括大家特别关心的依法履职免责，监狱干警的荣誉制度、荣誉退休制度，表彰奖励制度，监狱干警正面宣传等方面的保障还需要落实。

第五，国际人权斗争的新挑战。西方反华势力对中国司法、对中国监狱攻击从来就没有停止过。2019 年 3 月在美国国务院发布的《2018 年国别人权报告》中，在中国部分专门对中国监狱工作进行了攻击，攻击的要点主要包括以下几个方面：一是监狱环境方面。二是监狱管理方面。三是监狱医疗保障方面。四是监狱接受监督方面。这些对监狱工作提出了挑战。

第六，网络媒体舆论监督的新挑战。监狱一旦发生事情，就容易酿成公共事件，如 2021 年，吉林监狱一个犯人越狱脱逃，各种媒体广泛报道，影响很大。观念要彻底转变，对监狱的要求是罪犯零脱逃，要绝对安全。如果现在监狱连个犯人都关不住、管不好，还让犯人跑了，这怎么能行？国家不满意，人民不满意，这是严重失职渎职。所以我们就需要尽快适应这样的要求。必须要加强监狱的管理。还要适应监督，现在监狱工作监督无处不在，舆论监督、媒体监督，包括监狱内部的监督、上级的监督、检察院的监督、监狱之间的监督，监控指挥中心都是监督。有很多干警不适应，怎么办？怎么教育干警？信任不能代替监督。2006 年，我率领中国司法监狱代表团到英国考察，考察了 8 所监狱，所到之处，我印象最深的就是，进出每所监狱办手续检验证件查验身份至少都要讲 40 分钟，很复杂很严格，尤其是进监狱大门，每个人都进行安全检查，包括英国监狱内部人员，上至监狱长、下至一般人员，脱皮带、脱鞋子，比机场安检还要严格。检查人员还跟我们开玩笑、面带笑容，但是他们检查的规矩、细节、程序一点都不少。随同我去的两个监狱长说："还用这么麻烦吗？他们都认识，每天都见面啊，都是内部人士，用得着吗？"我当场就说："不要啰唆，这是监狱，这是管理规定，人家就是这样规定的。"这是监狱，这是监狱法律的规定，规定的事就必须做啊。为什么啊，这是法律，是规定啊。法律规定是干吗的，法律规定就要严格执行，不是给你讲道理，也不是研究探讨的。这件事我印象特别深，监狱管理就是要严格细致，一丝不苟，上面定的规矩，下面就要执行，没什么可讲的，有怀疑异议，先执行再说，纪律部队就必须这样。

第七，监狱执法管理面临新风险。监管安全风险，包括：一是狱内又犯罪风险突出。狱内罪犯违规违纪现象时常发生。二是狱内管控的风险突出。三是狱内安全设施的风险突出。有些电网没电，有些监控坏了，有些狱政设施不齐全，等等。四是防范狱外冲击风险。狱外风险来自反恐形势严峻地区，社会人员闹访。五是监狱各类纠纷风险。监狱合同索赔等。六是刑罚变更执行的风险。重点就是减假暂。尤其是去年政法队伍教育整顿，教育整顿六项重点任务之一，是减刑、假释、暂予监外执行。例如，云南的孙小果案等，这些减刑、假释、暂予监外执行引出的重大问题，引起了中央的高度关注。七是涉外人权斗争的风险。各种势力严密关注着监狱，监狱一旦出事，影响很广、很坏。八是执法队伍管理警力、专业人才严重不足的风险。

第八，监狱管理工作中发生了严重违纪违法重大问题。监狱干警违法违纪、涉案人数都在逐年增加。监狱反腐败形势依然严峻。有的监狱管理还很薄弱，脱逃、打架、凶杀、自杀等现象没有杜绝，监狱内的违禁品、违规品也还存在，屡禁不止，这是监狱管理的顽瘴痼疾。每次检查都会发现这样那样的问题。从2013年开始，相关文件出台，紧接着发现、揭露、查处广东、广西、湖北、辽宁、山西、新疆、内蒙古等监狱局原局领导、很多监狱长违规违纪，性质恶劣，影响极坏，可以说是典型的权钱交易，执法不公、干预司法，违法违纪。监狱绝不是真空之地、世外桃源，对监狱的问题，必须要保持清醒认识。面临这些问题主要是些什么原因呢，必须要认真深刻反思，要有清醒的认识。要下决心从政治意识、法治能力、司法理念、监管制度、执法能力、体制机制、监所管理、责任处置、处理机制、从优待警等方面进行反思。

三、以政治建设为统领，全面加强监狱管理工作

面对新形势、新要求、新任务，监狱领导及干警必须认真研究，重新认识，

监狱是干什么的？监狱的性质到底是什么？监狱主要职能是什么？监狱最大的任务是什么？中央、司法部对监狱的要求是什么？全系统从上到下都要有清醒的认识。监狱工作必须坚持安全为先、执法为魂、改造为本、创新为要。不管形势怎么变化，监狱工作必须坚持以安全稳定为前提，以改造罪犯工作为中心，以严格公正执法为关键。公平正义是对监狱工作的核心价值意义，是政法工作的生命线，也是监狱工作的生命线。我们必须要有清醒的认识。

第一，坚持党对监狱工作的绝对领导，切实加强政治建设，坚决做到"两个维护"。自觉把"两个维护"结合到监狱的各项实际工作中去。为什么这么讲，我们国家的性质，国家政法机关的性质决定了必须要这样做。监狱首先是政治机关，政治机关就必须首先讲政治。要切实提高政治站位、把握政治方向、站稳政治立场，自觉增强政治敏锐性，落实好政治任务，在政治担当上下功夫，最核心、最根本的是要坚决做到"两个维护"。有些人就是不讲政治，不懂得讲政治，以为懂点法律条文，就可以应付工作，根本领会不到监狱管理的政策性、政治性有多复杂。例如，按照相关的法律条文，在减刑假释中，监狱提请减刑建议书，应提请中级人民法院裁定，但是，对一些特殊的、重要的罪犯，在提请法院减刑、假释裁定前，按照相关要求，必须提级相关机关审核报请上级核查。这方面是有教训的。监狱是政治机关，要讲政治，讲政策，讲法治，坚持党的绝对领导不是口号，司法厅、监狱局、监狱各级党委的绝对领导要贯彻到监狱工作中，执法工作中，安全生产中、队伍建设中，要发挥各级党委、党支部的战斗堡垒作用和党员的先锋模范作用。要在政治领导、政治监督、政治保障上做文章。要树立大局观、全局观，要善于围绕大局、服从大局，自觉在大局下谋划、推动和加强本监狱工作。要强化"两个维护"的行动自觉，增强"两个维护"的政治担当，强化"两个维护"的主动意识，"两个维护"必须是具体的、实在的，不能唱高调、喊口号，要落实在行动中，体现在效果上。真正做到严格公正文明执法，监狱持续安全稳定，提高改造质量。

第二，新时代监狱干警必须加强纪律修养，最重要的是严守政治纪律。主要讲五点。一要转变旧观念，树立新理念。要自觉对标对表中央对政法工作、司法部对监狱工作的要求，以是否符合中央对政法工作、司法部的要求来指导各项工作。监狱的各项工作都必须服从这个要求，这是我国统一领导特殊体制决定的。二要强化纪律意识。真正做到警钟长鸣，善于举一反三。监狱最好是用身边事教育身边人。即使做得很好，没有出过什么事，也要善于用其他监狱、全国其他监狱事件教育干警，以案为鉴，形成震慑。三要强化纪律规范。做到有责必纠。在任何情况下，都要讲规矩、讲规范，有责必追。四要强化守纪行动。做到以上率下，严守纪律行动，要求从监狱长做起，要一级做给一级看，一级带着一级干。榜样的力量是无穷的。基层干警很辛苦，他们经常要注意看领导怎么干，领导在干什么。五要强化法治意识，真正做到严格执法。善于用法治思维和法治方式管理监狱。司法部提出要综合治理、多管齐下，按照总体国家安全观的要求，真正做到执法更公正、管理更严格、改造更有效，作风更过硬。

第三，全面强化监狱执法和管理。一要加强监狱管理顶层设计，推动刑罚执行工作一体化。深化监狱体制机制改革探索。这个顶层设计，包括中央，中央政法委、司法部，当然包括各省司法厅、监狱局和监狱，改革设计既要符合习近平总书记对监狱工作的要求，也要符合监狱工作的规律。监狱不是什么人都能干的，监狱的复杂性、特殊性，必须设计出一整套符合监狱特点的模式、方式、方法、政策才行。要防止脑子一热、简单粗暴的工作要求，简单粗糙的管理方法不符合监狱管理实情。二要重点强化减刑假释暂予监外执行的执法重点。重点强化，一是条件；二是程序；三是监督；四是公开。这四个方面真正做到公开、公平、公正、真正保证监狱执法公信力，执法公信力是根本，监狱管理怎样提高执法公信力？要认真总结监狱长期工作经验。三要全面推行罪犯危险性评估。要注重关键少数，多数罪犯能够遵守监规纪律，接受改造，少数罪犯不服从监狱纪律。要把重点关注在少数顽固犯、重点犯，重点帮教和重点管理。四要真正做到强化监狱内部管理。这是习近平总书记对监狱工作提出的明确要求，要认真落实到位。要强化管理意识，要树立管理的新理念，要制定一套监狱管理的标准，要完善一整套监狱管理制度，严格落实监狱管理的程序，建立一套监督机制，保证监狱工作落实到位。监狱管理一定是大管理观念，监狱管理是全面管理，按总体国家安全观的要求加强监狱狱政管理、教育改造管理、生产管理、狱内侦查管理、刑罚执行管理、安全生产管理、医疗卫生管理、队伍建设管理，等等。在实践中要坚持依法管理、严格管理、文明管理、科学管理、直接管理五大管理原则，这是我国监狱工作长期历史经验的总结，是成功经验的总结，也是符合监狱工作规律的，应长期坚持并逐步完善。

第四，进一步健全完善监狱工作的法律法规制度。按照建设法治中国的要求，建设法治监狱，全面加强监狱法治建设，严格规范监狱管理工作的标准，深化执法管理的流程，强化执法管理各个环节。现在司法部正在组织修订《监狱法》，《监狱法》从1994年颁布到现在，有些地方已经不适应新形势要求，希望广大监狱干警，充分把在实践中反映出来的问题、面临的困惑、需要上升为法律解决的问题，积极献言献策，使《监狱法》真正成为良法，以解决实践中面临的问题。监狱法律法规的建设要坚持标准化、流程化、规范化、精准化，从中央到各省制定了大量的法规、制度、办法，这些制度不在于多，而在于符合"四化"要求，真正打造法治监狱，才能推进监狱管理的深化，提升监狱管理的水平。

第五，严格规范监狱管理的行为。要严格规范监狱干警的工作，确保监狱管理工作真正做到标准化、规范化、精细化、法治化。现在监狱管理面临新形势新发展，监狱对罪犯的管理要研究新思路、新方法。例如，分类、评估、管控、矫正，要在这八个字上做文章。所谓分类，包括监狱的分级建设，低度戒备、中度戒备、高度戒备；罪犯要分类，要把罪犯分为低度危险、中度危险、高度危险、特别危险；罪犯要分开，采取不同的管理措施，做到针对性、有效性。同时对不同类型罪犯分教，采取分别教育和不同的矫正措施。针对不同类型的罪犯，低度危险、中度危险、高度危险，采取特别管理、严格管理、普通管理、单独管理，给予区别对待、分级处遇、个别矫正，采取不同严厉的管理方法，这方面还需要进一步的完善，才能真正做到规范化、精细化。在管理过程中要特别注重教育改造，要使罪犯不能跑、不敢跑、不想跑，尤其是不想跑，通过向管理要安全，向教育要安全，向司法公正要安全。

第六，持续推进狱务公开。推行阳光执法，打造清廉监狱。推行监狱"开放日"活动，要按照司法部关于深化狱务公开工作的意见，结合实际，采取有力有效的措施，全面深化狱务公开，确保执法公正公平。

第七，全面推进监狱执法监督，构成全面有效的监狱监督体系。中央对政法机关的监督工作很重视，中央政法委专门开会研究司法执法监督工作，提出了明确的意见。监狱监督工作怎么搞能更有力、更有效，要结合案件教训，进一步深入研究，构建真正有力有效的监狱监督体系。

第八，全面加强监狱信息化建设。监狱信息化工作，要特别注意计划性、有效性和针对性，信息化是烧钱的，要把有限的钱用在刀刃上，真正发挥好指挥中心的功能和作用，真正做到科技兴监、科技强警，科技保安全、促改造，不要搞了信息化，却增加了更多的麻烦。坚决防止信息化工作中的形式主义、不正之风及司法腐败。

第九，切实加强监狱干警队伍建设。要加强监狱管理、确保监狱安全，提高执法公信力，关键要靠有一支政治素质强、专业精湛、作风过硬的干警队伍。关于队伍建设有很多要求，我重点讲四点。

一要特别关注、关心，关爱监狱一线干警。尤其是疫情执勤期间，一线监狱干警很辛苦，很不容易，要真正落实习近平总书记对政法队伍的要求，"对这支特殊的队伍要给予特殊的关爱，做到政治上激励、工作上鼓劲、待遇上保障、生活上关爱，千方百计帮助解决各种实际困难，让干警安身、安心、安业。"习近平总书记讲得太好了、太接地气了、太暖人心了。各级领导要按照习近平总书记的要求去抓好落实，要使每一名干警真正做到自尊、自信、自强，增强凝聚力、向心力。

二要教育干警真正做到树立"六个意识"，即政治意识、法治意识、规矩意识，责任意识，风险意识，担当意识。

三要着重帮助干警培养"六个能力"，即法治能力、监管能力、改造能力、表达能力、办案能力、应急处置能力。

四要加强监狱理论的研究。思想是行动的先导，理论是实践的指南。监狱干警要自觉加强理论学习，善于理论思维，提高理论素养，用过硬的理论来指导监狱管理工作，上下一心、坚定信心、多措并举，保证监狱工作重大任务的完成。

第十七讲

宪法与罪犯人权保障①

我国《宪法》规定了国家的根本制度和根本任务，是国家的根本法，具有最高的法律效力。《宪法》第二章专章规定了公民的基本权利和义务，在《宪法》第三十三条明确规定，"凡具有中华人民共和国国籍的人，都是中华人民共和国公民。中华人民共和国公民在法律面前一律平等。国家尊重和保障人权。任何公民享有宪法和法律规定的权利，同时必须履行宪法和法律规定的义务。"《宪法》第二十八条明确规定，"国家维护社会秩序……惩办和改造犯罪分子"。我国《宪法》是我国公民基本权利的最大保障，也是服刑罪犯权利的最大保障。《宪法》规定的"国家尊重和保障人权"，既包括尊重和保障普通公民的人权，当然也包括尊重和保障罪犯的人权。为此，一定要全面认真学习贯彻落实好宪法，做宪法的信仰者和捍卫者。

犯人首先是人，其次才是犯。凡具有中国国籍的犯人，都是中国的公民。是人，就应有人的基本权利，是犯，就应该严格执行刑罚，遵守法律的规范，履行法定的义务，享有法定的基本权利。严不过人，宽不过犯。

中国共产党和中国政府一贯重视罪犯人权保障。1982 年，我国加入了联合国人权委员会。1992 年，我国政府发表了《中国改造罪犯的状况》白皮书，用事实说话，系统介绍了我国改造罪犯的基本原则、发展成果，以及罪犯在服刑过程中应享有的权利，在国内外引起广泛反响，在国际人权斗争中发挥了积极的作用。1998 年 9 月，我国签署了联合国《公民权利和政治权利国际公约》。2004 年"国家尊重和保障人权"写入我国《宪法》，党的十七大又将"尊重和

---

① 本文整理自于作者在 2012 年 12 月 4 日在中国政法大学举办的"法大预防犯罪论坛"专题研讨会的发言。

保障人权"写入新修订的《党章》，进一步体现了促进和保障人权是中国共产党的执政理念之一。新修订的《刑事诉讼法》将"尊重和保障人权"写入其中。2008年12月、2018年12月，中国人权研究会在北京举行了《世界人权宣言》发表60周年、70周年纪念大会。2009年4月、2021年5月我国先后颁布了《国家人权行动计划》。多年来，我国多次参加国际上的双边、多边国际人权对话，如中欧、中加、中美人权对话。2003年9月，中国监狱学会和中国人权研究会在南京联合举办了"监狱人权保障"理论研讨会。2008年4月在北京举行了首届"北京人权论坛"，2009年又举行了第二届"北京人权论坛"。2015年9月又召开"北京人权论坛"，这次会议，习近平总书记专门为会议致了贺信，他指出，"中国共产党和中国政府始终尊重和保障人权……人权保障没有最好，只有更好……尤其是要关注广大发展中国家民众的生存权和发展权"。习近平总书记高度重视人权工作，多次发表关于人权的重要讲话，人权法治的内容是习近平法治思想的重要组成部分。习近平总书记指出，"人民幸福生活是最大的人权……奉行以人民为中心的人权理念，把生存权、发展权作为首要的基本人权"。研究罪犯人权保障问题，一定要坚持以习近平法治思想为指导，认真的学习领会，结合实际贯彻落实。

对罪犯人权保障，联合国历年来都强调和重视。1955年，联合国就制定了《囚犯待遇最低限度标准规则》，在以后的50年，先后制定了一系列囚犯待遇的制度文件。2015年又修订了该规则，新规则继承了1955年旧规则的基本框架和保障囚犯基本权利的精神，体现了有关囚犯待遇的国际法精神。新规则开篇即言明，尊重囚犯作为人所固有的尊严和价值。规则由原来的95条增加到112条，整个规则的框架结构、内容均围绕尊重囚犯基本人权来展开，所有规则的设定均围绕如何规范监狱管理活动、保障囚犯基本权益以及构建富有成效的监督体制。规则明确，为囚犯提供医疗保健是国家责任。应保障囚犯的健康权和医疗权，等等。因而，研究罪犯人权保障问题应当立足本土、拓阔视野参阅借鉴联合国有关罪犯人权保障的相关文件精神，不断推动依法规范我国监狱的管理活动，促进我国罪犯人权保障的改革和完善。

一、罪犯人权保障的特点

（一）罪犯人权保障主体的多元性。国家是罪犯人权保障的重要主体，罪犯人权能否真正得到保障，归根结底要靠法律规定的落实和国家强制力的保障。同时，除国家外，罪犯人权保障还有其他主体，如党政机关、企事业单位、社会团体和公民个人等都在罪犯人权保障方面发挥积极的作用。

（二）罪犯人权保障范围的限制性。由于法律对罪犯特殊身份的限制，因而，罪犯不能完整地享有宪法和法律规定的公民权利，其中一部分原有权利已被依法剥夺，实体权利的范围缩小，从而在权利的形态上表现出部分缺失。罪犯权利的限制性分为三种情况：一是享有权利能力而没有相应的行为能力，如罪犯对其未成年子女的监护权不能行使。二是享有某些权利能力和行为能力，但是行为能力要依赖于监狱的帮助或在监狱的监督下行使，如罪犯人身及合法财产的保护，选举权落实等，必须要监狱的帮助才能实现。三是随着行为能力的变化，部分罪犯权利随时可能发生变化。这种变化既可以是权利范围的增加或减少，也可以是权利程度的提高或降低，还可以是一项或几项权利的失去。导致变化的因素，包括行刑政策的改变、罪犯改造表现、减假暂的不同等。

（三）罪犯人权保障内容的法定性。罪犯应当得到尊重和保护的人权是明确而具体的，都是法定的权利，由法律制度进行规范和保障。具体体现在我国《宪法》《刑法》《刑事诉讼法》《监狱法》等法律都从不同角度规定了罪犯的法定权利，尤其是宪法赋予了罪犯公民权利和法律地位的规定，是罪犯享有人权的根本法律依据。我国《监狱法》对罪犯的权利规定的就更为具体和全面。

二、我国监狱罪犯人权保障的基本理念

（一）正确处理好罪犯人权和社会公民权利的关系。监狱工作要坚持总体国家安全观，既要执行刑罚惩罚罪犯，努力改造好罪犯，同时，更要考虑到维护国家的安宁和社会的稳定，保护全社会公民的人身安全不受罪犯的侵犯，保障广大人民的根本利益。

（二）依法保障罪犯的合法权利。被判刑投入监狱改造的罪犯，从某种意

义上说，相对处于弱势地位，其人权更应受到执法机关的保护和尊重。对罪犯人权保障，一是必须依法进行，依法保障。二是保障仅限于罪犯的合法权利，非法权利不受保护。要正确处理好罪犯权利和义务的关系，既要依法保障罪犯的法定权利，同时也必须强调，罪犯必须履行法定的义务。

（三）坚持惩罚和改造相结合，以改造人为宗旨的监狱工作方针，将罪犯改造成为守法公民是对罪犯最好的、最负责任的人权保障。

（四）切实保障罪犯的生存权和发展权。根据我国国情，把罪犯的生存权和发展权作为罪犯最重要、最基本的人权加以维护，符合全社会的最大利益，是我国罪犯人权发展的现实要求和必然选择。

（五）行刑实践中要处理好保障警察权利与保障罪犯权利的关系。赋予监狱警察的执法管理改造罪犯的权利无疑是最重要的，同时，要依法规范保护好罪犯的合法权利也是切不可忽视的，两者并不矛盾，不可混淆。

（六）强调人权的普遍性，更要注意人权的特殊性。观察和评价一个国家的罪犯人权状况，不能脱离该国的国情，更不能按照一个模式去简单套用。罪犯人权保障没有最好，只有更好。

三、做好罪犯人权保障的重要意义

（一）有利于推动我国人权事业更好的发展。落实"国家尊重和保障人权"的宪法原则，应体现在经济社会发展各个环节，各项工作应体现和保障全体人民的合法权益。一个国家的罪犯人权保护状况从一个侧面直接体现了这个国家人权保护的水平，在一个国家中，对社会强势集团的权利保障水平并不意味着对社会所有主体的保障水平都是如此，但是对于社会弱势群体的保障水平却能反映整个社会的权利保护状况。监狱在押罪犯作为弱势群体的一部分而成为国家权力保障状况的重要体现。在这个意义上，罪犯的人权是一个国家人权状况的重要组成部分，是衡量一个国家文明民主程度和法制是否健全的重要标志。

（二）有利于促进国家全面依法治国的建设。习近平总书记指出，要加强全面依法治国建设，加强人权法治保障。法治应当包含人权保护在内，而在法治对人权保护中，在押罪犯的权利作为一种弱势群体的权利尤其需要得到法律的保护。保护弱势群体利益可以说是法治之本。在罪犯权利保护与法治建设的关系上，罪犯权利保护对于法治建设尤为重要。监狱工作必须坚持依法治监，依法保护罪犯合法权益，真正体现法治和保障罪犯人权的统一。

（三）有利于提高罪犯改造质量，降低重新犯罪率。监狱工作要坚持以改造人为宗旨，以改造人为监狱工作的方向，突出提高改造质量，降低刑释人员重新犯罪率的工作目标。从惩罚与改造罪犯的监狱功能出发，不断改进完善罪犯的人权保障，切实提高监狱对罪犯的改造能力，促进罪犯再社会化，为罪犯的生存和发展提供保障，这是中国监狱从传统走向现代的一个显著标志。完善罪犯权利保障制度，给予罪犯人文关怀，让罪犯感受到社会对他们的关怀和挽救之情，促使罪犯在希望中改造，重新树立公民意识，养成守法习惯。因此，完善罪犯权利保障制度，提高罪犯改造质量，降低重新犯罪率具有重要意义。

（四）有力地维护监狱的安全和促进社会的稳定。监狱安全既是做好监狱各项工作的基础，也是实现刑罚执行目的的前提条件。在我国，罪犯改造工作被纳入社会治安综合治理的重要环节，监狱的安全为社会治安稳定工作提供了有效的保障。监狱应通过采取依法严格、文明科学的管理措施，促进监狱持续稳定，同时，严格规范监狱干警的执法行为，严防违法违纪行为的发生，维护罪犯合法权益。实现监狱安全稳定，意味着服刑罪犯的权益得到了充分的尊重和保障，也体现了监狱人民警察执法行为的规范和文明程度，从而促进监狱安全和社会的长治久安。

四、我国监狱人权保障的成功实践

（一）坚持通过立法的形式确立并保障罪犯人权。依法保护罪犯合法权利始终是我国法治建设的重要内容。我国《宪法》对公民基本权利作了明确的规定，是改造罪犯的明确要求。我国《监狱法》对罪犯的权利规定更为全面和具体，《监狱法》共78条，直接或间接涉及罪犯权利的就有33条，并且把罪犯处于监禁条件下需要特殊保护的人格不受侮辱、人身安全、合法财产不受侵犯和辩护、申诉、控告、检举等权利写入总则，切实加以维护。司法部颁布的相关的规章制度，如《监狱教育改造工作规定》《监狱提请减刑假释工作程序规定》

等规章，更是从执法管理教育不同方面，依法保障罪犯的权利。

（二）注重在监狱执法管理活动中保障罪犯人权。

1. 全面推行依法治监。建立健全监狱管理的各项规章制度，不断推进监狱工作法治化进程，坚持依法管理、严格管理、科学管理、文明管理，促使监狱管理做到有法可依、有章可循，使罪犯的各项权利得到有效的保护。规范各种执法行为，实现监狱工作的标准化、规范化、制度化，从而创造良好的执法环境，有效保护罪犯权利。

2. 全面推行狱务公开。监狱管理工作的水平和状态是与社会的文明进步程度相适应的，坚持以公开促公正，以透明保廉洁。依法公开监狱的各项规章制度、执法根据措施，执法要求，奖惩措施等，通过公布举报电话，设置监狱长信箱，监狱长接待日，聘请执法督察员等途径，广泛宣传监狱的执法规范，主动接受社会的监督，全面保障罪犯合法权益不受侵犯。

3. 实行人道主义文明管理。监狱始终强调尊重罪犯的人格，尊重罪犯做人的尊严和公民的基本权利，保障罪犯未被剥夺和限制的权利。严禁打骂体罚虐待罪犯，严禁使用各类酷刑和变相酷刑。实践中，一旦发现酷刑或变相酷刑行为，将坚决查处，依法惩办。在严格执法中体现监狱的文明。我国已加入了联合国《囚犯待遇最低限度标准规则》《禁止酷刑和其他残忍、不人道或有辱人格的待遇或处罚公约》等国际条约，定期接受联合国相关委员会的审议，并宣传介绍我国监狱罪犯人权保障的措施和成效。

（三）坚持在教育改造中实现罪犯人权保障。中国人权研究会原会长朱穆之曾指出，中国监狱人权保障不断得到改善，一个重要原因是坚持人是可以改造的，罪犯也是可以改造的指导思想。罪犯除了罪大恶极不可救药的以外，都有可能改造成为对社会有用的新人。因此，对罪犯除了依法给予必要的惩罚，更应着眼于教育。把罪犯作为教育对象，这就为保障罪犯应有的人权确定了前提条件。这可以说是我国监狱人权保障的一个重要特点，发展权是一项基本人权，保护罪犯的人权，最根本的就是帮助罪犯实现自身的发展权，也就是要使罪犯刑满释放后重新回归社会并不再返回监狱。加强罪犯教育改造工作，促使其悔过自新，重新做人，顺利回归社会是对罪犯人权的最好的、最根本的保障。

对犯罪分子进行改造是我国《宪法》的明确规定，是《监狱法》的规定内容，也是我国监狱长期实践成功的做法。自20世纪80年代以来，我国监狱开展大规模的举办特殊的学校活动，取得了显著成效。进入21世纪以来，全国监狱开展创建现代化文明监狱活动，推进教育改造活动的深化。2001年，司法部召开了全国监狱教育改造工作会议，提出把加强教育改造工作作为监狱工作的中心任务，切实提高改造质量，努力把罪犯改造成为守法公民和社会主义建设的有用之才，最大限度地化消极因素为积极因素，减少重新违法犯罪。2001年，司法部提出，要把监狱工作法制化、科学化、社会化建设作为提高罪犯改造质量的途径和措施。多年来，我国始终坚持在罪犯中开展各类教育活动，开展文化教育，技术教育、思想教育、法治教育，等等，并取得了较好的成效，使多数罪犯较好地实现了自身的人生价值，这些教育改造活动也体现了监狱尊重罪犯的发展权利，保障罪犯权利的实现。

（四）坚持加强改善各项保障措施，维护罪犯合法权利。

1. 心理健康。我国监狱历来十分重视罪犯的心理健康问题，采取了一系列针对性的有效措施，对罪犯的心理健康与关注，培训配备专门的心理学的人才，通过心理咨询、心理矫治、心理干预等措施治疗恢复罪犯的心理健康。

2. 生活保障。我国监狱重视罪犯的基本生活保障。《监狱法》明确规定了罪犯的伙食配备标准，按国家规定的标准执行，监狱不仅设有普通罪犯食堂，还针对少数民族罪犯烹饪具有民族特色的饮食，对少数民族罪犯的特殊生活习惯予以照顾，对病犯在生活饮食上给予更多的照顾。罪犯饮食讲究营养、搭配合理、安全卫生、保质保量，保证每名罪犯吃饱，确保罪犯生活质量不受影响，维护罪犯的身体健康权。

3. 医疗保障。我国政府高度重视罪犯的生命健康保障。为维护罪犯身体健康权，监狱法规定，监狱应当设立医疗机构和生活卫生设施，建立罪犯医疗保障卫生制度。我国监狱系统已构建了由省监局中心医院、监狱医院（卫生所）和监区医务室组成的三级医疗、防疫体系，对有严重疾病的罪犯依法予以保外就医。《监狱法》规定罪犯医疗保健列入监狱所在地区的卫生防疫计划，许多监狱与地方监狱进行合作医疗，不断提高对罪犯的医疗保障水平。

（五）加强监狱人权司法保障的监督机制建设。我国司法制度中人权保障的一项重要措施，就是在全国各个监狱都设立人民检察院驻监检察室，依法对监狱的执法活动开展法律监督，通过监督来确保罪犯的人权不受侵犯，维护罪犯的合法权益。通过受理罪犯的申诉、控告或检举，保障罪犯在服刑期间的权利，对监狱人民警察的刑讯逼供、体罚虐待犯人和徇私舞弊等违法犯罪行为，检察机关有权直接立案查处，以切实维护罪犯的合法权益。

（六）坚持对干警依法严格管理和专业培训。提高干警尊重和保障罪犯人权的意识及能力。我国监狱机关始终注重对监狱人民警察人权意识、执法能力的培养。加强职业准入制度建设，严把进口，疏通出口，对监狱人民警察实行公开择优录用，凡进必考，省级统考，被录用人员要具备大专以上学历。坚持从严治警和从优待警，认真贯彻《人民警察法》《监狱法》《公务员法》，对监狱人民警察实行严格教育、严格管理、严格监督、严明奖惩，坚决查处干警的违纪违法行为。监狱还聘请社会专家帮助开展心理矫治、社会帮教、医疗卫生等专业工作。监狱人民警察队伍素质的不断提高，为监狱保障罪犯的权利打下了坚实的基础。

五、罪犯人权保障的改革建议

（一）进一步提高认识树立尊重和保障人权的基本理念。作为国家人权保障的一个特殊领域，加强监狱人权保障具有十分重要的意义。良好的监狱人权保障是促使罪犯满怀希望改造，提高改造质量，维护安全稳定的前提，对促进监狱管理工作的标准化、规范化、法治化具有积极作用。罪犯人权保障如何对国家人权保障具有重要影响。因此，必须牢固树立尊重和保障罪犯人权的基本理念，在《监狱法》修改中，应该明确规定，尊重和保障罪犯人权。在《监狱法》修改的整个过程中，都应当注重坚持规范监狱管理活动，尊重和保障罪犯人权的基本精神，这既是全面依法治国的要求，也是加强人权法治建设的应有之义。

（二）进一步贯彻宽严相济的刑事政策。在监狱的执法活动中，认真贯彻落实宽严相济的刑事政策。对严重刑事犯罪的罪犯在提请减刑、假释和暂予监外执行时，要依法从严，对抗拒改造、暴力袭警、重新犯罪的罪犯，依法严厉打击。对未成年犯、老弱病残犯、过失犯以及其他主观恶性不深、人身危险性不大的罪犯，在提请减刑、假释和暂予监外执行等措施时，可以依法从宽，使其能够体验到法律公正的阳光和社会的宽容关怀。

（三）进一步加强罪犯人权保障的法治建设。

1. 从法律上明确规定罪犯人权的内容。《监狱法》的修订，应进一步完善和细化有关罪犯人权保障的法律规定，做到规定详尽，便于操作，使罪犯人权保障工作有法可依，有章可循。切实加强罪犯人权法规建设，将现行的对罪犯的奖励措施上升为制度法规，进一步完善对女犯、老病残犯、未成年犯的权利特殊保护方面的规定。

2. 构建对监狱罪犯人权受到侵犯的投诉机制。进一步从法律法规方面完善罪犯的申诉、控告、检举权的制度机制建设。

3. 加强对罪犯人权保障的监督机制。进一步明确检察机关对监狱执法活动监督的具体权利和程序规定。研究探索上级机关对监狱机关的监督，社会团体、新闻媒体对监狱机关的监督的形式。通过有力完善的监督，促进罪犯合法权益得到切实的保障。

（四）进一步提高监狱执法管理的文明程度。监狱要始终把维护罪犯合法权益放在特别重要的位置，要不断提高监狱管理的标准化、规范化、法治化水平，规范监狱的各项活动。尊重罪犯人格和尊严，体现人道主义，既要坚持严格、公正、规范执法，又要坚持理性、平和、文明执法。严禁打骂体罚虐待罪犯，严禁对罪犯实施酷刑或变相酷刑，加大查处违法违纪行为和惩治腐败的力度，严肃查处各种执法犯法、徇私枉法行为。不断完善狱务公开制度和执法管理监督检查制度，通过制度建设维护罪犯合法权利。

（五）进一步加强改善监狱的物质条件和提高保障能力水平。随着国家经济发展水平的提高和财力的增强，应加大监狱建设和经费保障投入，进一步改善监狱设施条件，提高罪犯生活、医疗、住宿、学习等方面的标准条件。同时进一步完善罪犯劳动保护、劳动报酬制度，保障参加劳动罪犯依法获得相应劳动报酬权。

（六）进一步加强干警的政治业务培训，着力提升干警执法的能力和水平。不断加大干警培训的力度，确保每一名直接监管改造罪犯的干警都受到人权专业知识的培训和法律专业知识的培训，以此提高干警的人权意识和文明执法的水平，依法维护好罪犯的合法权益，着力提高执法的公信力，展示监狱机关公正执法的良好形象。

（七）进一步吸收借鉴国际人权保障的有益做法及经验。监狱干警要进一步增强学习的自觉性，提高站位，拓宽视野。要结合中国监狱改造罪犯的实际，并自觉遵守我国已经加入的联合国《囚犯待遇最低限度标准规则》《执法人员行为守则》《禁止酷刑和其他残忍不人道或有辱人格的待遇或处罚公约》等国际性文件，同时，积极吸收、借鉴国外在保障罪犯人权工作方面的先进经验和有益做法，不断促进我国罪犯人权保障事业的不断发展完善。

第十八讲

架构哲学与监狱学研究之间的桥梁①

监狱学是一门集综合性、基础性、应用性为一体的较为独立的法学学科。监狱学的研究方法并非单一的某种方法，而是一个系统或体系，它隶属于当代科学研究的方法论体系。当代科学研究的方法论体系，可分为哲学方法论、一般科学方法论和具体科学方法论三个层次。具体来讲，唯物辩证法是监狱学的哲学方法论，系统论是监狱学的一般科学方法论，若想使唯物辩证法哲学对监狱学产生积极影响和有效作用，需要系统论作为纽带、桥梁和"催化剂"，这就如同面对一项渡河的任务，哲学方法论指出的原则，是要找到由此岸到彼岸的联系，一般科学方法论，则是具体完成这个联系的船和桥。这足见《监狱系统论》一书的内在价值和重要意义。为此，非常可喜，值得祝贺。受群牛同志之邀，欣然为该书作序。

改革开放特别是党的十八大以来，我国监狱学研究在各个方面都取得了丰硕成果，学科地位不断巩固，研究领域不断拓展，一大批与监狱工作、刑罚执行、改造罪犯相关的著作、教材、论文应运而生，为监狱改革发展提供了重要理论支撑。但同时应清醒看到，在当前监狱理论研究中还存在一些困惑和问题。主要表现在：一是学科建设较为滞后。学科体系的建立，是一个学科成熟程度的重要标志。近些年来，监狱学在融合、渗透多种学科科研成果的基础上，已经形成包括十几门分支学科的学科群，但是，还未能真正摆脱作为刑法学的一个分支学科这个范畴，其研究领域始终还是以监狱法为上位范畴而演绎出的研究范畴体系，研究内容仍主要集中在监狱、干警、罪犯及根据监狱法律规范而

---

① 本文为笔者为王群牛 2022 年所著的《监狱系统论》所撰写的序言。

形成的法律关系，无形中造成学术领地的视野狭隘和学科体系的残缺，影响了研究的广度和深度。二是理论研究方法单调。就当前监狱系统内学术研究氛围看，研究中法律注释色彩较为浓厚。不容置疑，注释方法在宣传监狱法治特别是在监狱法创制阶段发挥了非常重要的作用。但目前在实践中倘若过于偏重该种方法，上级制定的、会议文件提到的或专家做了结论的，就只能阐释，不敢越雷池一步，担心被扣上"离经叛道"的帽子，那么无形中就会人为地在思想上为理论创新设置禁区，使监狱学理论只能与实务同步，而无法充分发挥对实践的指导作用，这是不利于理论创新的。同时，随着近些年干警文化层次的大幅度提升，实证研究发展迅速，目前监狱学界的一些主流刊物比较倾向于优先刊发实证研究的论文，甚至到了文章如果没有精美的统计图表和数据分析就会无法刊发的地步。实证研究特别是其中的定量研究，在深入分析局部、微观的司法实践和法律适用方面发挥了极其重要的作用，提升了监狱学研究的科学性、精准性，但在一定程度上也带来了研究碎片化、局部化、"只见树木、不见森林"等问题，甚至有时因对"数据"过于顶礼膜拜，缺乏必要的逻辑推理与思考，而得出有悖常理的错误结论，这在实践中是一个不容忽视的问题。如何扬长避短，使宏观理论和微观实践有机结合起来，正是系统论的优势，也是未来我国监狱理论与实证研究需努力和发展的方向。三是独到新颖的观点不多。由于监狱问题在中国学术界一直是鲜有人问津的边缘学术课题，从事监狱学研究的人士多数来源于监狱系统内部，加之监狱环境封闭及干警职业侧重实战等特点，致使长期以来监狱理论研究实践色彩浓厚，范围比较固化，视野相对狭窄，缺乏创新性思想和学术成果，而高校和社会机构中从事监狱问题研究的人员本身较少，同时还存在知识背景单一，不熟悉不了解监狱工作实际，缺乏深入实证研究支撑等现实困难和问题，这在很大程度上阻碍了我国监狱学研究向纵深发展。

　　造成上述困惑和问题的主要原因，与长期以来我国法学界向来重视以唯物辩证法作为理论研究的唯一正确方法，但却相对忽视对其他科学方法的研究与应用，忽视对其他科学方法之间及这些方法与唯物辩证法之间关系的研究有关。正是由于缺乏这样一个中间层次的方法论环节，或者不善于运用中间层次的方法论，从而在一定程度上束缚和制约了监狱学研究的深入发展。因此，有必要学习研究引进系统科学方法，通过监狱学研究方法的变革，进而为新时代监狱理论和实践创新提供一个全新视角和有效路径。

系统方法是哲学方法和其他科学方法之间的桥梁。系统论的基本观点，就是把研究的对象作为一个系统。系统的整体性、最优化是这个理论的核心。也就是说，系统论就是从系统的整体性出发，选用最优的方法、程序和手段，达到系统预期的效果和目的。系统论、系统方法能否实践和运用到位，前提和基础是系统思考。而系统思考很关键的一部分是放大视角、放大时间的尺度、放大空间的尺度，在更大的时空之中去思考联系。把系统论运用到监狱研究领域之中，可以使我们在监狱工作具体研究中，更加自觉地贯彻唯物辩证法的普遍联系原则，对监狱这个系统进行立体网络的分析，克服形而上学的干扰，这对解决目前监狱理论研究面临的困惑和问题具有重要的方法论意义。

作者在论著中，把监狱系统作为研究和处理的对象，对监狱系统的概念、性质和特点，以及监狱系统、内部要素、外部环境三者的相互关系和变动规律性进行了深入分析，并把系统思考作为一条主线，结合监管安全、教育改造、刑罚执行、生活卫生、队伍管理、从严治党等工作实践，对系统的整体性、联系性、层次性、开放性、稳定性等基本原理和基本观点进行了较为深刻的阐释，充分体现了系统思想方法论的优势和实践魅力。比如，论著提出把监狱刑罚执行目的，纳入刑事司法体系的整体链条中来考察，把刑罚执行工作纳入国家刑事司法体系改革的大盘子来谋划，把监狱安全纳入国家总体安全和国家治理体系来推进，把监狱生活卫生工作纳入社会化的语境来探讨等，这些系统整体的、联系的观点，不仅对于帮助我们提升站位、拓宽视野、扩大格局具有重要意义，而且能够使我们更加客观、全面、科学地从整体上对监狱的性质、功能和特征加以认识和把握，有效防止认识上的表层化和片面性，从而成功跨越从个别到一般、从部分到整体的鸿沟，这也是实证研究今后应努力的方向。又如，作者提出开放性是系统充满并保持活力的前提，开放性是监狱融入社会大局、彰显监狱功能的"路"和"桥"，这对于监狱认清历史方位、把握职责定位具有重要意义。同时，面对日复一日、年复一年不变的工作对象、不变的工作内容、不变的工作模式，更需要通过树立开放性理念，摒弃大墙思维、摆脱主观束缚，突破思维定势、消除路径依赖，在解放思想中推动实现监狱理论、实践和制度创新。再如，作者提出系统的稳定是一种运动而非静止的动态稳定，这对于我们科学处理改革、发展、稳定之间的关系，通过发展有效解决监狱的一些历史遗留问题、现实矛盾和突出隐患具有重要指导意义。另外，作者提出运用系统的层次性原理，根据改造需要对各类罪犯正式群体及非正式群体的分类和管教进行干预、控制、管理，这对于深化分押分管分教、创新分级处遇，推进行刑科学化、法治化、社会化都具有较强的启迪意义。

近年来，我看过不少监狱工作方面的理论专著，但客观讲，留下深刻印象的并不多。这部论著，无论是从立意、观点，还是语言和内容，都给了我一种不一样的感觉。尽管现在的工作和活动日程安排得较满，除了巡视工作、监狱协会工作，其间还连续应邀参加全国性的监狱讲课、法学讲座和高端论坛，在繁忙的工作状态下，我还是很有兴趣地坚持挤出时间进行了认真阅读学研，因为这本书有着让我不能释手的魅力。

一是系统科学与监狱法学的有机结合。这本论著最大的亮点就是为监狱法学研究提供了一个全新的视角。搞理论研究，我们鼓励百花齐放，就是要多鼓励这种交叉学科的研究。近些年来，系统科学、系统理念在诸多领域都得到了广泛应用并取得了显著效益，但在监狱工作领域始终缺乏一个系统性、深入性的研究。系统理论最大的特点就是运用联系的、整体的、开放的观点去认识事物、分析和解决问题，因此，系统论成功克服和避免了目前一些实证研究中就事论事、只见树木不见森林的弊端，从而使监狱理论研究的视角更宽了，触角更远了。党的十九届五中全会将坚持系统理念作为"十四五"时期的五大原则之一，也理应成为今后一个时期监狱工作必须遵循的基本原则。应该说，作者的这本论著是应时而生，恰逢其时。

二是问题导向和使命方向的协同耦合。问题是创新的起点，也是创新的动力源。事业越发展新情况新问题就越多，也就越需要我们在实践上大胆探索、在理论上不断突破。作者在这本专著中把问题作为导向，立足当前、直面问题，紧盯新时代监狱主要矛盾新变化，紧盯法治建设中存在的薄弱环节和不足，特别是在监管安全、教育改造、刑罚执行、生活卫生、队伍建设、从严治党等几个章节，更是把解决实际问题作为一条主线，致力于从理论上寻找破解发展难题的系统化思路和办法。同时，又放眼未来、登高望远，把使命作为方向，紧跟国家经济社会发展的步伐，科学提出了创建与全面建成社会主义现代化强国奋斗目标进程相适应的"新时代现代化监狱"这个重大战略规划和愿景目标，大胆提出了"以刑罚执行为目标的刑事司法体制改革"的命题和创新设想，并围绕新时代现代化监狱"新"的标准和"现代化"的内涵进行了深刻阐述，应该说，做到了既在具体工作中"低得下来"，俯下身子去潜心发现并研究解决问题，又在思想觉悟上"高得上去"，不忘初心、牢记使命，统筹谋划和规划新时代监狱发展新征程问题。在监狱理论研究中，能够坚持使命引领和问题导向相统一，这在现实中是非常难能可贵的。

三是哲学语言和法学语言的贯通融合。让我非常欣赏的地方，就是作者能够非常踏实地钻研系统论的经典著作，能深入浅出地使用容易理解的表达方式，来阐释系统论的基本观点、基本原理，并将其运用到监狱的语境，这是件十分不容易的事情。一些哲学研究工作者在进行理论论述时经常会出现用语繁复和理论堆砌的现象，而在作者笔下，晦涩的哲学语言变得生动活泼、深奥的哲学观点变得通俗易懂。可见，作者对系统论的研究的深厚功底。更重要的是，群牛同志曾在基层监狱工作二十二年，后又调到省司法厅工作至今，对监狱工作十分熟悉并充满了较深的情怀。长期以来对监狱工作的热爱，以及对我国监狱改革发展和法治建设的深邃观察和思考，为系统论研究提供了重要的源头活水。作者在文中对"这里是什么地方、你是什么人、你来这里干什么"三句过去监狱工作中常用话语的经典阐释，可以看出他对一些哲学观点在监狱法学中的运用已达到了较为娴熟的地步。可以说，本书是一部将系统论成功运用于观察、诠释、解析当代我国监狱改革发展中深层次问题的著作，它有效架构起了哲学与监狱法学之间的桥梁，为我们深入研究新时代监狱工作提供了一个全新的视角。

当前，我国正处于"十四五"刚刚开局、向第二个百年奋斗目标进军的起步阶段，自觉运用系统论、系统理念和系统方法，为监狱工作及监狱管理研究适应新发展阶段、贯彻新发展理念、构建新发展格局，提供了科学方法和路径。可以预测，随着系统论在监狱学研究中运用的逐步深入，将会对监狱理论和实践产生较大影响，同时为马克思主义哲学的深化和发展提供宝贵的素材和空间，由此深化和发展了的马克思主义哲学又将反过来指导监狱理论和实践，成为监狱学研究的一个新的亮点。《监狱系统论》的诞生，很好地填补了监狱理论研究领域的一个空白，对于引导和启发人们深化对监狱工作及罪犯改造规律中蕴含的系统原则和方法论的认知，更加现实地走进运用系统理念推动监狱高质量发展的广阔实践，具有重要的理论和实践意义。

　　本书的学术、实务应用场景非常广泛，既是一本可供法学学者进行学术研究的工具书，也可作为监所专业教学使用的很好的教材，还是一本有较强实战实用价值的监所执法管理指导性用书，相信随着人们对这本书认识的逐步深入，一定会得到广泛认可和共鸣。

第十九讲

以习近平法治思想为指导，
加强刑事执行理论与实务研究①

党的二十大报告高举中国特色社会主义伟大旗帜，站在中国共产党百年奋斗和新时代十年伟大变革新的历史起点上，宣示了新时代新征程中国共产党的使命任务，开辟了马克思主义中国化时代化的新境界，是以中国式现代化全面推进中华民族伟大复兴的政治宣言和行动纲领。二十大报告，对坚持全面依法治国、推进法治中国建设、坚持总体国家安全观、维护国家安全和社会稳定、弘扬伟大建党精神、坚定不移全面从严治党等重大工作作出了重要阐述，提出了明确要求。刑事执行机关一定要认真学习领悟党的二十大精神，结合工作实际，自觉提高政治站位，提高理论思想水平，提高法治能力，全力以赴抓好党的二十大精神的学习贯彻落实。自觉以习近平法治思想为指导，加强刑事执行的理论研究和实务探索。努力维护监狱的持续安全稳定，严格规范公正文明执法，着力提高罪犯教育改造质量，为在新时代新征程中更好地履行职责，为维护国家安全和社会和谐稳定作出监狱机关新的更大的贡献。

一、大力加强刑事执行法治建设

党的二十大报告专章论述、专门部署法治建设，充分体现了以习近平同志为核心的党中央对全面依法治国的高度重视，充分彰显了党矢志不渝推进法治建设的坚定决心，为在法治轨道上全面建设社会主义现代化国家提供了根本遵循。二十大报告对严格公正执法司法作出重要部署，这是对刑事执行机关提出

---

① 本文刊载于《中国监狱学刊》2023 年第 3 期。

了新的更高的要求。建设法治中国必然包含建设法治监狱。

党的二十大报告指出，全面依法治国是国家治理的一场深刻变革，关系党执政兴国，关系人民幸福安康，关系党和国家长治久安。必须更好发挥法治固根本、稳预期、利长远的保障作用，在法治轨道上全面建设社会主义现代化国家。报告专章阐述全面依法治国的地位作用、总体要求和重点工作，体现了我们党对中国式现代化规律性的认识不断深化，充分彰显法治是治国理政的基本方式，是国家治理体系和治理能力的重要依托。

刑事执行是刑事法制的重要组成部分，在整个刑事法治过程中占有重要的地位和作用。刑事执行是刑事法治的重要一环，刑事立法、刑事司法最核心的目的是惩罚犯罪、改造罪犯和预防再犯。人民法院生效的刑事判决、裁定和决定，必须要由刑事执行来完成。如果刑事执行不到位，刑事立法所制定的法律再好，公安、检察、法院、司法行政等刑事司法机关在刑事诉讼过程中的工作努力再多也是枉然，甚至可能事倍功半。因此刑事执行是一个非常重要的环节包括监狱的行刑和社区矫正等，这是一个时间更长、任务更重、担子更大的化消极因素为积极因素、为国家贡献合格守法公民和预防再犯罪的重要阵地。

刑事执行工作应当坚持以习近平法治思想为指引，在中国共产党的绝对领导之下，坚定不移走中国特色社会主义法治道路。习近平法治思想开辟了马克思主义法治理论中国化时代化新境界，是我们党百年来提出的最全面、最系统、最科学的法治思想体系，为发展马克思主义法治理论作出原创性贡献，推动新时代全面依法治国发生历史性变革，取得历史性成就。刑事执行机关要自觉运用习近平法治思想蕴含的立场观点方法研究分析解决刑事执行领域工作中存在的矛盾、困难和问题，不折不扣落实习近平法治思想中体现的"十一个坚持"，推动建设更高水平的法治中国，努力构建更高水平的法治监狱。

法治是国家治理现代化的重要基础和基本方法，中国监狱法治建设要自觉以习近平法治思想为遵循，推进治理体系和治理能力的提升。作为刑罚执行机关的监狱，需要法治。作为国家暴力机关的监狱，需要法治。作为国家治理机关的监狱，需要法治。监狱法治建设应以把将绝大多数罪犯改造成守法公民为根本宗旨，以监狱严格规范公正文明执法为重心，以维护监狱安全稳定为重要目标，以保障罪犯人权为基本要件，努力推动监狱法治化的新发展新提升。

监狱作为国家的刑罚执行机关、作为国家刑事执行机关的主阵地、主战场，要深刻认识严格公正执法，强化监狱管理，提高改造质量等工作都是全面依法治国，建设法治中国的重要一环，是维护社会公平正义的最后一道防线。要进一步结合和学习二十大精神，紧密联系实际，认真思考，研究谋划，如何在加强刑罚执行，加强监狱管理，加强罪犯改造工作上，采取更有力的措施，更明确的思路，更有效的改革办法，把党的二十大精神落实到刑事执行理论研究和实际工作中去。

党的二十大发出"全面推进国家各方面工作法治化"的前进号令。这既是未来五年实现"中国特色社会主义法治体系更加完善"目标任务的应有之义，也是"坚持全面依法治国，推进法治中国建设"工作部署的预期成效和检验标准。"国家各方面工作法治化"这一命题内涵丰富，意义深刻，国家各方面工作法治化当然包括刑事执行各项工作都法治化，其主要含义是把国家各方面工作，当然包括监狱工作纳入法治轨道。坚持以法治的理念、法治的思维、法治的程序、法治的方式、法治的机制开展工作，坚持依法执政，依法行政，依法执法。坚持法定职责必须为，法无授权不可为。在国家工作各方面各环节都增强合法性，在刑事执行各项工作各个环节方面都增强合法性，减少直至杜绝刑事执行过程违纪、违规、违法的现象发生。

二、持续推动新时代刑事执行改革

党中央、国务院始终高度重视刑事执行工作，尤其是党的十八大以来，中央不断加强政法工作，推进政法领域的改革，提出了深化刑罚执行制度改革的一系列新要求。党的十八届三中全会、十八届四中全会都对刑事执行的改革提出了相关要求。2019 年，中共中央办公厅、国务院办公厅印发了相关文件，文件对推进监狱工作改革，严格规范公正文明执法，完善刑罚执行制度的改革提出了明确的要求。随着我国社会主要矛盾的转化，监狱工作与落实总体国家安全观、实现国家治理体系和治理能力现代化、建设社会主义法治国家的要求相比，还不完全适应。监狱改革的主要任务，一是始终把维护国家安全和社会稳定作为监狱工作的首要任务。二是切实把罪犯改造成为守法公民。三是扎实推进严格规范公正文明执法。四是全面加强监狱工作保障。五是努力打造信念坚定、执法为民、敢于担当、清正廉洁的高素质监狱人民警察队伍。2019 年 5 月，中共中央办公厅专门印发了《关于政法领域全面深化改革的实施意见》，专门对"深化刑罚执行制度改革"提出要求。明确了刑罚执行制度改革的方向、路径和重点，具有很强的针对性、指导性。中央从国家治理体系和治理能力现代化建设，从政法领域全面深化改革的大局和高度出发，谋划和提出了深化刑罚执行制度改革的若干意见和要求。其改革的主要内容及要求体现为。

第一，完善刑罚执行制度，统一刑罚执行体制。这是很大的课题，刑罚执行制度如何完善？怎么统一？统一到什么程度？改革顶层设计具体怎么搞？这既是刑事执行理论的重大课题、现实改革难点，也是司法实践的重大任务。《中共中央关于全面推进依法治国若干重大问题的决定》提出，"健全公安机关、检察机关、审判机关、司法行政机关各司其职，侦查权、检察权、审判权、执行权相互配合、相互制约的体制机制"的改革要求，确立了四机关在定位上的平等性和统一性，构建了全新的关系框架。但从司法实践运行看，这项改革推进迟缓，刑事执行一体化面临诸多的不同认识和困难问题，存在诸多制约四权耦合功能实现的因素。例如公安、法院、司法行政都分别承担刑事执行的职能，出现刑罚执行权的配置交叉混用，侦押合一、审执合一等弊端，看守所隶属关系改革迟滞不前。现实中刑事执行权分配散乱点多，刑罚执行体系尚未统一。这种刑事执行现状显然不利于法治统一，容易造成司法资源的浪费。为此，应按照中央关于深化刑罚执行制度改革的要求，对当前我国分散行使的刑事执行权配置体系作出新的制度安排，应集中力量认真研究论证，积极稳妥地改革完善与刑事执行权相关的法治事务，以"有效性"为价值引领，统一刑事执行体制制度体系。从司法实践分工负责的关系看，司法行政机关具有刑事执法职能，由司法行政机关统一行使刑事执行权，内含了国家权力行使"有效性"的基本要求，基于长期、成熟、丰富的实践经验，司法行政机关已经形成了一套符合刑事执行运行规律的管理模式与制度规范，由司法行政机关统一行使刑事执行权，有利于整合司法资源，保障法院裁判的有效执行，协助审判功能的实现，有利于实现不同权力之间的制约，保证刑事执行的公正，契合"四机关各司其职，四权力配合制约"的体系要求。有利于保障国家法治的统一，使不同的刑罚执行方式适用相同的刑事执行程序。由于认识、历史等诸多方面的原因，整个社会包括政法机关、学术理论界对刑事执行的重要性认识与研究还很不够。建议依据宪法和党的十八大以来的法治精神，以习近平法治思想为指导，参照国外刑事执行立法的经验，结合中国刑事执行的实际，高度重视认真研究和统一设计，统一刑事执行主体，健全完善刑事执行制度，编撰和创制《中华人民共和国刑事执行法典》。

第二，创新罪犯教育改造模式、手段和内容。改造罪犯是中国刑事执行的重要内容。司法实践中必须坚持"惩罚和改造相结合，以改造人为宗旨"的监狱工作方针，坚持我国《监狱法》规定的相关改造罪犯的法定要求。中央对推进新时期罪犯改造工作提出了新的要求，虽然几十年来监狱改造罪犯工作取得了很大的成绩，但是面对新形势、新情况、新问题，罪犯构成更加复杂，罪犯不服改造、抗拒改造的现象增多，罪犯改造的难度越来越大，基层监狱干警素质也参差不齐，面临了很多新的问题，改造的能力、改造的模式、改造的内容方法手段不适应现实的改造工作，迫切需要高度重视、认真研究，不断推进罪犯教育改造的模式、手段和内容的改革创新。

第三，推动修改《监狱法》。我国《监狱法》在长期的监狱实践中起到了很大的作用，对推进监狱工作顺利发展起到了法治的保障作用。但是随着形势的变化，《监狱法》有不少的规定，已不符合现实中的需要。监狱司法实践中面临的各种问题，监狱法制还不能给予保障。新时代新征程中，监狱工作面对各种新情况新问题，现行《监狱法》提供的法律支持和需求，越发显得捉襟见肘、无能为力。因而修改《监狱法》的要求日益迫切，修法的期待日益高涨。监狱管理、改造罪犯的司法实践迫切需要将《监狱法》修改提上立法的议事日程，高度重视强力推进《监狱法》的修改。可以讲，以修改《监狱法》为龙头，完善监狱法律法规制度建设，提高干警执法的理念和能力，是当下推进监狱改革发展的当务之急和迫切需要。以完善的监狱法治保障和促进刑事执行工作的有效推进。前几年修改《监狱法》已列入全国人大常委会和国务院的立法计划，但由于抓得不紧，重视不够，立法力量不足，监狱法草案修改工作显得不够成熟，同时司法实践中面临不少新的问题，导致《监狱法》修改工作至今进展缓慢，监狱法治建设已不适应全面依法治国、建设法治国家的需要。需要上下统一思想认识，集中智慧和力量，强力推动《监狱法》的修改。

第四，深化监狱体制机制改革，严格实行监企分开、监社分开，实现监狱经费全额保障，健全动态调整机制，推进监狱分级分类建设。这是中央对刑事执行、监狱工作提出的具体改革要求，也是监狱面临的突出问题。如果不进行监狱体制机制的改革，刑事执行就无法很好地落实，现在仍有很多监狱经费有缺口，尤其是罪犯医疗费的缺口很大。监狱的分级分类建设进展缓慢，不标准、不规范。刑事执行的资源如何分配？这些都是长期没有解决好又急需解决的问题。目前监狱企业生产的任务很重，监企分开改革难度也较大。监狱的罪犯不分长刑犯、短刑犯都集中关在一个监狱内，需要认真反思，应当对监狱和罪犯进行分级分类关押改造，加强针对性的矫正。完全可以将改造表现好的、刑期短的、危险性低的罪犯放到低度监狱或者社会上去改造，加大社区矫正力度，或者在依法的前提下推行犯人的自我管理等方式。监狱体制改革尽管已进行了很多年，取得了很大成效，但深化监狱改革的任务还远没有完成，推进刑事执行改革任务仍十分艰巨。

第五，探索完善监狱、看守所、社区矫正和安置帮教工作的对接机制。这一改革任务的提出，足以说明中央已高度重视这个现实中存在的问题，需要推进改革完善。目前，这几个部门的对接机制不紧密、不完善，实践中出现不少漏洞，脱管漏管的事件时常发生，不利于达到预防犯罪和减少犯罪的目的，罪犯出狱之后无处可去，无家可归，无事可干，没有钱花，没有工作，没人帮助关心，甚至有的受到就学就业歧视，这就极易走向重新违法犯罪的道路，危害社会的稳定和谐。

第六，建立重新犯罪监测防控长效机制。这是中央政法委确定的一个重大课题，之前司法部一直在做这项研究，经过多年论证并报中央政法委批准，同意由司法部牵头进行，联合公安、检察、法院相关部门进行统一研究，并取得了积极的成果。在实践中要真正做好这项工作，并充分发挥它的作用，还需要进一步高度重视，各个部门密切配合，规范制度机制，尤其是监测防控长效机制，前提是要有制度规范。要提高规格、提高层次，从中央层面上建立全面统一完善的重新犯罪的监测防控长效制度机制。以此更好地服务于刑事法学理论研究和刑事司法实践。

第七，完善监狱监禁和社区矫正有机衔接机制。这两项刑事执行工作都是由司法部领导管理，司法部高度重视并出台了相关的制度文件，但是实际执行中仍然存在不少的问题，衔接机制不够顺畅，依旧存在很多矛盾，没有衔接好，如罪犯保外就医保不出去，有病不能保外，有的社区矫正部门由于各种原因，不同意监狱罪犯暂予监外执行，刑事执行的效果大打折扣，长期困扰刑事执行工作中的罪犯释放难、保外难、死亡处理难的"三难"问题一直是刑事执行工作面临的长期没有解决好的问题。

第八，加强社区矫正机构工作人员正规化、专业化、职业化建设。中央这项改革要求，对于推动社区矫正持久健康发展至为关键，队伍建设是根本，社区矫正队伍如何加强？社区矫正的机构、编制、人员、经费如何加强和规范？专职人员、兼职人员、志愿人员等如何培养管理？正规化、专业化、职业化的具体是要求什么？等等这些实践中的现实问题都需要加强认真调研、稳妥解决。

第九，完善刑罚执行法律监督制度。信任不能代替监督，权力没有监督必然导致腐败。近十几年来，刑事执行中发生的各种司法腐败案件，其原因很多，但其中一个重要原因就是刑事执行法律监督不到位，监督失察失职。刑事执行法律监督如何构建？如何完善法律监督的主体、程序、形式、内容、监督的评估考核都需要认真研究，深化改革，都需要从理论政策实践中不断研究和探索。司法实践中，刑事执行法律监督制度的改革与完善，仍有大量问题需要研究，法律监督不规范、不到位的问题仍然存在。在对监禁刑进行的检察监督中，检察官所拥有的监督方式与监督手段较为单一，监督程序也较为粗疏。在对非监禁刑的法律监督中，检察机关的法律监督职能弱化，加之宽严相济的刑事政策与犯罪轻刑化的发展趋势，导致制度设计无法充分支撑法律监督功能定位的实现。社区矫正检察监督制度的功能预设与实践运行存在较大鸿沟。检察监督实践有时呈现出"参与有余，监督不足"的不平衡状态。具体体现为事后监督模式的滞后、监督手段的刚性缺失、各种监督方式衔接不畅等弊端，造成"监督低效"与"监督不能"继而妨碍司法行政功能的实现以及国家权力结构的平衡。应当进一步加强刑事执行法律监督的研究，推进刑事执行法律监督的改革。应当基于其国家法律监督机关的定位，提升"监督质效为基点"，对监狱、社区矫正检察监督制度现状的反思，应从观念转变、制度重塑与技术赋能等多层面进行刑事执行法律监督制度的改革完善。

一个时代有一个时代的问题，一代人有一代人的使命。虽然我们已走过万水千山，但仍需要不断跋山涉水。我国监狱工作经过40多年的改革已经取得了很大的成绩，随着改革不断地向纵深推进，监狱改革、刑事执行改革面临的问题越来越难，剩下的都是难啃的硬骨头，矛盾越大问题越多，越要攻坚克难，勇往直前。改革是由问题倒逼而产生，又在不断解决问题中得以深化，改革进程中的矛盾只能用改革的办法来解决。改革是一场深刻的社会变革，也是一项复杂的系统工程，推进深化刑事执行改革、监狱工作改革，必须牢牢把握全面深化刑事执行改革的正确方向，必须坚持正确的方法论。一是把握好改革的正确方向。改革是一场深刻的革命，必须坚持正确方向，沿着正确道路前进。监狱工作的改革最核心的是要坚持党对监狱工作的绝对领导，坚持和完善中国特色社会主义制度，坚持推进国家治理体系和治理能力现代化。二是坚持以问题为导向深化监狱改革。刑事执行改革应当是为了解决刑事执行司法实践中存在的现实问题来推进，在推进各项改革的过程中，都应秉持强烈的问题意识，坚持问题导向，无论是制定方案还是部署推动督促落实，都应把切实解决问题作为目标指向。在具体部署推动改革上，要聚焦主要问题和关键环节，哪里矛盾和问题最突出，就重点抓哪里的改革。三是坚持以法治思维和法治方式推进改革。凡属重大改革都要于法有据，在整个刑事执行改革过程中，要高度重视运用法治思维和法治方式，发挥法治的引领和推动作用，加强对相关刑事立法、监狱立法工作的协调，确保在法治轨道上推进监狱改革。要同步考虑所涉及的刑事执行立法问题，及时提出立法需求和建议。实践证明，行之有效的改革成果要及时上升为法律，实践条件还不成熟，需要先行先试的，要按照法定程序作出授权，对不适应监狱改革发展要求的法律法规制度，要及时修改和废止。

四是坚持顶层设计与基层探索良性互动。加强顶层设计和基层探索，都是推进改革的重要方法。改革在认识和实践上的每一次突破和发展，无不来自人民群众的实践和创造。智慧在基层、力量在基层、期盼改革迫切的需求来自基层。顶层设计要注重贯彻落实中央关于司法改革、刑事执行改革、政法队伍改革的总体要求，同时更要鼓励基层解放思想、积极探索。刑事执行改革、监狱工作改革是复杂的系统工程，要重视基层的首创精神，鼓励探索，及时总结典型经验，推动面上的改革。以"一马当先"带动"万马奔腾"。在全面深化改革的过程中，正是通过既加强宏观思考、顶层设计，也鼓励大胆实验、大胆突破，才不断把改革推向深入。五是以钉钉子精神狠抓改革落实。翻开历史书，从春秋时的管仲改革，到战国时的李悝变法，从洋务运动到百日维新等，无论这些改革成功推行，载入史册，还是令而不行，无疾而终，都可以从"落实"上找到经验或教训，正所谓"天下事，也实则治，也文则不治"。改革争在朝夕，落实难在方寸。"天下之事，不难于立法，而难于法之必行"。比认识更重要的是决心，比方法更重要的是落实。只有坚持不懈、久久为功，改革的蓝图方能化为现实美景。因此要想深化刑事执行改革并取得成效，必须持之以恒地聚焦聚神聚力抓落实，抓铁有痕，盯住抓，反复抓，直到抓住成效，坚定不移地将刑事执行改革进行到底。

深化对刑罚执行的基本认知①

本次会议目的是准确把握刑法、刑事诉讼法规定的刑罚执行的内涵与外延，深化对其基本认知，研究刑罚执行与刑事执行的联系与区别，认识刑罚执行的重要地位和作用，推进刑罚执行的改革，更好地贯彻执行《监狱法》与《社区矫正法》。

刑罚执行到底是什么？什么是刑罚？什么是执行？执行什么？其目的、作用、范围、内涵外延是什么？理论与实务部门都应在基本概念方面将其研究透，否则将无法深入下去，甚至会对这个行业产生不同的看法，从而导致信心不够坚定，所以这个主题很有针对性、现实性。

近年来，学术理论界对监狱工作的关注研究较少，而对社区矫正关注较多，这是很正常的现象。因为社区矫正本身是一个新的现象，立法本身就是一个很艰巨的过程，在众多矛盾和妥协的过程中出台，出台之后依旧有不同的认识。正如前面的学者对缓刑、假释、暂予监外执行是不是刑罚执行便有很大的争议。从实务工作来看，我认为缓刑、假释还应是刑事执行，但与监禁刑执行应有很大区别，社区矫正不能仅强调其惩罚性，更重要的是强调其教辅帮助、教育引导作用，注重更多的人文关怀。按照现行的法律政策规定，罪犯在假释期间、缓刑期间或者保外就医期间，违反相关法律规定违法犯罪就应进行撤销假释、缓刑或保外就医决定，而重新执行刑罚。

① 本文整理自作者2022年4月16日在中国政法大学犯罪与司法研究中心、中国人民大学刑事执行检察研究中心等单位举办的预防犯罪论坛"刑罚执行：内涵与外延"的专题研讨会的发言。

一、刑罚执行基本概念的理解

（一）基本概念

应当深化对刑罚执行基本概念的理解。刑罚执行、刑事执行从历史看，刑事执行制度的演进已经有几千年的历史了。这一制度之所以可以经历数千年的世事变化而不衰，自然有其存在的道理。所以研究刑罚执行要以史为鉴、古为今用，目的是使刑罚执行更为完善。刑罚执行制度是伴随刑罚而产生的，没有刑罚就没有刑罚执行，刑事执行的制度也就无从谈起。从某种意义上讲，可以将刑罚、刑罚执行、刑事执行制度看作几乎同时诞生的"三胞胎"。刑罚有其特定含义，从性质来看，刑罚是国家最严厉的法定制裁措施，自身有其特定的内涵与外延。刑罚执行与刑事执行是否有区别？从域外来看，美国、英国、日本都是叫监狱法，但是俄罗斯、德国、瑞典等国家叫刑事执行法。两者的区别，从理论来讲可能是存在争议，有区别、不同含义，但从性质上来讲我觉得大致相同，而细究来讲，刑事执行的外延会更广，刑事执行含义比刑罚执行更加丰富。刑事执行包含刑罚执行、监禁的执行、保安处分的执行等其他的执行；而刑罚执行相对有所局限，有其具体内涵，刑罚执行包括有期徒刑、无期徒刑执行等，其概念是有所局限的。从完善刑事法律体系的高度来看，构建刑事执行法与刑法、刑事诉讼法并列构成一个完整的刑事法律体系很必要，值得研究，即从刑事一体化角度来统筹设计研究。对刑罚执行的理解还可以这样看，我国是中国共产党集中统一领导的国家，这与美国、英国、加拿大等联邦制（各州有自己的刑事立法）都不同。我国有统一的刑事立法，统一的依法执行刑罚，立法立规都是中央的职权，各省区市是没有权力制定甚至解释刑事法律的。这就是我国的统一体制决定的，要自觉提高政治站位，在中国共产党统一领导下进行推进刑事的立法、司法和执法，这就是我国刑罚执行独有的特点。

（二）刑罚执行的实施

刑罚本身是国家对犯罪人实施的刑事制裁措施，表明国家对犯罪人及其犯罪行为的否定评价，在执行刑罚时，刑罚执行机关要将国家对犯罪人及其犯罪行为的否定评价通过执行活动表现出来，需要通过监狱的执法活动来体现。这就是刑罚执行的固有形态。但刑罚执行并不仅限于表明国家对犯罪的否定态度，如果只表明国家的否定态度，那么刑罚与其他制裁措施便没有什么差异了。刑罚作为最严厉的一种法律制裁措施，尤其是在具体实施过程中有其特点和内涵。刑罚执行制度，是国家刑罚权的直接表现形式，是国家创制刑罚的宗旨，是对审判机关量刑活动的实现，也是国家意图达到刑罚目的的强制手段。从刑罚执行机关所承担的刑事司法活动内容可以看出，刑事执行制度，包括刑罚执行受到国家创制刑罚的合理性以及审判机关裁量刑罚的公正性制约，同时反过来，刑罚执行也制约着刑罚创制的完善和刑罚裁量的公正。这就是我理解的在过程中需要把握的关系。刑罚从源头看，是立法部门创制的，在我国是全国人大及其常委会来制定，从立法规定刑罚的种类和目的，这就是制刑。这是第一阶段。第二阶段，司法机关负责追刑诉刑量刑。公检法等部门在侦查、起诉、审判活动中依照刑法、刑事诉讼法的规定，侦查起诉判决裁定犯罪人应当承担具体的刑罚种类，如死刑、无期、有期徒刑，等等，这就是追刑量刑。第三阶段，刑罚执行。执行部门负责将法院的刑事判决裁定付诸实施。监狱包括社区矫正部门日常做的大量的烦琐的、具体的工作都统称刑罚执行活动。监狱中的狱政管理、教育改造、组织罪犯劳动、罪犯生活医疗管理等，其实质都是刑罚执行活动的具体内容。这一阶段我认为是最重要的刑事司法活动。"法律的生命在于实施，法律的权威在于实施。"如果刑罚得不到有效执行，刑罚创制和司法判决在刑罚执行方面打折扣，那就没有什么权威，就会失去意义。

（三）刑事执行应处理好三个关系

一是刑事执行与刑罚创制的关系。创制刑罚是国家刑事立法的重要活动之一，由全国人大及其常委会负责立法，在进行刑事立法活动时将一些严重危害社会的犯罪行为应当判处刑罚作出明确的规定，规定哪些行为是犯罪行为，哪些犯罪行为应该给予什么量刑处理等。创制刑罚本身并不是目的，只是国家立法机关的立法活动，通过立法确定刑罚种类及内容，归根结底要到司法实践去运用。从这样的视角出发，对创制刑罚活动应提出要求：即创制的刑罚种类和内容必须合理，立法应当是良法、为人民群众所接受、服务于实际工作，而不能让立法变成"僵尸法"，没什么用的法律，这样就浪费了立法资源。合理的刑罚规定对刑事执行活动有着极大的促进作用；反之如果刑罚的种类和内容规定的不合理，会对刑事执行活动带来运用和操作上的困难。从另一个角度讲，通过刑事执行活动的实践，可以对刑罚创制的优劣作出分析和评价，并将信息反馈给国家立法机关，这样可以使立法机关根据刑罚执行实践所反映的问题，适当地对已有刑罚规定作出补充和修改，使立法机关不断丰富立法经验。这个关系需要我们注意。比如，我亲身参与的例子：有一年我参加全国人大组织的修改刑事诉讼法研讨会，当时全国人大的有关部长、主任牵头组织，很多大学的教授都有参与。其中在会议中我发现，教授学者的发言，对执行这一方面很少关注，于是就进行了发言，当时我的发言观点是刑事执行、刑罚执行是整个刑事诉讼活动的重要内容，但在整个刑事诉讼中规定的很少、很原则，没有体现其重要作用，所以我认为立法上需要修改。例如，按照原有的刑事诉讼法的规定，无期徒刑犯一律不能保外就医，但我认为从实践来看，这一条需要修改，立法这样规定并不准确、不科学，于是提出无期徒刑原则是不能暂予监外执行，但对于怀孕的无期徒刑女犯，建议应当网开一面允许暂予监外执行，并就此进行了理由阐明，当时得到了肯定，最终在刑事诉讼法的定稿上进行修改，得到了立法上的肯定。只有良法可以得到善治，如果存在问题就要及时修改。

二是刑事执行与刑罚裁量的关系。刑罚裁量是审判机关对犯罪人依照刑法的规定确定刑罚种类及适用幅度的一种刑事司法活动，它是国家立法机关创制刑罚与刑事机关执行刑罚的中间环节，居于承上启下的地位。刑罚裁量既是创制刑罚的实现，又是执行刑罚的依据，如果说刑罚的创制还只是法律文本上的规定，那么刑罚裁量就是将这种规定付诸实施的实践活动。作为审判机关必须严格按照刑罚创制的原则和内容进行刑罚的裁量活动，在任何情况下都不允许超出刑罚规定的范围，不能滥用刑罚制裁，不能脱离法律规定的内容范围进行法外司法，要根据犯罪人的犯罪事实和犯罪性质、犯罪情节以及对社会的危害程度等来予以相应的刑罚方法。如果人民法院对犯罪人裁量的刑罚不能得到实际执行，刑罚裁量就变成毫无意义的一种声讨犯罪人的形式。另一个角度来看，刑事执行是对刑罚裁量质量的检验，只有刑罚裁量适当，刑事执行活动才能顺利执行。所以刑事执行机关与审判机关的关系是非常密切的。

三是刑事执行与实现刑罚目的的关系。刑罚目的的实现需要依赖多个方面的工作，包括国家创制刑罚的活动、法院刑罚裁量的活动、刑罚执行机关的刑罚执行活动。无论哪个环节发生故障，都会使刑罚的目的实现遇到困难。在创制刑罚、裁量刑罚和执行刑罚这三个环节中，从实现刑罚目的的角度来看，刑罚执行应当是最为重要的环节。犯罪人犯了罪，就要受到刑罚的惩罚。作为刑事执行机关，要根据执行刑罚的规定和要求，对罪犯具体实施刑罚的惩罚，刑罚本身所固有的痛苦的属性，使犯罪人体会到刑罚的惩治作用，不愿意或不敢再犯罪了，实现刑罚特殊预防的目的。刑事机关在惩罚改造活动中直接促进犯罪人改恶向善，重新做人。由此得出结论，刑事执行活动是刑罚目的得以实现的最根本的保障。从整个刑事司法活动的流程来看，全部刑事司法活动是由侦查、起诉、审判、执行四个互相紧密关联的程序构成的。其中，侦查是对犯罪案件的揭露，起诉是对侦查的犯罪案件以国家的名义进行的指控，审判是对被指控的犯罪事实予以认定并决定对犯罪人适用刑罚，执行是由执行机关将审判机关确定的刑罚予以实施。综合流程来看，刑事执行的活动乃至刑罚执行活动不仅是将人民法院通过判决形式确定的刑罚被动地予以执行，还要在执行过程中对罪犯进行教育改造，使之受到刑罚惩罚后接受教训，不再实施危害社会行为，成为守法公民。也就是说，刑罚执行活动实质上是承担刑事司法活动中最为重要的部分，使犯罪人反思悔过，不再犯罪，从而达到维护社会稳定的目的。如果没有刑罚执行活动，或者虽然有刑罚执行活动但没有实际效果，那么全部刑事司法活动都将失去它应有的意义。揭露犯罪、指控犯罪、认定犯罪、惩罚犯罪都不是目的，目的在于预防犯罪，而预防犯罪只有通过对犯罪人的根本改造才能做到。

二、刑罚执行制度的构成

从刑罚执行制度的实施过程看，刑罚执行是由目的性、规范性和强制性三个要素构成的。

（一）目的性

刑罚执行主要有三个目的。首先是执行刑罚。是刑事执行机关以具体将实现法院的刑事判决或者裁定内容付诸实施；其次是惩罚犯罪。惩罚是刑罚的天然属性，应使罪犯感到痛苦，强制严格管教依法惩罚；最后是改造罪犯、预防犯罪，促进社会的长治久安。在刑罚执行过程中，可能发生刑罚种类或刑期变更（如减刑），也可能发生刑罚执行方式的变更（如缓刑、假释），刑罚执行场所的变更（如暂予监外执行、假释），等等。这些不止是刑罚执行机关活动，还涉及法院、检察院、社区矫正各自的职权和活动。刑罚执行的目的就在于准确、完整地执行刑罚，也可以称为刑罚的直接目的性。还要进一步认识到这种形式上的目的性背后有深层次的实质目的性，即刑罚执行是为国家刑罚目的服务的，国家刑罚目的是预防犯罪，只通过制刑和量刑是不够的，刑罚预防犯罪的目的，从根本上要通过刑罚执行活动才能得以实现。

（二）规范性

即指刑罚执行活动，必须规范执行刑罚，严格依照法律规定的内容、条件、程序进行。包括监狱机关、社区矫正部门，都应依法规范执行刑罚，依法管理罪犯和矫正对象。执行刑罚活动中要坚持五大管理原则——依法管理、严格管理、科学管理、文明管理、直接管理，不能依靠犯人去管理犯人；要坚持监管工作的标准化、规范化、精细化、信息化，要依法严格规范整个刑罚执行活动。任何情况下，都绝不允许在法律规定的内容和程序之外对罪犯进行惩罚。

（三）强制性

在所有的惩罚措施中，只有刑罚的强制性是公开、明确的。指刑罚执行机关代表国家依法对罪犯进行强制性惩罚和改造，这是监狱的威严性体现。进了监狱就要严格执行监狱规定，如首先对新罪犯要进行两个月的入监教育，教育犯人知道监狱是什么地方，要如何度过服刑期，这些都是强制的。刑罚执行强制性的特征是由刑罚本身强制性的特征所决定的，如果没有这种强制性作为刑罚执行的后盾，那么，实现刑罚目的也就成了一句空话。刑罚执行的强制性表现在刑罚执行的全部过程中。从刑罚执行三个构成要素来看，各有特点、相互联系、相互依存，缺少了其中任何一个要素都不是现代意义上的刑罚执行制度。所以要清楚地了解刑罚执行制度的构成，透过刑罚执行现象更深刻地理解刑罚执行的本质，使刑罚执行制度在理论上不断深化，在实践中日趋完善。

三、刑罚执行的重要意义

刑罚执行在全部刑事司法活动中占有重要地位，具有特别重要的意义。刑罚执行及刑事执行制度的重要意义概括地说有如下五个方面：

（一）刑罚执行是法律的明确规定。执行刑罚是刑罚执行机关的法定权利和法定责任，除法律明确规定外，任何机关、单位及个人都无权执行刑罚。在我国，监狱和社区矫正机关负责专门的刑罚执行活动，是国家法律规定必须应当去做的。缓刑、假释是否属于刑罚执行性质在理论上可以研究争议，但在实践中必须按照法律规定作为刑事执行活动执行。其重要性体现法律规定中、司法实践中必须执行。

（二）刑罚执行是对犯罪人实施刑罚惩罚的实际体现。犯罪是危害社会的、触犯刑法的，应当受刑罚惩罚的行为，犯罪行为表明犯罪人与社会规范的要求是背道而驰的。人民法院根据其犯罪事实和情况作出判决和裁定，这样的判决书、裁定书是人民法院代表国家制作和宣告的法律文书，确定了被告人的行为是否构成入罪，构成什么罪，是否需要判处什么刑罚等。这是根据刑罚的具体规定对犯罪人进行相应的刑罚适用，是一种宣告。但刑罚的宣告只是表明国家对犯罪人的否定评价，只是表明他有罪，但不能意味着刑罚的内容通过宣告可以实现。也就是说刑罚的宣告并不意味刑罚的惩罚。只有通过刑罚执行机关对犯罪人所受到的刑罚宣告具体加以实现，才能使刑罚的内容落到实处。因此刑罚的宣告与刑罚的执行有着非常密切的关系：刑罚的宣告是刑罚执行的前提，刑罚的执行是刑罚宣告的后果。没有刑罚的宣告，刑罚的执行就会成为无源之水、无本之木，成为无法无天的法外施刑；没有刑罚的执行，刑罚的宣告就会成为毫无实际意义的"口诛笔伐"，而失去刑罚自身的固有属性。刑罚的执行在实现刑罚内容方面具有不可取代的作用。刑罚宣告在实践中没有实现或没有完全实现刑罚的执行的判例在司法实践中就发生过、产生很不好的影响，严格公正的执行刑罚是极其重要的，是对犯罪人实施刑罚惩罚的实际体现。

（三）刑罚执行是改造罪犯的前提条件和法定要求。刑罚具有的诸多功能使得犯罪人必须承受其本意不愿意承受的痛苦，即刑罚对犯罪人造成的痛苦是刑罚本身的自然属性，如果没有这个属性，刑罚就失去其存在的价值，但只看到刑罚的痛苦属性是不够的，这只是刑罚的表面现象。刑罚的惩罚只是刑罚执行的内容之一，刑罚执行的目的是将罪犯改造为守法的公民，要实现这个目标还必须通过改造罪犯来实现，所以刑罚执行的另一个重要内容就是改造。所以，惩罚和改造都属于刑罚执行的内容，改造工作是监狱工作的中心任务，这是司法部早在二十多年前就提出的，也是监狱工作方针的要求，惩罚与改造相结合，以改造人为宗旨，惩罚是改造的前提，改造是惩罚的目的。这都属于刑罚执行的重要内容。

（四）刑罚执行是实现国家刑罚目的的基本措施。在我们国家，由全国人大及常委会立法、公安司法机关负责侦查、起诉、审判，其都是为了实现国家刑罚的目的。国家刑罚的目的最终靠刑罚执行实现。国家刑罚的目的就是预防犯罪、减少犯罪。人民法院根据罪刑相适应的原则，对犯罪人判处刑罚，刑罚执行机关将人民法院对犯罪人判处的刑罚付诸实施，这就是刑事司法活动两个互相联系的环节。刑罚的目的归根结底在于预防犯罪，就是实现刑罚的特殊预防和一般预防目的，刑罚执行是实现刑罚目的的可靠保障。没有刑罚执行刑罚目的就难以实现，刑罚执行更是预防犯罪的有效措施。所以刑罚执行的效果如何，惩罚和改造罪犯效果的好坏与预防犯罪、减少犯罪、实现社会长治久安有着重要的意义。从这一角度分析，作为监狱和社区矫正部门担负着极其重要的作用，不仅是监狱应将犯人关押管住管好不逃跑，也不仅是社区矫正应将矫正对象管好，更重要的是教育好、引导好、改造好，使其成为促进社会发展的积极力量、守法公民，而不是社会秩序的捣乱分子，防止其重新犯罪。

（五）刑罚执行是维护国家政治安全、社会稳定以及保障人民群众安居乐业的重要保障和有力手段。刑罚执行要提高站位来看待监狱与社区矫正工作，这些活动都涉及国家的安全、人民的安全感、幸福感。刑罚执行工作承担着重要责任，如果不将监狱管理好，一旦发生罪犯脱逃、暴狱、袭警，就会给社会添乱、给大局添乱，就是严重失职渎职，甚至违法犯罪。所以刑罚执行活动是国家刑罚目的实现的最根本保证，没有刑罚执行，法院的判决裁定就是一纸空文，国家的刑事运行机制也就不存在了。无论如何，刑罚执行的重要意义都值得进一步的提升和宣传，使各个部门、机关、单位、个人充分认识到刑罚执行的重要意义。

四、刑罚执行涵义内容及特性

目前，我国刑罚执行的现状主要表现为：刑罚执行多元化，多部门都在执行刑罚，刑罚执行碎片化、分散化、不统一、不规范、资源浪费、重复，从而导致刑罚执行的效果不是很理想。这个现象早在二十多年前就已经出现。二十多年前，我曾经在中国政法大学参加一个学术理论研讨会，会上我围绕刑罚执行一体化进行发言。呼吁研究、重视、规范刑罚执行工作。党的十八届四中全会审议通过的《中共中央关于全面推进依法治国若干重大问题的决定》中明确提出："完善刑罚执行制度，统一刑罚执行体制。"目前推进落实这项改革政策的实际情况进展较慢，改革效果并不理想。当然因为其中难度很大，涉及部门利益调整、体制改变等问题，但至少从中央宏观层面上看到了这个问题所在，进而需要下决心推进刑罚执行制度改革。

(一) 刑罚执行涵义

刑罚执行即"行刑"，指法律规定的刑罚执行机关依法将人民法院已生效的刑事判决所确定的刑罚付诸实施的刑事司法最后一个环节的活动。刑罚执行的含义有四种表现形式：一是广义的刑罚执行，包括一切刑罚种类的执行，多部门执行刑罚。公安机关有刑罚执行，法院有刑罚执行，监狱是刑罚执行的主体，社区矫正也负责刑事执行。二是狭义的刑罚执行，指监狱对自由刑的执行，包括社区矫正，监狱的整个监管、改造、执法活动都属于刑罚执行活动。三是《监狱法》第三章规定的"刑罚的执行"，明确界定其含义，包括收押、释放、坦白、控告、检举处理、减刑、假释、暂予监外执行等，也是现在多数监狱刑罚执行科的主要业务工作。四是刑罚变更执行，具体指办理减刑、假释、暂予监外执行工作，这是 2018 年政法队伍教育整顿、监狱整顿的重点内容。这方面司法实践中出现了很多问题。通过队伍教育整顿给予了高度重视，从制度上进行了全面明确的规范完善，包括最高人民法院、最高人民检察院、司法部等从制度上进行了规范，使得刑罚变更执行制度更加完善、严格、细致。

（二）刑罚执行的内容外延

刑罚执行的内容外延包含有：人民法院执行的有死刑立即执行、罚金刑执行、财产刑执行；公安机关执行驱逐出境、拘役、看守所执行三个月以下的已决罪犯刑罚、剥夺政治权利的执行；社区矫正部门执行管制、缓刑、假释、暂予监外执行等，从监狱执行刑罚来看，包括死刑缓期的执行、无期徒刑犯的执行、终身监禁，有期徒刑的执行。刑罚执行过程中的内容也非常复杂。从全国来看，我国的监狱管理体制与国外是不同的。刑罚执行主管机关按照法律规定，监狱刑罚执行机构主管部门在中华人民共和国成立初是司法部，1951 年监狱划归公安部领导管理，1983 年中央政法体制改革，监狱劳教工作整体移交给司法部领导管理，监狱归属司法部主管。司法部监狱管理局具体执行司法部赋予管理监狱的职能。监狱管理局的职能包括制定监狱的规划、负责监狱的狱政管理、刑罚执行、教育改造、生活卫生、劳动生产等中的各种制度的制定、执行等。现代监狱刑罚执行的内容十分复杂，在实践中需要成立许多部门进行管理，国外也是一样，在美国、俄罗斯、澳大利亚、加拿大、西班牙、日本、韩国的监狱管理都如此。内容十分的复杂、专业，政策性、法治性、政治性都很强。各省区市司法厅局领导本地监狱，省监狱管理局具体管理所属监狱，少部分还有地市办的监狱，由地市司法局管理。总而言之，省司法厅、监狱局管理全省的监狱，以属地管理为主，多数省监狱局是副厅级的级别，有的还配备正厅级。在各个监狱中设置各种处科室，包括狱政管理、刑罚执行、教育改造、生活卫生、生产管理、指挥中心、政治处、组织宣传培训等诸多专业管理部门，设置不同的监区、分监区等，形成那么多机构的原因是刑罚执行活动的专业性、复杂性。此外还有对各种类型罪犯的刑罚执行，如对成年犯、重刑犯、女犯、未成年犯、老弱病残犯、职务犯的刑罚执行等。为了加强监狱的管理，原则上要进行监狱的分类、分管分教。监狱刑罚执行的内容外延很宽泛、复杂，更需要从理论上进行研究，希望引起各部门进一步重视，需要专家学者来关注。

（三）刑罚执行的特性

1. 法定性。刑罚执行是依法实施的，刑罚执行的内容、条件、程序也必须由法律规定，不能法外司罚。提出依法治监、打造法治监狱就是基于刑罚执行的法定性，刑罚执行的全过程都必须依照法律的规定和界定付诸实施。

2. 强制性。犯罪人被人民法院判处刑罚之后就要依法交付监狱，监狱会对罪犯进行强制监管和教育，这是国家赋予监狱的权利，刑罚执行强制性是由刑罚本身的强制性特征决定的，强制性贯穿到刑罚执行全过程。例如，监狱对新收押的罪犯，一律依法强制进行检查，包括物品检查、文书资料检查、身体状况检查等，对新入监罪犯集中实施入监教育等。这些都是强制的，包括起床、吃饭、学习、劳动，言行都要进行严格的管理规制。

3. 严厉性。是指刑罚执行比所有执行活动都严厉。这种执行是以国家暴力机器为后盾，刑罚会起到一般预防的目的，它可以让社会公民自觉遵纪守法，谁触犯法律、无论谁犯罪，刑罚都毫不留情，非常严厉，监狱将 24 小时监控在押罪犯的一举一动，执行严格的监规纪律，严明的奖惩措施，严肃的教育改造。

4. 规范性。监狱管理人员必须严格规范管理罪犯，规范执行刑罚、规范教育活动、规范生活卫生，一切活动都必须有规范，不能法外执罚，干警对罪犯的监管、教育、奖惩都要严格规范。

5. 惩罚性。现在有的年轻干警管不了犯人，不愿意去一线接触犯人，对犯人不敢讲惩罚，不会实施惩罚，不敢管、不会管、不愿管。只讲人性化、人道化，习惯于表面形式上的东西，没有痛苦性。很多年前网上传有的地方盖豪华监狱，监狱的建设不能超标准，不能随便建造，应当按照国家标准分级建设，让惩罚性从各个方面得到体现。当然惩罚性不能违法乱纪，过度惩罚，随意惩罚，打骂罪犯，实施变相酷刑等都是法律禁止的，应依法保护在押罪犯的合法权益。

6. 文明性。现代意义的刑罚文明、现代意义上的监狱和刑罚执行追求和强调的就是文明性，刑罚执行从野蛮到文明、从监禁刑到非监禁刑，是历史发展的大趋势。社会主义国家的刑罚，应当是当下人类社会更加文明的刑罚，是一个充满仁爱、宽容和人性的刑罚。换言之，社会法治文明的进步，要求刑罚更应体现谦抑性、轻缓性和经济性。在监狱管理上、对待罪犯的态度上、干警的言行要更加文明。

7. 救赎性。是在改造罪犯的过程中自己忏悔，帮助并引导其认识自己的罪行。实施恢复性司法，向被害人赔礼道歉，通过自己的认识、忏悔和反思进行救赎，刑罚执行的过程就是一种救赎。

8. 矫治性。这是刑罚执行的最重要内容，也是在中国监狱的独特特点。监狱工作应以改造罪犯为中心，将其改造为守法公民，这就是我国刑罚执行的特色。依法改造罪犯，帮助罪犯认罪悔罪，服从管教、遵纪守法，参加劳动，矫治犯罪思想和灵魂，促其早日重新做人，顺利回归家庭，成为守法公民。在这方面工作任重道远，虽然取得了很大改造成果，但缺乏系统总结。我之前编写了好几本书都是关于成功改造罪犯的案例，现在应加大力度，重视专注专心于刑罚执行的矫治。

五、刑罚执行制度发展前瞻

刑罚执行是国家刑罚权的直接表现形式，也是实现国家刑罚目的的根本保障。刑罚执行是伴随着刑罚的存在而存在的，而刑事执行制度又是与刑罚执行紧密联系在一起的，从刑罚执行发展趋势来看，应当说，刑罚执行制度的进步性越来越明显，文明行刑占据着当今世界各国刑事执行活动的主导地位。综观世界各国行刑发展的特点和共同的东西，归纳起来，刑罚执行制度的发展趋势主要表现在以下六个方面。

（一）法治化

自觉运用法律制度和法律标准，规范监狱管理活动，规范刑罚执行工作，以法治的思维和法治方式去教育管理罪犯、改造罪犯，真正打造法治监狱，努力实现全面依法治监，刑罚执行的全领域、全过程都应法治规范、法治引领。

（二）社会化

长期司法实践表明，监禁刑有很多的弊端，改造一个人不能与社会脱节，其中探索的社区矫正就是社会化的重要方式，不仅社区矫正，监狱的改造也要社会化，对罪犯要分类改造，对危险性程度低的、改造表现好的罪犯用社会化的方式进行，如离监探亲就是一个很好的方法。改造不能与家庭脱节，要依托社会、家庭、原单位的关心关怀进行帮扶，改造罪犯工作靠监狱单打独斗是不行的，不能搞封闭改造。监狱不应坚持传统的单一的封闭式监禁场所，应推行监狱分级分类建设，如低度戒备、中度戒备、高度戒备监狱，也可实行半开放或开放式监狱，采用归假制、探监制等方法，帮助服刑人员有机会接触社会，为他们释放回归社会后适应社会生活奠定一定的基础。同时，监狱依法公正有效地实施减刑、假释，使真正改造好的服刑人员，提前释放出狱回归社会，有利于促进罪犯的改造，有利于减少、预防犯罪。

（三）文明化

监狱要逐步地按照整个社会发展的进程走向文明，刑罚执行趋势是扩大非监禁制，减少监禁制。应采用文明的态度、文明的措施，制度建设要有文明的规定，尤其是在对待罪犯方面，应尊重和保障罪犯的人权，依法保护罪犯合法权益，坚决制止、废除一切不文明的制度做法。从各个方面来检验监狱管理的文明。联合国颁发的《囚犯待遇最低限度标准规则》等保护罪犯合法权益、保障罪犯待遇的国际公约文件为各国刑罚执行应遵守的共同规则，表明了在世界范围内刑事执行文明化已经成为不可逆转的潮流。

（四）科学化

刑事执行本身就是一门科学。监狱管理要遵循监狱发展的规律，改造罪犯要遵循改造罪犯的规律，不能拍脑袋瞎喊口号，提一些不切实际的想法要求，违反监狱工作的科学规律的任何措施办法都是不可取的。应当循着科学化方向发展，根据科学规律和科学方法、科学技术等，推进刑罚执行的科学化，如分押分管、分类改造、循证矫正、个案矫治等。

（五）一体化

这是刑罚执行一个大的发展趋势，党的十八届四中全会提出"统一刑罚执行体制"明确的改革要求，中央政法委对全国政法领域改革作出了部署。刑罚执行一体化改革还远没有解决好，但这是一个发展趋势。从世界各国行刑的情况看，凡关押人的地方都是监狱，包括已决犯、未决犯，多数都由司法部管理；目前，我国刑罚执行多元化、分散化，行刑资源浪费，执法管理方式不同，应当顺从刑事执行一体化的发展趋势，刑罚执行应当逐步统一管理体制，由一个部门归口统一管理。

（六）个别化

这是刑罚执行改造特色的具体体现，是改造罪犯工作的最重要的指向和落脚点。每个罪犯的情况都是不一样的，矫正帮扶罪犯要在个别化、针对性上下功夫，要在案例指导上下功夫。最终改造好一个人就是挽救一个家庭、促使一方平安。矫正、改造罪犯从个别化着手，研究针对性的矫治措施是刑罚执行的发展趋势。

六、关于深化刑罚执行制度改革的新要求

党中央、国务院始终高度重视刑罚执行工作，尤其是党的十八大以来，中央不断加强政法工作，推进政法领域的改革，提出了深化刑罚执行制度改革的新要求。2019 年中共中央办公厅、国务院办公厅下发了相关文件，对深化刑罚执行制度改革提出要求，明确了刑罚执行制度改革的方向、路径和重点，具有很强的针对性、指导性。中央从政法领域全面深化改革的大局和高度出发，谋划和提出了"深化刑罚执行制度改革"的若干意见和要求。其主要体现为：

第一，完善刑罚执行制度，统一刑罚执行体制。这是很大的课题。刑罚执

行制度如何完善？怎么统一？统一到什么程度？改革顶层设计如何搞？既是理论的重大课题、现实改革难点，也是实践的重大任务。《中共中央关于全面推进依法治国若干重大问题的决定》提出，"健全公安机关、检察机关、审判机关、司法行政机关各司其职，侦查权、检察权、审判权、执行权相互配合、相互制约的体制机制"的改革要求，确立了四机关在定位上的平等性和统一性，构建了全新的关系框架。但从司法实践运行看，这项改革推进迟缓，存在诸多制约四权耦合功能实现的因素。例如，刑罚执行权的配置交叉混用，侦押合一、审执合一等弊端，看守所隶属关系改革迟滞不前。目前，刑罚执行权分配散乱，刑罚执行体系尚未统一。具体而言，刑罚执行权由人民法院、公安机关和司法行政机关分别行使，这种刑罚执行现状显然不利于法治统一，容易造成司法资源的浪费。为此，按照中央关于深化刑罚制度改革的要求，应当对当前我国分散行使的刑罚执行权配置体系作出新的制度安排。应集中力量，认真研究论证，积极稳妥地改革完善与执行权相关的法治事务，以"有效性"为价值引领，统一刑罚执行体制体系。从分工负责的关系来看，司法行政机关具有刑事执法职能，由司法行政机关统一行使刑罚执行权，内含了国家权力行使"有效性"的基本要求。基于长期、成熟、丰富的实践经验，司法行政机关已经形成了一套符合刑罚执行运行规律的管理模式与制度规范。由司法行政机关统一行使刑罚执行权，有利于保障法院裁判的有效执行，协助审判权功能的实现；有利于实现不同权力之间的制约，保证刑罚执行的公正，契合"四机关各司其职、四权力配合制约"体系要求；有利于保障国家法治的统一，使不同的刑罚执行方式适用相同的执行程序。

第二，创新罪犯教育改造模式、手段和内容。中央层面知道改造罪犯的难度，新形势下改造罪犯工作要创新，虽然现在取得了很多成就，但面对新的形势，改造罪犯的难度越来越大，而干警素质也参差不齐，有很多新的问题。改造的能力、改造的模式、内容、手段不适应现实的改造需求，迫切需要重视、研究、实施。

第三，深化监狱体制机制改革，严格实行监企分开、监社分开，实现监狱经费全额保障，健全动态调整机制，推进监狱分级分类建设。这一条对监狱提出了具体的改革要求，这是监狱面临的突出问题，如果不进行体制机制改革，刑罚执行就无法很好地落实。现在仍有很多监狱经费有缺口，尤其是罪犯医疗费的缺口很大，监狱的分级分类建设，刑罚执行的资源如何分配，这些都是急需解决的。现在监企分开改革难度极大，监狱的犯人不分长刑犯、短刑犯都关在高高的监狱围墙中，也应当检讨反思，应当进行分类关押改造。将表现好的、刑期短的放到低度戒备监狱或者社会上去改造，加大社区矫正的力度，或者在依法的前提下，推行犯人的自我管理等方式。监狱体制改革尽管已进行了很多年，取得了很大成效，但改革的任务还没有完成，改革的任务仍十分艰巨。

第四，推动修改监狱法。前几年修改《监狱法》已列入全国人大和国务院的立法计划，但由于草案修改还不成熟，现在又遇到了不少问题，进展还是很缓慢。

第五，探索完善监狱、看守所、社区矫正和安置帮教工作的对接机制。中央虽然关注到这个现实的问题，但几个部门的对接机制不够紧密，出现各种各样的问题，不利于达到预防犯罪和减少犯罪的目的。罪犯出狱之后无处可去，没有工作，没有人帮助、关心，甚至有的受到歧视，容易走向重新违法犯罪的道路。

第六，建立重新犯罪监测防控长效机制。这是一个很大的课题。之前司法部一直在做这项研究。经中政委批准同意，由司法部牵头进行，联合公安、检察、法院相关部门进行研究，并取得一定的成果。但是要真正地做好这项工作，还要各个部门的密切配合，尤其是监测防控长效机制的前提是要有制度规范，否则难以运作实施。

第七，进一步规范社区矫正适用对象、管理体制和实施程序。虽然社区矫正法立法任务已经完成，2020年7月，我国《社区矫正法》正式施行，但是社区矫正的管理体制和实施程序还有许多值得研究的问题，还需进一步深化社区矫正的改革。

第八，完善监狱监禁和社区矫正有机衔接机制。这两项工作都由司法部领导管理，司法部很重视，出台了相关制度文件，但是实际执行仍存在不少问题，衔接机制不够顺畅，依旧存在很多矛盾，如罪犯保外就医保不出去，有病不能保外，有的社区矫正部门由于各种原因不同意监狱罪犯暂予监外执行，使得刑罚执行的效果大打折扣。

第九，加强社区矫正机构工作人员正规化、专业化、职业化建设。这项改革要求，对于推动社区矫正持久健康发展至为关键，队伍建设是根本，社区矫正队伍如何加强；社区矫正机构、编制、人员、经费如何加强和规范；专职人员、兼职人员、志愿人员等如何培养、管理；正规化、专业化、职业化具体是什么要求，等等。这些实践中的现实问题需要认真研究解决。

第十，完善刑罚执行法律监督制度。这不仅涉及检察院的刑事执行法律监督，相关部门也需要监督，也涉及如何形成一个完整有效的监督体制。信任不能代替监督，权利没有监督必然导致腐败。近十几年来，监狱发生的各种司法腐败案件，其原因有很多，但其中一个重要原因就是刑罚执行法律监督不到位，监督失察失职。刑事执行法律监督如何构建；如何完善；法律监督的主体、程序、形式、监督的评估考核都需要深化改革。这些都需要从理论、政策、实践中不断研究。检察机关对刑罚执行法律监督工作历来很重视。近年来又探索了法律监督的新举措，如监狱跨省交叉巡回检察，看守所巡回检察试点，"减假督""顽瘴痼疾"整治等多项工作共同推进，在派驻与巡回检察制度、刑罚变更执行检察监督，社区矫正检察监督，减刑、假释案件实质化审理等方面的研究也取得较好的成果。但是，刑罚执行法律监督制度的改革与完善仍有大量问题要研究，法律监督不规范、不到位的问题仍存在。在对监禁刑的检察监督中，驻狱检察官所拥有的监督方式与监督手段较为单一，监督程序也较为粗疏。在对非监禁刑的法律监督中，检察机关法律监督职能弱化，加之宽严相济的刑事政策与犯罪轻刑化的发展趋势，导致制度设计无法充分支撑法律监督功能定位的实现。社区矫正检察监督制度的功能预设与实践运行存在较大鸿沟，检察监督实践有时呈现出"参与有余，监督不足"的不平衡状态。具体体现为事后监督模式的滞后、监督手段的刚性缺失、各种监督方式衔接不畅等弊端，造成"监督低效"与"监督不能"继而损失司法行政功能的实现以及国家权力结构的平衡。为此，应当进一步加强刑罚执行法律监督的研究，推进法律监督的改革。应当基于其国家法律监督机关的定位，提升"监督质效"。如基于对监狱、社区矫正检察监督制度现状的反思，应从观念转变、制度重塑与技术赋能多层面对刑罚执行法律监督制度的改革进行完善。

第二十一讲

刑罚执行理论研究应植根实践聚焦重点①

刑罚执行，是专注于推动党的监狱事业安全稳健发展的根本主业与重要支撑，是我国《监狱法》规定的监狱工作的法定职能，是监狱工作的核心业务，事关监狱机关执法的公平正义，事关监狱的安全稳定和改造质量的提高，事关政法机关的执法威信和良好形象，是党和人民群众对监狱关注的最重要、最敏感的工作。上届专委会产生以来，按照司法部和中国监狱工作协会的相关部署，紧紧围绕新时代刑罚执行工作的具体实际，始终把握专委会的正确方向，坚持问题导向，聚焦难点热点，广泛调研，寻根问底，形成了一大批看问题有高度、析问题有深度、解问题有力度，且现实指导意义强的优秀成果。对实际工作起到了积极的促进作用。今天的大会，既值刑罚执行专委会换届，又逢年度论文评审。因此，既是一次承载新使命、奋力新作为的继往开来的大会，又是一次检阅新成果、服务新时代的先导引领大会。

一、提高站位、着眼大局，刑罚执行理论研究突出监狱安全、执法公正更应服从服务于总体国家安全观

提高政治站位，是对新时代刑罚执行理论研究的基本要求。监狱是国家的刑罚执行机关，同时也是党的政法机关、政治机关，必须旗帜鲜明地讲政治。坚决做到"两个维护"，牢固树立"四个意识"，切实坚定"四个自信"。习近平新时代中国特色社会主义思想，科学地回答了事关政法工作全局和长远发展的重大理论和实践问题，深刻阐述了事关司法行政、监狱工作根本性、全局性、

---

① 本文整理自作者 2018 年 12 月 12 日在中国监狱工作协会第五届刑罚执行专业委员会换届暨年度论文评审会上的讲话。

方向性的重大问题，提出了一系列新理念、新思想、新战略，为我们引领新时代监狱工作创新发展提供了根本遵循，指明了根本方向，成为我们开展新时代刑罚执行理论研究的根本指南。要自觉地坚持用习近平新时代中国特色社会主义思想指导刑罚执行理论研究，尤其要进一步贯彻落实习近平总书记 2013 年以来有关刑罚执行工作的重要指示精神，真正地学通弄懂、落实见效。习近平总书记指出："保证国家安全是头等大事。""当前我国国家安全内涵和外延比历史上任何时候都要丰富，时空领域比历史上任何时候都要宽广，内外因素比历史上任何时候都要复杂，必须坚持总体国家安全观。"监狱理论研究必须"坚持总体国家安全观，以人民安全为宗旨，以政治安全为根本"。切实研究防范化解各类安全风险挑战的对策，确保监狱的监管安全、执法安全、生产安全、队伍安全，全力维护国家安全和社会稳定。刑罚执行理论研究要自觉地提高认识，提高站位，自觉地服从和服务于总体国家安全观的大局。国家安全是一个"多位一体"的综合体系，其中"社会安全"是人民群众最直接、最现实的安全保障。而对社会安全危害最严重的各类犯罪分子，则直接关系到监狱工作所肩负的基本职责与神圣使命——坚守安全底线，践行改造宗旨，将罪犯改造成为"守法公民"，降低直至消除犯罪。监狱作为国家机器和国家刑罚执行机关，既要确保监狱自身的绝对安全稳定，确保执法的公平公正，更应为维护国家的总体安全贡献重要力量。

二、不忘初心、牢记使命，刑罚执行理论研究植根实践更应服务于实践

"历史只会眷顾坚定者、奋进者、搏击者，而不会等待犹豫者、懈怠者、畏难者。""幸福都是奋斗出来的。"习近平总书记深刻阐述了勤劳勇敢才能成就大业的重要性。俗话说"世上最难不过爬格子"。我们搞理论研究，既是一件劳神费力的苦差事，也是一桩名利兼备的美差事。但无论是苦差事还是美差事，最根本的一条则是必须不忘初心，切实牢记并履行好自己的职责使命。新时代监狱工作的职责使命是：确保监狱的绝对安全稳定，刑罚执行的公平公正，践行改造宗旨，坚持以政治建设为统领，统筹推进监管改造、教育改造、文化改

造、劳动改造。使命是监狱工作存在的理由与价值，更是刑罚执行工作生存的前提与基础。这就要求我们必须要有崇高的使命意识，强烈的担当精神。在开展理论研究的过程中，既要有准确把握政治高点的定力，又要有勇于打破常规的创造力；既要有紧跟时代的脚力，又要有深入基层的动力；既要有发现问题的眼力，更要有笔下生花的能力，这可以说是世上最难的事情。但干得好不好，干得成不成，都有一个最基本的前提，那就是要始终不忘初心，坚持服务于社会、服务于人民，维护公平正义，服务于总体国家安全观。这一点始终不能变，始终不能动摇。

新时代我国社会主要矛盾已经转化为人民日益增长的美好生活需要和不平衡不充分的发展之间的矛盾。认识和把握我国社会发展的阶段性特征，要坚持辩证唯物主义和历史唯物主义的方法论，从历史和现实、理论和实践、国内和国际等的结合上进行思考，从我国社会发展的历史方位上来思考，从党和国家事业发展大局出发进行思考，得出正确结论。新时代，监狱工作内外环境随着社会矛盾的变化，同样发生了深刻的、历史性的变化，刑罚执行理论研究，不仅来源于实践，更要服务于实践，要着力研究解决当前刑罚执行工作中面临的各种重点问题、热点问题。如刑罚执行制度的改革与完善；刑罚执行体制的统一规范；刑罚执行当前面临的问题、原因及对策研究；减刑、假释、暂予监外执行的标准、条件、程序、监督、评价等的研究，罪犯财产刑的执行研究，罪犯确有悔改表现的研究，杜绝司法腐败，提高监狱执法公信力的研究，对罪犯人权保障的研究，刑罚执行信息化的研究等重大的理论和实践问题研究。监狱干警如果执法不公，何谈安全，执法犯法，如何去改造罪犯？如何有公信力？一次不公正的执法将摧毁一百次说教。因此，刑罚执行理论研究工作者要做到适应新变化，紧贴新实际、研究新问题；真正实现理论来源于实践，理论指导实践，实践促进发展。

三、紧贴时代、传承创新，刑罚执行理论研究顺应形势更应聚焦于重点

如何做到理论与实践相结合，传承与创新相结合，2018 年 6 月 28 日召开的

全国监狱工作会议上，以"五要"描绘了新时代监狱工作改革发展的新蓝图：一要全面深化监狱改革发展，健全完善新型监狱体制和刑罚执行制度，切实肩负起新时代赋予监狱工作的崇高使命。二要提高政治站位，始终坚持党对监狱工作的绝对领导。三要坚守安全底线，完善安全治理体系，创造世界最安全的监狱。四要践行改造宗旨，坚持"以政治改造为统领，统筹推进监管改造、教育改造、文化改造、劳动改造"的改造新格局。五要坚持问题导向和目标导向相结合，全面深化监狱工作改革，打造过硬队伍，加强组织领导，狠抓工作落实，为推动实施罪犯改造工作提供动力支持和可靠保障。诚然，我国的监狱工作一直是从不断的创新发展中走过来的，尤其是围绕"改造人、造就人"的最高价值目标，做了大量的工作，取得了骄人的业绩。从"监狱、劳改场所设立专门的教育机构"到"优秀特殊学校"创办，到"现代化文明监狱"创建都是根据不同时期的不同实际，大手笔地推出的创新大举措。自中华人民共和国成立以来，已有包括溥仪、日伪和国民党战犯在内的1000多万名罪犯重新起航，奔向新生。刑罚执行专委会应认真学习贯彻司法部会议要求，由浅入深、以小见大，广泛调研并深入剖析监狱工作的具体实际，总结规律，升华理论，拿出有分量且实操性强的理论成果来指导实践！尤其应在加强刑罚执行特色品牌建设上下苦功夫，如近年来逐渐盛行的，通过以社区矫正为主体，由"封闭行刑"向"开放行刑"转变的行刑工作社会化，增强加速罪犯改造的"社会营养"；通过以受刑人的犯罪原因、生活经历、社会背景、罪行性质、恶习程度、个性、气质、能力以及受教育情况等个性差异为依据，引领行刑工作"个别化"，个案矫正，做到"一把钥匙开一把锁"；通过服刑人员赔偿制度、悔罪制度，社会人参与制度，或通过圆桌协商形式，让犯罪人与被害人之间减少对抗，直至实现化解、谅解与和解，促进社会关系修复的恢复性司法实践，探寻新的刑事司法模式；通过全面依法依规推行狱务公开，探索研究减刑制度的改革，扩大假释的推广与实践，提高假释的比例，依法落实罪犯暂予监外执行，尊重和保障罪犯人权，对罪犯实行依法、严格、文明、科学、直接管理。坚决杜绝严重侵犯罪犯人权，体罚虐待罪犯事件发生，严防任何酷刑和变相酷刑的发生，等等。当然，无论是理论研究还是改造实践，最终目标都是殊途同归，都是要力求使所有罪犯出狱后能实现"穷则独善其身、达则兼济天下"的良好社会效益，真正做一名遵纪守法的公民。

四、迎接挑战、积极作为，刑罚执行理论研究敢于创新更应善于创新

改革创新是推动监狱事业发展的源泉与动力，是研究解决刑罚执行问题的重要法宝，是刑罚执行理论研究之树常青的实践总结。习近平总书记指出："抓创新就是抓发展，谋创新就是谋未来。不创新就要落后，创新慢了也要落后。"新征程需要新担当新作为。新时代的刑罚执行工作正面临着不少的新情况、新问题，工作任务将会越来越繁重，工作难度也将会进一步加大，监狱事业发展的机遇和挑战并存。要想推进刑罚执行工作的持续健康发展，我们必须提高创新意识，进一步解放思想，破除思维禁锢，积极探索新形势下刑罚执行理论研究的新思路、新机制、新方法，以进一步指导并服务于工作实践，提高工作实效，不断开拓新局面，跃上新台阶。然而，创新既是一切工作取得进步的关键因素，又是融责任、勇气、方法、态度等要素于一体的实践活动。敢于创新更要善于创新，即在求真务实中实现创新、在大胆探索中实现突破、在把握规律中增强预见，同时，善于创新还要敢于善于担当，只有敢于善于担当，才会有创新的勇气和胸怀，才会敢于突破传统，大胆尝试，提升实效。总之，打铁必须自身硬，从事刑罚执行的广大干警要适应新时代新形势新要求，不断创新，奋力担当新的职责和使命。要做好刑罚执行理论研究工作，专委会应当大力加强自身建设，在中国监狱工作协会的领导下，紧紧地团结带领各位委员及广大刑罚执行理论与实践工作者，重点抓好三个方面建设：一是制度机制建设。建立完善一系列有关刑罚执行理论研究、学习探索、审核评价、成果转化、表彰激励的相关制度机制。二是理论研究建设。强化理论思维，重视理论研究，活跃理论氛围，扩大理论影响，提高理论研究和写作能力，注重理论成果的转化应用。三是作风人才建设。理论研究必须有务实的工作作风，要耐得住寂寞、防浮躁、防人云亦云，养成踏实、务实的研究之风。要加强对于警的理论业务培训，加强理论研究人才的培养，举办相关的研讨会、论坛、培训班等，加强

刑罚执行研究力量的专业人才队伍建设。尽快培养和造就一大批刑罚执行理论研究的专家、人才专业队伍，为我国刑罚执行工作提供强大的智力支持和人才保障，促进刑罚执行事业的不断发展。

历史的车轮滚滚向前，艰难困苦，玉汝于成；艰苦创业，奋斗以成。希望新一届专业委员会秉承专心专业、著述助进的职业情怀，为中国刑罚执行工作的建设与发展提供不竭动力。奋斗是幸福的、艰辛的，没有艰辛就不是真正的奋斗。广大专家学者、理论研究骨干，都应不忘初心，牢记职责使命，以"不畏浮云遮望眼"的宏阔视野，以"舍我其谁"的使命意识，以"千磨万击还坚劲"的意志品质，奋勇开拓，砥砺前行，努力谱写新时代中国刑罚执行工作新篇章。

第二十二讲

高度重视刑罚执行理论研究[①]

近年来，中国监狱工作协会刑罚执行专委会按照司法部和中国监狱工作协会的相关部署，紧紧围绕新时代刑罚执行工作的具体实际，始终把握正确方向，坚持问题导向，聚焦难点热点，广泛调研，重视并推进刑罚执行的理论研究，形成了一批看问题有高度、析问题有深度、解问题有力度，且现实指导意义强的优秀成果，对监狱机关严格规范刑罚执行，促进刑罚执行的公平公正，提高执法公信力，促进刑罚执行理论研究的繁荣发展，起到了积极的引领推动作用。

一、坚持党对监狱协会工作的绝对领导

事在四方，要在中央。监狱机关首先是政法机关、政治机关，同时也是国家的刑罚执行机关，是人民民主专政国家机器的重要组成部分。政治属性是监狱的第一属性和根本属性，也是监狱协会及各专委会的根本属性。因此，必须旗帜鲜明讲政治，坚定不移加强党对监狱协会工作的绝对领导，这是监狱工作的最高原则和最大优势。因此，坚持党的领导是做好监狱协会工作的前提和基础。各监狱协会专委会要坚决按照司法部和中国监狱工作协会的部署，自觉以习近平新时代中国特色社会主义思想为指导，认真学习和贯彻党的十九届四中全会精神，坚持和完善中国特色社会主义法治体系，大力推进国家治理体系和治理能力现代化，深入研究和推进刑罚执行理论体系和执行能力的现代化。要始终坚持在党的领导下，加强监狱协会及各专委会的政治建设，以党的政治建设为统领，充分发挥监狱协会的职能作用。要坚决防止和纠正刑罚执行理论研

[①] 本文节选自作者在中国监狱工作协会刑罚执行专业委员会2019年度理论研讨会上的讲话。刊载于《犯罪与改造研究》2020年第3期。

究中忽视政治、淡化政治、弱化政治的现象，不能只见业务和法条不见政治，要提高政治的敏锐性和政治鉴别力。加强党对刑罚执行理论研究工作的领导，绝不是空洞抽象的口号，一定要把讲政治作为灵魂融入刑罚执行理论研究工作中，用行动说话，用理论研究的成果检验，坚定不移地贯彻执行党的路线、方针和政策，坚持正确舆论导向，坚持总体国家安全观，刑罚执行理论研究要旗帜鲜明讲政治，要严明政治纪律和政治规矩，要从严从实抓好党建，始终牢牢把握和坚持刑罚执行理论研究的正确方向。

二、学习研究新时期刑罚执行的新规定新要求

近年来，我国刑罚执行工作面临很多新的形势、新的情况、新的变化。严格刑罚执行是维护司法机关公平正义的最后防线，是广大人民群众最为关注的执法重点和敏感问题，是确保司法机关提高执法公信力的重要环节。习近平总书记对刑罚执行工作多次作出重要指示和批示，我们一定要认真学习、深入研究、全面贯彻落实。近几年来，在党中央的高度重视和强力推动之下，中央政法委和中央政法各单位高度重视，先后推动出台了刑罚执行工作相关的法律、司法解释、制度办法、工作意见。短短几年内出台的刑罚执行的法律政策、规章制度之多、之频繁、之密集，要求之严、之高，是监狱机关过去从来没有遇到过的。在当前依法治国、反腐败的大背景下，最高人民法院、最高人民检察院、司法部等相关部门都出台了一系列有关刑罚变更执行，尤其是加强减刑、假释、暂予监外执行的规章制度。这些制度的密集出台，直接对监狱机关刑罚执行工作提出了新要求，也直接影响刑罚执行的活动，直接影响对减刑、假释、暂予监外执行案件的办理，也更直接影响了罪犯的服刑改造和监狱的安全稳定。所以监狱协会及专委会必须高度重视，必须深入研究，必须弄清楚整明白刑罚执行工作当前面临的新形势、新要求、新精神，并积极探索，加强理论研究，提出有效的建议和办法，推进刑罚执行工作。

理论研究要紧密结合实践，要坚持问题导向。近年来，刑罚执行工作面临三个突出的特点，一是执法标准更严；二是执法要求更高；三是执法风险更大。近几年出台的新的刑法修正案、司法解释和相关的法律法规对减刑假释等的规

定，我们从刑罚执行机关的实际工作体会到，当前及今后一个时期刑罚变更执行将全面从严、全面收紧，无论是减刑的起始时间、减刑间隔期、减刑的次数、减刑的幅度等，也无论是假释、保外就医的范围及假释、保外就医的条件、程序，都将全面从严。自由刑执行的要求不断提高，表现为规范行刑、底线安全、改造目标等要求的全面提高。刑罚变更执行要求为零违纪、零差错、零违法，在办理减刑、假释、暂予监外执行的案件中，规定了谁签字谁负责、谁分管谁负责、谁批准谁负责，办案质量实行终身追究制。民警的执法风险增大，包括人身风险、健康风险和问责风险，也包括监管风险、执法风险，队伍建设也面临着缺乏热情、活力和动力的风险。广大民警及刑罚执行理论研究工作者必须直面这些问题，清醒地认识这些问题，进行深入的研究，提出可行的建议和解决问题的办法。监狱协会及各专委会要认真学习、深入研究、贯彻落实好相关文件精神，始终坚持依法治监，坚定不移走中国特色社会主义法治道路，深入研究刑罚执行的相关要求，确保严格刑罚执行，完善刑罚执行制度，切实做到严格规范公正文明执法。

三、推动刑罚执行理论研究的繁荣发展

重视并切实加强理论研究是协会工作最主要的职能和任务。进入新时代，重新组建的司法部提出监狱工作要"坚守安全底线，践行改造宗旨"的监狱工作总思路，并提出坚持以政治改造为统领，统筹推进政治改造、监管改造、教育改造、文化改造、劳动改造，全面提高罪犯改造质量。这既是新形势对监狱工作的新要求，也是新时代监狱工作理念的一场深刻转变。监狱协会及各专委会要积极主动适应新形势新要求，转变思想观念，开展多层次、全方位、符合新时代的刑罚执行理论研究。要积极主动地研究，严格规范刑罚执行对于提高改造质量的重要作用。

减刑、假释是服刑罪犯在监狱内最为关心的问题，也是最有利于调动罪犯改造积极性的有效手段。因此，需要认真地研究减刑、假释的功能特点和如何有效运用减刑、假释促进罪犯积极改造，这是一门很重要的课题。

多年来在刑罚执行的实践中，执法不当、执法不公、执法犯法等问题依然

存在，有些问题还相当严重。减刑、假释中的司法腐败案件，教训极为深刻，必须进行深刻的反思，深入的研究，提出治标治本的对策建议。

笔者认为，当前在刑罚执行工作中，为了保证刑罚执行的公平公正，杜绝司法腐败，必须围绕三个重点问题进行深入研究，一是制度；二是责任；三是监督。制度问题涉及制度不完善、制度不严密，更为严重的是制度不执行。制度的生命力在于执行，再好的制度如果不执行、执行不到位，制度就会"空转"甚至成为"稻草人"，就会形同虚设。实践证明，做好刑罚执行工作离不开科学的刑罚执行制度体系，更离不开强大的制度执行力，二者紧密结合，才能形成刑罚执行的治理效能。责任问题突出的表现为责任不明确、责任不落实、责任追究不及时不到位。监督问题表现为监督不力、监督不到位、监督不严。这三个问题，既是刑罚执行实务面临的突出问题，也是刑罚执行理论研究的重点。刑罚执行理论研究既要为完善刑罚执行制度，统一刑罚执行体制、严格规范公正文明执法，为监狱治理体系和治理能力现代化提供智力支持，也应为服务领导机关决策、服务基层，指导监狱实践、解决监狱难题提供理论支撑，努力把监狱协会及各专委会打造成为服务监狱工作的"智囊团"和"思想库"。

四、加强刑罚执行理论研究的创新

"苟日新，日日新，又日新。"习近平总书记指出，"创新是一个民族进步的灵魂，是一个国家兴旺发达的不竭动力，也是中华民族最深沉的民族禀赋。"在党的十八届五中全会上，创新更是被置于五大发展理念之首。综观人类历史长河，惟创新者进，惟创新者强，惟创新者胜，对于呼唤新担当新作为的新时代来说，创新无疑是最美的奋斗姿态。一部人类进步史，就是一部创新发展史。迎接挑战，最根本的是改革创新，抓创新就是抓发展，谋创新就是谋未来。刑罚执行制度是国家制度的重要组成部分，刑罚执行治理体系和刑罚执行能力的现代化，也是国家治理体系和治理能力现代化的重要组成部分。因此，要做好新时代的刑罚执行工作，必须以创新为动力。创新是监狱协会工作最鲜明的禀赋。协会及专委会要积极发挥对外对内交流渠道作用，搭建平台，提供舞台，不断拓展领域、丰富形式、健全机制。刑罚执行专委会要加强与中国监狱工作协会、社科联及大专院校等之间的沟通、协作和互动，切实增强专委会的活力、动力和凝聚力。要激发奋斗者投身创新实践，需要尊重广大会员及民警的创新主体地位。要激发奋斗者投身创新实践，关键要涵养奋斗者的创新精神，不断完善创新体系，打破束缚创新的思想观念障碍。要激发奋斗者投身创新实践，需要大力营造鼓励创新的社会环境。应当承认，当前在刑罚执行监狱理论研究中，还存在一些阻碍创新的体制机制"梗阻"，投入机制、考核办法、评价体系、人才培养、经费保障、成果转化等方面还不够完善，应当加大改革的步伐，加大改革的力度，推动刑罚执行理论研究的创新。要牢固树立服务意识，通过更加丰富多彩、生动活泼、喜闻乐见的活动内容和形式，拓宽服务监狱工作的范围和领域，为广大会员和监狱理论研究工作者搭建交流平台，构筑精神家园，实现人生价值。

五、进一步加强专委会自身建设

打铁还需自身硬。做好新时代专委会工作，推进刑罚执行理论研究持续、健康的发展，必须加强自身建设。要进一步加强专委会的政治建设、思想建设、组织建设、业务建设、作风建设和制度建设。专委会委员以及秘书处的同志要进一步加强学习、解放思想、求真务实、自觉主动积极提高理论水平和业务能力，带头搞好理论研究工作。要进一步完善机制，争取有关部门更大支持，在运行机制、人员配备、经费保障上创造更有利条件。刑罚执行专委会作为中国监狱工作协会的分支机构，要在中国监狱工作协会的领导和指导下，定期主动汇报专委会情况、青年重点研究的课题和研究工作进展情况。同时，各专委会之间也要相互学习、取长补短、共同提高，为繁荣发展中国监狱理论研究作出自己应有的贡献。

时代在前进，事业要发展，专委会将要担当起更加光荣的使命。在党的十九大精神指引下，在司法部和中国监狱工作协会的正确领导下，我们要认真学习研究、全面贯彻落实全国监狱工作会议精神，不断开拓进取、改革创新、努力开创新时代刑罚执行工作新局面，为我国监狱工作改革发展作出新的更大贡献。

第二十三讲

罪犯矫正策略创新探索①

　　监狱是国家的刑罚执行机关，是惩罚和改造罪犯的专门场所，是维护国家安全稳定的重要力量，属于国家机器的重要组成部分。只要存在阶级和国家，就必然存在监狱，古今中外概莫能外。依法将罪犯改造成为遵纪守法、自食其力的新人，并帮助他们顺利回归社会，成为对社会有益的守法公民，是我国监狱工作的主要任务和根本宗旨。监狱的刑罚执行，是侦查、起诉、审判等刑事诉讼阶段完成之后的最后环节，对于惩罚和预防犯罪，实现刑事司法正义、维护社会公平正义、实现国家长治久安具有不可替代的重要作用。

　　理论来自实践，又是实践发展的强大引导力量。善于在实践中发现问题、研究问题、解决问题，并将之上升到理论高度，再以清醒的理论自觉指导新的实践，是监狱人民警察应当具备的重要素质，也是推进我国监狱事业不断创造新局面、提升新水平的基本要求。由张发昌同志撰写的《思想博弈论：罪犯矫正策略的理论思考》一书即将由法律出版社出版，非常可喜，值得庆贺，受发昌同志之邀，为该书作序，我十分高兴。

　　管理好监狱，改造好罪犯，是极具挑战性的特殊工作，也是一项世界性难题。上百年来世界各国政府都对此进行了长期不懈的探索、研究和试验。罪犯能不能改造好；如何改造好，都是中华人民共和国监狱70多年不断研究、探索的重大课题。我国监狱机关始终坚持"惩罚与改造相结合，以改造人为宗旨"的工作方针，致力于打造平安监狱、法治监狱，致力于探索创新矫正手段方法，提高罪犯改造质量，预防和减少重新犯罪，不断地推动监狱工作改革创新发展。

---

　　① 本文为作者2012年为张发昌所著的《思想博弈论：罪犯矫正策略的理论思考》所撰写的序言。

多年来广大监狱干警边实践边探索，坚持问题导向，注重理论研究，不断探索加强监狱管理工作的措施和方法，思考如何有效应对解决不同时期监狱工作面临的热点、难点问题，研究如何强化监狱管理、公正执法以及提高罪犯改造质量等问题。发昌同志的这本书就是其中具有代表性的研究思考成果。

发昌同志长期在监狱工作，是38年来监狱事业发展的亲历者、见证者，同时他对监狱工作存在的不足也有切身体会。从普通民警到走上监狱领导岗位，从在地方监狱任职到调入司法部直属监狱工作，发昌同志一直坚持勤奋学习，广泛涉猎哲学、法学、犯罪学、监狱学、心理学、教育学、管理学等学科知识，积淀了丰厚的学术素养。随着工作环境和理论视野的不断拓展，他在繁忙的工作之余，始终注重在实践中展开理论思索，每每有感而发，述之笔端，在有关理论刊物上发表，有不少还获得监狱系统全国性理论研讨会一、二、三等奖。数十年笔耕不辍，现在集腋成裘，择要汇编成书，也是水到渠成。通阅全书，我感觉有以下几个特点：

一是鲜明的问题意识。坚持问题导向，着力加强监狱理论思考。本书中的大部分文章，都是基于对监狱工作中某一方面现存问题的分析而展开的，通过描述问题现状、剖析产生原因，进而阐述自己独到的理论观点和应对思路。敏锐察觉问题、深入分析问题、推动解决问题，正是监狱理论研究也是本书的价值所在。

二是突出的实践特色。存在决定意识。发昌同志作为一名基层监狱干警，长期在惩罚与改造罪犯的一线工作，不仅对问题本身有真实感受，其认识和解决问题的思路以至于相关理论提炼，也往往具有鲜明的实践色彩，大多具备较强的现实可行性可操作性。本书中关于罪犯思想教育改革、监狱教育机制改革的许多阐述与设想，如果没有切身感受是写不出来的；书中关于在罪犯中开展"人生重塑规划"活动的文章，正是在监狱多年实施过程中总结完善而成文，不仅有行刑矫正的实践效果，而且有理论依据，更有指导原则与操作步骤，对业内同行具有很强的借鉴意义。

三是较好的全局观念。书中不仅有监狱管理方面、罪犯教育方面的内容，还涉及心理矫治、监狱法治、监狱文化、干警队伍建设等；在论述某一方面问题时，经常注意到此问题与其他不同方面问题之间的辩证关系，善于从整体的、全局的角度来审视；不仅有精深的专题研究，还有不少关于监狱体制机制改革等宏观方面的内容，总体上显示出作者相当宽广的思维视野与扎实的理论功底。

四是不懈的探索精神。发昌同志对罪犯矫正格外用心，也长期在教育改造罪犯岗位上工作，是全国个别教育能手和国家首批二级心理咨询师，在罪犯的个性化改造、顽危思想转化、心理疾病矫治方面颇有心得，亦深知期间斗智斗勇的艰辛、酸甜苦辣，感受很真很深；其在监狱学研究方面的一些颇有价值的学术思想，也主要体现在这方面。在二十世纪九十年代初，发昌同志就提出了"对话教育"的设想，这在当时突出强调专政的背景下，是难能可贵的；他创造性提出了"研究性改造"等概念，不仅有理性思辨，还有细致的运行框架；他对如何认识、确立并充分发挥罪犯在改造中的主体性问题也在多篇文章中有精到论述，在心理矫治、循证矫正等方面亦有较深入的理论探索；另外，他还从阐释理论依据到制定操作手册，深度参与了在罪犯中开展"实施人生重塑规划"教育实践活动的策划与推进，直接组织实施了关于新生代农民工侵财型罪犯的循证矫正课题，且均在具体实践基础上发表了专题研究成果等。可以说，多年来，他一直努力走在监狱理论创新与实践探索的前沿，这对于一名基层监狱干警来讲，是难能可贵并值得充分肯定的。

五是清晰的时代印迹。四十多年来，与改革开放的历史进程同步，监狱工作也发生了巨大变化，每一个发展阶段都有显著的时代烙印。发昌同志的理论思考也与时俱进，在一些重要时间节点和一些重要方面，如落实监狱法对干警素质提出的新要求、如何推进"三化"建设、如何开展心理矫治、如何面对市场经济条件下干警价值观念的变化、如何坚持以人为本加强队伍建设、如何建设监狱文化、如何提高改造质量减少和预防重新犯罪、如何开展循证矫正等，都有相关研究成果。从某种意义上讲，这些理论成果也是时代的产物。

当然，对书中的某些理论观点，读者可以见仁见智，相互交流探讨；有些论点，如"研究性改造"等，亦尚需进一步探讨、修正、完善；有的文章写在二十世纪九十年代，囿于作者当时的认识局限和时代背景，现在看来稍显单薄。但瑕不掩瑜，该书总体上仍不失为一本兼具实践性、思想性和学术性的佳作，它对于了解监狱工作几十年来的发展变化，加深干警对罪犯管理与矫正规律的认识，增强理论思维和研究意识，提高专业化工作能力和改造效果等，都具有积极意义。相信监狱学界特别是实务界同人，尤其是年轻干警，定会从中受到有益启发。

本人从事监狱工作四十多年，应当说是十分了解监狱、熟悉监狱，对监狱工作的重要和艰辛均深有感触，对监狱干警长期坚守在监管改造一线默默奉献作出的巨大努力充满敬意，对监狱事业始终有一种难以割舍的情怀。现在，看到本书结集出版，倍感欣慰。发昌同志请我作序，我欣然应允。这也是我对监狱实务工作者在具体工作中坚持理论思维、理论创新的一种肯定和支持。我相信本书只是一个新起点，希望发昌以及监狱系统更多的同志，继续致力于监狱事业的理论与实践的研究，在新时代监狱工作实践中产生更多的理论成果，有更多的精品佳作问世，为推进监狱事业的健康发展、改造效果的不断增强，为社会的长治久安作出更大的贡献。

第四篇

实务工作

第二十四讲

以政治建设为统领，
着力提升监狱工作业务能力①

一、监狱机关必须牢固树立政治机关意识

1. 坚持以习近平法治思想为指导。习近平总书记强调"法治工作是业务性很强的政治工作，也是政治性很强的业务工作"，同理，监狱工作是法治工作的重要组成部分。监狱工作是业务性很强的政治工作，也是政治性很强的业务工作。"着力加强法治工作队伍建设"是落实党的十八届四中全会部署的五项重大任务之一。习近平总书记指出，"全面推进依法治国，建设一支德才兼备的高素质法治队伍至关重要"。

2. 坚持以政治建设统领监狱各项工作。2019 年 7 月，习近平总书记在中央和国家机关党的建设工作会议上发表了重要讲话，"各部门各单位职责分工不同，但都不是单纯的业务机关，是践行'两个维护'的第一方阵"。2019 年 1 月中央政法工作会议，习近平总书记强调"要旗帜鲜明把政治建设放在首位，努力打造一支党中央放心、人民群众满意的高素质政法队伍"，习近平总书记要求"政法系统要把专业化建设提到更加重要的位置来抓""专业化建设要突出实战、实用、实效导向"。

3. 必须明确我国监狱的性质目的任务。我国监狱是国家的刑罚执行机关，同时也是党的政法机关、政治机关、法治机关，是人民民主专政的机关。要始

---

① 本文整理自作者在 2022 年 10 月 8 日参加北京市监狱局举行的 2022 年高级专家型民警候选人答辩会上作的专题交流讲话。

终坚持"惩罚和改造相结合，以改造人为宗旨"的监狱工作方针，"将罪犯改造成为守法公民"，是我国监狱工作始终追求的目的。监狱的三大任务是：维护安全稳定、严格公正执法、提高改造质量。

4. 新时代监狱工作的要求应当是讲政治、重业务、强素质。

二、监狱机关讲政治应当有更严的要求

1. 讲政治要自觉提高政治站位。要把政治自觉、法治自觉、监狱工作自觉更好地落实到监狱工作各项业务中去。

2. 讲政治要严守纪律规矩。底线、红线、高压线绝不能触碰。

3. 讲政治要更加注重实效。讲政治和抓业务要融为一体，要讲究效果，落地落实，坚决反对形式主义。

4. 讲政治要坚决做到"两个维护"，对党忠诚，坚定信仰。

三、监狱机关重业务应当有更高的标准

1. 正确处理好政治与业务的关系。抓业务必须有政治意识，要善于从业务看政治，以业务体现政治。找准结合点，解决"两张皮"。

2. 要把监狱工作专业化建设摆到更加重要的位置来抓。鼓励、引导、激励广大干警努力钻研业务，争取做一名合格优秀的监狱工作专家。要做到业务精通，确保持续安全、确保执法公正、确保改造有效。做监狱工作要专业、专心、专注，用心用情。

加强监狱工作专业化建设是正确履行职责使命，破解难题的需要，是推进监狱治理体系和治理能力现代化的必然要求。北京郭文思案件，多次减刑，使公众对执法公正进行质疑。该犯释放后不久重新犯罪，长期改造无效，让公众对监狱改造质量进行质疑。

专业化内涵包括专业分工和专业技术。专业化意味着科学化、标准化、规范化。改造重点是：诊断治疗——评估矫正。

3. 正确把握基础与优秀的关系。首先要苦练基本功，打牢基础，在长期的工作中要着力提升专业水准，追求最高标准。做好基础工作，熟悉运用政策法

律，熟悉监狱各项业务，进而求极致、上水平、成专家、展形象，成为政治强的专家型、工匠型、技能型的优秀改造能手和优秀监管专家。

4. 持续深化监狱工作标准化、规范化、法治化建设，努力打造平安监狱、法治监狱、清廉监狱。

四、监狱机关强素质应有更实更有效的举措

1. 要做好监狱工作，必须具备强烈的事业心、责任感，始终对监狱工作充满情怀、充满自信。

2. 要做好监狱工作，必须提出明确的要求，即政治上要合格、业务上要精通、作风上要过硬。

3. 要做好监狱工作，必须关心关爱干警，激励干警依法履职，建立依法履职免受追责机制。增强监狱工作职业的荣誉感、归属感、自豪感。

4. 要做好监狱工作，必须牢固树立六个意识。即政治意识、法治意识、程序意识，证据意识，风险意识、担当意识。

5. 要做好监狱工作，必须着力提升六个能力。法律政策运用能力、监管执法改造能力、防控风险能力、依法办案能力、应急处置协调能力、语言文字表达能力。

第二十五讲

着力提高教育改造改革创新能力①

在中国监狱工作协会的关心、支持下，在教育改造学专业委员会的精心组织和严格管理下，第三届教育改造业务高级研修班今天就要结束了。培训期间，大家能够勤于学习、善于思考、勇于实践，圆满完成了研修任务，达到了预期目的。刚才，江苏省司法行政学院卢海兵副院长作了培训小结，既充分肯定了参训学员良好的精神风貌，也充分反映了这期研修班的高质量和高成效，说明本期高级研修班办得非常成功。

习近平总书记一直告诫全党，"要有知识不足、本领不足、能力不足的紧迫感，自觉加强学习、加强实践，永不自满，永不懈怠"。举办这次高级研修班就是为全国监狱系统从事教育改造的理论探索者和实践工作者提供一个学习交流的平台和机会。

本期研修班主要有以下几个特点：

一是研修班组织层次高。本期高级研修班得到中国监狱工作协会领导的高度重视。司法部监狱局领导也非常支持，局长在百忙中抽出时间来为我们学员授课，为此课程还作了相应的调整。江苏省监狱局领导同志参加开班仪式，并上了第一节课。江苏局和教改专委会精心组织，科学安排，确保研修班顺利进行。江苏警校为大家提供了良好的学习和食宿条件，也为办好本期研修班作出了贡献。

二是课程安排质量好。本期研修班安排了七个专题讲座和半天的现场教学。课程设置合理，信息量大。既有部局领导的课程，也有江苏局领导的课程，还

---

① 本文整理自笔者于2019年4月在中国监狱工作协会教育改造学专业委员会第三届教育改造业务高级研修班结业仪式上的讲话。

有系统外江苏警官学院专家的课程。同时，也有我们教改专委会张建秋、杨木高和杨建伟同志的课程。该课程既有理论的高度，又有实践的深度；既有宏观前沿，也有微观解剖。这样的课程设置是比较科学的。昨天下午，还组织研修班全体学员到龙潭监狱进行了现场教学。

三是学员的学习热情高涨。本期研修班有来自全国各省区市 161 名学员参加。大家踊跃参加研修班的积极性超出我们的预期，这充分说明大家求知若渴的学习态度。教育改造学是一门大学问。教育改造工作显得尤其重要。大家在这短短的几天时间里，认真学习、积极研讨、相互交流，体现了良好的学习风貌，也为教改专委会继续办好研修班提供了强大的信心。

不断提升能力素质，是人类社会发展进步的永恒课题，也是我们党的优良传统和宝贵经验。面对新时代监狱工作专业化、专门化、精细化发展要求，作为从事教育改造工作的监狱人民警察要树立终身学习的理念，在理论武装中推动思想解放，在学以致用中强化实践锻炼，努力争当学习型、实干型、创新型干部，以敢担当、善作为的真本领，努力开创监狱教育改造工作新局面。

一、自觉提高政治站位。坚持自觉以习近平新时代中国特色社会主义思想指导监狱工作，一以贯之地加强风险防控，一以贯之地强化监狱管理，一以贯之地践行改造宗旨。

二、加强风险防控落实。要全力学习落实中政委关于政法队伍革命化、正规化、专业化、职业化建设的要求，吸收好、研究好、提升好，增强学习研究的自觉性、主动性、创新性。注重发挥教育改造的治本作用，把教育改造工作做细做实做好。要突出"专"。习近平总书记指出，"各级领导干部要干一行爱一行，钻一行精一行"，大家要自觉增强专业知识，涵养专业精神，按照教育改造工作自身规律和专业规范开展工作，不断提升对教育改造工作的精通程度和把握能力，努力成为行家里手。要注重"优"。积极探索做好教育改造工作的特点规律，坚持一流的工作标准，高效率、高质量地完成每一项任务。要讲究"实"。不做表面文章、不摆花拳绣腿，靠实干立身，凭实绩进步，抓落实、求实效，努力推动全国监狱系统教育改造工作上层次、上台阶。

三、提高教育改造工作的改革创新能力。新时代教育改造工作面临着难得的机遇和前所未有的挑战，必须打破常规，敢走新路。要转变观念求突破。积极投身思想解放大讨论活动，大力破除"大墙思维、封闭观念、经验主义"，以开放的思路、创新的办法、综合的手段，全面推动教育改造工作新发展。要抢抓机遇夺先机。在主动融入总体国家安全观的大局中争取政策、寻求支持，在研究把握教育改造工作发展规律趋势中争取主动、赢得先机。要胸怀大志争进位。紧盯上级改革部署，主动承接改革任务，并结合自身教育改造岗位工作，积极探索、创新实践，打造教育改造工作的特色经验、亮点品牌，创造可复制、可推广的经验。

四、进一步提升研修培训工作的质效。要优化课程设置。聚焦监狱主责主业，紧跟教育改造工作需要，精心设计课程，精选师资力量，不断提高研修班办班质量。要在"学用结合"上下功夫，按照缺什么补什么的原则，多渠道地丰富受训警察教育内容，促进全国监狱系统教育改造工作能力水平的提升。要创新培训方法。要着眼调动受训干部的学习主观能动性，进一步改进培训方法，在开展课堂式教学的同时，多增加一些研讨式教学、现场教学等课程，开拓一些课外培训的方式，增强学习的效果。要严格组织管理，实施警务化管理，严肃培训班各项规章制度，严格管理考核办法，加强对参训学员的警容风纪、出勤情况、课堂表现等各方面的管理监督，促使全体学员自觉遵章守纪、自主学习钻研，树立起纪律严明、勤奋好学、作风踏实的良好形象。

短暂的培训生活，将成为你们一段弥足珍贵的人生经历。希望大家把这次研修作为一个新的起点，切实肩负起时代的重托，扎实工作，探索创新，努力在推进监狱教育改造工作高质量发展的进程中写下浓墨重彩的一笔。

第二十六讲

加强专业培训，提高改造能力①

监狱协会不仅要积极开展深入的理论研究工作，还要务实地开展系列的培训活动。这次进行的是监狱心理咨询师培训，监狱心理咨询师队伍建设十分重要，关系到监狱改造宗旨的践行。

一、充分认识举办本次培训的重要意义

（一）开展监狱心理咨询师培训是顺应时代潮流的需要

近一个时期以来，国际形势复杂多变，大国关系出现很多新情况，地缘政治出现许多新变数，世界经济形势面临诸多新问题，人类和平与发展遭遇许多新挑战。中华民族全面复兴走向世界舞台中心的伟大征程，由此步入新的发展阶段，我们面临的社情、狱情也在发生深刻变化。

经过改革开放四十年的发展，我国在经济、科技、军事、外交等领域实现重大突破，逐步走向世界中心，引领世界和平发展。反观我国的监狱心理咨询工作，在与国际社会广泛交流的前提下，由于起步晚、发展慢等因素，与发达国家相比仍有差距。这与新时代党和人民对监狱工作者的要求不适应。监狱工作在守住底线安全、保持自身稳定的同时，还要着力提高改造质量，为社会稳定与发展作出应有的贡献，应当与祖国发展保持同步，促进社会稳定和谐。我们在为祖国的日益强大感到无比自豪的同时，更要有责任担当，在监狱工作的探索与实践中，要有所作为，走在时代前列。值此关键时间节点，下决心举办

---

① 本文整理自笔者于 2018 年 10 月在中国监狱工作协会"监狱心理咨询师培训班"开班式上的讲话。

本期培训，其重要意义不言自明。

（二）开展心理咨询师培训是践行改造宗旨的现实需要

2018年6月、2019年7月，司法部先后召开全国监狱工作会议，会议强调，监狱工作要始终坚持以习近平新时代中国特色社会主义思想为指导，深入贯彻落实习近平总书记关于监狱工作的重要指示和批示精神，切实提高政治站位，坚守安全底线，践行改造宗旨，构建监狱工作安全治理、罪犯改造、监狱执法、队伍建设、综合保障五大体系，奋力开创新时代监狱工作新局面。要全面深化监狱改革，健全完善新型监狱体制和刑罚执行制度，切实肩负起新时代赋予监狱工作的崇高使命。会议要求，要提高政治站位，始终坚持党对监狱工作的绝对领导，在政治立场、政治方向、政治原则、政治道路上同以习近平同志为核心的党中央保持高度一致，坚持总体国家安全观，牢牢把握新时代监狱工作的政治方向。旗帜鲜明讲政治，从严从实抓好党建。要坚守安全底线，完善安全治理体系，创造世界最安全的监狱。要坚持问题导向和目标导向相结合，全面深化监狱改革，打造过硬队伍，加强组织领导，狠抓工作落实，为实现践行改造宗旨提供动力支持和可靠保障。会议提出，"努力打造世界最安全的监狱和全国改造质量最好的监狱"的奋斗目标，这就是要求中国监狱在安全和改造质量上走在世界前列，与前面提到的与祖国发展同步是一个道理。这就要求我们要有足够的自信，自信来源于实力，而实力的提升来自不断的学习。本次培训就是为践行改造宗旨而提供的动力支持。

（三）开展心理咨询师培训是提高监狱人民警察能力的迫切需要

监狱心理咨询师队伍是监狱人民警察队伍的重要组成部分，肩负着罪犯心理矫治等重要职责，队伍状态的好坏直接影响改造质量。那么，当前监狱心理咨询师队伍的状态如何呢。总体而言，成效突出，问题不少，差距较大，参差不齐。从整体上分析问题，一是整体实操水平不高，设备闲置或成为摆设。当前各监狱干警心理咨询师获证率（指三级、二级心理咨询师资格证）不少，但真正能掌握实际操作技术的人才较少，多数单位购置的心理咨询设备利用率不高，有仅供参观、装点门面之嫌。二是多数从业者角色意识不清。当前，除在心理咨询中心工作的少数警察外，多数拥有心理咨询师资格的监狱警察身兼数职，其以管理者身份为重，而从事心理咨询往往为附属性工作。管理者的权威与心理咨询师的平等共情，角色反差强烈，形成心理学上双趋冲突、双避冲突在所难免。三是咨询师队伍自身心理压力过大。心理学、心理咨询是一个发展中的科学，知识更新速度快，新技术、新技能不断涌现，监狱心理咨询师继续教育条件有限，难免有压力。同时个人发展空间狭小，而工作的特殊性以及兼职身份所带来的压力可以想象。四是监狱心理咨询师队伍缺乏稳定性。各基层监狱的心理咨询师大多分散在监管、政工、生产等不同工作岗位上，即使在教育工作岗位上，调动岗位也不会顾及其心理咨询师的身份，业余时间缺乏有效的学习交流活动，心理咨询工作难以持续进行，存在职能作用发挥不充分、总体成效不够显著等问题。这些问题形成的原因有很多，有的是体制机制方面的，有的是继续教育方面的，有的是干警自身主观方面的。因而针对现状，开展监狱心理咨询师培训十分必要、势在必行。

二、本期培训的主要活动安排

（一）课堂授课

为搞好本次培训，中国监狱工作协会做了精心准备，在课程设置上既有我从宏观上讲授的"我国监狱心理矫治工作的历史发展及创新思路"，也有刘邦惠教授具体上讲授的"服刑人员心理分析与矫治"；既有李静副局长统揽全局的监狱工作最新情况解读介绍，也有周勇副所长的研究成果展示，更有翟中东教授对国外矫治项目新发展状况的介绍。本次培训班邀请的各位老师，可以说都是我国监狱领域方面的顶级大咖、著名专家。

（二）课堂实践

我们将利用半天时间，参观大连南关岭监狱和旅顺日俄监狱旧址。把本次全国性的监狱干警培训班放在辽宁大连，是经过深思熟虑的。辽宁监狱工作无论从历史上看，还是从现在上看，都有许多闪光点。几十年来创造了许多监狱管理、罪犯改造、队伍建设方面的经验的做法。大家都知道，辽宁抚顺战犯管理所成功地改造过伪满皇帝、日本战犯，在中国监狱发展历史上留下过浓墨重彩的一笔。新时期的辽宁监狱工作也创造了许多新经验，有许多可圈可点的地方，值得大家学习研究借鉴。相信大家参观过大连南关岭监狱后，会有耳目一新的感受。

三、几点希望

学员培训指南里已经印有中央组织部印发的《关于在干部教育培训中进一步加强学员管理的规定》，希望大家认真学习，严格执行，我就不再提具体要求了。况且在座的都是教育工作者、心理咨询师，是监狱人民警察中最有素质的群体。在此只提三点希望。

（一）确保安全

在座各位不仅是各监狱践行改造宗旨的主力军，更是家中的顶梁柱。无论从哪个角度，安全必须得到保证。大连三面环海，走着走着就到海边了，观光欣赏可以，但绝对不能野浴。海水深浅没底，水下有暗流。要自觉遵守培训纪律，要确保每个人的人身安全。各省领队要约束好本省学员。

（二）珍惜机会

此次培训，每省限定了名额，能够被选中就是一种荣幸。特别是辽宁省监狱局、监狱学会、警务训练基地为了办好本次培训，付出了大量心血。从接站到食宿课堂安排都非常周到。同时，警务训练基地还有个名字，那就是"监狱警察之家"，大家来到我们系统内的培训机构，还要多包容，把此次培训选在这里，就有这层意思，希望大家理解支持。

虽然在座的诸位，大多是本单位的行家里手，但要牢记习近平总书记一再告诫全党学习方面的指示精神，"要有知识不足、本领不足、能力不足的紧迫感，自觉加强学习、加强实践，永不自满，永不懈怠"。希望大家利用好这个学习交流的平台和机会，以饱满的热情投入学习中去，争取有所收获。

（三）搞好传播

中国监狱工作协会这个层面所办的培训，范围总是有限的，每个省才几个人，这几个人要起到播种机的作用。学成回归后，要总结好、汇报好、宣传好，把学到的最新理念、政策精神、专业知识与改造实践结合起来，做践行改造宗旨的探索者、实践者、引领者。

要认真思考研究，如何切实做到坚守安全底线，践行改造宗旨，提高改造质量。如何在政治改造的统领下，发挥监管改造的矫正功能，使罪犯养成良好习惯；推进教育改造的提升功能，提高心理矫治的针对性和实效性，使罪犯增强综合素质；拓展文化改造的教化功能，使罪犯提升精神境界；坚持劳动改造的培训功能，使罪犯提高就业能力。这是一个有着丰富内容、有载体的探索与实践活动，基层一线大有可为。

本次培训给大家提供了互相学习交流的平台和机会，这也是大家开阔眼界、开拓思路的过程，对改造实践具有引领作用，关键还能在实践中再创造。参加本次培训的学员们既是监狱理论的探索者，也是监狱工作的实践者。

我们已经站在中国特色社会主义新时代奋进的道路上，肩负着党和人民赋予我们监狱工作者的时代担当，请大家把学到的东西像种子一样带回去，并在实践的土壤上培育出好苗子来！通过不断地学习研究、探索创新，努力在全面推进教育改造的理论研究和实践运行中作出各自应有的新贡献，在心理矫治的领域中取得新成绩。

加强罪犯心理矫治，着力提高改造质量①

一、监狱罪犯心理矫治工作现状

自 20 世纪 80 年代末，我国监狱系统和有关学者开始致力于研究运用心理矫治手段教育改造罪犯工作，经过多年来的积极探索和大胆实践，我国监狱罪犯心理矫治工作，从无到有，不断发展，不断规范，不断成熟。目前，罪犯心理矫治工作已经在全国监狱系统广泛运用，在维护监狱安全稳定，提高罪犯改造质量方面取得了明显成效，罪犯心理矫治的科学性和有效性已得到理论界的认同和实践的验证。相关资料显示，截至 2019 年年底，全国监狱系统取得国家心理咨询师资格证书的干警共计 49478 人，其中获得国家三级心理咨询师资格的 37722 人，二级心理咨询师资格的 11756 人，获证总人数与在押罪犯数的占比为 2.94%。从事罪犯心理矫治工作的干警达 37096 人，在从事心理矫治工作干警中，有专职干警 3932 人，兼职干警 33164 人。同时，监狱还聘请了 1997 名社会专业人员参与罪犯的心理矫治工作。监狱系统接受心理健康教育的罪犯共有 1664175 人，心理健康教育普及率为 98.87%；对 148345 名罪犯进行了个体心理咨询，个体心理咨询共达 242627 人次；举办团体心理咨询 18900 期，罪犯参加团体心理咨询共 735905 人次；通过心理危机干预有效化解心理危机 28031 人次，预防罪犯自杀、自残 10180 人次，预防暴力行凶 7356 人次，预防脱逃 1021 人次；全国监狱系统全年累计心理治疗成功 16203 人，接受心理疾病治疗 40382 人次。预防罪犯自杀、自残人次和暴力行凶人次、接受心理治疗人

---

① 本文整理自作者于 2019 年 11 月为筹备成立中国监狱工作协会罪犯心理矫治专业委员会暨 2019 年度理论研讨会上的发言。

次和心理治疗成功人次逐年增加，取得了明显的成效，反映出心理咨询师干警队伍得到壮大，从事心理咨询工作干警的素质和能力得到提升，有力保障了心理矫治工作健康发展，有效地维护了狱内安全稳定，促进了罪犯改造质量的提高。司法部于 2009 年出台《服刑人员心理健康指导中心建设规范（试行）》《关于加强监狱心理矫治工作的指导意见》等规定，罪犯心理矫治工作得到了全面规范和明显的加强。

实践证明，做好罪犯心理矫治是提高改造质量的有效途径和手段，是维护监狱安全稳定和社会稳定的重要保证。经过多年来的探索实践，尽管罪犯心理矫治工作已取得长足发展，但也存在认识不到位、发展不平衡、机构不健全、队伍不稳定、专业化水平不高、实践效果不明显等问题和不足。加强罪犯心理矫治理论研究，十分必要、十分重要、责任重大、任务艰巨，同时，具有良好的发展前景。

二、提高监狱矫治理论研究的政治站位

监狱机关首先是政治机关、政法机关，同时也是国家的刑罚执行机关，必须旗帜鲜明地讲政治，坚持党对监狱工作的绝对领导。罪犯心理矫治是监狱工作的重要组成部分，因此必须要强化政治引领，始终坚持以习近平新时代中国特色社会主义思想为指导，坚持马克思主义的主导地位，坚持政治建设为统领，切实提高政治站位，确保监狱矫治工作坚守正确的政治方向和学术导向，把讲政治的要求体现和落实到监狱各项工作中。当前，要认真学习贯彻党的十九届四中全会精神，以此指导引领专委会的工作。应从讲政治的高度，以此为指导，以此为目标，认真学习研究，抓好贯彻落实。要按照司法部的部署，坚守安全底线，践行改造宗旨，坚持以政治建设为统领，统筹推进政治改造、监管改造、教育改造、文化改造、劳动改造，积极推进构建监狱安全治理、罪犯改造、公正执法、队伍建设、综合保障五大体系。教育改造工作要着力突出罪犯心理矫治专业特点，坚持基础理论与应用研究并重，确立科学的罪犯心理矫治理念，准确定位罪犯心理矫治工作，加强顶层设计和统筹谋划，更好地为改造工作服务。

三、突出罪犯心理矫治理论研究的品牌特色

罪犯心理矫治工作，必须紧紧围绕监狱罪犯心理矫治这一领域开展理论研究和宣传培训。心理矫治是一种以人为本的矫正手段，通过对服刑人员的关心、爱护、信任和包容，采用心理学的理论、方法和技术，遵循心理学的规律，改变服刑人员的认知、情绪和行为，完善其人格，改造其犯罪思想，使其更好地适应社会，成为守法公民。要结合自身实际，加强罪犯心理矫治领域的理论研究和实践探索，坚持以问题为导向，以破题为手段，聚焦罪犯心理矫治工作的难点、焦点问题精准发力。在理论上，要加强罪犯心理矫治科学化、专业化基础理论研究，努力形成具有中国特色的罪犯心理矫治理论体系；在实践上，要围绕心理评估、心理健康教育、个体心理咨询、团体心理咨询、心理危机干预五个方面开展工作。要坚持实用性、有效性原则，不断提高罪犯心理矫治理论研究的实践性、针对性。要增强品牌意识，注重对优秀的理论研究成果和实践经验进行归纳、总结、提炼、推广，积极推动成果转化，发挥理论指导实践的作用，打造有分量、有价值、有影响的品牌。争取每年都能够推出一批有分量、有价值的罪犯心理矫治理论研究成果，培训培养一批罪犯心理矫治人才，并力争出版在本专业领域有所突破，有价值，有分量的系统性专著。

四、强化罪犯心理矫治理论研究的思维创新

面对新形势新任务新要求，罪犯心理矫治要按照中央的决策部署，坚持和完善中国特色社会主义法治体系，积极推进国家治理体系和治理能力现代化。按照司法部关于监狱工作新部署，进一步解放思想，转变观念，积极运用新的思维方式、新的观念、新的技术手段，要坚持理论联系实际，理论指导实践，实践丰富理论。以改革创新的理念、以更高的要求开展罪犯心理矫治的各项工作。要把不适应新形势新任务新要求的思想和观念尽快转变过来，特别是要注意借鉴国外心理矫治的先进理论、理念和经验，开展比较研究，在理论上有所突破，实践上有所创新。同时，也要积极稳妥推动罪犯心理矫治理论本土化，提高罪犯心理矫治工作的社会化程度，充分利用社会资源参与罪犯心理矫治研

究，发挥社会科研院所心理专家的作用，推动监狱罪犯心理矫治工作的开展。要进一步厘清工作思路，创新方式方法，创造性地做好理论研讨、课题攻关、人才培养、对外交流、典型经验推广、创新成果展示、优秀成果表彰等工作，激发工作的生机活力，更好地服务于新时代监狱工作改革发展。为推动罪犯心理矫治理论研究繁荣发展，充分发挥心理矫治的独特作用，维护监狱安全持续稳定，为提高罪犯改造质量作出新的更大的贡献。

五、着力提高罪犯心理矫治的专业化建设

（一）何谓监狱心理矫治？

根据国内外学者关于心理矫治问题的研究，结合我国实际，我将心理矫治概念定义为：在对监狱服刑人员的矫正工作中，心理矫治工作者运用心理学的知识、技能和方法，通过开展心理评估、心理健康教育、个别与团体心理辅导以及心理危机干预等一系列活动，帮助其消除不良心理，矫正犯罪心理，调节负面情绪，增强社会适应能力，从而最大限度地提高矫正工作质量的一种矫治措施。

心理矫治是一种以人为本的矫正手段，通过对这些特殊人员的关心、爱护、信任和包容，采用心理学的理论、方法和技术，改变他们的认知、情绪和行为，完善其人格，使其更好地适应社会。我国监狱系统从 20 世纪 80 年代末就开始在服刑人员的教育改造工作中尝试引进心理测验、心理咨询等方法技术，取得了很好的效果，1994 年，随着《中华人民共和国监狱法》的颁布以及现代化文明监狱的创建，极大地推动了监狱系统的心理矫治工作，到现在为止，我国监狱系统已经培养了一大批从事心理矫治的干警，心理矫治已被监狱干警接纳，在对服刑人员的教育改造工作中发挥了重要的作用。

心理矫治对预防青少年犯罪有效吗？历史上曾有很多争论。笔者认为，对于违法犯罪青少年这个特殊群体来说，有针对性的心理矫治效果是明显的，监狱中很多服刑人员改造的实践效果也证明了这一点。针对这个特殊群体设计一系列心理矫治的方案，能有效地促进他们提高自我控制能力和人际交往能力，

更好地认识自己，学会从对方的角度考虑问题，从而更好地适应社会，预防重新犯罪。

（二）违法犯罪青少年心理矫治的操作体系

1. 心理评估。对违法犯罪青少年进行心理评估，是为其制订矫正方案，对其进行心理矫治的基础和前提。评估重点要考虑：认知能力、情绪控制能力、人际交往能力、是否有人格障碍和心理疾病、亲子关系情况，等等。总之，对违法犯罪青少年的心理评估需要综合多方面的资料，这是一项十分复杂艰巨的工作。

2. 心理健康教育。心理健康教育是指根据违法犯罪青少年生理、心理发展特点，有目的、有计划地运用心理学的方法和手段，对违法犯罪青少年的心理施加影响，培养起良好的心理素质，促进其身心和谐发展的一种教育方式。

3. 个体心理咨询。个体咨询也是心理咨询中最为常见的形式，对于一些心理困扰比较严重的违法犯罪人员，应当采取个别心理辅导的形式对其进行心理矫治，注意保密，注意了解其心理状况，通过咨询师的询问、共情、开导，共同分析存在的问题以及解决问题的方法，有针对性帮助青少年摆脱心理问题的困扰。

4. 团体心理咨询。团体心理咨询是指将有相同类型心理问题的人召集起来，在团体的情境下对其进行心理咨询与辅导。团体心理咨询主要是针对违法犯罪青少年存在的相似心理问题，如自我认识、自我控制、人际关系、情绪调节、愤怒控制等方面。

5. 心理危机干预。心理危机是一种认识，当事人认为某一事件和境遇是个人的资源和应付机制所无法解决的困难。除非及时缓解，否则危机将会导致情感、认知和行为方面的功能失调。心理危机本质上是伴随着危机事件的发生而出现的一种心理失衡状态，在个体成长过程中危机事件的不可避免性决定了心理危机的不可避免性。危机事件包括两种类型：一是发展性危机。二是境遇性危机。

（三）违法犯罪青少年心理矫治的主要途径

1. 面对面交谈。面谈是心理咨询中最主要也是最有效的途径，它是一种咨询师与受矫治者面对面的以谈话为主的矫治形式。

2. 心理热线。心理热线是专家或心理矫治工作者，通过电话的途径对违法犯罪青少年进行劝告和安抚的咨询形式，是一种较为方便且迅速及时的矫治方式，尤其是用在一些违法犯罪青少年由于心理危机而产生自杀或犯罪倾向时。

3. 专家讲课。专家讲课是指邀请一些知名的心理学专家，对违法犯罪青少年普遍存在的心理问题或感兴趣的心理知识进行讲授，专家讲课也是违法犯罪青少年非常乐意接受的一种心理矫治形式。

4. 小组活动。小组活动是指将在某一方面需要矫治的违法犯罪青少年召集起来，通过游戏、完成任务等活动的形式对其进行心理矫治的途径。

（四）违法犯罪青少年心理矫正的方法

在监狱矫治的实践中，最主要的方法有两种：

一是认知行为疗法。认知行为疗法，是通过改变思维和行为方法来改变不良认知，达到消除不良情绪和行为的短程心理治疗方法。

二是积极的同伴文化法。积极的同伴文化法是指通过将违法犯罪青少年组成小组，在心理咨询师的指导下发展积极的小组文化，来改变违法犯罪青少年心理和行为的方法，同伴关系在青少年的生活中有着举足轻重的作用。

第二十八讲

减刑、假释实质化审理的挑战及应对

2021 年 12 月 1 日，最高人民法院、最高人民检察院、公安部、司法部联合印发了《关于加强减刑、假释案件实质化审理的意见》（以下简称《意见》），这是全国政法队伍教育整顿活动和整治违规违法减假暂"顽瘴痼疾"的重大制度性成果，是新时期我国刑罚变更执行制度的重大改革，是对司法机关、刑罚执行机关办理减刑、假释案件提出的新要求和新挑战。

一、《意见》出台的时代背景

减刑、假释是我国刑罚执行制度的重要组成部分，对于激励罪犯积极改造，促进罪犯回归、融入社会，实现刑罚的目的，具有非常重要的意义。一是贯彻中央关于提高司法公信力的要求；二是现实司法腐败问题的倒逼；三是推进刑罚执行制度改革的需要；四是强力整治顽瘴痼疾实现常治长效的重要成果；五是践行人民为中心司法理念的有力举措。《意见》的出台，既是现实所需，也是长远所虑。

二、《意见》的主要内容

一是强调了实质化审理的基本要求。减刑、假释的根本目的是激励罪犯积极改造，要实现这一目的，就必须保证减刑、假释只用于确有悔改表现的罪犯。《意见》提出，要坚持全面依法审查、主客观改造表现并重、严格审查证据材料以及区别对待四项基本要求。

二是明确细化了严格审查减刑、假释案件的实体条件。《意见》具体提出了"六个严格"的要求：1. 严格审查罪犯服刑期间改造表现的考核材料。2. 严格审查罪犯立功、重大立功的证据材料，准确把握认定条件。3. 严格审查罪犯履行财产性判项的能力。4. 严格审查反映罪犯是否有再犯罪危险的材料。5. 严格审查罪犯身份信息、患有严重疾病或者身体有残疾的证据材料。6. 严格把握罪犯减刑后的实际服刑刑期。

三是强化了减刑、假释案件办理的程序机制。针对减刑、假释案件审理容易流于形式等突出问题，《意见》提出了明确要求，一要充分发挥庭审功能。二要健全证人出庭做证制度。三要有效行使庭外调查核实权。四要强化审判组织的职能作用。五要完善财产性判项执行衔接机制。六要提高信息化运用水平。这六个方面均是对推进强化办理减刑、假释案件程序机制的具体举措，是一种全新的执法办案新要求，无论是对审判检察机关还是对刑罚执行机关都提出了新的挑战，客观上需要各部门认真学习、统一思想、转变理念，在实践中努力破解减刑、假释工作中的制度机制障碍，这还需要相当一段时间实践磨合过程。

四是明确了监督指导及工作保障的配套制度。《意见》高度重视制约监督方面的制度机制建设，针对减刑、假释案件办理过程中的权利运行，明确提出了一要不断健全内部监督；二要高度重视外部监督；三要着力强化上级对下级指导；四要切实加强工作保障等一系列要求。

总之，《意见》的出台是减刑、假释领域的一项重大改革措施，对于进一步转变司法理念，确保案件审理公平公正，实现刑罚执行的目的，确保执法公平公正，提高减刑、假释执法的公信力都具有重大的意义。

三、实施减刑、假释案件实质化审理需要研究注意的若干问题

（一）稳妥推进以审判为中心的刑事诉讼制度改革。变审批制为审判制，要实行减刑、假释案件审理模式之再造，使形式化审理为实质化审理。充分发挥法庭庭审的职能作用。在现有形式化审理模式下，庭审的作用发挥不彰，对核心证据的质证和认证过程不充分，对罪犯是否真正认罪悔罪、是否符合减刑、假释条件这一核心事实，往往难以真正查明。实行以审判为中心的刑事诉讼制度改革，就是要更加凸显法庭的职能作用，要求证据核查在法庭，事实认定在法庭，意见发表在法庭，裁判理由形成在法庭。实现审理方式变革，推进办理

减刑、假释案件实质化审理工作，是深入推进以审判为中心的刑事诉讼制度改革之应有之义和必然要求，唯此方能发挥法庭的真正作用，督促、倒逼相关机关依法履职，落实落细工作责任，推进减刑、假释工作更加规范。

（二）刑罚执行机关必须转变执法办案理念，强化减刑、假释的举证责任。减刑、假释实质化审理的改革，对于监狱来说，则意味着监狱所提交的材料要达到刑事诉讼证据的标准，包括监狱干警日常考核罪犯、再犯罪危险评估、执法文书制作、证据留存和出庭做证等一系列的新要求，这势必将大幅度提高监狱执法机关的工作量，监狱干警将面临较大的压力和挑战。

罪犯在监狱服刑实际改造表现如何，是否真正认罪悔罪。应当说，监狱是最了解情况的，也是最有发言权的。监狱既然为其呈报减刑、假释，态度也不言自明。参照《刑事诉讼法》关于"公诉案件中被告人有罪的举证责任由人民检察院承担"的规定，减刑、假释案件中，监狱理所应当负有证明罪犯符合减刑、假释条件的举证责任，既然监狱说某罪犯改造表现好符合减刑、假释条件，那监狱就应当提出证明，担负起不可推卸的举证责任。

1. 监狱要将由提交材料向提交证据转变。按照《意见》要求，罪犯计分考核、奖惩、立功、重大立功、再犯罪危险评估等材料都将作为正式证据使用，也支持监狱的提请行为。而刑事诉讼证据的合法性、真实性、关联性要求很高，这就对监狱干警日常考核记载的及时性（时间）、准确性（内容）、合规性（依据）、规范性（形式）提出了更高的要求，要形成完整的证据链条。

2. 监狱要承担是否确有悔改表现的前期主观研判任务和重大责任。《意见》试图改变目前的"唯考核分数论"，要求注重审查罪犯思想改造等主客观方面的表现，以综合判断罪犯是否真正确有悔改表现。司法部新修订的《监狱计分考核罪犯工作规定》，为减刑、假释提供了重要的源头证据，这次修订对罪犯在日常考核基础上增加了等级评定，不仅要考察罪犯客观改造表现，还要综合评定积极、合格、不合格三个考核等级，坚持主客观表现并重，综合判断罪犯是否确有悔改表现，防止罪犯混刑度日。这种考核、判定是监狱应当承担的责任。

3. 认真研究探讨在庭审实质化中监狱民警的角色职能定位问题。目前，减刑、假释案件相比普通刑事案件，所缺少的是一种诉讼构造。在普通刑事案件中，庭审通常是由"控、辩、裁"三方参与的一种诉讼构造，出庭检察员在参加诉讼活动时发现法院和有关机关有违法行为的，还可在庭外提出纠正违法意见书或者检察建议书，即三方诉讼构造+合法性监督。实践中，法院开庭审理罪犯减刑、假释案件，应当采取什么样的具体诉讼构造、相关干警和罪犯是否必须出庭、检察院起到什么样的角色作用、是否有对抗之辩，目前均没有明文规定。《意见》要求，监狱干警要承担说明情况、证人、接受庭外调查等任务或角色。在对抗性的实质性庭审中，监狱干警出庭的应诉能力将面临重大考验。

《意见》下发后，要组织监狱干警认真的学习研判，要意识到这个《意见》对今后监狱提请减刑、假释工作提出了更高的要求，因此，监狱要进一步强化证据意识，强化证据材料的收集和保全，严格案件的审查和办案程序，主动与法院、检察院加强协调配合，共同做好实质化审理工作。重点要做好四项工作，一是严格证据标准；二是严格办案程序；三是加强办案保障；四是提供科技支撑。

（三）切实发挥好检察机关的监督职能作用。检察机关在办理减刑、假释案件中，职能作用到底如何发挥，诉讼构造中如何确定角色定位，需要认真研究并明确界定。检察机关系代表国家，在减刑、假释诉讼活动中派员出庭或者出具书面意见，是"挑刺"质询还是赞同，是重在对抗还是附和等新问题需认真研究。检察机关如何贯彻好这一《意见》，最高人民检察院刑事执行检察厅刘福谦副厅长提出了要求，一是要进一步更新司法理念；二是要认真开展全程同步监督；三是依法全面审查证据；四是强化派驻检察和巡回检察有机结合，提升检察监督质效；五是不断创新工作方式方法，促进减刑、假释案件实质化审理。

（四）充分发挥法院审判的职能作用，切实实现减刑、假释案件审理模式的变革。一要转变司法理念，聚焦庭审目的，彰显庭审功能。争取通过庭审，罪犯是否真诚认罪悔罪、改造表现如何、是否符合减刑假释条件，能够在庭审中得以完整呈现，诉讼各方能达成共识，社会公众能够接受。二要严格审查各类证据。认证采信证据要做到依据充分，对证据材料有疑问的，要积极行使调查核实权，进行必要的核查。三要既重实体，查明基本事实，又重程序，确保审判程序公开公正合法。四要充分发挥合议庭的作用，做到全面充分合议，既讨论案件事实证据，又研究法律适用，要增强裁判文书释法说理的必要性。

（五）建立健全减刑、假释案件实质化审理的配套制度措施。减刑、假释案件实质化审理工作是一场深刻的变革，没有现成的经验可循，《意见》作为规范性制度文件，要想真正落地见效，形成共识，起到应有的效果，还需要经过实践检验与逐步完善，并辅之以必要的配套措施为保障。

一是刑罚执行机关要尽快探索制定办理减刑、假释案件的配套制度。包括计分考核罪犯的具体标准以及具体证据的收集规定，再到犯罪危险评估的操作程序及标准，执法文书制作的具体要求，收集证据材料的规范标准及程序流程，庭审应对的相关具体的要求等。

二是法院要积极探索细化庭审审理的操作规程。要注意减刑、假释案件和普通刑事案件的不同特点，探索科学合法合理的诉讼构造，制定详细的审理操作规程，同时，在庭审中，要充分考虑依法保障罪犯的合法权益。

三是检察机关要探索在庭审中如何发挥检察机关的职能作用，要研究出台具体的操作规程。

四是要适应实质化审理的新挑战，加强对法院、检察机关相关司法干警的培训，尤其是要加强对刑罚执行机关干警办案的专门培训，以此适应新形势，迎接新挑战，作出新贡献。

关于女子监狱罪犯改造及民警权益保障①

女性罪犯是一个客观存在的特殊群体，对监狱及社区矫正中的女犯改造及其人权保障是社会普遍关注的重要问题，也是各国政府及监狱、社区矫正部门需要关注研究解决的重要课题。女子监狱作为惩罚和改造女性罪犯这一特殊社会群体的机构，在制度建设、资源配置等多方面都应当考虑女犯群体的特殊性使其真正凸显出女子监狱现代化治理的功效。

鉴于女犯的身心特点，以及她们在家庭中所承担的重要的、不可替代的角色，各国政府及社会均要求对女性犯罪问题给予较多的关注，要求对女犯尤其是对作为未成年子女母亲角色的女犯建立特殊的法律制度，实施特殊的矫正制度，尽可能根据女犯的身心特点给予心理和精神上的关怀，减少她们因受刑罚处罚产生不必要的痛苦和伤害，并尽量减少由于女性犯罪而给其家庭以及未成年子女带来不必要的伤害。2010 年 12 月 21 日，联合国大会第六十五届会议第71 次全体会议通过了《联合国关于女性囚犯待遇和女性罪犯非拘禁措施的规则》，（以下简称为《曼谷规则》）。该规则承认了女犯的特定状况和需求。《曼谷规则》的全部内容都与女犯的社会再融入相关。联合国及多数国家都采取了积极的行动，从立法上、司法上、执法上采取积极的措施，促进女犯有效矫治并顺利回归社会、回归家庭，并保护她们未成年子女的利益。

一、我国监狱改造女犯及人权保障的主要情况

根据司法部《犯罪与改造研究》2021 年第 3 期杂志披露，我国在押女犯数

---

① 本文刊载于《监所法苑》2021 年第 1 期。

量不断增加。2010 年年初，我国监狱在押女犯数为 90322 人，与 2000 年年初的 47100 人相比，10 年间净增加 43222 人。占在押总数的百分比由 2000 年年初的 3.3%增加到 2010 年年初的 5.49%。2011 年 1 月底，在矫女犯数为 23933 人，占社区矫正罪犯总数的 8.3%，到 2015 年 1 月底，在矫女犯数量为 74740 人，占社区矫正罪犯总数的 10.1%。

在押女犯数量不断增长，如何矫正女犯，成为监狱、社区矫正部门一项十分重要的课题。

相关资料显示，2019 年，我国有女子监狱 40 多所，在押女犯超过 14 万人，占全国监狱押犯总数的比例 8%左右。我国女子监狱认真贯彻落实《监狱法》，坚持"惩罚与改造相结合，以改造人为宗旨"的方针，坚持严格公正文明执法，对女犯给予特殊的关心关注，注重女犯的人权保护和教育改造，经过长期丰富的实践，已经形成了一套比较科学和有效的对女犯的管理改造制度，女犯的合法权利得到有效的保护，女犯的改造质量稳步提升，有力有效地帮助女犯社会再融入。

（一）从法律制度上加强对女犯权利的保护

我国《宪法》明确规定，妇女在政治、经济、文化、社会和家庭生活等方面享有同男子平等的权利，强调切实保障妇女的权利。我国《妇女权益保障法》《婚姻法》《继承法》《刑法》《刑事诉讼法》等有关法律法规都体现了宪法保护女性的法治精神，对保护女性作出相关具体规定。女性罪犯权利同样受到相关法律的保护。

我国《监狱法》对女犯待遇、人权保护、教育改造等有着特殊的规定，《监狱法》从刑罚执行、狱政管理、教育改造、生活卫生等方面都给女犯予以特殊的待遇及保护。

在刑罚执行制度方面，根据我国相关法律规定，被判处无期徒刑、有期徒刑或者拘役的有严重疾病需要保外就医的和怀孕或者正在哺乳自己婴儿的女犯，可以暂予监外执行。对确有悔改表现的，依法予以减刑。对特定情形女犯，依法从宽假释。

在狱政管理制度方面，根据监狱法及司法部的相关规定，对男、女犯要分开关押和管理。同时应当照顾女犯的生理、心理特点。女犯由女性人民警察直接管理。女犯由女性人民警察检查。女子监狱的离监探亲比例可以适当提高。对女犯原则上不要使用戒具，尽量不使用禁闭室。要根据女犯的生理特点，女犯享有定期进行健康检查的权利。监狱医院配备妇科医生，并对女犯进行妇女健康知识教育，维护女犯的健康权益等措施。司法部相关文件还规定，禁止安排女犯从事特别繁重的体力劳动，女犯的生产项目以室内劳动为主，不宜从事体力劳动、高空作业和有毒作业。在生活设施方面，每间寝室关押男犯时不得超过 16 人，关押女犯时不得超过 12 人。女子监狱选择经济相对发达、交通便利的大中城市建设。女子监狱厕所面积增加 0.04%，学习用房面积乘以 1.5 系数，等等。

（二）针对女犯特点，规范管理、公正执法、注重改造，帮助女犯的社会再融入

1. 依法保障女犯的合法权益。监狱高度重视并依法保障女犯的人权。包括女犯的生命权，健康权，人格权，休息权，通信权，会见权，有病得到治疗权，等等。女犯可依法获得行政、刑事奖励。

2. 推行规范化管理，突出女犯管理特色。注重对女犯管理的标准化、规范化、精细化、文明化、法治化。

3. 注重女犯劳动技能的培养及劳动能力的提升。结合女性身心特点，引入轻体力的劳作项目，同时，为针对性制定激励措施，加大劳动报酬奖励力度，有效地调动女犯的改造积极性，取得了较好的改造效果。

4. 注重提高教育改造针对性，帮助女犯重新融入社会。在稳步推进"三课"教育基础上，不断丰富教育内容，创新教育改造的手段，积极探索女犯教育改造的特色。例如，树立"以文化人"的办学理念，构筑符合女性罪犯特点的教育改造体系，建立监狱图书馆，利用"云课堂"有效破解教育改造难题，开设新生广播电台、远程视频亲情电话，帮助女犯保持与家人的联系，稳定罪犯思想情绪，架设亲情桥梁发挥重要作用。

5. 注重保障女犯的身体身心健康。加强女子监狱的生活设施、医疗设施等相关机构建设，保证罪犯吃饱，有病得到治疗。在监狱设置妇科专科门诊，组织女犯妇科病就诊，进行每年的定期检查，新犯妇科检查。加强心理矫治，引入心理矫治模式，通过家庭心理治理和个人成长方法，提高罪犯个人自尊，改善人际沟通，实现罪犯的由负向转为正向成长。

（三）加强对女子监狱执法监督，切实保障女犯的合法权利

一是检察机关的专门监督；二是上级主管部门的监督；三是人大、政协的监督；四是社会媒体的监督；五是聘请执法监督员进行监督。

二、女犯改造及权利保护面临的挑战及应对之策

（一）新时代女子监狱治理过程中面临的新挑战

1. 女犯人数增速较快，女监超押拥挤，这给女子监狱的治理、改造带来了极大的困难和挑战。相关资料显示，在全球监狱系统中，监狱在押罪犯 1100 万人，其中女犯 70 万人，属于少数群体，仅占全球监狱人口的 7% 左右，但是女犯的数量目前正在迅速攀升，近十年全球监狱中的女犯数量增加了 50% 以上，而全球监狱中的男犯数量同期仅增长了 20% 左右。同样，近年来我国监狱关押的女犯人数也呈现不断上升的趋势，尤其是云南、浙江、福建、贵州、广东、江苏、四川等少数省份女子监狱押犯上升较快，有的女子监狱押犯爆满，给监狱关押、管理、执法、生活、改造及人权保护带来新的挑战和压力。例如，四川、云南、浙江、江苏等省都分别设置 3—4 所女子监狱，现在多数女监都存在超押状态。女监罪犯的超押现状，暴露出女子监狱设置的不合理，同时也导致不能够根据罪犯不同的安全戒备需要和矫正难度的不同来合理有效的分类分级。

2. 女监罪犯构成日趋复杂，管理难度加大，改造任务繁重。由于女子监狱的特殊性，收押改造罪犯是不分刑期、罪名、病情的，只要是女性罪犯，就全部投入女子监狱改造，形式"大杂烩""一锅煮"。这必然给女子监狱的分类分级、分管分教，个案矫治带来了很大的困难。

3. 女子监狱在押罪犯的新特点给监狱改造带来新挑战。相关资料显示，（1）中青年女性犯罪占多数，其中 18—35 岁的占 37%，36—50 岁占 49%，两项合计占到女犯总数的 86%。（2）文化程度普遍不高，初中以下文化的女犯占 80%。（3）入监前身为农民的占多数，占押犯总数的 49%。（4）涉毒、妨害社会管理秩序、侵犯公民人身权利民主权利罪犯占女犯总数的 68%。（5）原判五年以上刑期的长刑重刑罪犯较多，占女犯总数的 70%。例如，某省女子监狱在押原判无期及死缓罪犯就占监狱在押犯总数高达 18.7%。（6）女犯中存在心理健康问题的比例远远高于男犯。女犯的心理健康问题包括创伤后应激障碍、抑郁、焦虑、自伤或自杀倾向等。

4. 女监及女犯改造制度设计上与男监男犯改造无差异化。思想理念、制度设计方面没有体现出女子监狱、女犯改造的特点，只是作为"碰巧关押女犯的监狱"的理念来建设，而没有把"女犯""女警""女子监狱"作为一种特殊的对象来理解诠释、建设管理。

（二）应对之策及改革建议

1. 应进一步高度重视对女犯的改造工作。女监女犯是社会了解监狱的一个特殊窗口，应当给予特殊的关注关心。更加重视女犯的待遇、矫正、人权保障及社会再融入工作。切实从思想上高度重视，从措施上给予加强，政策经费上予以支持保障。根据女犯的生理、心理特点以及不同的矫正需求，在监狱建设、管理、教育、劳动项目、经济指标、生活医疗、经费保障、警力配比等方面充分体现女监女犯的特色，设置适合女犯的各类矫正项目，切实提高对女犯教育的改造质量，促使女犯社会再融入。

2. 应进一步修改完善对女犯的法律制度。针对女性犯罪，尽可能采用非监禁措施，是刑罚执行的国际化趋势。联合国大会通过的《曼谷规则》强调许多女犯并不会给社会带来风险，应当为女犯开发监禁的替代措施。一是扩大对女性犯罪的缓刑。例如，刑法应当增加"对有八岁以下子女的女性罪犯应当宣告缓刑"的规定。二是扩大对女犯的假释。建议增加相应的针对女犯假释的特别规定，女犯的社会危险性相对较低，有必要对女性罪犯的假释规定从宽的条件，如对于符合假释条件女犯尤其是有未成年子女的女犯，执行原判刑期 1/2 以上，就应当假释。三是针对女监女犯的特点修改完善法律制度，如修订《监狱法》中要增加女监女犯改造的条款。《曼谷规则》应在修订的《监狱法》中有所体现。国务院、司法部应当制定专门针对女子监狱、女犯改造的法规制度。

3. 应进一步修改完善对女犯的管理制度。由于女犯的心理、情感特点以及她们所承担的抚养子女的重要角色，要求在女犯的监管方面，应当规定与她们的需要、特点相适应的制度、方法和措施。一是女监的设计、建设要符合女性的特点，应当以关押改造 1000 人左右的小型监狱为宜。二是在管理过程中注意女犯的需求，加强针对女性生理特点的管理措施，同时，在劳动保护方面予以特殊照顾，对女犯实行分级处遇，适当从宽掌握。组织女犯劳动应以技术技能培训或习艺为主。三是改革与完善女犯的通讯会见制度。女犯会见的时间、频率、人数、对象都应当适当增加。会见的方式方法都应该改革改进，包括亲情聚餐、面对面的无障碍会见、远程视频会见等，以有利于女犯的改造和助力社会再融入。四是改革与完善女犯的离监探亲制度。五是改革与完善对女犯的生活、医疗保障及待遇。六是设立开放式或半开放式女子监狱。对于余刑较短、社会危险较低、改造表现较好的女犯，可以允许她们白天回到家里或者家的附近去工作、学习，晚上回到监狱居住等从宽措施。

4. 科学设针对女犯改造的有效矫正项目。例如，帮助与外界的联系接触，与家庭的联系接触，对有受害史女犯的干预，对有未成年子女的女犯的干预，心理咨询及辅导矫治等。

5. 研究制定对女犯释放后的安置帮扶制度。一是设置中途之家和过渡性的住所。二是为她们提供生活指导、心理辅导或职业技术培训等相关的服务项目。三是给她们予以医疗、法律和实际工作的支持。

三、要特别关心关注女性监狱人民警察的权益保障

在监狱这个高度封闭的特殊环境内，有那么一支特殊的群体，即女性监狱人民警察，她们直接担负着惩罚和改造女性罪犯的特殊使命，需要党和政府及全社会的高度关注关心关爱。

（一）女子监狱干警面临着特殊的困难矛盾压力

其主要表现为：

1. 三大矛盾难以化解。

一是监狱企业生产与监管改造的矛盾突出。这一矛盾长期难以调和，女子监狱重生产轻改造与高质量发展的要求不相适应，导致监狱主责主业不能有效履行。

二是严格规范执行与创新创造性开展工作相矛盾。当前，监狱治理体系不健全，政策供给不足，法律法规不健全，标准规范空白盲区较多，导致一些工作缺乏依据和规范，而且鼓励改革创新的容错纠错机制却不健全，责任考核机制不明确，导致了规范执行与创造性工作不调和，限制了干警的创造性和自身建设的动力和活力。

三是监狱高强度的值班执勤模式和上级工作高要求与现实警力严重不足的矛盾。警力不足是监狱基层单位普遍存在的问题，尤其是在女子监狱特别突出。女监干警的特殊困难情况主要表现为：（1）女警怀孕、生育、哺乳的情况较多，某女监年均约60人。（2）女警的身体健康状况快速下滑，患病人数较多，请病假人数激增，非战斗性减员增加。（3）女民警职业角色和社会家庭角色间冲突大。家庭与职业无法兼顾，离婚率增高，某女监女警离婚高达年均20余起。（4）封闭的工作性质，使正常人际交往受限，个人婚姻问题难以解决，大龄女青年多，平均年龄35—38岁。（5）工作压力大，导致大龄不孕不育女警增多。（6）女警对职业的认同感不强，幸福感不高。感到社会地位缺失，社会对监狱干警的认可度不高，监狱系统自我的认同感也不高。工作时间长、压力大，引发疲惫感加重，警察职业倦怠。监狱工作的枯燥和单调性，引发警察对职业的认可度低，容易产生职业的冷漠感。近年来，监狱中层干部辞去领导职务的情况增加。（7）女民警综合素质与专业化的要求不相匹配。少数干警专业化、职业化程度低，监狱改造的方式方法不适应，本领不足、本领恐慌。

2. 三大压力始终存在。一是防范化解风险的压力。二是完成经济任务的压力。三是养育未成年子女、维系家庭和谐的压力。

(二) 关心关注关爱监狱女警的思考建议

1. 高度重视监狱女警执法权益的保护。要切实认真贯彻《中华人民共和国妇女权益保障法》《人民警察法》《公务员法》等相关保护女警权益的法律规定。相关主管机关应当积极研究制定出台关心关爱监狱女警的相关政策措施,让广大女警得到实实在在的关爱。

2. 研究构建针对女性特点的女子监狱的治理体系。包括女子监狱的设计、建设布局、干警配备、经费保障、管理制度,矫正项目方法、业绩考核指标、相关政策优惠等,重视加强对女犯改造的理论研究。

3. 明确界定女子监狱的主要职能。女子监狱应当聚焦主责主业,确保监狱安全稳定,严格公正文明执法,重点加强教育改造,促进女犯顺利融入社会,回归家庭,预防和减少犯罪。应当认真研究并逐步减轻或取消给女子监狱下达的生产经济任务指标,女子监狱的经费应当率先实行财政全额保障,以减轻女子监狱的经济压力,促使其更加安心专心履行法定的改造罪犯的职能。

4. 加大对女监干警的关爱力度,从政治上关心、工作上支持,生活上关爱。各级监狱的领导机关、管理机关应该采取针对性措施关心关爱女子监狱干警,建议女子监狱警力的配置应高于男子监狱,可配置到 25%,监区不少于 10%。对长期封闭执勤的监区干警,监狱应主动安排给予干警心理辅导、与家庭的电话或视频通话,家庭生活后勤保障等关爱措施。每年定期安排女警脱产进行专业性培训。安排好每年的体检、休假。关注女民警心理健康。探索实行女子监狱辅警制度。关心大龄女干警的恋爱婚姻,办好监狱干警的幼儿园,解除干警的后顾之忧。创造条件组织引导干警开展广泛健康的文艺、体育活动,如健身、摄影、绘画、书法、各类运动、学习研究等活动,助力干警自尊、自律、自强、自信,充分利用好监狱信息化成果,突出智能化,向科技要警力,减轻女警值班值勤的时间、次数、频率,确保女警的休息权、学习权及其相关的合法权益。

5. 大力弘扬英模精神。女子监狱干警作为一个特殊群体,特别的不容易,特别的辛苦,并为家庭、为社会、为国家作出了特别的贡献。应当高度重视并采取有力措施大力表彰女监女警先进事迹，树立自信心，提升士气，增强凝聚力，树立职业的自豪感，提升幸福感。同时，坚持政治建警、从严治警、从优待警，依法管警。当前，应当尽快建立完善干警的容错纠错和免责机制，相关主管机关应当积极研究制定容错纠错及免责规定来强调维护监狱干警的执法权威，这不仅维护了干警的自身权益，还能引导罪犯自觉守法、服从执法，最终起到推动监狱形成良好秩序，促进罪犯积极改造的作用。

第三十讲

关注加强老年犯罪及服刑改造研究①

2016年，习近平总书记在中央政治局第 32 次集体学习时曾经强调，"人口老龄化是世界性问题。""我国是世界上人口老龄化程度比较高的国家之一，老年人口数量最多，老龄化速度最快，应对人口老龄化任务最重""妥善解决人口老龄化带来的社会问题，事关国家发展全局，事关百姓福祉，需要我们下大气力来应对"。习近平总书记对老年人工作很关心，提出了明确的要求，充满了感情，上升到国家全局的高度来看待。我们要真正把习近平总书记的讲话学习好、贯彻好、落实好。

总体来看，整个世界人口老龄化问题现在是日趋严重，这种现象也不可避免地影响到了监狱里的人群、社区矫正的人群。监狱社区老龄化危机现在已经成为许多国家监狱、社区矫正部门面临的主要问题。应对人口老龄化问题，已成为各国监狱社区矫正部门一项重要任务。随着刑事政策的不断调整，监狱系统的老年犯在不断增长，监狱人口老龄化是整个国家人口老龄化的重要组成部分，应当给予特别的关注。

关于老年犯年龄的界定，什么叫老年？关于老年概念，有几种说法，但是目前没有一个统一权威的界定，都有一定的道理。根据联合国有关规定，我国《老年人权益保障法》规定，60 岁就算是老年人。总体来看，那么多年来我国监狱是以 60 岁以上作为老年人来进行研究，我个人的观点还是应该以 60 岁来进行研究，更有针对性和普遍性。

---

① 李豫黔："关注加强老年犯罪及服刑改造研究"，http://www.moj.gov.cn/pub/sfbgw/jgsz/jgszzsdw/zsdwzgjygzxh/zgjygzxhxwdt/202111/t20211118_ 441833.html，最后访问时间 2023年 8 月 31 日。

根据第 7 次全国人口普查数据表明，我国 60 岁以上的人口现在是逐年上升，现在已高达 2.64 亿，占了全国人口的 18.7%，65 岁以及以上人口是 1.9 亿，占了 13.5%，这是个庞大的数字。为了促使国际社会关注人口老龄化问题，根据联合国大会通过了的第 45/106 号的决议。这个决议是 1990 年 12 月 14 日通过的，从 1991 年开始，每年的 10 月 1 日为国际老人日，决议提倡老有所养、老有所依、老有尊严。

老年犯人作为一个特殊的群体，应该予以特别的关注重视。首先，既然是犯人，就要依法监管，严格执行刑罚，严格制度严格纪律。其次，作为老年人应当依法实行人道主义，给予人道的待遇，尊重其人格尊严。

一、加强老年犯罪与矫正理论和实务创新研究十分重要和紧迫

随着中国老龄化进程的不断加快，老年犯罪问题已成为一个重要的社会问题，加强老年犯罪与矫正理论和实务创新研究十分重要和紧迫。目前理论学术界、实务界对老年人犯罪及其矫正制度的研究很薄弱，重视不够，研究力量不足，研究的范围狭窄，相关的统计数据缺乏，有质量的学术成果很少，各种的研究资源亟待整合。同时相关的司法机关、执法部门对老年犯罪的定罪量刑、监管改造、医疗生活保障等也不够重视。存在管理的能力、管理的水平不够科学，改造质量不佳，社会衔接不好等问题。

加强老年犯罪及服刑改造研究十分重要和紧迫：

第一，加强这项研究是预防和减少老年犯罪的客观需要。老年犯罪是一个重要的社会问题，不仅是个人和家庭的灾难，可以说也是社会的耻辱。所以说如何预防老年犯罪和提高老年犯矫治的质量，已成为我国老龄化社会背景下国家社会治理的重要工作。我们要上升为国家社会治理的层面来研究看待这个问题。

第二，这是提高老年罪犯矫正质量的需要。老年犯往往体弱多病，老无所依，老无尊严，往往亦被社会和家庭歧视而抛弃，在监狱内也容易产生自杀行为，自暴自弃、绝望、恐惧，同时还威胁监狱的安全，等等。因此，必须加强这方面的研究，努力提高改造质量，维护社会和谐稳定。

第三，这是体现司法人权保障和人道主义的需要。加强老年犯罪的研究是为了更好的体现人道主义的需要，彰显我国司法的文明、矫正的文明，是尊重和维护罪犯人权的重要内容。

第四，加强这项研究是丰富我国监狱学、矫正学研究的重要内容。老年犯的研究是整个监狱学和矫正学的重要组成部分，这里面涉及的问题多，包括老年犯的改造，老年犯的执法，老年犯的管理，老年犯的心理矫治等，都是非常重要的内容。

第五，这是加强和拓展老年学研究领域的重要方面。老年学是一个综合性的学科，涉及人口学、犯罪学、心理学、医学、法学、社会学等，所以加强这方面的研究能够拓展老年学领域，也能为老年学的研究作出重要贡献，如加强老年人的4个体系的建设，那么怎么加强，这方面研究远远不够。

二、应对监狱人口老龄化问题的对策建议

随着老年人犯罪的增长，以及刑事政策调整所导致的监狱长刑犯的增长，监狱老龄化现在看来是个必然趋势。党的十九届五中全会将积极应对人口老龄化上升为国家的战略，监狱人口的老龄化是国家人口老龄化的一个重要组成部分。要认真学习和贯彻习近平总书记关于老年人工作的重要讲话精神，真正的提高认识，立足现实，站在国家战略的高度，从长远出发，着眼老年人犯罪及矫正的实际，采取综合的积极的措施来应对监狱人口老龄化。

第一，修改《监狱法》及其相关规章制度中有关老年犯人管理执法矫正制度。

从两个方面讲，一方面怎么修改，要把握好哪些原则。一是要与我国《老年人权益保障法》相衔接。二是必须与其他刑事法律相吻合。三是应该充分借鉴域外包括国外、境外老年立法的经验。四是注意与联合国有关规范性的文件相呼应。五是紧密结合我国监狱、社区矫正对老年犯执法管理矫正制度的实践。

另一方面修改什么，修改完善的具体内容有哪些。要完善老年犯刑罚执行制度建设。

一是重视对老年犯分押分管制度的规定，明确依法、规范、文明、人道、

从宽的规定。

二是重视对老年犯人医疗保障生活卫生相关的制度建设。

三是要放宽对老年犯依法减刑、假释、暂予监外执行的条件和程序。

四是规范对不同类型老年犯教育改造的内容和方法，要强调针对性和有效性。

五是重视对老年犯心理健康和心理矫治制度的规定。

六是要放宽规范老年犯劳动改造制度的规定。

七是要重视老年犯的会见、通信、暂予监外执行、离监探亲、释放安置帮教等规定。

八是重视对老年犯的社区矫正工作，扩大对老年犯的社区矫正范围，完善相关社区矫正制度。

第二，提高政治站位，将老年犯问题纳入国家人口老龄化应对的国家战略中，统筹考虑并通盘研究解决。一是要加强数据统计分析。部和省两级监狱主管部门，包括社区矫正部门，应加强针对监狱社区矫正老年犯罪人调查研究的统计，做到心中有数，情况明了，全面准确掌握监狱、社区矫正人口老龄化的现状。二是要从国家的层面上制定对老年犯相关的医疗安置帮扶等政策。例如，专门出台针对老年犯的应对政策，增加老年犯监狱设施建设和改造的费用，增加老年犯专门的医疗费用，增加老年犯监狱或者监区干警医务人员的编制，制定老年犯特有的社会救助和支持制度，加强刑满释放的老年犯的安置帮教。努力将老年犯工作纳入老龄工作的 4 个体系之中。

第三，对老年犯实行集中关押管教。社区矫正对老年犯应当集中编队编组来进行管理教育，有针对性地进行教育和帮教。监狱应当建立专门的老年犯监狱或者监区，总体上应该进行集中管教，分押分管、分教分助，实施一体化改造。对老病残犯探索一体化改造的改革，贯彻宽严相济政策，该严则严，该宽则宽，对老年犯总体应是从宽处遇。

第四，加强对老年犯的专业评估。加强针对性的监管，应当与中青年犯、未成年犯的监管方式有所区别。准确了解老年犯的需求，通过评估了解老年犯的各种需求和可能的各种风险。依据评估结果，采取不同的监管处理方式，根据健康状况制订不同的医疗服务方案，管理方式、教育改造，等等。评估也要专业化，最好是请老年医学专家来进行评估。

第五，加强老年犯针对性的教育改造。对老年犯教育重点是，一要稳定思想情绪，重塑改造信心。关键是稳定情绪，要注意观察老年犯进了监狱以后是否适应监狱生活。二要分类改造分类指导。针对不同犯罪类型的老年犯采取针对性的矫正措施。三要充分发挥亲情的作用，发挥家庭与社会力量帮教的作用。

第六，改革完善针对老年犯的刑罚变更执行制度。总的原则当然是要贯彻宽严相济的刑事政策，对老年犯人实行从宽处遇。我们国家法律法规，最高人民法院的司法解释以及司法部的相关规定中，历来都是强调对老年犯实行从宽政策。这里关键是要统一法院、检察院、监狱机关，包括政法委各个部门的执法思想，树立节约司法成本的观念。要制定明确具体的政策，包括对老年犯的减假暂的认定标准和认定程序，从实体和程序上作出明确规定，为办理好老年犯的减假暂工作提供法律依据和政策支撑。

第七，要加大财政经费支持的力度，加强老年犯的生活医疗卫生保障。尤其要针对老年犯的需求，加大这方面的财政项目的支持。

第八，要依法保障老年犯人的合法权益。要认真贯彻我国《老年人权益保障法》，制定相关的配套的制度，制定适合老年犯的管理、教育、执法、劳动、医疗、释放安置、帮教等配套法规制度。

第九，构建完善的针对老年犯的社会支持体系。这种社会支持体系构建主要应该是政府的责任。在党委统一领导之下，由政府主导，加快完善老病残犯释放以后的救助制度，包括医疗保障制度，社会保障制度等，从而预防和减少老年人的重新犯罪。

第十，加强针对老年犯罪的专业化的队伍建设。老年犯人的监管执法教育有特殊的要求。应该从年龄上、资历上、精力上、专业上去配备适当的干警管教老年犯，同时要加强专门的培训。

第十一，大力加强老年犯罪及其服刑改造的理论研究。一要切实关心重视老年犯罪及矫正制度理论研究，纳入研究的重要日程，提出研究的重点任务，明确研究责任，要真正从思想上重视，措施上支持，行动上有效。二要建立专门的老年人学术研究组织。大学研究机构，中国犯罪学会、中国监狱工作协会、中国老年学会等这些专门学会组织，应该有专门的研究老年人犯罪老年矫正制度的专委会。应当有所作为，发挥积极的作用。三要加强老年犯罪改造矫正的学术成果的交流，定期召开专业的学术研讨会、工作经验交流会，要提出决策建议，给相关部门提供参考。发挥学术研究的价值。四要重视理论研究部门与监狱社区矫正实务部门的定期合作和交流。使之制度化、长期化、规范化、多样化，形成长效机制。

第三十一讲

关于对未成年人保护、
违法犯罪的预防、惩戒及矫治研究①

做好未成年人保护及未成年人预防犯罪工作，意义特别重大。习近平总书记深刻指出："少年儿童是祖国的未来，是中华民族的希望。"预防未成年人违法犯罪，是促进未成年人健康成长的底线要求，是平安中国建设的一项源头性、基础性工作。事关社会的和谐稳定，事关千家万户的家庭幸福，事关国家未来的强盛，事关国家治理体系和治理能力现代化的重任。为未成年人构建安全健康的成长环境是全党、各级政府和全社会共同肩负的重大责任。

2019年10月，全国人大分别审议了《未成年人保护法》和《预防未成年人犯罪法》，这两部法律的提交审议，引起了全社会的关注。社会各界普遍关注未成年人的保护，未成年人不良行为、严重不良行为、违法犯罪行为早期干预问题，以及对未成年人的惩戒及矫治问题等。

一、坚持立法先行，法治规范

必须着力从法律制度层面解决好未成年人保护及预防犯罪的相关问题。

一是实践问题的倒逼。当前未成年人保护工作面临的问题复杂多样，突出的问题有：1. 监护人监护不力的情况严重，甚至存在监护侵害现象。2. 校园安全和学生欺凌问题频发。3. 密切接触未成年人行业的从业人员性侵害、虐待、暴力伤害未成年人问题时有发生。4. 未成年人沉迷网络特别是网络游戏问题触

---

① 本文系作者2019年11月参加中国预防青少年犯罪研究会等部门举行的研讨会而提交的论文。

目惊心。5. 对刑事案件中未成年被害人缺乏应有的保护。6. 对严重违法犯罪的未成年人缺乏有效的处置措施等。

二是践行完善法治的需要。现行的《刑法》《刑事诉讼法》《未成年人保护法》《预防未成年人犯罪法》都有很多不完善、不明确的问题，法制不完善，法治碎片化，法治不衔接，有的法律不好用、不管用。

三是以人民为中心的时代要求。人大代表、政协委员，党政有关部门，司法机关以及社会各界人士，也强烈呼吁修改《未成年人保护法》和《预防未成年人犯罪法》，以更好适应未成年人保护工作的现实需要。

四是为了更好地保护未成年人，让未成年人幸福成长。

五是中央领导高层的要求。党的十八大以来，以习近平同志为核心的党中央，对未成年人保护工作高度重视，多次作出重要指示批示和决策部署，对完善未成年人保护相关法律制度，改进未成年人保护工作，提出明确要求。

二、做好未成年人保护教育预防工作应当做到几个坚持

坚持党的统一全面领导，政府负责，各部门配合，综合治理，明确责任，齐抓共管的格局。

坚持问题导向，坚持目标导向，坚持需求导向。

坚持最有利于未成年人原则，坚持教育感化挽救的方针。

坚持教育以为主，以惩罚为辅的原则。坚持惩罚与改造相结合，以改造人为宗旨的方针。

坚持教育、保护、惩戒、矫治同步实施，精准发力，落地落实。

三、对未成年人的保护，必须全面贯彻落实好六大保护原则

一是加强家庭保护；二是完善学校保护；三是充实社会保护；四是加强网络保护；五是强化政府保护；六是完善司法保护。应当从法律制度上明确六大保护的具体任务、具体要求、具体责任。尤其是要明确家庭监护人、学校的责任。如果不尽职、不履责，造成后果的，应当依法追究其家庭监护人及学校相关人员的责任。

四、关于未成年人刑事责任年龄的争议

近年来，多起未成年人弑父杀母的极端案件再次让刑事责任年龄成为焦点话题。现行《刑法》规定，不满 14 周岁的未成年人不负刑事责任，已满 14 周岁不满 16 周岁的人只对故意杀人，强奸，抢劫等 8 种严重的犯罪负刑事责任。这种规定的理论依据在于未达责任年龄的孩子缺乏是非对错的辨认能力和控制能力，因此对他们的刑事惩罚没有意义。但这种理论、规定是否完全成熟、合理，值得深入研究。当然，不负刑事责任不意味着不接受任何处罚，只是不受刑事处罚而已，《刑法》规定，因不满 16 周岁不予刑事处罚的，责令他的家长或者监护人加以管教；在必要的时候，也可以由政府收容教养。

总之，对刑事责任年龄修改，必须慎之又慎，必须理智客观，应该用中外比较、历史比较，应当运用大量的、翔实的数据和案例来研究论证这一重大敏感的问题。我个人观点，此问题可以研究，但目前缺乏成熟的理论和实践依据支持降低刑事责任年龄。对媒体曝光的校园暴力事件和低龄未成年人实施严重危害社会行为的个案，容易让人产生严惩加害人的情绪共鸣，但是否以此作为实证依据，去修改具有普遍性的法律，还需要进行审慎、理性的思考，不应感情用事，也不可操之过急。从国际潮流，我国国情，社会效果和治本之策等多方位考量，降低刑事责任年龄，显然并非万全之策。从本质上看，犯罪低龄化属社会问题，是家庭监护、学校教育、社会治理等多种因素造成的。研究表明，导致未成年人违法犯罪的根源是家庭监护、学校教育，社会治理出现了问题。例如，在未管所服刑的未成年人，多来自残缺家庭或者留守、流动、闲散、流浪等失学失管无业的群体，曾深受网吧、酒吧、歌厅等娱乐场所的负面影响。简单地对未成年人定罪量刑，不仅难以有效遏制未成年人犯罪，而且是一种回避问题、转嫁责任的做法。对未成年人判处监禁刑，不仅会造成"交叉感染"，而且不利于修复社会关系。一旦可塑性很强的未成年人被贴上犯罪的标签，就容易产生仇恨心理，甚至形成反社会人格，走向重新犯罪之路。事实上，专业、得当的教育和干预，可以使绝大多数问题未成年人的行为或心理偏差得到有效矫正，"多建一所学校，等于少建 10 所监狱"，因此，对于误入歧途甚至实施

严重危害社会行为的未成年人，不应放任与纵容，更不应简单地归入罪与罚，而应当建立比较完备的教育矫正体系，尤其应注重对于早期出现的儿童不良行为实施有效矫治，助其迷途知返。坚持儿童利益最大化，就是对社会最好的保护。

五、防止未成年人犯罪，应当继续坚持和完善专门教育制度

经调研发现，专门学校（工读学校）教育矫治违法犯罪的未成年人效果显著，转化成功率平均在 90% 以上。北京海淀寄读学校成立 60 年来，教育矫治轻微违法犯罪的未成年人共计 9146 人，转化成功率达 95%。实践证明，建立专门学校是防治未成年人违法犯罪的有效措施，应从促进社会治理法治化的高度进一步健全完善相关制度，使专门学校功能定位明确，入校程序合理，实现专门教育的保护或强制双重属性。

应当明确，专门教育是国民教育体系中与义务教育、特殊教育、职业教育等相并列的独立组成部分。专门教育不同于也不应当隶属于义务教育，专门教育在功能定位、师资配置、经费保障、入校程序、学校管理、教学工作等方面应当保持符合其规律的差异。

1999 年《预防未成年人犯罪法》颁布的"三自愿"的规定，在实践中效果不佳，应该予以修订。应明确规定入校的程序、决定的权利和强制性。例如，有严重不良行为的未成年人，有违法犯罪行为但不满 16 周岁不予刑事处罚的未成年人，需要送专门学校的，应由公检法依托各自的处理程序依法作出决定，当然事先要组织专业人员进行评估，如听取利害关系人的意见，听取父母的意见等。入校的审批权不再由教育部门审批而应当由司法机关审批。专门学校应以教育、教学、保护、严管为主，在离开学校之前，必须进行危险性评估，作出鉴定。同时做好与相关学校、社区的衔接。

六、对不满 14 周岁的未成年人的严重犯罪行为，应当依法追究并惩戒矫治

对于低龄未成年人恶性犯罪，不能一放了之，一判了之，而应及时予以必

要的法律惩戒处罚，必须承担相应的责任。

学界和实务界也广泛认为，《刑法》中规定的收容教养制度有其存在的价值，实践中有作用，理论上具有正当性，未来应当完善、改革甚至是重构，使其符合适应社会发展需要。目前收容教养的最大问题是行政性的决定程序、执行场所和执行方式不明确。当然"名称"也是问题，不好听、不好看、不法治，建议参照改革强制医疗的思路和路径。一是在预防未成年人犯罪法中予以完善细化，作出专门具体规定。二是将收容教养的名称改为强制教养、强制矫治或专门矫治。三是明确强制教养或矫治的性质为司法性强制教育矫治措施。四是设计一套司法化的强制教养或矫治的审理程序，专门矫治的时限，最终由法院裁决。五是坚持严格审慎使用的原则。六是执行场所要绝对区别于监狱、未成年人犯管教所，强制矫治场所应当是一所兼有学校性质、福利院性质的特殊机构，具有教育矫治功能，承担养育职能，同时管理方面具有强制性。七是在强制矫治过程中，未成年人应主要接受学习、心理辅导和行为矫治，定期对人身危险性、矫治情况进行评估，实行分级管理，注重社会化的教养方式，期限实行弹性制，可以依法缩短或延长。八是未成年人三年期限已满将离开强制矫治所时，必须对其进行危险性的评估，根据其表现作出鉴定，改造不好并具有危险性的，应当继续强制矫治，直到18岁为止。并做好与家庭监护、学校、社区等相关部门的有效衔接，一管到底。九是明确各级政府主管部门的权责，司法行政部门、教育部门，公安部门等相关部门的具体权利和具体责任。

七、应当高度重视未成年服刑人员重新犯罪的预防、矫正和保护

重新犯罪的预防主要包括三点，一是诉讼中的预防工作；二是刑罚执行中的预防工作；三是刑罚执行完毕后的预防工作。应一并纳入特殊的预防和保护之中，作出相应的特殊的规范，从法律制度上应规定明确的监管和教育改造特殊的规范，以预防未成年人重新犯罪。未成年犯在被执行刑罚期间，应当特别关注加强对未成年犯的法治教育、道德教育、文化教育、心理教育、职业技术教育，对没有完成义务教育的未成年犯，由专门学校负责选派教师承担义务教育工作，保证其接受义务教育。未成年犯刑满释放时应当提前通知其父母或者

其他监护人按时接回，协助落实安置帮教措施。无父母或监护人的，应由执行机关通知司法所将其接回，民政部门应当对未成年人进行妥善安置，落实帮教措施。要依法尊重和保障未成年人的相关权利，任何单位和个人不得歧视。要特别重视未成年人再犯原因的研究，从源头、根本上研究，解决好关键"少数未成年人犯重罪"的问题。

八、应当明确设立最高权威的预防未成年人犯罪委员会及其办公室

应当提高办公室的统筹协调权威性。办公室设在中央政法委或依法治国委员会办公室。明确主管部门、统筹部门、实施部门，以确保未成年人相关法律的权威性和有效实施。要在法律中明确由政府的一个部门，专门负责统筹推动、规划预防未成年人的犯罪工作，检察院负责进行监督。同时要将政府保护的责任列清楚，有关部门的责任作出明确规定。

九、为更好修改完善未成年人相关法律制度，应当加强立法部门，司法部门、实务部门与教学部门的紧密结合，包括人员的构成组合

广泛调研，广泛公开征求意见，尤其是未成年人、家庭、学校的意见。广泛宣传，使此法能够成为有温度、有力度的良法、善治之法。对于未成年人的不良行为、严重不良行为、违法犯罪行为，要建立分级干预、分级处置，分类矫治的制度体系。抓早、抓小，抓出成效。最急迫的、最主要的是要重建未成年人的支持系统，将对未成年人的司法制度与成年人的司法制度彻底分开。当前，应该延伸修改刑法，设立未成年人专章，建立教育、矫治、惩罚未成年人的专门体系，而不是像现在的《刑法》参照成年人的处罚体系进行处罚。

第三十二讲

共同做未成年人网络安全的宣传者和守护者①

本次会议的主要目的，一是进一步学习宣传贯彻党的十九大精神以及习近平总书记关于青少年工作的一系列重要指示精神，全面贯彻落实 2018 年中央综治委预青专项组全体会议精神，全面落实《中长期青年发展规划（2016—2025年）》关于预防青少年违法犯罪工作的指导思想、根本遵循、总体目标和发展措施，着力推出有价值、高水平的研究成果；二是进一步辨析和明确影响未成年人移动互联网环境安全的关键因素，推动青少年犯罪研究和预防青少年违法犯罪工作发展，为立法及党政决策提供参考。

最近几天，第五届世界互联网大会正在中国乌镇举行。习近平总书记在贺信中指出，当今世界正在经历一场更大范围、更深层次的科技革命和产业变革。互联网、大数据、人工智能等现代信息技术不断取得突破，数字经济蓬勃发展，各国利益更加紧密相连。为世界经济发展增添新动能，迫切需要我们加快数字经济发展，推动全球互联网治理体系向着更加公正合理的方向迈进。

早在大会创办伊始，习近平总书记就提出全球互联网治理体系变革的"四项原则"，阐释了构建网络空间命运共同体的"五点主张"，强调要坚持以人类共同福祉为根本，坚持网络主权理念，深化网络空间国际交流合作，推动全球互联网治理朝着更加公平合理的方向迈进。习近平总书记的重要主张，着眼互联网时代发展大趋势，充分体现了中国作为负责任大国的胸怀和担当，为全球互联网发展和治理提供了积极的中国方案。

中国的互联网发展与世界是同步的，也是领先的。相关资料显示，当前我

---

① 本文整理自作者于 2018 年 11 月 9 日在由中国预防青少年犯罪研究会和新华社瞭望智库联合举办的"未成年人移动互联网环境安全"研讨会上的致辞。

国 19 岁以下网民数量已达 1.6 亿人，占总体网民的 26%，其中 8 岁以前接触网络的未成年人超过五成。未成年人的心智发展还不健全，他们对互联网利弊的认知还很模糊，净化未成年人网络环境，保护未成年人网络权益和安全，对于促进他们健康成长意义重大。必须坚定不移地把加强网络文化建设和管理，作为加强未成年人思想道德建设的重要方面。一直以来，中国政府高度重视未成年人网络保护，明确要求营造清朗文明的网络空间，并提出一系列制度措施。即将颁布的《未成年人网络保护条例》，将从立法层面构筑未成年人网络权益保护的法律基石。多年来，政府部门加强网络领域综合执法，持续开展"净网""护苗"等专项行动，有效清理网络暴力色情及低俗信息，推广使用网络游戏防沉迷系统，依法保护未成年人网络隐私信息，严厉打击利用互联网对未成年人实施侵害的犯罪行为。家庭、学校、企业、社会也各司其职、各负其责，教育引导未成年人合理使用网络，不断提高网络素养，增强自我保护意识，通过"防、管、治"相结合，共同筑起未成年人网络保护的绿色长城。在为世界贡献先进的互联网技术与产品的同时，也在未成年人网络保护方面取得了积极而富有成效的进步，作出了重要而值得推广的贡献。

应该看到，互联网给未成年人带来了积极的影响，同时也存在一些问题。网上淫秽色情泛滥，色情信息屡禁不绝，且受众呈现低龄化趋势；某些门户网站充斥低俗内容，网络文化建设暴露出低俗化倾向；淫秽色情信息正向移动智能终端转移；淫秽色情搜索关键词变化更加多样，对屏蔽过滤工作提出更高要求。出现这种情况，原因很复杂，既有网络技术发展带来的问题，又有网站和个别人受利益驱动铤而走险的原因。这些都对我们的工作提出更加严峻的挑战。中国预防青少年犯罪研究会发布的一项研究报告显示，80% 以上的未成年人犯罪与接触网络不良信息有关，在与网络有关的未成年人犯罪案件中，80% 以上都有通过 QQ 等即时通信工具联系的情况。

中国预防青少年犯罪研究会是由热心和从事青少年犯罪研究和预防青少年违法犯罪工作的专家学者、实务工作者以及有关单位自愿组成的学术性、全国性、非营利性社会组织。作为国家层面从事青少年犯罪研究和预防青少年违法犯罪工作的公益机构，多年来，在共青团中央和中央综治委预防青少年违法犯罪专项组办公室的领导下，集中力量参与并推动青少年法治建设，为法治建设提供理论支撑和决策参考，积极参与并推动了《未成年人网络保护条例》的调研、起草、征求意见等工作，努力服务预防工作大局，在预防工作大局中发挥着理论支撑和决策参考作用，为党和政府预防和治理青少年违法犯罪事业作出了积极的贡献。

瞭望智库是一家立足于国情国策研究的智库机构，致力于发挥咨政建言、理论创新、舆论引导、社会服务、公共外交等功能，在社会上形成广泛的知名度和影响力。瞭望智库一直关注中国互联网发展，大力呼吁净化网络空间，为未成年人安全上网保驾护航。本次开展的"城乡接合部家庭对于未成年人使用移动互联网的态度调查"和"网络游戏用户评论大数据分析"两项研究，通过基于对北京、上海、深圳、武汉等四个中东部发达城市的1000个城乡接合部家庭的问卷和访谈，了解未成年人进行网络文化消费的影响因素。这也是首次对未成年人接触移动互联网的关键环节进行系统性的大规模调查。结果显示，家庭是未成年人能够接触并使用移动互联网的关键角色。《网络游戏用户评论大数据分析》利用技术手段，对手游榜单TOP50产品的超过300万条用户网络评论进行分析，了解网络游戏到底引起用户的何种反应，特别是涉及社会效益（道德、暴力、色情等）以及社会主义核心价值观的反馈。该项研究，对于全面、客观认识网络游戏能够产生何种社会影响具有重要的创新性意义。

中国共产党第十九次全国代表大会胜利召开，标志着中国特色社会主义建设进入了一个新时代。在这个新时代，中国预防青少年犯罪研究会将一如既往地团结带领广大会员、理事，引导广大青少年争做"中国好网民"，在网络空间大力弘扬健康积极的正能量，共同为建设清朗网络空间贡献力量。我们也将努力当好未成年人合法权益的"代言人"，倾听他们的诉求，回应他们的求助，广泛开展宣传引导，保障未成年人网络安全，让未成年人能够更好地使用网络，在网络时代能够健康、安全成长。

网络空间是人类共同的活动空间，未成年人移动互联网环境安全应该由各方面共同构建。净化网络环境、维护未成年人健康成长，关系千家万户的切身利益，关系国家和民族的未来。我们期待着，通过本研讨会及其发布的研究成果报告，在未成年人网络保护、未成年人移动互联网环境安全方面取得一系列富有成效的共识，深入推进习近平总书记"四项原则"和"五点主张"的贯彻实施。做好新时代未成年人移动互联网环境安全保护和预防青少年违法犯罪工作，促进青少年健康成长，功在当代、利在千秋。我们愿意同各方一道，加强交流与合作，共同做未成年人网络安全的宣传者和护卫者，不断开创未成年人网络保护、青少年犯罪研究和预防青少年违法犯罪工作的新局面，携手推进网络空间实现科学、文明、可持续发展，让未成年人成长的网络家园变得更美丽、更干净、更安全！为建设平安和谐社会作出新的贡献！

第三十三讲

关于对《预防未成年人犯罪法》中专门学校、收容教养等内容修改的若干思考①

我国收容教养建立于 20 世纪 60 年代，制度更新止于 20 世纪 90 年代，带有浓厚的时代色彩。收容教养制度采取的是单一执行方式，将被收容教养人员与社会隔离并收容至一定的封闭场所，强调限制人身自由的惩罚属性，惩罚性过强而保护性明显不足。同时，又因缺少相应的社会化活动，致使未成年人解教后难以较快融入社会生活，影响其早日改过迁善、复归社会，执行效果受到质疑。其主要问题是：法律依据不足、程序设计缺乏公正、实施细则不清、执行效果不佳，缺乏人权保障、程序正义、未成年人特殊保护、社会福利等新的司法价值理念。随着法治的不断发展，收容教养制度明显与现行司法制度衔接不畅，实践效果不佳。

一、确立分级预防、提前干预的立法理念

从理论上来说，预防未成年人犯罪应当分为一般预防、临界预防、再犯预防三级，对未成年人的偏常行为提前干预。法律修改应贯彻这一科学理论：一般预防对应第二章（预防犯罪的教育）；临界预防对应第三章、第四章（对不良行为的干预、对严重不良行为的矫治），属于提前干预；再犯预防对应第五章（对重新犯罪的预防）。为更加清楚体现上述理念，修法时应在总则中增加相关表述。

---

① 本文系作者 2020 年 9 月为配合《预防未成年人犯罪法》的修改完成的论文。

二、建立罪错未成年人分级干预制度

近年来，低龄未成年人的违法犯罪问题日益突出，一些案件危害十分严重，但因现有法律缺乏有效的针对性矫正措施，导致部分未成年人罪错行为愈演愈烈。依据现有法律，我国未成年人的罪错行为主要分为两类：一是犯罪行为，也就是触犯刑法应当负刑事责任的行为；二是不良行为和触法行为，不良行为即严重违背社会公德、尚不够行政处罚或给予特殊教育保护措施（工读教育）的一般不良行为和严重违反治安行政法、具有严重社会危害性尚不够刑事处罚的严重不良行为两类，触法行为即触犯刑法但因不符合刑事责任年龄不予刑事处罚的行为。

针对上述两大类罪错行为，我国分别规定了刑罚与非刑罚处遇。非刑罚处遇主要针对的是具有严重不良行为及触法行为的罪错少年，仅工读学校和收容教养为未成年人特有制度，学理上称为"保护处分"，但实践中都缺少明确的程序标准，存在可操作性不强、适用率低、矫正效果不佳等现象。应当从立法上推动未成年人的司法保护，其中就应包括建立罪错未成年人临界预防、保护处分、分级处遇等。临界预防和保护处分是一个问题的两个方面，指的是对严重不良行为、触法行为少年进行社会化帮教和强制性矫治，也就是分级处遇中非刑罚处遇的总称。

收容教养制度作为矫治触法未成年人的必要措施，不应彻底废除，而应将其进行司法化重构，并以其为核心针对未成年人的罪错程度设置阶梯式的分级干预措施，使其符合儿童最大利益、国家亲权、教育刑原则及现代司法运行制度，将其司法化、科学化、规范化，真正使其发挥功效，实现对罪错少年的教育和矫正。具体来说，可将我国的非刑罚处遇方式加以系统整合并改进，分级演变为社区处遇、中间处遇和机构性处遇三种。其中，社区处遇及中间处遇都是开放性保护处分措施，最轻的社区处遇包括教育处分（训诫、责令悔过、赔礼道歉等）和社区劳动服务；中间处遇主要是社会福利教养机构（如各地观护基地）对于情节严重又无收容必要的罪错少年所开展的观护处分。机构处遇属于相对封闭的最严格保护处分措施，即收容有犯罪行为但不予以刑事处罚的触法未成年人或者实施了严重危害社会行为还不够刑事处罚的虞犯少年，也即原本收容教养的对象和部分工读教育的对象。

三、建立双轨制的专门学校入校程序，增加入学程序的强制性

专门学校是我国防治未成年人违法犯罪的有效措施和宝贵经验，内在规律是兼具保护性和强制性。为解决实践中入学程序强制性不足的问题，多地专门学校探索了警送生制度，效果不错。法律应合理吸收这一实践做法，入学程序采取双轨制：一是"申请"，即未成年人的父母或者其他监护人、所在学校可以提出送专门学校的申请；二是"强制"，即公安司法机关发现未成年人有特定情形的可以作出送专门学校的决定。

四、在专门学校内设特殊矫正机构，解决收容教养执行难的关键问题

收容教养制度适用率低的主要问题是执行机构混乱甚至没有执行机构，导致收容教养面临无处收容少年的窘境。建议以各地现有的专门学校（工读学校）为基础进行改革，减少未成年教养所、未成年管教所的拘禁、惩罚色彩和标签主义、交叉感染影响，体现保护处分"以教代刑"的矫治理念，强化犯罪未成年的保护、矫正目的，成为触法未成年人矫正的专门学校。

目前，全国共有 90 余所专门学校。2006 年修订的《未成年人保护法》将"工读学校"的名称统一改为"专门学校"以淡化工读学校的标签效应，专门学校并不属于矫正主管部门司法部系统管理，而是由教育行政部门管理，属于义务教育的组成部分。

在专门学校内改革设立收容教养的执行机构。收容教养和工读教育均为未成年人特有的非刑罚处遇方式，可将收容教养、工读教育两者进行整合改革，将机构性保护处分单一化，在保持专门学校的原本属性基础上，转化为非刑罚处遇中最严格的机构性处遇执行机构，招收本应给予收容教养的触法未成年人以及具备违法、轻微犯罪行为或是严重违反治安危害社会的虞犯未成年人，强调教育、监督和矫正的功能，既解决专门学校的生源和发展问题，又破解

了收容教养无场所执行的窘境，实现对触法未成年人和部分虞犯未成年人的矫治。

在处遇名称上，可改为"矫正处分"或者"特殊教育"，回避"收容"一词的敏感和惩罚色彩，同时也体现对未成年人以保护、教育、矫正为主的理念。同时，作为执行机构，此类学校可冠上类似于"少年辅育学校"或者"少年教养院"的称谓，作为一种刑罚替代方式或矫正机构而存在并发展。

具体改革建议：一是立法先行。在《预防未成年人犯罪法》《未成年人保护法》中明确规定"少年辅育学校""少年教养院"专章，使少年辅育学校于法有据；二是学校由教育部门与司法行政部门双重管理，严格按照司法程序进行招生；三是招生程序的司法强制性，对于严重违法犯罪的触法未成年人，可经司法程序由公安提出建议，移交检察院提交法院决定；四是分级分类别矫正和教养，根据未成年人情节及人身危险性的不同，分开分类矫正，开展针对性教育矫治活动；五是教育全面化、多样化，除监督外更应注重教育矫正职能，学校应聘请专业的教师开设思想、道德、文化、法治、职业技术等综合教育，提高文化素养和职业技能，定期做心理评估、咨询和治疗，为每位学生制订矫正计划，以达到监督、教育、矫正、保护之功效。

五、严格司法审查程序，确保程序正当和实体公正

收容教养制度确定于《刑法》，其根本目的是教育、挽救触法少年，之所以出现法律依据不足、程序缺乏公正、适用率不高等问题，是因为作为一项限制人身自由的措施，却将决定权赋予了公安机关，司法权威和程序公正体现不足。因此，解决这一问题的关键，就是设置严格的司法审查程序，将收容教养司法化，实现程序公正。

建议由公安、检察院、法院根据未成年人触法行为的性质、严重程度，并结合社会调查结果评估其人身危险性及监护人管教的可行性，综合审查其收容教养的必要性，最终由人民法院决定是否适用收容教养措施。在程序流转上，当公安机关发现未成年人符合收容教养条件的，应当出具《意见书》，移送人民检察院。人民检察院经审查，应当根据案件情况作出向人民法院提出收容教

养的申请、不予申请收容教养并参照适用其他较轻的保护处分措施（如观护处分、教育处分）、直接作出不予申请收容审查并退回公安机关的三种决定之一。法院在充分听取各方意见后，以司法裁判的形式作出决定，体现决定的权威和刚性，以保证案件质量，消除社会质疑。

同时，建立未成年人特殊机制，保护未成年人合法权益。在办理收容教养案件的程序中，参照适用较为成熟的未成年人刑事诉讼特别程序，通过社会调查、法定代理人到场、合适成年人参与、保障辩护权等制度确保未成年人最大利益原则的落实。

1. 适用对象。收容教养作为一项最严格的保护处分措施，其强制性、封闭性不适用于年幼的触法未成年人，有必要对收容教养对象的年龄下限作必要限制。建议将收容教养的适用对象限制为已满 12 周岁、不满 16 周岁的触法未成年人，主要为以下三类：（1）实施故意杀人、故意伤害致人重伤或死亡等八种严重暴力犯罪行为的已满 12 周岁、不满 14 周岁未成年人；（2）实施了故意杀人等八种严重暴力犯罪行为，但因犯罪情节轻微不予刑事处罚的已满 14 周岁、不满 16 周岁未成年人；（3）实施了应判处 3 年以上有期徒刑的一般犯罪行为且已满 14 周岁、不满 16 周岁的触法未成年人。

2. 适用条件。《刑法》所规定的"必要的条件"的根本依据应当是触法行为的社会危害性和未成年人的人身危险性两个方面，并综合考量监护人管教的可行性和效果，主要有以下情形：父母双亡、无家可归、无亲可投、浪迹社会的孤儿；家长或监护人无能力管教或拒不管教的；因家庭或学校管不了，主动要求公安机关将其收容教养的；社会影响很坏，受害人要求政府收容教养的；有可能重新违法犯罪的，恶习较深，较难教育的。

3. 适用期限。决定是否适用收容教养的标准之一是行为人的人身危险性，但人身危险性应该是一个综合各方因素的判断，并非一成不变，因此，对收容教养的期限不作出硬性的规定，而应根据行为人人身危险性的变化有所变动，建议可以设置为 6 个月到 5 年的弹性期限，并可在矫正期间根据少年的变化进行灵活调整，以体现社会福利本位、少年优先保护原则理念。

4. 执行方式。收容教养符合少年福祉及处罚与违法行为相称的目的。应当完善收容教养执行体系，根据被教育处分少年的行为严重程度和人身危险性等级，确定轻重有别的半开放式、全封闭式的分级收容教养方式。

同时，去除专门学校"标签化"烙印和偏见，将改革后的未成年辅育学校、未成年矫正学校定位为半封闭、半开放式的新型学校，除校内的教育外还要提供未成年社会服务和社会活动的机会，与就近社区签订劳动服务计划和社区帮教活动计划，恢复社区和谐关系，促其早日顺利回归社会。

第三十四讲

强化对未成年人保护，
注重特殊预防和矫治教育^①

我国预防青少年犯罪研究工作，要以党的二十大精神为引领，深入学习贯彻习近平法治思想和关于青少年工作的一系列重要指示精神，全面贯彻落实依法治国的基本方略，坚持以习近平法治思想指导未成年人保护、未成年人犯罪预防和矫治教育工作，认真学习贯彻落实新修订的《未成年人保护法》《预防未成年人犯罪法》，不断加强青少年权益维护、青少年犯罪研究和预防青少年违法犯罪工作。

一、高度重视预防未成年人犯罪问题，认真学习贯彻新修订的未成年人"两法"

青少年是家庭、学校、社会、国家的未来。青年兴则国家兴，青年强则国家强。青年一代有理想、有本领、有担当，国家就有前途，民族就有希望。

中央全面依法治国工作会议 2020 年 11 月在京召开，确立了习近平法治思想，习近平总书记对全面依法治国工作提出了 11 个方面的要求。

青少年犯罪问题，一直是严重影响全世界各国社会稳定和谐的大问题，是长期困扰各国政府治理社会的大难题，是除战争外给社会、家庭带来破坏的最重要原因之一。

近几年来，未成年人犯罪呈低龄化，湖南、广西、四川等省发生多起未成

---

① 本文整理自作者于 2021——2023 年在中国预防青少年犯罪研究会组织的"全国预防青少年违法犯罪工作理论与实务高级研修班"上的讲课内容。

年人以残忍暴力手段故意杀人案件，震惊社会。但最后皆因嫌疑人未满 14 周岁的法定刑事责任年龄而未按犯罪处理。预防、治理、矫正未成年人犯罪任务艰巨、情况复杂、任重道远。

做好预防青少年犯罪工作意义重大，事关社会和谐稳定，事关千家万户的家庭幸福，事关未来国家的强盛。为未成年人构建安全、健康的成长环境，是全社会共同肩负的责任。

中国共产党和中国政府始终高度重视预防青少年犯罪工作，并从健全法治、组织保障、依法治理、司法保护、学校家庭、社区单位、专门机关、教育科研等方面，采取多措并举、多管齐下、综合施策、专门治理等办法，长年坚持不懈地抓紧抓实预防青少年犯罪工作，并在理论研究和实践工作中取得了较好的成效。

2020 年 10 月 17 日，十三届全国人大常委会第 22 次会议通过了修订后的《未成年人保护法》，该法从 2021 年 6 月 1 日施行。

《未成年人保护法》的修订体现了我国科学立法、民主立法、依法立法的法律修订思路，坚持从未成年人保护工作的实际出发，回应了公众的期待，坚持问题导向，着力解决未成年人保护工作面临的难题，并对未成年人保护工作中的做法、经验进行了肯定。这必将为新时代更好地保护未成年人健康成长提供坚强的法治保障。

新修订的《未成年人保护法》的主要亮点：

1. 国家对未成年人从法律层面给予更加全面平等的保障；

2. 加强家庭保护，完善监护人监护职责；

3. 强化学校保护职责，加强未成年人受教育权利保护；

4. 完善和加强社会保护，拓展未成年人福利范围；

5. 新增网络保护，加强网络信息管理，力图实现对未成年人的线上线下全方位保护；

6. 强化政府保护，明确政府及有关部门对未成年人的保护职责；

7. 加强司法保护，明确司法机关对未成年案件应当采取的保护措施、法治宣传教育职能及检察院的监督职责；

8. 明确法律责任，压实监护人及相关单位的法律责任。

新修订的《预防未成年人犯罪法》体现的特点：

1. 确立分级预防，提前干预的立法理念；

2. 建立罪错未成年人分级干预制度；

3. 建立双轨制和专门学校入校程序，增加入学程序的强制性；

4. 在专门学校内设特殊矫正机构，解决执行难的关键问题；

5. 严格司法审查程序，确保实体公正和程序正当。

预防青少年犯罪是系统工程，综合治理、多措并举、监所教育是系统中的重点工程。预防未成年人犯罪应当明确分级预防、提前干预的立法理念。应分为一般预防、临界预防、再犯预防三级。

预防治理未成年人犯罪，教育矫治罪错未成年人的成功经验。树立"八心"，坚持"三不"。即对未成年人坚持做到关心、爱心、细心、耐心、恒心、精心、专心、责任心，对罪错未成年人坚持做到不嫌弃、不放弃、不抛弃。

认真学习、深刻理解、准确把握、全面贯彻新修订的《未成年人保护法》《预防未成年人犯罪法》，彰显了我国政府的担当和时代进步。

二、我国未成年人犯罪及教育改造的现状

中国司法大数据研究院数据显示：

2013年至2017年，我国涉未成年人权益保护案件呈总体上升趋势，其中利用网络空间毒害未成年人健康成长的刑事案件显著增长，值得关注。另外，从未成年人犯罪特点来看，男性未成年人犯罪占比超九成，且网吧成为未成年人犯罪案件高发场所。

打击和预防双管齐下，严重侵犯未成年人权益刑事案件的上升势头得到有效遏制。

相关资料显示，2009年至2017年，全国未成年人犯罪数量呈继续下降趋势。其中，近五年犯罪人数下降幅度较大，平均降幅超过12%，2016年降幅更是达到18.47%。我国已成为世界上未成年人犯罪率最低的国家之一。

未成年人最易犯盗窃罪、抢劫罪和伤害罪，是未成年人犯罪预防的重点

领域。

未成年人犯罪以初中生为主，占比为68%。16周岁以上未成年人犯罪占比近九成，17岁未成年人涉案最多。

14周岁至15周岁未成年人最易犯抢劫罪。16周岁至17周岁未成年人最易犯盗窃罪。浙江、上海、北京为外来未成年人犯罪高发地区。

男性未成年人犯罪占比超九成。首先是农村地区未成年人犯罪发案率超八成，占比过高。流动、离异等家庭的未成年人犯罪排名靠前。其次是留守、单亲、再婚家庭。网吧成为未成年人犯罪案件高发场所。深夜和凌晨为未成年人犯罪高发时间。

相关资料显示，2016年年底，全国共有未成年犯管教所31所，未成年犯6902人。2017年年底共有未成年犯5970人。

在押未成年犯近11年持续下降。1994年全国未成年犯管教所在押18岁以下的未成年犯人数为13910人，到2005年一度达到高峰值23957人。从2006年开始逐年下降，至2013年年底降至13267人。近3年来，未成年犯继续持续下降。全国未管所在押未成年犯，2014年有11208人，2015年有8663人，2016年有6902人，2017年5970人。

2015年未成年犯占监狱押犯总数的0.54%，2016年占0.44%，2017年占0.35%。女未成年犯全国不足200名。

2016年，全国监狱在押的青少年罪犯情况，14—18岁的有6902人，18—25岁的有209194人，占押犯总数的13.4%。

从未成年犯犯罪类型看，犯侵犯公民人身权利、民主权利罪的占25.59%，犯侵犯财产罪的占65.48%，两项合计占92.07%。

从所判刑期看，判处5年以下的占60.87%，判处5—10年的占29.83%，判处10年以上的占8.24%，判处无期以上的占1.06%。

以上数据表明，综合治理成绩很大，但新形势新问题不容乐观、严重严峻。近年，校园霸凌事件层出不穷，影响大。

监所教育的功能作用：法定性、强制性、矫治性、特殊预防和一般预防，不可替代、特别重要。

未成年犯罪矫正三种模式：监管矫正、社区矫正和专门学校等模式。

近年来，我国未成年犯管教所教育改造的主要做法：

（一）坚持惩罚与改造相结合、以改造人为宗旨，教育、感化、挽救的方针。

（二）健全法律法规，教育改造有法可依，规范运行。

（三）严格文明管理，注重行为养成教育。

（四）以义务教育为重，开展文化教育、法制教育。

（五）以职业技能培训为主，开展技术教育。

（六）推行心理矫治。

（七）大力开展社会帮教。

三、预防和矫治未成年人犯罪工作中存在的突出问题

当前未成年犯罪特点：低龄化、成人化、暴力化、团伙化。未成年罪错行为分类：不良行为、严重不良行为、犯罪行为。

现行的未成年人犯罪和矫正体系问题较多。必须改革。刑法管不了，其他就没法管。缺乏社会对未成年人犯罪的监管矫正机制和机构。应先立法，再统一投入人力、物力、财力，去设立这样的专门机构。

（一）当前未成年罪犯独特的个性心理特征、浅薄的认知能力和自控力，使教育改造的难度加大。主要表现：

1. 个性扭曲，自私、冲动、情绪不稳。以自我为中心，任性，为所欲为，霸道和冷漠。如有的少年犯讲，心情不好就打人，欺凌对象随便找。入所后拘禁反应突出，怨恨与忧虑心理相互交织，常伴有恐惧、悲观、失望、焦虑、抑郁、抵触、对立等不良情绪和行为表现，容易感情用事，遇不良刺激，易出现不理智行为。如北京未管所罪犯李天一。欺凌行为具有长期性、隐蔽性、双方强弱关系具有不对称性等特征。

2. 认知能力低下，辨别是非能力差。学历低，社会阅历浅，生活经验不足，对社会、家庭、前途、理想以及法制观念模糊，人生观、世界观偏斜，道德观念和义务观念淡薄。常把罪责推向客观，只谈自己受监禁惩罚的痛苦，不

谈其犯罪给受害人、给社会带来的严重危害。

3. 意志力和自控力薄弱。缺少独立自主能力，对监所管理不适应，人际关系不协调，经不起困难和挫折，情感常处于激昂状态，遇事不善权衡利弊，很少考虑行为后果。

4. 贪图享受，好吃懒做，鄙视、厌恶学习和劳动，生活能力差。

少年犯罪谁之过？未成年人犯罪的根本原因是监管教育失灵、缺失。家庭、学校、政府、社会都有很大的责任。

当前，未成年人改造出现反常现象：（1）知识水平普遍提高，不认罪服法现象却有所增多。（2）减刑频率不断提高，减刑的积极意义却有所削弱。（3）封闭管理程度大大提高，危险程度却有所加大。（4）学习教育大大加强，违纪率却有所上升。

（二）惩罚和改造的职能没有充分发挥。

1. 站位不高、视野狭窄。

2. 方针没有落实，职能淡化。

3. 经费不能实现全额保障。

4. 主要精力抓生产，搞创收。

5. 满足于不跑人的底线安全。

（三）法治体系不完善。

1. 保护未成年人合法权益，预防和控制犯罪的未成年人司法制度体系较零散、不完整，操作性不强，责任不明确，中国少年司法体系基本空白，对未成年人的保护、干预、转化工作不到位。对于未成年人的政府收容教养由谁来做，没有明确规定，未管所收押仅是违法犯罪的。应修改刑法，降低刑事责任年龄，降到 12 岁。几十年前制定的法律不适用，小孩成熟度强多了，关爱不溺爱，宽容不纵容，分级处置，强制处置。

2. 落实《未成年人保护法》《预防未成年人犯罪法》等法律法规所需的配套的具体法规条例未形成，相关的地方性法规的制定和实施极其缺乏，仅停留在倡导性规范的水平上。刑罚的威慑力不够，处罚轻。如对校园"霸凌行为"。

3. 我国缺乏一整套完善的少年犯罪矫治体系。可以讲，我国未成年人的社会防卫系统、矫治体系基本上处于失灵的状态。对未成年犯的管理、教育、保障等，缺乏统一、专门、具体的法律法规，法律支持不够。仅在监狱法最后一章写了几条原则规定。

（四）教育改造配套政策不明确，落实法律不到位。

1. 我国《义务教育法》规定，"对未完成义务教育的未成年犯……应当进行义务教育，所需经费由人民政府予以保障"，但实践中这一规定执行得很不好。目前，全国仅有江西、上海、四川、湖南等少数省基本落实。多数省未管所没有做到。

2. 国务院教育、财政、司法主管部门未能联合明确出台保障未成年犯实施义务教育的具体办法。

3、省区市政府缺乏配套政策，未成年犯义务教育所需的师资培训、教学安排、教材辅导、考试考核等支持衔接政策缺乏，难以做到统一管理，提高教育水平。

4. 未成年犯刑满释放出所后的衔接及安置帮教、就学就业等政策需要进一步明确和规范。重新安置帮教不到位，极易重犯。

（五）教育改造保障需要进一步落实到位。

1. 教育经费保障不到位。

2. 师资队伍保障不到位。

3. 教材建设保障不到位。

4. 教学设施保障不到位。

5. 社会理解支持不到位。

（六）教育改造的内容方式方法不能完全适应新形势需要。

当今问题青少年，道德教育缺位，认识欠缺；道德教育薄情，情感低俗；道德教育无力，行为失范。

从我们教育改造工作反思，主要问题：

1. 领导重视不够，认识不高，责任不明。

2. 教育内容陈旧、缺乏针对性、有效性。

3. 教育方法手段单一，缺乏实证研究，缺乏科学性。

4. 未管所与家庭、学校、社会帮教的衔接配套不顺畅、不落实。

5. 改造社会化状况很不理想。从社区层面看：一是冷观加害被害；二是异化社会帮教；三是歧视回归罪犯。从监所层面看：一是监管处遇封闭；二是社区力量引入单薄；三是改造模式偏差，不利于修复社会关系。

6. 相关教育改造制度不落实或落实不到位。

（七）教育工作者的理念、观念和矫治能力不适应。

1. 政治站位不高、政治敏感性不强、政治意识淡化；

2. 不会教、不会说、不会写；

3. 不尽责、不专业、不用心；

4. 不担当、缺乏责任心、爱心。

四、提高站位，落实"两法"，严防未成年人犯罪

1. 坚持党的全面领导，建立最高权威的领导机构、协调机构、办事机构。

（1）多部门联动下，对未成年人保护工作机制进行研究。（南京实践）

（2）对罪错未成年人开展分级干预。（未成年犯帮教；附条件不起诉的应进行监督考察；对14岁以下的未成年人进行保护处分）

（3）全方位、系统化开展犯罪预防。

（4）加强重罪未成年人重返社会体系建设。（昆明实践）

2. 认真学习、广泛宣传，全面贯彻落实新修订的《未成年人保护法》《预防未成年人犯罪法》，重视加强立法后工程建设。

应采取六条措施：学习宣传、培训教育、组织保障、配套制度、政策支撑、压实责任。

3. 坚守安全底线，践行改造宗旨。

以法治规范，全社会都应当重视未成年人犯罪的预防和教育改造。明确任务，明确责任，明确指导思想和原则。

习近平总书记强调"坚持底线思维，增强忧患意识，提高防控能力，着力防范化解重大风险"。对未成年人犯罪的特殊预防和教育改造，更应特别关心重视，一切着眼于教育、防范。

（1）树立总体国家安全观、底线安全观。安全不保，何谈改造。

（2）预防和矫治青少年犯罪是司法机关的法定职责，政治责任。

（3）围绕预防重新犯罪，指导各项工作。对不良青少年，应明责任、重教育、辅严惩。

4. 切实转变思想观念，着力提高认识。讲政治、重法治；讲处罚、重教育；讲要求，重责任。

（1）监所不仅是关押罪犯的场所，更是改造罪犯的场所。

（2）管得住，要惩罚，更要改造好，不能仅满足于收得下、不逃跑。

（3）着力矫治教育，一切工作应紧紧围绕提高改造质量为中心开展。

（4）要坚信犯人是可以改造好的理念，关键是方式方法要对头，让犯人在希望中改造。

5. 构建和完善预防青少年犯罪、矫治罪犯的法治体系。

分级预防、分级处置、提前干预。

（1）完善未成年人法律制度，落实实施更为重要。全面落实《未成年人保护法》《预防未成年人犯罪法》，细化完善个人、家庭、学校、社会、政府各部门权责。

（2）未成年犯罪与成年犯罪有本质不同，应通过独立的实体法、程序法及法规制度保障其落实，使其有可操作性。未成年人犯罪证明家庭教育的失败。我国应该建立独立于成年人刑法之外的少年司法体系，根据未成年人触犯刑法的社会危害程度、未成年人的心智成熟程度等不同，给予不同的强制矫治措施，包括缓刑、家庭监禁、电子监控、训练营、社区监督等。

（3）完善青少年犯不同阶段监护支持的法律制度，明确各部门责任。可考虑降低未成年人刑事责任年龄，也可考虑对严重暴力犯罪未成年人制定专门的《未成年犯矫治法》，依法确定强制治疗、强制矫正的条件、程序方式。对校园"霸凌行为"要立法，从司法层面进行严惩，校方要履职、担责、追责。社区、司法要履职、担责、追责，使霸凌者不敢以身试法。还可以建立法制宣传责任制。

（4）完善未成年犯的矫治制度。

（5）完善未成年犯帮教帮扶制度。

（6）完善未成年犯权益保障制度。

（7）应重视出狱人保护工作。制定《出狱人保护法》，加强出狱人保护的法治化、规范化、科学化建设，切实做好安置帮教工作，政府责任经费、机构人员支持。

支持联合国囚犯待遇规则确定的四项原则：禁止歧视原则、帮助重返社会原则、融入社会原则、社会责任原则。

案例：天津东丽区对出狱人确立"首月救助制度"，2014 年 1340 元，重犯 6 人；2017 年 1950 元，重犯 1 人；2018 年 2050 元，重犯 0 人。

6. 深化监所体制改革，突出强化未管所教育改造的功能。

坚持以教育为主，以惩罚为辅，教育感化挽救。

（1）严格规范管理，发挥管理的改造功能作用。惩戒、规范、养成、纪律。

（2）取消对未管所的生产经济指标，减轻经济压力，所需改造经费应由国家财政全额保障，彻底实现监企分开。

（3）组织劳动，应以习艺为主，建立文化学校和职业技能学校。

（4）严格规范公正文明执法，促进改造。

（5）实现刑罚执行职能专门化、目标单一化。

7. 继承和创新相结合，探索推行教育改造的新内容和新方法，着力提高教育改造的针对性和实效性。

（1）对未成年的教育改造工作应当充分考虑到他们的年龄、生理、心理、犯罪原因、行为特点，坚持继承和创新相结合，坚持分类教育、个别教育；坚持因案因人施教，以理服人，以情感人，形式多样的教育改造内容、方式方法。

（2）重视和加强对未成年犯的道德、法治和思想教育。

（3）重视和加强对未成年犯的文化教育。

（4）重视和加强对未成年犯的职业技术教育。

（5）重视和加强对未成年犯的心理矫治。

（6）重视和加强对未成年犯的劳动教育。

（7）重视和加强对未成年犯的矫正技术、项目的研究推行。例如，循证矫正、内视观想、音美疗法等案例指导。

（8）重视和加强对未成年犯教育改造的社会化。以立法、司法的方式保护未成年人。比如，未成年人严禁整容、进网吧，违者追究相关部门、公司、学校、家长的责任。赋予政府、学校、社区、家庭相应的责任。引入专业化的社会帮教力量，探索推进未成年人恢复性司法应用。

8. 强化对未成年犯教育改造工作的保障。

（1）明确监所工作的指导思想。

坚持"惩罚与改造相结合，以改造人为宗旨"方针，坚持教育、感化、挽救方针，坚持以教育为主，以惩罚为辅，始终紧紧围绕教育改造作为监所工作的中心任务，抓好落实。

（2）夯实教育改造工作基础。

（3）健全教育改造体制机制。

（4）丰富教育改造的内容。

（5）创新教育改造的手段。

（6）提高教育改造社会化的水平和效果

（7）加强教育改造队伍建设。

①增加队伍数量，警囚比应达到 1∶3。

②改善队伍结构，提高业务水平。构建专业化的社会帮教队伍，规范化运作。

③标准库、专家库、案例库。

④加大培训力度，提高改造能力。

⑤构建激励机制，依法履职免责机制。

⑥打铁必须自身硬。

（8）构建强化教育改造的责任考核机制。明确相关部门的责任，久久为功，持续推进，真正将教育改造工作做硬、做实、做好。实现预防和减少青少年犯罪的目的，促进社会稳定。

第三十五讲

加强狱政管理理论研究，助力平安中国建设①

一、狱政管理理论研究取得了丰硕成果

2020 年至 2022 年，中国监狱工作协会狱政管理学专业委员会分别提出"监狱安全治理体系与狱政管理制度建设研究""狱政管理法治化研究""狱政管理手段、方法与措施研究"三个年度研究主题展开论文征集，这些研究主题都具有很强的针对性和现实性，坚持问题导向，结合了当前我国狱政管理急需解决的重大问题，为深化监狱工作改革指明了方向。征文活动得到了各省、自治区、直辖市监狱管理局、监狱工作协会的大力支持，各地监狱管理局、监狱工作协会高度重视，抓紧落实，认真组织，广泛发动。论文作者大多数为各地监狱实际工作部门的领导和基层一线监狱警察，也有大专院校、研究机构的专家、学者。2020 年度征文，各省区市和新疆生产建设兵团以及有关院校等 31 个单位，共向专业委员会秘书处报送 138 篇论文；2021 年度征文，上述 31 个单位共向专业委员会秘书处报送 141 篇论文；2022 年度征文，上述 31 个单位共向专业委员会秘书处报送 145 篇论文，征集到的论文质量和数量屡创新高。不少单位针对当前狱政管理工作的热点、难点问题，由领导挂帅，成立专门课题组，开展研究攻关，取得了较好的效果。

三年来，专业委员会秘书处对每年征集到的论文及时进行初评。相关院校和研究机构的专家、学者以及基层监狱理论研究骨干分别组成初评小组，按照论文形式内容统一、质量优先、统筹兼顾的原则，对收到的论文逐篇进行了认

---

① 本文整理自作者于 2023 年 8 月在全国狱政管理学术交流会上的演讲内容。

真筛选、评审。从具体情况来看，三年来所征集到的论文在选题的广度和内容的深度上都有所创新，不少论文使人耳目一新，许多论文紧跟时代、紧贴实践、紧扣政策，理论研究的水平和质量都较高，这充分证明狱政管理学术研究工作取得了丰硕成果，也表明了狱政管理学专业委员会敢于作为、善于作为、有新作为，值得肯定、值得总结、值得宣传。希望广大监狱理论研究工作者和狱政管理学专业委员会继承优良传统，在新的历史起点上，进一步提高政治站位，坚持以习近平新时代中国特色社会主义思想为指导，充分将理论与实际结合起来，坚持守正创新，加强理论研究和实践探索，着力破解新形势下狱政管理工作的热点、难点问题，多出成果，提升研究品质，推动研究成果转化和运用，不断提高狱政管理理论研究水平，不断推动狱政管理工作改革创新发展。

二、牢牢把握新时代狱政管理学工作定位，为实现监狱高质量发展提供理论支撑

2023 年是全面贯彻落实党的二十大精神的开局之年，也是推进监狱工作现代化的起步之年。当前，世界百年未有之大变局加速演进，世界之变、时代之变、历史之变的特征更加明显，世情、国情、党情发生深刻变化，我国监狱工作也面临新的机遇和挑战。监狱工作者一定要胸怀"国之大者"，按照党的二十大所提出的战略部署，着力把准新时代监狱工作的正确方向，牢牢把握我国监狱工作现代化的本质要求，紧扣政治、安全、公平、公正等要素。狱政管理是监狱工作最基础、最核心的业务。狱政管理的好坏直接决定了监狱的安全稳定，改造秩序的稳定，罪犯改造效果的好坏，因此，必须认真系统研究狱政管理的理论、制度、方法、措施、手段，认真分析监狱治理与监狱管理、维护监管安全与依法治监、安全与改造等主要矛盾及矛盾的主要方面，解放思想、实事求是、转变理念，通过坚持和加强党的全面领导、推进监狱治理体系和治理能力现代化、持续深化监狱法治建设等路径，实现政治鲜明、安全稳定、公平正义、保障人权、高效有序、改造有效的监狱工作现代化。

在新时代、新征程、新起点上，中国监狱工作协会狱政管理学专业委员会，一定要清醒认识到当前监狱工作面临的新形势、新挑战、新机遇，坚持从政治

建设、平安监狱建设、法治监狱建设、智慧监狱建设，高水平法治化、高质量
发展、工作现代化、手段科学化、队伍专业化等方面加强理论研究，凝心聚力、
攻坚克难，联合狱内外的各种研究力量，多出精品，多出有建设性的意见建议，
从而为实现监狱工作高质量发展、推进监狱工作现代化提供理论支撑。

三、守正创新、积极作为，不断推动狱政管理学理论研究高质量发展

要坚持守正创新。"守正"就是要坚守根本性的大原则、大道理，坚持习
近平新时代中国特色社会主义思想，坚持党对监狱工作的绝对领导，坚持以人
民为中心，坚持中国特色社会主义法治道路。具体到狱政管理工作中，"守正"
还要求必须坚持"惩罚与改造相结合，以改造人为宗旨"的监狱工作方针。
"创新"就是要克服思维惯性和路径依赖，主动适应不断变化的新情况、新形
势、新挑战，以理论创新、制度创新和实践创新推动监狱工作更好地适应新形
势新要求，更好地跟上党中央的要求，更好地适应人民群众新期待。迈入新时
代新征程，狱政管理学研究面临着新形势、新要求、新任务、新目标，因此，
为了提高狱政管理工作水平，提高狱政管理理论研究水平，必须高度重视和切
实加强狱政管理理论研究，以监狱工作现代化为路径，围绕狱政管理学中的重
点、难点问题，紧扣《监狱法》将修改的良好契机，加强学习，深入调研，把
握和运用好监狱运行规律、罪犯改造规律、社会发展规律等，来解答狱政管理
过程中一些新情况、新问题。为适应新形势新要求，切实做好下一步工作，提
出以下倡议。

一是要擦亮政治"底色"，旗帜鲜明讲政治。坚持和加强党的领导是监狱
一切工作的出发点，我们要坚持党对监狱工作的绝对领导，牢牢把握新时代狱
政管理学理论研究的政治方向，旗帜鲜明讲政治，深刻领悟"两个确立"的决
定性意义，增强"四个意识"、坚定"四个自信"、做到"两个维护"。要结合
正在开展的主题教育，坚持不懈用习近平新时代中国特色社会主义思想武装头
脑、指导实践、推动工作。要深入贯彻落实习近平法治思想，把"十一个坚
持"充分融入狱政管理学研究中，围绕强化安全底线思维，完善安全治理体系，

强化监狱内部管理，分类分级分押分管，科学严格危险性评估，强化应急处置工作等突出问题和重点课题，找准定位，谋好布局，选好方向，深入研究，多出成果，出好成果。

二是要砥砺能力"成色"，履职尽责显担当。迈上新征程，国家安全的内涵和外延比任何时候都要丰富，时空领域比任何时候都要宽广。狱政管理学理论研究，首要的就是要紧紧围绕构建新安全格局这一重大课题进行研究，以监狱新安全格局保障和促进监狱工作高质量发展。要深刻认识维护国家安全面临的复杂严峻形势，坚持总体国家安全观，坚持治本安全观，坚决守住底线安全，把维护好国家安全贯穿于狱政管理学理论研究的各方面、全过程。当前，监狱工作正在向现代化迈进，面临着前所未有的发展机遇。但是，我们也要清醒地认识到，"两个大局"同步交织、相互激荡，各种文化交汇交流、不同价值观交织交融、意识形态领域交锋交战都更加复杂，在这一社会背景下，监狱监管的压力大，监管的难度大。罪犯的构成复杂多变，社会法治环境对监狱工作的影响凸现，大大增加了监狱工作特别是狱政管理工作的难度。当前，有的监狱押犯爆满的情况未得到缓解，罪犯的人权保障、罪犯的分类分级管理，罪犯分级处遇、罪犯生活卫生管理、罪犯劳动生产管理等面临着很多的问题和挑战、狱政管理工作长期面临的释放难、保外难、罪犯死亡处理难等"三难"问题没有根本解决；狱政管理手段缺乏创新、信息化程度不高；少数民警的执法理念、监管能力还不适应当前形势发展的需要；等等。这些问题和挑战，都为狱政管理学理论研究提供了新的课题和研究方向。对此，狱政管理理论研究要紧紧要围绕监狱中心工作，以问题为导向，以实干为导向，把准热点、焦点、关注点，着眼于破解制约监狱发展的重点、难点、痛点、盲点等问题，不断将理论学术研究推向新的深入，更好地为监狱改革发展服务。

三是要增添工作"亮色"，守正创新提质效。2023年，中共中央办公厅印发了《关于在全党大兴调查研究的工作方案》，要求运用党的创新理论研究新情况、解决新问题、总结新经验、探索新规律。司法部也按照中央要求对监狱工作的调查研究提出了明确要求。这些都为狱政管理学理论研究指明了方向，提出了具体要求。一方面，我们要继续发扬传统优势。长期以来，我国狱政管理积累了丰富的经验，有很好的理论基础和理论沉淀，例如长期以来坚持的狱政管理五大原则，即依法管理、严格管理、文明管理、科学管理、直接管理这些都为我们施展拳脚奠定了基础。因此，要坚持在大局下思考、在大局下行动，紧扣党中央的决策部署和司法部提出的工作要求，持续在基础性的理论研究、学术研究方面发力，坚持以需求导向写监狱所需、以问题导向写现实所短、以实效导向写监狱所用，把基础狱政管理学理论学术研究工作做大、做强、做精。另一方面，我们要激活"创新因子"，激发"创新活力"，精准捕捉当前监狱工作的新情况、新问题，与时俱进，不断创新。例如，应当深入研究新形势下，在坚持狱政管理五大原则的同时，如何进一步研究推进狱政管理的标准化、规范化、法治化、信息化等新问题。沉下身子，摸透摸实狱政管理工作中的一些新趋势、新动向，以创新为目标和动力，注重从小切口入手，以"解剖麻雀"的思维和"绣花功夫"开展调查研究，将狱政管理学术研究与"时势、时代"充分结合起来，从建设中国式现代化监狱、推动监狱高质量发展、统筹安全与发展、贯彻总体国家安全观等方面选准、精选课题，形成一大批有情况、有分析、有对策的研究成果。

四是要锤炼作风"本色"，勤勉务实善作为。要进一步理顺狱政管理学专业委员会运作机制，落实好《中国监狱工作协会狱政管理学专业委员会若干工作事项规定》，加强狱政管理学专业委员会自身建设，围绕"专出特色、专出水平、专出成效"这一目标，把聚智聚才、搭建能力平台作为狱政管理学专业委员会工作的切入点，把深化专题调研作为狱政管理学专业委员会工作的着力点，把支持监狱工作高质量发展作为狱政管理学专业委员会工作的支撑点，把坚持务实创新作为狱政管理学专业委员会工作的关键点，充分发挥狱政管理学专业委员会的理论优势、人才优势和专业优势，就狱政管理，特别是监狱高质量发展中的热点、难点、要点等问题，有计划地向课题组或理论骨干出题目、派任务、压担子，有针对性地为有关工作决策提供理论依据，推荐和表彰学术研究成果，努力建设一大批狱政管理的理论研究专家，使狱政管理学专业委员会真正成为监狱工作高质量发展的智囊支撑。同时，还要进一步构建联动机制，进一步健全"狱政管理学专业委员会-中国监狱工作协会-各委员单位-学院科研机构"的联动、沟通、交流机制，构建工作合力，实现"1+1>2"的放大效应，让狱政管理学专业委员会运转顺畅有力，更好地发挥职能作用。

问题是时代的声音，回答并指导解决问题是理论的根本任务。习近平总书记指出："每个时代总有属于它自己的问题，只要科学地认识、准确地把握、正确地解决这些问题，就能够把我们的社会不断推向前进。"

"天下难事，必作于易；天下大事，必作于细"，我们相信，在各委员单位的大力配合下，在广大监狱人民警察、监狱理论研究工作者的鼎力支持下，大家团结一致，踔厉奋发、潜心研究，敢于担当，定将会推动狱政管理学术研究更加蓬勃深入地开展，定将会为推动解决狱政管理工作面临的问题提供智慧支撑，为新时代监狱工作高质量发展作出新的更大贡献。

未成年人犯罪现状、原因及预防、治理对策思考^①

　　预防和治理青少年犯罪，是我国法治建设、平安建设的重要组成部分，这对于促进家庭和谐、社会稳定意义重大。综观当今社会，青少年犯罪被认为是与环境污染、贩毒吸毒并列的世界三大公害，已引起联合国及世界各国政府的高度重视。

　　习近平总书记强调："少年儿童是祖国的未来，是中华民族的希望"。少年强则国强，加强未成年人保护，事关党和人民事业千秋万代，事关中华民族伟大复兴。祖国未来，在于少年。在我国，党和政府历来高度重视未成年人保护工作。党的二十大专章专门全面论述了全面依法治国，建设法治中国，为推进全面法治建设作出了重要的部署，这为我们研究青少年法治教育，预防和治理青少年违法犯罪提供了根本遵循和行动指南。

　　青少年犯罪不仅危害大、影响大，而且难以有效预防、治理和控制，如何从根本上预防治理青少年犯罪，一直以来都是立法界、实务界、学术界的重要课题。有效预防治理青少年犯罪的前提应是对青少年犯罪的具体情况进行深入了解和具体分析。只有全面深入的了解、掌握青少年犯罪的现状、原因以及各种案件的分布以及影响因素，才能有针对性地提出有效的预防治理方案。

　　预防治理未成年人犯罪，应当注重统筹兼顾，精准施策，关注重点，关注罪错未成年人、未成年罪犯。未成年人犯罪，尤其是未成年人严重暴力犯罪，其主观恶性深、犯罪手段残忍、社会危害影响极大，是预防治理未成年人犯罪的重中之重。应高度重视，认真严肃对待，深入研究，抓紧落实各项预防治理

---

　　① 本文系作者 2023 年 7 月在鲁东大学召开的中国社会心理学会司法心理学专业委员会学术年会上的主旨发言内容，刊载于《预防青少年犯罪研究》2023.2。

措施。在研究治理中要始终坚持以习近平法治思想为指导，全面系统、深入研究未成年人犯罪的现状、特点、原因以及预防治理矫治对策。

一、基本情况

（一）未成年人犯罪数据统计

近十几年来未成年人犯罪数逐年下降，但近几年有所增长，呈现低龄化趋势。检察机关统计：2018-2022 年，起诉未成年人犯罪 32.7 万人，年均上升7.7%，其中不满 16 岁的未成年人犯罪，从 2018 年的 4600 多人上升至 2022 年的 8700 多人，年均上升 16.7%。

根据最高人民检察院《未成年人检察工作白皮书（2022）》披露：从 2020年至 2022 年，未成年人犯罪总体呈上升趋势，低龄未成年人犯罪占比上升。未成年人涉嫌帮助信息网络犯罪活动罪明显上升，而毒品犯罪持续下降，校园欺凌和暴力犯罪数量持续下降，未成年人重新犯罪率持续下降。

由于坚持对未成年人采取非犯罪化、非刑罚化、非监禁化的方向，2022 年未成年人犯罪不捕率、不诉率分别为 68.5%，59.9%。

坚持宽严相济的刑事政策，对于主观恶习深、犯罪手段残忍、犯罪后果严重的未成年犯罪人，要坚决依法惩治，绝不纵容。5 年共起诉涉严重刑事犯罪未成年人 17.9 万人。

国家统计局公布，未成年人犯罪数近十几年来呈总体下降趋势。例如未成年人犯罪数 2010 年为 68193 名，2012 年为 63782 名，2016 年为 35743 名，2018年为 34365 名，2020 年为 33768 名，2022 年为 28000 名。我国已成为世界上未成年人犯罪率最低的国家之一。我国预防和治理未成年人保护和预防犯罪工作持续多年，取得明显成效。

但是，近几年来未成年人犯罪数又有所回升，以网络作为犯罪对象、工具、空间的青少年网络犯罪迅猛发展。未成年人校园霸凌、重大恶性犯罪案件时有发生。例如 2012 年 4 月 10 日，广西河池地区，一名 13 岁女孩将同学杀死并分尸。2015 年 6 月 14 日，湖南衡阳 12 岁的小雯，用放了毒药的可乐毒死两名同学。2016 年 7 月，广西岑溪市一名 13 岁的少年分别用石头、刀将三名 4-8 岁的小孩击打致死。2016 年 9 月 22 日，安徽省亳州市涡阳县楚店镇，13 岁的庄某用刀捅死同学小张。2018 年 12 月 2 日晚，湖南沅江市泗湖山镇 12 岁的吴某，持刀杀死自己 32 岁的亲生母亲。2019 年 1 月，湖南一名 13 岁少年，故意杀害 12 岁少女。2019 年 10 月，辽宁 13 岁少年强奸杀害 10 岁少女等重大暴力犯罪案件时有发生。

（二）未成年人服刑改造情况

对被人民法院判刑移送未成年犯管教所监禁关押改造的人数总体上逐年下降。近 10 年监禁服刑改造的未成年罪犯持续下降。全国未成年犯管教所在押的未成年犯从十五年前的几万人降到了现在的几千人。有的省未管所仅关押几百人，有的甚至只关押几十人。2022 年 4 月，我到重庆市未管所实际调研发现，该所关押改造未成年犯人数由 2008 年的 795 人减少到 2022 年的 154 人。据了解，陕西省未成年犯管教所 2012 年在押未成年犯 1600 人，2022 年降至 400 人。预计全国绝大多数省未成年犯管教所将在较长时期内保持低位运行。

未成年人重新犯罪率持续下降，2020-2022 年，检察机关受理审查起诉未成年人中曾受过刑事处罚的分别为 2092 人、2197 人、1737 人，分别占同期受理审查起诉未成年人总数的 3.8%、2.9%、2.2%，这充分反映了对涉罪未成年人的教育挽救效果进一步提升。

（三）犯罪特点罪名刑期

1. 送入未管所监禁服刑的应多数是严重刑事犯罪，其犯罪特点是，低龄化、暴力化、成人化、团伙作案。许多未成年犯系暴力犯罪，例如抢劫犯、杀人犯、强奸犯等，犯罪手段残暴，多以故意方式剥夺他人生命，犯罪方式为运用直接暴力手段例如刀、棒对被害人身体、生命造成侵害，有的暴力杀人犯犯罪形式逐步升级，犯罪人虽然是未成年，但是主观恶性大，法治意识十分淡薄，社会影响恶劣。未成年人犯罪中暴力犯罪、性犯罪、团伙犯罪、网络犯罪十分突出，分别占 63%、33%、73%、13%。未成年人犯罪表现为突发性、连续性、残忍性、荒诞性、逆反性。犯罪形式往往表现为：组织结构的团伙性和犯罪结合的耦合性，犯罪故意的突发性和犯罪手段的残忍性，犯罪动机的单一性和犯罪目的的荒诞性，犯罪心理的报复性和犯罪心态的逆反性。未成年人违法犯罪前兆表现为：吸烟喝酒、不良交往、离家出走、逃学旷课、沉迷网络、赌博、打架斗殴、校园霸凌等。

2. 主要罪名有盗窃、抢劫、故意伤害、杀人、强奸、涉毒、寻衅滋事、聚众斗殴。近年来未成年人犯罪类型更加集中，2022 年检察机关受理审查起诉未成年人犯罪，居前 5 位的分别是盗窃罪 20966 人，聚众斗殴罪 9677 人，强奸罪 912 人，抢劫罪 6983 人，寻衅滋事罪 6190 人，这几类占比达 67.4%。未成年人最易犯盗窃罪、抢劫罪、性犯罪和伤害罪，是未成年人犯罪预防的重点领域。

3. 原判刑期 5 年以下的占 61%，5-10 年的占 30%，10 年以上占 9%，可见未成年人被判处 5 年以上重刑的高达四成。

二，犯罪原因

我国对未成年人的"六大保护"已有明确法律规定，并在实践中采取了很多措施，预防和治理未成年人犯罪取得了明显成效。经过多年的持续努力，总体看，近二十年来未成年人犯罪人数呈逐年下降趋势，成绩是巨大的。但是，客观讲，《未成年人保护法》规定的"六大保护"至今并没有完全实现，《预防未成年人犯罪法》规定的分级预防、提前干预、对罪错未成年人分级干预、专门学校特殊矫正机构建设运行、少年司法保护等规定还未完全落实。实践中仍然面临很多困难和困惑，现在有的部门和单位对未成年人许多工作简单粗放，有的工作不深不细不实；有的纸上谈兵，坐而论道；有的搞形式主义、花架子。近几年，未成年人犯罪问题又不断发生，少数未成年人暴力犯罪案件的发生，令全社会愤怒、惊恐、忧虑、担心。未成年人犯罪包括重新犯罪的原因是比较复杂的，概括起来讲，主要集中体现在五大方面：

1. 普遍缺乏自我评价和约束力。青少年是人生的重要成长阶段，既是人的价值观形成的关键期，也是容易出现青春期叛逆现象的危险期。青少年的生理和心理都处于急剧变化时期，虽然其身心发育很快，但还未成熟，缺乏社会经验，人生观和世界观尚未成型，认知能力低，缺乏辨别是非的能力，自我约束和控制能力很差，加上情绪和思想不稳定，感情容易冲动，反复性也很大，思想和行为常带有片面性、盲目性和冲动性，容易受到周围环境影响。未成年犯大都没有积极向上的生活目标，缺乏正确的思想道德和法律观念，在贪图享受和金钱至上的错误价值观驱使下，好逸恶劳、追求私欲，是诱发其犯罪的主要因素。

2. 文化程度低，法治观念严重缺乏。未成年犯多数文化程度很低，多数为小学和初中。多数人学习成绩很差，经常有旷课逃学经历，认知能力很差。他们由于缺乏文化教育、缺乏法律知识、法治素养和社会经验，加之思想和情绪不稳定，自控能力较差，容易冲动，说干就干，往往不计后果。许多罪错未成年人要么毫无法治意识，法治观念淡薄，不懂法、不知法、不惧法，要么对法律一知半解，甚至利用 14 岁以下不追究刑事责任的法律规定而实施违法犯罪。他们犯罪前，往往没有事前周密预谋，突发性、盲目性较大，有些根本没有明确的犯罪目的，比如在实施某种行为时，遇到一点意想不到的阻碍，其行为动机就会转变成犯罪动机，采用暴力来排除障碍，因一些很小的琐事就造成严重后果。

3. 家庭环境的影响。良好的家庭对个体健康成长的重要性不言而喻，反之，不良的家庭因素的负面作用也是显而易见的。问题孩子常常出自问题家庭，如果父母及监护人观念与家庭环境不发生改变，外部环境如何努力也难以彻底将罪错未成年人拉回正轨。许多家庭的教育功能缺失，不少家长放弃了对子女教育的权利责任，完全依赖学校、把孩子推给学校。未成年犯大多数家庭残缺或不和睦，亲子关系对立，许多家长只关心孩子成绩，不教会他们如何做一个正直、诚实、善良的人。家庭教育不当普遍存在。包括家庭结构不完整（如单亲、隔代抚养等），家庭经济条件差，父母文化程度低，教养方式粗暴、溺爱，家庭成员间关系不和谐等家庭问题，不仅容易造成未成年身心发展不健康，也会给最后的犯罪行为埋下了令人不安的"种子"。

4. 学校管理教育方法不当缺失。有的学校党的领导弱化，党的建设不力，党的作用没有发挥好。学校对未成年人管理教育方法不当缺失，是直接导致一些青少年流向社会、走向犯罪的重要因素。少数教师违反师德师风，侵害未成年人合法权益。学校的管理教育方法不当，主要表现为：一是教育手段、方式欠缺，学生成绩好坏取决于受老师重视的程度，导致许多成绩不好的学生产生破罐破摔，厌学、辍学等不良情绪。二是法治教育的缺失或者流于形式，学校缺乏对青少年的专门系统有针对性的法治教育，很多学生不知什么是违法犯罪，普遍缺乏法律常识。三是学校安全的责任心、责任制有待加强，学校和有关老师的安全职责还不明确。四是对思想品德教育的重视程度不够，学校以追求升学率为自己生存和发展的目标，导致重智力轻德育的现象，道德教育流于形式。

5. 社会不良环境因素的影响。网络对未成年人的影响巨大，未成年人保护社会治理还存在薄弱环节。随着社会科技的高速发展，不良文化的传播也变得越来越容易，现在形形色色的互联网站，智能手机客户端，到处充斥着影响青少年健康心理的因素，这些文化的传播无疑给青少年还未成型的人生观、世界观以严重的冲击。网络成瘾、网络诈骗、网络的各种违法犯罪活动不断发生，已成为当前未成年人违法犯罪的主要现象。当个体进入少年时期，同伴的影响开始在其心理发展过程中占据主导。和不良的同伴交往，加上缺少父母正确的引导和教育，个体开始学习一些不良的行为。如离家出走、夜不归宿、说谎、偷窃、打架斗殴、旷课逃学、被纪律处分、抽烟喝酒和赌博。在一定社会不良因素诱发下走上违法犯罪道路。在信息化高度发达的今天，网络不良文化严重冲击、腐蚀了未成年人健康成长。有的网管部门、网监部门对未成年人上网的管理失职失察，未成年人上网到底谁负责？怎么管？应当负什么责任？如何正确引导指导孩子上网用网是当前家庭、学校、政府面临的难题和困惑。

三、治理对策思考

总体要求，应当坚持党的统一领导，高度重视，多管齐下，多措并举，凝聚力量，倾注大爱，精准施策，关注重点，教育预防，惩治矫治。全方位、全体系、全流程倾全力做好未成年人犯罪的预防治理工作。

1. 坚持教育为主。对罪错未成年人，要始终坚持教育为主，关心关爱每一个学生，坚持不歧视、不放弃、不抛弃任何一个调皮、学习差的学生。尤其要强化各级学校教育主阵地的作用，强化各级老师教书育人的重要作用。要坚信教育、文化对未成年人的教育培养塑造的强大力量。要构建完善的教育制度和机制，重点开展爱国教育、道德教育、法治教育、警示教育，尤其是要重点开展法治教育的创新活动。注重普法的针对性、灵活性、有效性。真正学法懂法，学会用法治方式保护自己。增强法治意识，树立法治信仰。国家政府应全面保障每一名未成年人，包括未成年犯，免费全面完成义务教育。提高未成年人文化教育水平是预防治理犯罪的基础性根本之策，应保证每一名未成年人顺利完成初中高中教育。

2. 坚持预防为主。充分认识预防为主的极端重要性，牢固树立预防理念，始终坚持预防为主，采取各种有效的预防措施。全面推行深化家庭学校社区协同育人模式，重点强化家庭教育，父母责任，网络保护，校园安全，社会关爱。如果不重视对未成年人的预防关爱，仅仅依靠事后的惩罚、打击、判刑、关押，是难以解决未成年人违法犯罪根本问题的。实践证明，深化治理、提前预防、从源头预防是最实在、最有效的对未成年人的保护。《未成年人保护法》规定的"六大保护"，实际上强调的就是"六大预防"，要下定决心、坚定信心、坚持不懈地做好对未成年人的家庭预防、学校预防、社会预防、网络预防、政府预防、司法预防的六大预防保护工作。当前尤其要强调，对未成年人网络预防及保护，要多管齐下，多措并举，重点监管、保护、引导、指导、管理。

3. 坚持家庭承担起责任。对未成年人，家庭是第一位的，父母及法定监护人必须承担第一位的保护教育责任。全面认真、严格落实《家庭教育促进法》，有法必依，违法必究。法定责任必须履行。父母应当注意自己的言行，给孩子做好的表率，要建设家长培训学校，推动家庭学校协同育人，关爱帮扶单亲家庭未成年人。要加强对未成年人父母及监护人的经常性法治教育。对严重违法的父母及监护人，国家应及时采取保护未成年人的措施，依法剥夺其父母及监护人的监护权，直至其彻底改正为止。

4. 坚持学校承担起责任。党的二十大提出加强师德师风建设，培养高素质教师队伍。要强化师德学习教育，坚持师德违规"零容忍"。校园霸凌、校园犯罪是发生在校园内的，发生在上学期间的，学校应当承担第一位的法定责任。学校是制止校园霸凌行为的第一责任人，学校对于保护在校学生的人身安全负有法律上的责任。《预防未成年人犯罪法》第二十一条已有明确规定。要全面认真、严格落实《预防未成年人犯罪法》相关规定，有法必依，违法必究。学校直接承担对在校学生直接管理教育的法定职责，教育工作责无旁贷，教育是公义不是功利，是奉献不是索取，教师要先自重才能受尊重。学校、教师不仅要承担文化知识教育的责任，更要承担道德法治纪律教育的责任，违者应承担责任。学校要树立正确的教育理念，克服功利性，重视法治教育的针对性、实效性。畅通未成年人成长路径，构建全程跟踪帮教机制，大力开展网络素养教育，依法设立专门学校，矫治罪错未成年人。治理校园霸凌一类违法犯罪行为，应当依法落实学校对校园安全的法律责任。对发生在校园的霸凌、校园的严重犯罪，要及时依法追究学校校长、教师的责任。要及时依纪依规追究学校党组织相关人的责任。法治副校长应当赋予相应权责，如果产生校园霸凌，要承担相应责任。

5. 坚持保护和惩罚并重。对罪错未成年人要坚持注重保护的原则的同时，也要强调惩罚性。惩罚也是保护，犯罪不能纵容。尤其对未成年人的严重暴力犯罪，更要强调惩罚性。刑罚是我国未成年人犯罪预防的最后一道防线，是处理未成年人犯罪的重要手段，具有其他措施无法比拟的功能。其作用体现为，惩罚是对教育局限的积极补益，惩罚是对未成年人具有规范指引的功能，惩罚对于社会民众和被害人具有安抚功能。因此应坚持保护与惩罚并重的未成年人刑事政策。为此应建议：一是淡化"注重保护、惩罚为辅"的片面观念，坚持归责与惩教并重。坚持"宽容而不纵容"的理念。二是构建精细科学的罪错未成年人分级分类处遇制度，进而针对性地实施科学的教育与惩治。所有违纪违规违法的罪错未成年人都应当积极及时地进行分级干预处理，依法该送专门学校的就要送专门学校，该送社区矫正的要送社区矫正，凡已触犯刑律被判刑的就应及时移送未管所监禁服刑。对所有违纪违法的罪错未成年人都必须加强管教，严格管束，一管到底。应依据未成年人罪错行为，分级分类、依规依法认真严肃处置，决不能"一判了之""一罚了之""一放了之"，更不能姑息。三是加强出狱未成年人保护，切实做好刑满安置帮教帮扶工作，形成对未成年人实行"大保护"格局。

6. 坚持重在教育矫治。对于已触犯刑律、严重犯罪的未成年社区矫正对象和未成年罪犯，应当坚持宽严相济的刑事司法政策，宽严相济，当宽则宽，该严则严。惩罚为辅，教育为主。对进入专门学校、社区矫正和入未管所的罪错未成年人，必须依法管束，重在矫治。要始终坚持以改造人为宗旨，坚持教育、感化、挽救，坚持对每一名罪错的未成年人给希望、给目标、给出路，坚信绝大多数罪错未成年人能教育好、改造好，关键是各级教育法治工作者要坚持"六心"和"三不"，即牢固树立耐心、细心、恒心、热心、专心、责任心，坚持不放弃、不嫌弃、不抛弃每一名罪错未成年人。专门学校的专门教育矫治、社区矫正的特殊矫治和未成年犯管教所的特殊矫治都应当重点采取如下八种管理教育措施：严格规范管理、尊重合法权益、惩戒违规违纪、普及文化知识教育、注重法治道德教育、加强心理矫治、注重家庭修复、加强职业技能教育。

7. 坚持保障为本。全面认真贯彻落实好《未成年人保护法》、《预防未成年人犯罪法》、《监狱法》、《社区矫正法》等相关法律，确实保障未成年人受教育权、休息权、发展权，促进未成年人全面发展，尊重和保障未成年人的人权。坚定坚决依法从快从严从重打击各种侵害未成年人的违法犯罪行为，坚决及时依法严惩侵犯未成年人的犯罪分子。要加强对未成年人社会保障体系建设，及时有效实施社会救助，构建未成年人政府主导的社会保障制度，拓展社会帮教系统，明确各部门的社会帮教职责，帮助未成年犯修复损坏的社会关系，形成悔罪、谅解和包容的改造氛围，促进未成年犯更好地改过自新、融入社会。要坚持以改造人为宗旨的方针，坚持教育、感化、挽救的方针。构建教育矫治的制度机制，创新教育矫治的方法手段，提高教育矫治质量。进一步加强未成年人法治建设。要进一步高度重视，加强加大对未成年人立法、司法、教育矫治的专门建设。完善少年司法制度，落实惩罚为辅、教育为主的原则和宽严相济的刑事司法政策，构建我国少年司法配套的工作体系。制定专门的社区矫正未成年人执行帮护制度和未成年犯管理教育制度。着力推进未成年人司法的专门化、专业化。着力改变未成年人法依附于成年人法的"附属"及"小儿酌减"的立法司法状态，使未成年人法成为独立的法律部门，构建新时代未成年人法治体系。

8. 坚持压实责任。加强对未成年人保护，预防未成年人犯罪，是全党全社会的共同责任。坚持党对未成年人工作的统一领导，坚持对预防未成年人犯罪的立法司法矫治的统一部署、统一规范、统一要求。加强组织保证，舆论引导，明确分工，明确责任，加强配合协作，强化各部门对未成年人"六大保护"的具体责任，压实各单位各方面的责任，建立监督考核制度机制。建立定期通报预防治理未成年人工作的制度机制。以如山责任、如铁担当关注关心关爱每一位青少年，托举起每一个家庭的美好未来。

附录

作者主要著作及论文目录

（1985—2022）

一、著作类

（一）专著

1.《刑罚执行理念与实证》，法律出版社 2012 年版。

2.《中国刑事执行新论——监狱工作创新及变革》，法律出版社 2017 年版。

（二）合著及主编

1.《狱侦案例选编（一）》（合编），法律出版社 1986 年版。

2.《劳改劳教工作的理论与实践》（合著），法律出版社 1988 年版。

3.《狱内侦查学》（合著），法律出版社 1989 年版。

4.《劳改法学概论参考资料》（合著），中国政法大学出版社 1990 年版。

5.《中国司法大辞典》（参编、合著），吉林人民出版社 1991 年版。

6.《分押分管分教工作经验文集》（合编著），中国人民公安大学出版社 1992 年版。

7.《中国劳改工作特色理论研究获奖论文集》（合著），中国政法大学出版社 1992 年版。

8.《中国司法行政大辞典》（合著），法律出版社 1993 年版。

9.《中国劳改法学百科辞书》（编委会委员、合著），中国人民公安大学出版社 1993 年版。

10. 《复归社会指南》（合著），中国政法大学出版社 1994 年版。

11. 《中华人民共和国监狱法学习手册》（合著），中国法制出版社 1995 年版。

12. 《监狱教育学》（副主编），法律出版社 1996 年版。

13. 《中华人民共和国监狱法讲话》（合著），法律出版社 1996 年版。

14. 《中国监狱栋梁》（副主编），社会科学文献出版社 1996 年版。

15. 《监狱学总论》（合著），法律出版社 1997 年版。

16. 《狱政统计学》（主编），警官教育出版社 1997 年版。

17. 《狱政法律问题研究》（副主编），法律出版社 1997 年版。

18. 《监狱人民警察管理》（主编），警官教育出版社 1998 年版。

19. 《警察管理学）（副主编），法律出版社 1998 年版。

20. 《新编司法文书教程》（合著），法律出版社 1999 年版。

21. 《监狱人民警察概论》（副主编），法律出版社 2001 年版。

22. 《安全生产责任重于泰山》（主编）煤炭出版社 2004 年版。

23. 《刑事执行制度研究》（合著），中国人民大学出版社 2007 年版。

24. 《全国监狱长政委培训班论文集》（合编著），法律出版社 2008 年版。

25. 《发展·安全·人权》（合著），五洲传播出版社 2009 年版。

26. 《宽严相济刑事司法政策与监狱行刑改革研究》（合著），中国检察出版社 2010 年版。

27. 《青少年违法犯罪预防与社会管理创新文集》（合著），中国检察出版社 2012 年版。

28. 《狱内侦查辅导读本》（副主编），法律出版社 2012 年版。

29. 《监狱系统学习贯彻新法辅导读本》（合编著），法律出版社 2012 年版。

30. 《适应形势新变化，推进监狱改革与创新——全国新任监狱局长、监狱长培训班文集》（合编著），法律出版社 2013 年版。

31. 《预防青少年违法犯罪文集》（合著），法律出版社 2013 年版。

32. 《监狱执法手册》（副主编），法律出版社 2013 年版。

33. 《中英监狱管理交流手册》 （编委会副主任），吉林人民出版社 2014

年版。

34.《监狱安全警示录》（副主编），法律出版社 2015 年版。

35.《中国监狱百科辞书》（副主编），法律出版社 2015 年版。

二、论文类

1.《谈谈如何对待犯人申诉》，载《特殊园丁》1986 年第 3 期。

2.《吸取北安监狱教训，加强狱内侦查工作》，载《劳改劳教工作通讯》1986 年第 4 期。

3.《现代各国监狱分管分押制度比较及其思考》，载《法制建设》1987 年第 4 期。

4.《保外就医工作要严格依法办事》，载《特殊园丁》1987 年第 5 期。

5.《认真搞好敌情调研，切实加强对危险罪犯的管理控制》，载《劳改劳教工作通讯》1987 年第 12 期。

6.《狱内侦查在惩罚和改造罪犯工作中的作用》，载《天津市劳改劳教学研究》1988 年第 2 期。

7.《试论对狱内重新犯罪活动的打击》，载《犯罪与改造研究》1988 年第 3 期。

8.《当前狱内犯罪活动新动向及其对策》，本文系作者于 1986 年 9 月参加司法部全国提高劳改劳教工作质量理论研讨会论文，收录于《劳改劳教工作的理论与实践》，法律出版社 1988 年版。

9.《认真做好减刑假释工作，促进犯人加速改造》，载《法制建设》1989 年第 1 期。

10.《狱内犯罪心理初探》，载《劳改劳教理论研究》1989 年第 4 期。

11.《深入持久地开展狱内侦查工作十分必要》，载《劳改劳教工作通讯》1989 年第 5 期。

12.《在押罪犯构成及特点剖析》，载《青少年犯罪研究》1990 年第 8 期。

13.《商品经济条件下劳改经济的困惑与思考》，本文于 1990 年参加司法部优秀论文评选获三等奖，收录于《司法部 1990 年度预防犯罪与劳改劳教优秀论文集》，中国人民公安大学出版社 1991 年版。

14.《正确认识分押分管分教》，载《特殊园丁》1991 年第 5 期。

15.《强化狱侦工作，确保监所安全》，载《监管与改造》1992 年第 2 期。

16.《论我国狱政管理对改造罪犯的独特作用》，载《劳改劳教研究》1993 年第 1 期。

16.《规范化管理的回顾与思考》，载《司法行政》1993 年第 3 期。

17.《分押分管分教工作的难点及对策》，载《劳改理论与实践》1993 年第 5 期。

18.《当前全国狱内押犯状况透视》，载《犯罪与改造研究》1993 年第 8 期。

19.《关于深化推行分押分管分教工作的调查思考》，载《犯罪与改造研究》1993 年第 9 期。

20.《积极稳妥地推动监狱分押工作》，载《司法行政》1993 年第 11 期。

21.《参加联合国禁止酷刑委员会审议会议随想》，载《犯罪与改造研究》1994 年第 4 期。

22.《创建现代化文明监狱的思考》，载《当代司法》1994 年第 6 期。

23.《求实创新不断进取——关于创建现代化文明监狱的思考》，载《法制日报》1994 年 9 月 11 日。

24.《狱政统计的现状及展望》，载《犯罪与改造研究》1994 年第 12 期。

25.《学习贯彻〈监狱法〉，着力提高监狱人民警察的执法水平》，载《犯罪与改造研究》1995 年第 5 期。

26.《创建现代化文明监狱的宏观运作思路》，载《犯罪与改造研究》1995 年第 11 期。

27.《新形势下监狱警察队伍建设的现状与思考》，载《犯罪与改造研究》1996 年第 1 期。

28.《关于创建现代化文明监狱的几个问题》，载《中国监狱学刊》1996 年第 2 期。

29.《创建部级现代化文明监狱的实践探索》，载《云南监狱通讯》1996 年第 4 期。

30.《加速造就高素质的监狱人民警察队伍》，载《监狱理论研究》1996 年第 4 期。

31.《监狱系统开展精神文明建设的建议》，《监狱理论研究》1996 年第 6 期。

32.《监狱警察违法违纪现象透视及对策》，载《上海警苑》1996 年第 8 期。

33.《进一步加强执法执纪工作的对策探讨》，载《犯罪与改造研究》1996 年第 10 期。

34.《关于监狱加强精神文明建设的运作思考》，载《监狱工作调研》1997 年第 1 期。

35.《创建现代化文明监狱既要量力而行，更要尽力而为》，载《犯罪与改造研究》1997 年第 3 期。

36.《中国监狱管理代表团访韩综述》，载《中国监狱学刊》1997 年第 6 期。

37.《确保监所稳定，努力创建现代化文明监所——对 12 省区监狱劳教工作的调研报告》，载《犯罪与改造研究》1997 年第 10 期。

38.《以维护稳定为己任、以创建现代化文明监狱为目标、以改造人教育人为宗旨》，载《中国监狱学刊》1998 年第 1 期。

39.《加速立法进程、促进依法治监——〈监狱法实施条例〉的立法进程及主要内容》，载《犯罪与改造研究》1998 年第 3 期。

40.《迎接更加灿烂辉煌的明天——关于创建现代化文明监狱四周年的回顾》，载《当代司法》1998 年第 10 期。

41.《新中国监狱工作的回顾与展望》，载《犯罪与改造研究》1998 年第 11 期。

42.《加拿大监狱见闻——暨第 18 届亚太地区矫正管理者会议简述》，载《犯罪与改造研究》1999 年第 3 期。

43.《中国与西方国家监狱劳动比较研究》，载《中国监狱》1999 年第

4 期。

44. 《关于新世纪中国监狱定位问题的探讨》，《犯罪与改造研究》1999 年第 5 期。

45. 《改革和完善我国刑事执行体制的思考》，载《监狱理论研究》2000 年第 4 期。

46. 《当前监狱执行刑罚的现状及其思考》，载《犯罪与改造研究》2000 年第 5 期。

47. 《我国刑事执行体制的现状和弊端》，载《犯罪与改造研究》2000 年第 10 期。

48. 《在依法治国和世界行刑发展趋势下，实现监狱的八个重大转变》，载《监狱理论研究》2001 年第 1 期。

49. 《改革和完善我国假释制度的理性思考》，载《中国监狱学刊》2001 年第 2 期。

50. 《国际司法人权领域的重要课题：禁止酷刑——参加联合国禁止酷刑委员会审议会议有感》，载《犯罪与改造研究》2001 年第 2 期。

51. 《安全稳定、行刑公正、改造质量——21 世纪监狱工作的主题》，载《犯罪与改造研究》2001 年第 4 期。

52. 《发展才是硬道理——关于鲁西监狱的改革发展》，载《监狱理论研究》2001 年第 6 期。

53. 《正确处理六个关系，推进监狱煤矿改革发展》，载《中国监狱》2002 年第 3 期。

54. 《加强监狱劳教人民警察队伍革命化、正规化、专业化建设的理性思考》，载《监狱理论研究》2002 年第 6 期。

55. 《香港监狱生产体制与运行机制透视》，载《犯罪与改造研究》2002 年第 9 期。

56. 《关于当前我国减刑制度司法实践的反思与探讨》，载《司法研究》2003 年第 1、2 期。

57. 《行刑社会化的国际现状与我国发展的历史趋势》，载《河南司法警官职业学院学报》2003 年第 2 期。

58.《关于减刑制度实践中几个有争议问题的思考》，载《犯罪与改造研究》2003 年第 3 期。

59.《新中国监狱发展史上的重大改革举措——监狱体制改革试点工作正式启动》，载《监狱理论研究》2003 年第 3 期。

59.《积极稳妥地抓好试点工作，坚定不移地推进监狱体制改革》，载《犯罪与改造研究》2004 年第 1 期。

60.《关于监狱体制改革若干问题的思考》，载《中国司法》2004 年第 1 期。

61.《加快体制改革，发展监狱生产》，载《司法行政工作理论调研文集》法律出版社 2004 年版。

62.《关于我国监狱生产改革与发展的宏观思考》，载《监狱理论研究》2005 年第 1 期。

63.《从构建和谐社会高度强化监狱煤矿安全生产》，载《中国监狱》2005 年第 5 期。

64.《试点成效明显，改革任重道远——关于第一批监狱体制改革试点工作的实践思考》，载《中国司法》2005 年第 5 期。

65.《澳大利亚司法体制及监狱、社区矫正制度考察见闻》，载《犯罪与改造研究》2005 年第 5 期。

66.《加快监狱体制改革，促进执法公正》，载《犯罪与改造研究》2006 年第 1 期。

67.《考察西班牙、加拿大监狱管理体制与刑罚执行情况的体会》，载《犯罪与改造研究》2006 年第 3 期。

68.《监狱调研工作的方法及策略研究》，载《犯罪与改造研究》2006 年第 6 期。

68.《牢固树立社会主义法治理念，推动监狱工作科学发展》，载《社会主义法治理念研讨班文集》法律出版社 2006 年版。

69.《关于我国监狱第二批体制改革试点工作的调研情况和思考》，载《犯罪与改造研究》2007 年第 5 期。

70.《英国的监狱管理及其比较思考》，载《中国监狱》2007 年第 5、6 期。

71.《贯彻落实科学发展观，加强罪犯改造理论研究》，载《监狱理论研究》2007 年第 6 期。

72.《刑事司法发展与监狱改革》，载《中国司法》2007 年第 9 期。

73.《英国监狱管理基本模式及其启示》，载《犯罪与改造研究》2007 年第 11 期。

74.《中国监狱人权保障的重要意义及其发展》，载《中国监狱学刊》2008 年第 1 期。

75.《监狱人权保障的重要意义及其发展》，载《中国监狱学刊》2008 年第 1 期。

76.《分享创新成果，促进全球矫正发展》，本文整理自作者于 2007 年 10 月在泰国曼谷参加国际矫正与监狱协会第 9 届年会提交的论文，载《中国监狱》2008 年第 2 期。

77.《推进监狱改革依法保障罪犯人权——访司法部监狱管理局副局长李豫黔》，载《人权》2008 年第 3 期。

78.《当前监狱工作的形势与任务》，载《监狱理论研究》2008 年第 3 期。

79.《依法贯彻宽严相济刑事政策，切实做好监狱在押罪犯减刑假释工作》，载《中国监狱》2008 年第 4 期。

80.《大力强化罪犯教育改造》，本文整理自作者在 2008 年 5 月全国监狱教育改造工作会议结束时的讲话，载《中国监狱》2008 年第 4 期。

81.《强化罪犯教育改造。在全国监狱教育改造工作会议的讲话》，载《中国监狱》2008 年第 5 期。

82.《我国监狱工作的改革创新和科学发展》，载《监狱理论研究》2008 年第 6 期。

83.《加强监狱管理，强化刑罚执行》，载《全国监狱长、政委培训班论文集》法律出版社 2008 年版。

84.《个别谈话的艺术》，载张建秋著《个别谈话》江苏教育出版社 2008

年版。

85.《亚太矫正管理者的盛会——第 28 届亚太矫正管理者会议的情况报告》，载《中国监狱》2009 年第 1 期。

86.《强化监狱职能，服务科学发展》，载《犯罪与改造研究》2009 年第 1 期。

87.《关于构建我国监狱安全稳定长效机制的思考》，载《中国监狱学刊》2009 年第 4 期。

88.《监狱工作的改革发展与罪犯人权保障》，本文整理自作者于 2008 年 4 月 22 日参加中国人权研究会首届"北京人权论坛"国际人权研讨会提交的论文，载《发展．安全．人权》五洲传播出版社 2009 年版。

89.《把改造人放在监狱工作第一位》，载《安徽监狱》2009 年第 5 期。

90.《重视服刑人员心理健康》，载吉春华著《服刑人员心理健康指南》天津社会科学院出版社 2009 年版。

91.《以人为本的发展和罪犯人权保障》，本文整理自作者 2009 年 11 月在第二届"北京人权论坛"国际研讨会上发言的主要内容，载《犯罪与改造研究》2010 年第 3 期。

92.《关于对红十字国际委员会和瑞士监狱的考察》，载《中国监狱》2010 年第 3 期。

93.《多措并举，强力推动，确保监狱安全》，载《中国监狱》2010 年第 4 期。

94.《多措并举强力推动，确保监狱持续安全稳定》，载《中国监狱》2010 年第 5 期。

95.《我国人权的司法保障——监狱人权保障的理论与实践》，本文整理自作者 2010 年 12 月 16 日在中央对外宣传办公室在海口举办"人权知识培训班"上的讲话，载《中国监狱学刊》2011 年第 1 期。

96.《切实加强监狱安全生产工作》，载《中国监狱》2011 年第 1 期。

97.《构建桥梁：矫正的最佳实践——国际矫正与监狱协会第十二届年会情况综述》，载《犯罪与改造研究》2011 年第 2 期。

98. 《认真学习贯彻〈刑法修正案（八）〉，切实加强和创新监狱管理》，载《监狱工作研究》2011 年第 3 期。

99. 《中国监狱人权保障的发展和创新》，本文整理自作者 2011 年 8 月 26 日在中国人权研究会召开的"中国人权理论与实践的发展和创新研讨会"上的发言，载《中国监狱》2011 年第 4 期。

100. 《关于我国青少年罪犯监管改造的成功实践及其创新思考》，载《预防青少年犯罪研究》2011 年第 6 期。

101. 《国际矫正与监狱协会第 13 届年会综述》，载《监狱工作研究》2011 年第 6 期。

102. 《加强监狱企业规范运行，推进监狱体制改革》，载《中国监狱》2011 年第 6 期。

103. 《试论监狱工作与社区矫正的若干问题》，本文系作者于 2012 年 3 月在中央司法警官学院全国社区矫正培训班上的讲课主要内容，载《中国监狱学刊》2012 年第 2 期。

104. 《加强刑罚执行工作培训》，载《中国监狱》2012 年第 2 期。

105. 《加强刑罚执行工作，确保公正廉洁执法》，本文整理自 2012 年 4 月全国监狱刑罚执行工作培训班的讲话，载《中国监狱》2012 年第 2 期。

106. 《刑事法律政策新变化对刑罚执行工作的影响及其对策》，本文整理自作者 2012 年 4 月在中央司法警官学院全国新任监狱局长、监狱长培训班上的辅导报告。

107. 《狱内侦查工作应抓好的几个问题》，载《狱内侦查》法律出版社 2012 年版。

108. 《加强监狱医院建设和管理》，载《中国监狱》2012 年第 6 期。

109. 《适应刑事法律新变化，做好刑罚执行工作》，载《适应形势新变化，推进监狱改革与创新》法律出版社 2012 年版。

110. 《〈刑事诉讼法〉修改与监狱工作若干问题》，载《监狱工作研究》2012 年第 6 期。

111. 《当前我国监狱工作的形势和任务》，载《司法部离退休干部局简报》

2012 年第 9 期增刊。

112.《宪法与罪犯人权保障》，整理自作者 2012 年 12 月 4 日在中国政法大学举办的"法大预防犯罪论坛"专题研讨会的发言。

113.《我国未成年犯教育改造工作的实践与思考》，载《预防青少年犯罪研究》2013 年第 1 期。

114.《中国监狱罪犯矫正工作的新发展》，载《犯罪与改造研究》2013 年第 2 期。

115.《英国监狱的管理和矫治》，载《中国监狱》2013 年第 3 期。

116.《监狱外的思考，减少监禁性刑罚的适用——考察美国监狱及参加国际矫正会议启示》，载《中国监狱学刊》2013 年第 6 期。

117.《全球矫正与监狱管理的盛会——参加国际矫正与监狱协会第 15 届年会综述》，载《中国监狱》2013 年第 6 期。

118.《高度重视狱情研判》，载《中国监狱》2013 年第 6 期。

119.《我国监狱罪犯生活与卫生工作新进展》，载《犯罪与改造研究》2014 年第 1 期。

120.《全面推进法治监狱建设——〈监狱法〉颁布实施 20 年的回顾和思考》，载《犯罪与改造研究》2014 年第 4 期。

121.《监狱系统医疗卫生工作的机构和运转》，载《中国监狱》2014 年第 5 期。

122.《中国监狱女犯待遇及人权保护》，载《中国监狱》2014 年第 6 期。

123.《加强监狱内部管理、严格规范公正执法的调研报告》，载《中国司法》2014 年第 8 期。

124.《澳大利亚女犯待遇问题考察报告》，载《犯罪与改造研究》2014 年第 8 期。

125.《我国监狱系统社会帮教工作现状及对策》，载《监狱工作研究》2015 年第 1 期。

126.《我国未成年人犯罪现状剖析及预防重新犯罪对策思考》，载《预防青少年犯罪研究》2015 年第 1 期。

127. 《全面正确理解新颁规章，严格规范刑罚执行》，本文整理自作者 2014 年 12 月在全国监狱刑罚执行工作培训班上的讲话内容，载《中国监狱》2015 年第 2 期。

128. 《关于推进公正执法的思考》，载《中国监狱》2015 年第 3 期。

129. 《正确执行〈暂予监外执行规定〉和〈监狱提请减刑假释工作程序规定〉之研究》，载《犯罪与改造研究》2015 年第 3 期。

130. 《努力开创监狱理论研究新局面》，载《监狱工作研究》2015 年第 6 期。

131. 《努力开创新时期监狱理论研究新局面》，载《监狱工作研究》2015 年第 6 期。

132. 《参加联合国囚犯待遇最低标准规则修订会议的情况》，本文整理自作者 2015 年 3 月率中国监狱代表团赴南非开普敦参加联合国囚犯待遇最低限度标准规则第 4 次政府间专家组会议，讨论修改《联合国囚犯待遇最低限度标准规则》会议的情况综述。

133. 《关于严格公正执法完善刑罚执行制度的思考》，载《中国司法》2015 年第 10 期。

134. 《大力推动监狱服刑人员社会帮教工作》，载《群言》2015 年第 11 期。

135. 《以党的十九大精神为引领，不断加强预防青少年犯罪研究——教育改造是预防青少年犯罪的重要措施》，本文系作者 2015-2019 年在"全国预防青少年违法犯罪工作理论与实务高级研修班"讲课的内容。

136. 《中国监狱医疗卫生社会化的思考》，载《中国监狱》2016 年第 2 期。

137. 《大力推进监狱医疗管理与改革，促进罪犯人权保障》，载《中国监狱》2016 年第 3 期。

138. 《关于改革完善我国监狱制度体系的若干思考》，载《中国司法》2016 年第 4 期。

139. 《我国监狱工作改革路径及未来展望》，载《犯罪与改造研究》2016 年第 4 期。

140.《重视罪犯心理问题研究——在 2016 国际心理治疗与心理咨询科学技术大会上的致辞》，载《中国监狱》2016 年第 5 期。

141.《准确理解全面落实计分考核罪犯规定》，载《中国监狱》2016 年第 5 期。

142.《深入推进"三共"建设，确保监狱持续安全稳定》，载《中国监狱》2016 年第 5 期。

143.《加强国际交流合作，关注罪犯心理健康》，载《中国监狱》2016 年第 5 期。

144.《中国监狱体制改革情况》，载《中国刑事执行新论》法律出版社 2017 年版。

145.《关于广东、河南、云南监狱体制改革的检查情况》，载《中国刑事执行新论》法律出版社 2017 年版。

146.《关于湖北、湖南、贵州、云南的监狱工作调研情况》，载《中国刑事执行新论》法律出版社 2017 年版。

147.《我国监狱工作的新发展与新思路》，本文整理自作者 2015 年于最高人民检察院举办的"全国刑事执行检察官培训班"上的讲课内容，载《中国刑事执行新论》法律出版社 2017 年版。

148.《关于重庆、四川、陕西、宁夏监狱安全工作检查情况》，载《中国刑事执行新论》法律出版社 2017 年版。

149.《关于辽宁、吉林监狱警务督察的情况》，载《中国刑事执行新论》法律出版社 2017 年版。

150.《关于对山西、内蒙古监狱安全工作检查情况》，载《中国刑事执行新论》法律出版社 2017 年版。

151.《关于上海、福建、贵州监狱安全工作检查的情况》，载《中国刑事执行新论》法律出版社 2017 年版。

152.《切实做好减刑假释工作》，载《中国刑事执行新论》法律出版社 2017 年版。

153.《严格规范减刑、假释工作程序》，载《中国刑事执行新论》法律出版社 2017 年版。

154. 《依法扩大假释适用研究》，载《中国刑事执行新论》法律出版社 2017 年版。

155. 《考察中国香港法治及运作状况》，载《中国刑事执行新论》法律出版社 2017 年版。

156. 《着力构建我国监狱工作创新发展八大体系》，载《犯罪与改造研究》 2017 年第 1、2 期。

157. 《监狱心理矫治工作的发展历程及新时期的创新思路》，载《监狱工作研究》2017 年第 2 期。

158. 《围绕监狱企业主要任务，充分发挥协会的平台作用》，载《中国监狱企业》2017 第 2 期。

159. 《提高高度戒备监狱建设与管理的理论研究水平》，本文整理自作者 2017 年 9 月 21 日在全国高度戒备监狱建设与管理研讨会上的讲话。

160. 《〈中国刑事执行新论〉创作谈》，载《中国监狱学刊》2017 年第 5 期。

161. 《高度重视和大力加强监狱博物馆建设》，本文整理自作者在 2017 年 12 月 29 日四川省监狱博物馆开馆仪式上的讲话内容。

162. 《百家课堂之中国监狱的改革与发展》，本文整理自 2018 年 2 月 8 日作者在司法部预防犯罪研究所"百家课堂"所做的讲座主要内容，载《幸福的黄丝带》2018 年 2 月 8 日。

163. 《加强专业培训，提高改造能力》，本文整理自作者 2018 年 10 月在中国监狱工作协会"监狱心理咨询师培训班"开班上的讲话内容。

164. 《共同做未成年人网络安全的宣传者和守护者》，本文整理自作者 2018 年 11 月 9 日在"未成年人移动互联网环境安全研讨会"上的致辞。

165. 《刑罚执行理论研究应植根实践聚焦重点》，本文整理自作者 2018 年 12 月 12 日在中国监狱工作协会第五届刑罚执行专业委员会年会评审会上的讲话内容。

166. 《重视和加强预防青少年违法犯罪理论与实务研究》，本文整理自作者于 2019 年 1 月 15 日在"全国预防青少年违法犯罪工作理论与实务高级研修班"开班式上的讲话内容。

167.《着力提高教育改造改革创新能力》，本文整理自作者 2019 年 4 月在教育改造学专业委员会第三届教育改造业务高级研修班的讲话内容。

168.《加强罪犯心理矫治，着力提高改造质量》，本文整理自作者 2019 年 11 月为筹备成立罪犯心理矫治专业委员会暨 2019 年度理论研讨会发言的主要内容。

169.《关于对未成年人保护、违法犯罪预防、惩戒及矫治研究》，本文整理自作者 2019 年 11 月参加中国预防青少年犯罪研究会等部门举行的"修订未成年人'两法'研讨会"而提交的论文。

170.《高度重视刑罚执行理论研究》，本文整理自作者 2019 年 12 月 19 日在刑罚执行专业委员会 2019 年度理论研讨会上的讲话内容。

171.《中国监狱改革发展 40 周年回顾与思考》，载《犯罪与改造研究》2019 年第 1、2、3 期。

172.《新中国监狱 70 年改造罪犯的成功发展之路》，载《犯罪与改造研究》2019 年第 10 期。载中国人民大学法刊辑要（2019358）《刑事法学（复印报刊资料）》2019 年第 12 期。

173.《关于修改〈监狱法〉的几点意见》，本文整理自作者 2020 年 7 月参加中国政法大学犯罪与司法研究中心等单位举办的"监狱法修改研讨会"的发言内容。

174.《关于对〈预防未成年人犯罪法〉中专门学校、收容教养等内容修改的若干思考》，本文整理自作者 2020 年 9 月为配合《预防未成年人犯罪法》的修改完成的论文。

175.《新时期加强刑罚执行理论研究的几点建议》，载《犯罪与改造研究》2020 年第 3 期。

176.《疫情灾难下强化监狱管理工作的思考》，载《犯罪与改造研究》2020 年第 6 期。

177.《关于女子监狱罪犯改造及民警权益保障》，载《监所法苑》2021 年第 1 期。

178.《减刑假释法律适用问题及深化改革建议》，载司法部《中国司法》2021 年第 5 期，《中国监狱学刊》2021 年第 4 期。

179.《中国共产党领导下中国监狱改造罪犯的初心和使命》，载江苏省司法警官高等职业学校《司法警官学界》2021 年第 4 期。

180.《关注加强老年犯罪及服刑改造研究》，载司法部官网，http：//www.moj. gov. cn/pub/sfbgw/jgsz/jgszzsdw/zsdwzgjygzxh/zgjygzxhxwdt/202111/t20211118_441833. html，访问时间 2023 年 9 月 7 日。

181.《刑罚变更执行制度的基本评价及改革对策》，本文整理自作者 2021 年 9 月 18 日在中国政法大学等单位联合举办的"治理减刑假释暂予监外执行专题研讨会"的发言内容。

182.《罪犯矫正策略创新探索》，载张发昌著《思想博弈论——罪犯矫正策略的理论思考》，法律出版社 2021 年版。

183.《减刑假释实质化审理的挑战及应对》，本文系作者于 2022 年 3 月完成的论文。

184.《以政治建设为统领，全面加强监狱管理工作》，本文整理自作者 2022 年 4 月在中国法学会举办的河北监狱系统培训班上的讲课内容。

185.《深化对刑罚执行的基本认知》，本文整理自作者 2022 年 4 月 16 日在中国政法大学、中国人民大学等单位举办的预防犯罪论坛"刑罚执行：内涵与外延"专题研讨会的发言。

186.《刑事执行检察的回顾思考及展望》，本文系作者 2022 年 4 月 24 日由中国政法大学、中国人民大学等单位举办的预防犯罪论坛"从监所检察到刑事执行检察"专题研讨会的发言。

187.《减刑假释暂予监外执行的问题与改进探讨》，载《犯罪与改造研究》2022 年第 2 期。

188.《坚守安全底线，践行改造宗旨，全面深化我国监狱工作改革创新的探讨》，本文整理自作者 2018 年、2019 年在广东、甘肃等省监狱局举办的"监狱工作培训班"上讲课内容。

189.《架构哲学与监狱学研究之间的桥梁》，载王群牛著《监狱系统论》，河北人民出版社 2022 年版。

190.《以政治建设为统领，着力提升监狱工作业务能力》，本文整理自作者 2022 年 10 月 8 日参加北京市监狱局 2022 年高级专家型民警候选人答辩会，会上做的专题交流讲座内容。

191.《改革——监狱创新发展的永恒主题》。2022 年 11 月。

192.《以党的二十大精神为指导，学习宣传贯彻宪法，切实加强刑事执行工作》，本文整理自 2022 年 12 月 4 日中国政法大学、海德智库等举办的纪念宪法日高峰论坛的主旨发言。

193.《新时代我国监狱工作的初心和使命——监狱基本理论及要求》，本文整理自作者 2022 年 9 月给北京市监狱局新干警培训讲课内容。

194.《未成年人犯罪现状原因及预防治理对策思考》，载《预防青年少犯罪研究》2023 年第 2 期。

195.《以习近平法治思想为指导，加强刑事执行理论与实务研究》，载《中国监狱学刊》2003 年第 3 期。

196.《学习贯彻党的二十大精神，推动监狱工作高质量发展》，本文整理自作 2023 年受邀给司法部监狱局及广东、北京、安徽省监狱干警培训班讲课内容。

197.《强化对未成年人保护，注重特殊预防和矫治教育》，整理自笔者于 2023 年 8 月在"全国预防青少年违法犯罪工作理论与实务高级研修班"的讲课内容。

198.《加强狱政管理理论研究，助力平安中国建设》，整理自笔者于 2023 年 8 月在全国狱政管理学术交流会上的发言内容。

图书在版编目（CIP）数据

监狱工作三十六讲/李豫黔著 . —北京：中国法
制出版社，2023.8
ISBN 978-7-5216-3743-4

Ⅰ.①监⋯ Ⅱ.①李⋯ Ⅲ.①监狱-工作-中国
Ⅳ.①D926.7

中国国家版本馆 CIP 数据核字（2023）第 120731 号

策划编辑：赵宏　　　　　责任编辑：刘冰清　　　　　封面设计：蒋　怡

监狱工作三十六讲
JIANYU GONGZUO SANSHILIU JIANG
著者/李豫黔
经销/新华书店
印刷/三河市紫恒印装有限公司
开本/710 毫米×1000 毫米　16 开　　　　　　印张/26.75　字数/330 千
版次/2023 年 8 月第 1 版　　　　　　　　　　2023 年 8 月第 1 次印刷

中国法制出版社出版
书号 ISBN 978-7-5216-3743-4　　　　　　　　　　　　定价：89.00 元

北京市西城区西便门西里甲 16 号西便门办公区
邮政编码：100053　　　　　　　　　　　　　　　　传真：010-63141600
网址：http：//www.zgfzs.com　　　　　　　　　　**编辑部电话：010-63141837**
市场营销部电话：010-63141612　　　　　　　　　　**印务部电话：010-63141606**

（如有印装质量问题，请与本社印务部联系。）